选修课程论

…师范大学中国语言文学一流学科资助

百 / 花 / 论 / 丛

—◇—

著

本书为2018年湖南省普通高等学校教学改革研究项目"师范类专业认证背景下的汉语言文学专业'八位一体'人才培养模式建构与实践探索"（湘教通〔2018〕436号，项目编号"103"）的成果形式

本书为2019年湖南省普通高等学校教学改革研究项目"基于'五位一体'的汉语言文学一流本科专业建设的理论与实践"（湘教通〔2019〕291号，项目编号"165"）的成果形式

知识产权出版社
全国百佳图书出版单位
—北京—

图书在版编目（CIP）数据

语文选修课程论/杨云萍著. —北京：知识产权出版社，2019.11
（樟园百花论丛）
ISBN 978 – 7 – 5130 – 6598 – 6

Ⅰ.①语… Ⅱ.①杨… Ⅲ.①中学语文课—教学研究—高中 Ⅳ.①G633.302

中国版本图书馆 CIP 数据核字（2019）第 258335 号

内容提要

语文选修课的设置是新课程改革的亮点。从 2003 年国家颁布《普通高中语文课程标准（实验）》到 2018 年颁布《普通高中语文课程标准（2017 年版）》，语文选修课程改革已经走过了 15 年，积累了丰富的经验，取得了不俗的成就，但语文选修课程在实施过程中也暴露出与必修课"同质化"等突出问题，需要进行系统总结和反思。新课标对语文课程的理念、定位和目标均做了较大调整，根据"立德树人"和"语文核心素养"等理念设计课程结构。语文课程分为"必修课程""选择性必修课程""选修课程"。语文选修课程应按照"学习任务群"的形式，以"项目"为依托，重新进行教学设计。

责任编辑：蔡　虹　　　　　　　责任校对：谷　洋

封面设计：张　冀　　　　　　　责任印制：刘译文

语文选修课程论

杨云萍　著

出版发行：知识产权出版社 有限责任公司	网　　址：http：//www.ipph.cn
社　　址：北京市海淀区气象路 50 号院	邮　　编：100081
责编电话：010 – 82000860 转 8324	责编邮箱：caihong@ cnipr.com
发行电话：010 – 82000860 转 8101/8102	发行传真：010 – 82000893/82005070/82000270
印　　刷：北京嘉恒彩色印刷有限责任公司	经　　销：各大网上书店、新华书店及相关专业书店
开　　本：720mm×1000mm　1/16	印　　张：20.75
版　　次：2019 年 11 月第 1 版	印　　次：2019 年 11 月第 1 次印刷
字　　数：350 千字	定　　价：79.00 元

ISBN 978-7-5130-6598-6

✾ 序

周庆元

　　语文选修课程在培养学生兴趣、发展个性和指导就业等方面具有不可替代的价值。2003 年《普通高中语文课程标准（实验）》颁布后，从 2004 年开始，语文选修课程正式开始实施，至今已经走过 15 个年头。其间，关于语文选修课程理念的探讨与实践的探索一直在路上，从未停息。有成功的经验，也有失败的尝试，就在这样的尝试与探索中，语文选修课程的设计理念在不断更新，实施的效果逐步显现。在累积实验改革经验的基础上，2013 年教育部启动了实验版课标的修订工作，2018 年颁布了《普通高中语文课程标准（2017 年版）》。新课标在核心素养的框架下，对语文选修课程的理念及目标进行了重新调整，从语言建构与运用、思维发展与提升、审美鉴赏与创造、文化传承与理解四个维度构建了语文目标，以"学习任务群"的形式重组了语文教学内容，以学业质量标准重构了评价体系。本书立足语文选修课程改革全程，对 15 年的选修课改历程进行了梳理；对新课标下选修课的未来发展趋势进行了展望，并构建了选修课程所有 11 个"学习任务群"的教学案例及评析。应该说，这是一部在一定程度上填补了同类研究空白的力作，具有开拓意义。

　　全书分为上下两编，上编主要是对实验版课标下语文选修课程设计与实施的回眸与审视，下编主要是体现语文选修课程改革的发展与展望。综观全书，主要有以下几个方面的特色。

　　其一，全程性。笔者关注选修课与选修课的实施几乎同步。在长达十余年的研究中，笔者对语文选修课程设置的价值与意义、问题与困难、措施与成效等都做了深入的思考和宏观的把握。本书从理论到实践两个维度，着眼于两个时间节点——两次课标颁布后选修课的功能定位与调整，梳理了语文选修课的发展脉络，系统阐释了语文选修课设计与实施的基本价值取向，着重探讨了优化选修课设计与实施的方略。这是对语文选修课的一次全方面扫描和跟踪研究。

其二，鲜活性。作者深入教学一线，扎实调研，通过听课、评课、送课等教研活动，收集了大量的教学案例。这些案例比较典型，也比较新鲜，有的来自省、市示范性中学，有的来自一般性普通中学，具有不同的代表性，能对各类学校起到借鉴作用。众所周知，2017年版新课标"学习任务群"是在选修课专题教学和人文组元的基础上提出的，本书所呈现的教学案例体现了新旧课标的这种联系与区别，选修课老教材中有可以落实新课标"学习任务群"教学理念的基础，而"学习任务群"教学又不能囿于静态的教材文本，更具动态性和开放性。这些案例展示了语文选修课教改的实然，也许不一定完善，但是却正在行动中，具有较强的现实研究价值。

其三，导向性。本书基于核心素养对新课标中选修课的11个任务群都进行了建构，在设计理念与实施操作方面具有整体导向性。所提出的分层分类教学、专题教学与综合实践教学融合、读写共生、课内外一体化、设置课外辅助课程、多元综合评价方式等策略，指向语文核心素养的养成，具有一定的前瞻性。笔者对核心素养视野下的教师专业发展有独到的认识，提出以《中学教师专业发展（试行）》为指导，在教师合作文化的理念下，着力打造教学共同体，组建有一线教师、教学研究者、学科专家共同参与的教学团队，形成合力，为解决语文选修课师资素养不足的问题提供了一条新路径。

此外，本书知行并举，理实相生，理论与实践相结合，具有较强的可读性；同时，语言严谨而平实，以理性的逻辑彰显思想的力量，以浅易的语言阐释深刻的学理。这对一线教师、教学研究者、教育管理者乃至于教师教育领域的大学生与研究生来说，不仅具有重要的参考价值，而且具有一定的借鉴与仿效作用。

周庆元

2019年8月28日于湖南师范大学学堂坡

（序言作者系湖南师范大学二级教授、博士生导师、中国高等教育学会语文教育专业委员会名誉理事长）

❋ 前　言

从 2003 年《普通高中语文课程标准（实验）》出台到 2018 年《普通高中语文课程标准（2017 年版）》修订出版，两次课标的发布，开启了语文选修课研究与实践的两个新时期：初探与深化时期。在实验版课标指导下，语文选修课程初设，关于课程设置的意义、定位，课程实施内容、方法等方面的讨论与探索即成亮点；在 2017 年版新课标指导下，语文选修课进入深化改革期。经过 15 年的实验与总结，选修课程的性质、功能等基本理论日臻成熟，关于"学习任务群"的设计与实施遂成热点。本研究主要通过文献法、调查法、案例法等研究方法，全程回顾语文选修课初设以来的发展与变化，梳理课程发展脉络，对前 15 年课程设计与实施中的经验及问题进行系统归纳与审视，对新课标下语文选修课"学习任务群"的优秀教学案例（设计）进行评析与推广，以期为语文选修课的推进提供学理支撑和案例参考。

全书除绪论和结语外，按照两个时期分上、下两编，共有 7 章。

绪论，主要介绍研究缘起、研究的理论意义和实践价值、文献综述以及研究方法等内容。

上编　2003 年实验版课标下语文选修课程改革的回眸与审视

第一章，实验版课标下的语文选修课程设计论。本章在阐释语文选修课设计的依据、任务的基础上，针对设计中存在的分类分层不清等主要问题，提出了分类分层设计生活语文、职业语文、专业语文的改进策略，并辅以教学示例进行说明。

第二章，实验版课标下的语文选修课程实施论。本章通过召开专题座谈会、听课评课、访谈、查阅教学资料等田野调查，归纳出语文选修课存在的最大问题是选修课与必修课同质化的问题。造成问题的原因是多方面的，但主要是教学的功利化、应试化导致的，克服同质化的有效策略是分层设计课程、加强校本课程、理顺选修课与高考的关系等。在实践中通过教学策略的调整，课堂实效对比，确立了语文选修课"异质性"教学模式——专题教学模式，并就优化选修课教学提出了要优化教学生态、优化教学内容、优先发展个性、优化评价机制等发展理念。

下编　2017 年版新课标下语文选修课程改革发展与探新

第三章，基于核心素养的语文选修课程基本理念。新课标构建了以语文核心素养为统摄的理念框架。本章根据新课标精神和选修课的特点，确立了语文选修课的发展理念，主要是立德树人，增强核心价值观；素养为本，培养综合能力；依托项目，提升实践能力；延展课外，发展必备品格。这一选修课程理念指向学生的核心素养，是选修课程设计与实施的基础。

第四章，核心素养为本的语文选修课程目标与策略。新课标以核心素养为本从"语言建构与运用""思维发展与提升""审美鉴赏与创造""文化传承与理解"四个维度重新构建了语文课程目标。本章主要探讨了对四维目标的认知与培育策略。在语言维度提出了归纳教学、语境教学和结构化教学策略；在思维维度提出了问题导向式教学、探究导向式教学、创新导向式教学策略；在审美维度提出支架式教学、经典浸润教学、创意写作教学策略；在文化维度提出了古今贯通教学、中外比较教学、活动体验教学策略。这些策略具体与"学习任务群"结合运用，达成相应语文素养。

第五章，基于学习任务群的语文"选择性必修"教学案例及评析。新课标把语文选修课程分为选择性必修和选修两种类型，前者强调"面"的广度，后者强调"点"的深度。本章全面呈现了新课标中选择性必修所有 5 个学习任务群的"研习"专题案例及评析，包括"中华传统文化经典研习"中的"遇见大历年间的杜甫"、"中国革命传统作品研习"中的"毛泽东诗词鉴赏"、"中国现当代作家作品研习"中的"百年杨绛的人生哲学"、"外国作家作品研习"中的"梅里美中短篇小说的距离美"、"科学文化论著研习"中的"学术论文：以严谨的逻辑彰显思想的力量"等。这些案例由湖南师大附中、长郡中学等学校的教学团队精心打造，以期提供多样化的专题教学模式，为一线教学提供参考。

第六章，基于学习任务群的语文"选修"教学案例及评析。本章全面呈现了新课标中选修所有 6 个学习任务群的"研讨"专题案例及评析，包括"汉字汉语专题研讨"中的"湘菜命名文化的语言艺术"、"中华传统文化专题研讨"中的"孝文化专题"、"中国革命传统作品专题研讨"中的"周立波小说专题"、"中国现当代作家作品专题研讨"中的"鲁迅小说中国民性批判专题"、"跨文化专题研讨"中的"中西经典中的生死观比较专题"、"学术论著专题研讨"中的"《谈美书简》专题"等。这些专题要求较高,是为对语文课程更有兴趣的学生所设的,以期培养个性特长,激发学生的专业潜能。

第七章,核心素养视野下的语文教师专业发展。本章立足选修课对教师提出更高要求的背景,探讨语文教师的专业发展。语文教师要对照选修课要求,提高自身核心素养。转变角色,提高课堂设计与实施能力;加强合作,构建教学共同体;教研结合,成为研究型教师;终身教育,实现自我成长。

结语,对语文选修课的发展改革进行了回顾与展望,肯定其符合国际教育趋势和具有中国特色的发展方向,主要陈述了本研究的创新发现及后续研究重点。

❋ 目 录

下编 2017版新课标下语文选修课程改革的发展与探新

绪　论

一、研究缘起

语文选修课的设置是新课程改革的亮点。从 2003 年国家颁布《普通高中语文课程标准（实验）》（以下简称实验版课标）到 2018 年颁布《普通高中语文课程标准（2017 年版）》（以下简称新课标），语文选修课程改革已经走过了 15 年，积累了丰富的经验，取得了不俗的成就，但语文选修课程在实施过程中也暴露出与必修课"同质化"等突出问题，需要进行系统总结和反思。15 年后的新课标对语文课程的理念、定位和目标均做了较大调整，根据"立德树人"和"语文核心素养"等理念设计课程目标与结构。语文课程分为"必修课程""选择性必修课程""选修课程"。语文选修课程的变化较大，课程设置成选择性必修和选修两种类型，体现出分类分层设计理念；课程内容按照"学习任务群"的形式组织；教学主要以"学习项目"为依托，实施专题学习。语文选修课程这些新的理念与特点，需要进行系统研究。

二、研究意义

理论意义：从 2003 年实验版课标颁布以来，语文选修课程改革已经走过不平凡的 15 年，关于选修课的研究也取得了长足的进步，进行系统总结很有价值。2015 年 1 月，我国普通高中课程方案和各科课程标准开始系统修订。必修课重在基础性和共同性，选修课重在选择性和差异性。在新课改中语文选修课在课程理念上过分"学术化"、在课堂模式上"应试化"，与必修课"同质化"现象普遍存在，共同性有余，而差异性不足，这是制约新课改的主要症结所在。重新认识和强调选修课程与必修课程的"异质性"特点，突出语文选修课的新理念，为解决目前选修课所面临的理论困境提供了一种思考路径，具有理论启迪意义。新课标颁布以后，语文选修课程的理念、目标、内容及教学方式产生了革命性的变化，急需从理论上加以阐释和厘清，本研究对语文选修课程改革的 15 年历史进行回顾与梳理，为新课标的"学习任务群"教学提供理论支撑，同类理论与实践研究均较为缺乏，有一定的前瞻性。

实践意义：本研究提出与必修课堂教学模式相区别，选修课应构建帮助学生实现个性发展的专题教学模式。在评价上注重高考与选修课的宏观对接，而不是具体内容的一一对应，突出选修课在个性发展和引领人生职业发展方向的独立价值，为当前语文选修课程教学改革提供指导。本研究理论联系实际，系统总结了新课改以来语文选修课程的经验，反思其不足；在深入解读新课标的基础上，创造性地从"学习任务群"角度设计语文"选择性必修""选修"课程，并与在语文选修课改革中取得优秀成果的学校和一线优秀教师合作，开发设计出 5 个"选择性必修"的"研习专题"和 6 个"选修"的"研讨专题"教学案例，同时进行了深入的教学反思与评析。本书对语文理论研究者、一线语文教师、教育管理者及其他社会人员都有较好的参考价值。

三、文献综述

（一）国内研究现状

2000 年我国实行基础教育第八轮改革后，语文课程改革与时俱进，2003 年 4 月中华人民共和国教育部制定了实验版课标。2018 年 1 月，在实验版的基础，颁布了新课标。语文选修课程设置以来，有关语文选修课程的研究在国内已产生了一些重要的研究成果。这些研究主要集中在以下几个方面。

1. 有关高中语文选修课程历史发展的研究

根据实验版课标精神，高中语文选修课在 2004 年开始试验，新教材于 2006 年在一线试行，5 家出版单位共出版了 72 种选修课教材，选修课的实施引发学界诸多讨论与探究。梳理我国自 1909 年选修制的萌芽至 21 世纪初选修课的百年发展史，语文选修课虽然历史悠久，但是真正落实到教材层面却是在 1991 年实现的高中语文选修教材的编制尝试。黄伟（2006）详述了"半个世纪以来的高中语文选修课的历史发展"，梳理了我国普通高中选修课程发展的基本脉络及演变规律，归纳了 2003 年实验版课标下的语文选修课程的结构及创新特色。❶ 有关高中语文选修课程历史发展的研究，硕士毕业论文涉及较多。郭岩（2014）❷ 论述了选修课设置的历史与我国高中语文选修教材设置的历史。梁双燕（2018）❸ 对高中语文选修课的历史发展作了更为细致的研究，指出选修制在 1810 年德国的柏林大学萌芽，20 世纪初传入我国后，在我国的课程方案中有反复的不稳定现象，直至实验版课标的颁布，才真正确立了语文选修课程的地位。此外，还有沈红、朱丹、郭霞等研究者也在文章中有相关论述，这些研究为语文选修课程梳理出较为清晰的发展脉络。2018 年，我国教育部印发了新课标，在课程结构上将普通高中语文课程分为必修课程、选择性必修课程及选修课程三类。减少选修课的种类、调整选修课的结构，对必修与选修之间的关系与教学目标需要有确切的认识。

2. 有关高中语文选修课设置价值与意义的研究

王云峰（2003）认为，选修课的设置就是要改变"万人一本，千人一课"的局面，在保证语文学习共同基础的同时，给学生提供多样化的课程选择，发展学生的个性。❹ 曹勇军（2008）认为，高中语文选修是为提升学生语文素养、培养健康的公民而设置的课程。选修课的 5 个系列让学生在必修课的共同基础上通过多样的选择来提高应用、审美与探究能力，促进他们均衡而有个性的发展。❺ 一些研究者提到了选修课对语文课程的完善作用，如郭霞（2012）❻ 认为选修课具有促进学生个性发展、教师成长、学校特色形成的价值，同时她还意识到了高中语文选修课对其他科目的选修课开设的积极意义。大部分研究者都关注到了选修课对学生的基础知识与技能的提升意义，这主要源自选修课的延伸与拓展功能。沈红（2008）❼ 认为高中语文选修课在学生素养养成方面有重要作用，选修课不仅为学生

❶ 黄伟. 半个世纪以来的高中语文选修课程的历史发展 [J]. 天津师范大学学报：基础教育版，2006（2）：16 - 20.

❷ 郭岩. 人教版高中语文选修教材编用反思性研究 [D]. 长沙：湖南师范大学，2014：6.

❸ 梁双燕. 基于学习任务群的高中选修课教学研究 [D]. 临汾：山西师范大学，2018：13.

❹ 王云峰. 把握高中选修课的特点 [J]. 中学语文教学，2003（8）：4 - 5.

❺ 曹勇军. 高中选修课的实践与思考 [J]. 中学语文教学，2008：46 - 48.

❻ 郭霞. 农村高中语文选修课的实施现状与对策 [D]. 长沙：湖南师范大学，2012.

❼ 沈红. 选修课程在学生语文素养形成中的作用 [J]. 语文学刊：教育版，2008（22）：1 - 8.

阅读和写作能力的提高创造了条件，还可以促进学生的个性化与全面性发展，更能促进学生语文知识经验的增长。杨云萍（2013）则揭示了选修课的独立价值与主要意义在于对学生日常生活、职业规划和专业性向发展具有分类指导作用。❶

3. 有关高中语文选修教材的研究

高中语文选修课程的教材编制自 2005 年以来至今不过十余年，与必修教材的成熟度和丰富度相比还有一定差距。选修教材的编选，引起了许多学者的关注。研究者针对新课改教材建设现象，提出了许多编制建议，如选修教材的多样化不等于多本化的见解等。选修教材在发行之初引起了多方的热切关注。方智范（2006）对新课改以来高中语文选修课教科书进行了全方位扫描，整体介绍了 5 个版本的教科书格局、教科书编写的新理念，指出了教科书发展面临"泛人文化"、要求过高、负担过重、部分内容偏颇、应试情结浓厚等新问题，应在使用和修改中逐步完善。❷ 陆志平（2007）认为高中语文选修课程采用了模块形式，模块教材具有着眼整体素养、非线性、菜单式的组合与选择等优势，给教师和学生留下更多的自由选择的空间，对学生的个性学习和终身发展具有重要意义。❸ 顾之川、倪文锦、温儒敏、魏本亚等人提出了不少意见与建议，在此不一一列举。

人教版的选修教材应用范围较广，在研究中占比也较大。郭岩（2014）从课程体系的设置、选修教材编写类型和编写体例等方面反思了人教版的高中语文选修教材，发现其存在知识体系繁杂、主题混乱、教材学术化专业化、与必修课同质等问题。罗佩（2010）以人教版高中语文选修教材为主要研究对象，对其中五个系列进行了选文系统、知识系统、作业系统与助读系统的归纳分析，其文本分析比较详细，并在之后提出了教材编制的问题所在：数量多而结构单一；整体上泛人文化；学术化与专业化倾向严重等。符梅梅（2017）则探究了人教版"语言文字运用"系列的选修教材。

多个教材版本的并存自然会存在比较研究，其中有对我国大陆与台湾地区选修教材的比较研究。如辛宁宁、马磊（2010）从课程目标、教学实

❶ 杨云萍. 语文选修课程分类分层设计构想［J］. 课程·教材·教法, 2013（7）：60 – 62.
❷ 方智范. 高中语文新课程选修课教科书概览［J］. 语文建设, 2006（9）：19 – 24.
❸ 陆志平. 模块型语文教材［J］. 全球教育展望, 2007（8）：88 – 90.

施、课程评价三个方面比较研究了我国大陆与台湾地区选修课的课程文件，指出我国大陆应在面向世界的同时，兼顾传统性；既要倡导学生主体也要给予教师职责应有的重视；学生的自主权可以扩大，也需设定统一的要求；在不忽视操作性的前提下展望教育前景等。

还有将人教版与其他版本相比较的研究。朱丹（2008）❶ 对比研究的版本比较多，将人教版、语文版、苏教版、鲁教版四个版本进行横向与纵向分析，并给出了教材编制建议。丁欣（2011）选取了人教版与粤教版的"诗歌与散文"选修系列的七本教材作为研究对象，从教材的四个要素分别进行比较分析，提出教材编写应明确选修课的定位、符合高中教学的特点，以及促进学生鉴赏能力的提升等建议。张同杰（2009）选择了"诗歌与散文"系列中的"中国古代诗歌"教材作为研究对象，对比分析了人教版与鲁教版的教材，指出二者之间的异同与优缺点，并提出了编写建议。王琳琳（2013）则是综合了人教版、苏教版、语文版、粤教版和北师大版"新闻与传记"系列的选修教材，研究了其选文、体例、练习和助读系统，并提出了编写建议。

4. 有关高中语文选修课教学的研究

实验版课标将高中语文选修课程设计为五个系列："诗歌与散文""小说与戏剧""新闻与传记""语言文字应用"和"文化论著研读"。有一些研究是将五个系列作为一个整体在全文论及，也有一些分系列的针对性研究。

（1）对高中语文选修课教学的整体性研究

"选修课"的关键词在于"选修"，研究者们认为选修课要通过"选"和"修"促进学生个性的发展。"选"要对选修课程的内容进行增、删、改、合、立，对于教学方式则离不开对文本的研习、对问题的探究与学生在活动中的体验。"修"要找到选修课与必修课的关联点，在必修课的共同基础上促进学生语文素养的提升，语文选修课程目标与内容等方面要与必修课区分，不能将选修课上成必修课或者课外辅助课程等。曹勇军等（2013）立足教学实践，对高中语文选修课程内部要素进行系统分析，教学示例具有实用价值。❷ 吴音莹（2017）立足"学生个性实现"，对高中

❶ 朱丹. 高中语文选修课教材比较研究［D］. 成都：四川师范大学，2008.
❷ 曹勇军. 叩开高中语文选修课程之门——高中语文选修课程教学实践研究（修订版）［M］. 上海：上海教育出版社，2013.

绪论

语文选修课的发展、实施现状及在限制中突围进行了理论与实践考察。❶
方智范（2006）对高中语文必修课与选修课教学实施中的若干问题进行了
较为系统的梳理，指出高中语文选修课要关注不同选修系列的能力培养重
点，兼顾理论学习与实践活动，拓展思维要"活"而有"度"。❷ 宣沫
（2007）提出教学内容应注重选择的个性化与学习过程和方法的个性化，
但是其思考偏于理论，实例较少。杨云萍（2013）认为关注学生的个性发
展首先要在课程定位上凸显。岳风伊（2016）作了有关高中语文选修古诗
词教学策略的专题研究，其教学策略主要从"选"与"修"两个角度论
述，注重突出"选"的灵活性与"修"的方式的多样性。殷志佳与黄明勇
（2019）认为高中语文选修课的主要教学活动在于文本的个性化解读，其
突破口可以运用逆向思维、批判思维、症候思维、矛盾思维来发现其个性
化切入口❸。

关于选修课的开设，研究者们认为要充分考虑学科特点、课程特点和
教学实际。张华（2005）提供了"文学体裁""基本能力""认识过程"
"语文知识""学习专题""授课类型"六个方面的开设思路。王标
（2005）认为，高中语文选修课程具有性质上的工具性与人文性的统一、
设置上的专题性与针对性、实施上的灵活性三大特点。陈受文（2009）提
到选修课程具备与研究性学习相结合的形态与性质。秦晓波（2011）认为
选修课的开设要根据实际情况而定，让学校有"选"的可能、"选"的权
利与让学生有"修"的欲望，要做到这几点还需要教材在编制时不可游离
出语文学科所能承受的培养能力，既要设置经典篇目，也要安排一些可灵
活使用的板块。杨云萍（2013）认为语文选修课要根据教学实际分生活语
文、职业语文与专业语文三类开设。余昆仑（2017）❹ 则针对选修课的教
学现状，总结出四条选修课开设原则：统一规范、整合内容原则；基础性
与拓展性相一致原则；重视学生自主能力培养原则；实践活动进课堂原
则。高中语文选修课在不同地域存在着不同的教学情境，部分研究者们针

---

❶ 吴音莹. 高中语文选修课学生个性的实现［M］. 长沙：湖南师范大学出版社，2017.

❷ 方智范. 高中语文必修课与选修课教学实施的若干问题［J］. 语文建设，2006（10）：
4 - 6，51.

❸ 殷志佳，黄明勇. 拨正语文选修课教学——基于学科核心素养的高中语文选修课教学实
效性探赜［J］. 教育科学论坛，2019（1）：29 - 32.

❹ 余昆仑. 高中语文选修课程的开设原则及前瞻性研究［J］. 新课程研究，2017（7）：15 - 17.

对农村偏远地区以及少数民族地区的教学现状提出了相应的教学策略。有的以农村学校教学现状为研究对象，列举了教师、学校、农村资源、评价、高考几个方面的对策。关于少数民族地区的选修课教学，谈到了根据地方特色自主开发课程与编写教材等策略。

对语文选修课教学中存在的问题，研究者们从教学内容、教学方法、评价方式和教师素养等方面进行了反思。王标（2005）、张景霞（2006）、曹勇军（2008）、李倩（2009）等认为选修课的实施存在课程内容繁难、教师素养不足、评价方式单一、设施条件不足、课时不够等问题。潘涌（2006）认为，语文校本课程开发相对滞后，十分薄弱。其原因主要是校本课程要从当地特色资源出发，这取决于特长型、研究型教师的智力支持，而问题的症结恰恰在于此类个性化师资匮乏。❶ 林秀丽（2008）认为，高中语文选修课程实施中存在管理上的混乱症、功利症、专制症、贫血症，教学上的内虚症、低能症、僵化症及学生的焦虑症、颓废症、消化不良症十大病症。❷ 杨云萍（2012）❸ 认为语文选修课实施存在的最大问题是选修课与必修课同质化的问题，并在分析其表现与成因之后，提出了改进策略。

关于选修课的评价问题，选修课与高考的关系是热点。多数研究者认为选修内容必须进入高考，应将对选修内容的考查主要体现在应用能力、审美能力、探究能力等语文素养上。温儒敏（2006）❹、倪文锦（2007）❺ 认为，高考一定要考选修课内容，在高考中应该明确显示选修部分，不考就等于放弃选修课。辛卫华（2007）认为，高考在选修课5个系列里设置必考和选考内容有一定的科学性，高考应发挥指挥棒的积极作用，同时，选修课的评价应打破笔试一统天下的局面，采用定性评价与定量评价相结合的评价原则。在题型上应多设主观题且不与必考部分重复等。其中所列

❶ 潘涌．高中语文新课程实施面面观［J］．浙江师范大学学报：社会科学版，2006（5）：98－102.

❷ 林秀丽．试论高中语文选修课程实施中存在的病症［J］．呼伦贝尔学院学报，2008（3）：113－116，112.

❸ 杨云萍．语文选修课与必修课同质化问题及对策［J］．中国教育学刊，2012（10）：63－66.

❹ 温儒敏．扎实稳妥地推进课程改革［J］．语文建设，2006（5）：4－6.

❺ 倪文锦．选修：追求、困惑与反思［J］．中学语文教学，2007（9）：24－26.

绪论

举的具体方法有较强的操作性。❶ 傅嘉德（2008）❷ 认为选修课的评价与学生个性化的学习和个性的张扬无法分割，并坚持以过程性评价为主，在评价内容上要体现选修的选择性与开放性，设置个性的作业，以及在纸笔测试中让共性与个性并存等，皆落脚于学生个性化发展。此外，在选修课评价方式的研究上，连晓兰（2012）❸ 给出了有关优质评价的内涵、原则、具体方法乃至改进措施，较为系统、完整、具体。如其列举的预习评价法、课堂评价法、作业评价法、调查评价法、综合评价法等都值得借鉴。

（2）对高中语文选修课各系列教学的研究

实验版课标将高中语文选修课程分为五个系列，分别是"诗歌与散文""小说与戏剧""新闻与传记""语言文字应用""文化论著研读"。邱道学（2010）以清华大学为例，介绍了学校开设的语文选修课程，重点介绍了校本课程的开设经验。❹

"诗歌与散文"系列是研究较为集中的系列。许纪友（2007）以《春江花月夜》为例，提出选修课要坚持"继续巩固、拓展提高""培兴趣、重探究、促发展"两个原则，诗歌教学要依据诗歌鉴赏规律分理解、鉴赏、创造三步进行。黄亮生（2011）选取了选修课中的"诗歌与散文"系列中更细致的部分——"中国古代诗歌"作为研讨对象，将其教学定位为不受课堂、课本与教师讲解的束缚，根据教学资源与学生的实际来确定其教学实践模式。并在文中简介了自己在高二年级对中国古代诗歌分六个专题的教学实践，其共同点在于由诗意到诗蕴，由知识到方法，由必做题到选做题。唐璟璠（2018）❺ 则是从叶嘉莹先生的诗词理论中寻求选修课中古典诗词的教学启示，倡导兴发感动、感悟弱德之美。而赵三培（2018）所选取的研究对象是"诗歌与散文"系列的《中国现代诗歌散文欣赏》，从教师和学生两方面分别探究了其教学策略，如增加中国现代诗歌的认知路径、选择正确的教学方式、培养学生个性化审美情感、引导学生诵读和

❶ 辛卫华. 选修模块教学的实践与思考［J］. 语文教学通讯, 2007（9A）：12 - 13.

❷ 傅嘉德. 在个性的发展中提高语文素养——高中语文选修课学习评价浅谈［J］. 中学语文教学参考, 2008（8）：68 - 70.

❸ 连晓兰. 优质评价与高中语文选修课教学［J］. 语文月刊, 2012（7）：15 - 19.

❹ 邱道学. 高中语文选修课典型案例研究［M］. 北京：清华大学出版社, 2010.

❺ 唐璟璠. 叶嘉莹古典诗词教学理论对高中选修课中古典诗词教学的启示［D］. 喀什：喀什大学, 2018.

写作练习。❶

"语言文字运用"系列的相关研究较多。闫文波（2017）针对本系列从教材编写与教师教学两个方面想方设法，在课堂教学上注重"语言文字运用"的系统性，将选修与必修的内容结合起来。在教学与教材的使用中都讲究一个"活"字，不能使该模块与高考乃至实践脱节。而何森（2015）则是将人教版本系列的教材分成"引子""课堂活动""工具箱""小试身手"四个部分简要介绍了其教学要点。

关于"文化论著研读"系列的研究成果也较多。这方面的实践研究起步较早，长沙市一中（2004）推出了《〈人间词话〉教学设计》等教学案例。孙富中（2006）以选修课《史记》为例，对选修课的教学实践进行了反思。许姜芬（2010）从课程实施的总要求、专题实施的准备、专题学习过程、专题评价四个阶段对该系列展开探究，其探索较为清晰、详细与系统。❷ 何悦（2013）着眼于"中国民俗文化"，指出教学现状之弊病，强调教师对民俗文化因素的渗透，寻求中国传统文化之根等，较有温度。刘月（2016）针对本系列提出了竞赛辩论式、情境式、研究学习式与读书报告式四种教学策略。苏晓宇（2017）则以本系列为例，将高中语文选修课与语文核心素养相结合研究其教学。涂珊珊（2019）融合流行元素教《史记选读》，要求学生为史记群英榜设计人物游戏卡牌。

关于"小说与戏剧"系列的研究相对较弱。王林发（2007）以选修课《微型小说欣赏》为例，提出在新课程视野下应建构网络探究式教学模式，利用网络学习的开放性、便捷性改革教学方式和学习方式。❸ 曹晓萱（2018）❹ 对高中选修课小说教学内容的选择谈到了她的看法，认为除应基于课标外，还要懂得挖掘教材中的不同层次（形式层、再现层与表现层）的教学资源，教师选择教学内容时需有不同的出发点并联系学情等。汲安庆（2018）对《长亭送别》等戏剧类选修课程的教学案例进行了评析。❺

关于"新闻与传记"系列的研究较少。廖晨星（2004）介绍了开设

❶ 赵三培. 高中语文现代诗歌选修课教学研究［D］. 开封：河南大学，2018.

❷ 许姜芬. 高中语文"文化论著研读"［D］. 桂林：广西师范大学，2010.

❸ 王林发. 网络探究性学习：新课程视野下的一种教学模式——以选修课《微型小说欣赏》为例［J］. 中国教育学刊，2007（5）：60－62.

❹ 曹晓萱. 高中语文选修课中小说教学内容选择的策略研究［D］. 兰州：西北师范大学，2018.

❺ 汲安庆. 中学语文名师教例评析［M］. 上海：华东师范大学出版社，2018.

绪
论

"新闻通讯的阅读与写作"选修课的情况，从教学目标、学习内容、教学过程设计等方面介绍了经验。张耀文（2016）针对苏教版该系列选修教材作了教材与教学方面的研究，主要从教师的教学与素养两方面提出了一些教学建议。

新课标设置了 18 个学习任务群，其中有 11 个是选择性必修和选修学习任务群，另外还有 4 个学习任务群是选修、必修贯通，这样，关于学习任务群的研究，选修课几乎是一个绕不过去的存在，选修课的地位陡然上升。相比 2003 年实验版课标颁布以后的研究情况，新课标下的选修课的研究热度大增。关于语文选修课理论的研究，王宁、温儒敏、郑国民、倪文锦、陆志平、郑桂华、顾之川、王云峰、荣维东、魏本亚、张良田、姜英敏、张钧等人均有深入研究，成果突出；关于语文选修课实践研究比较突出的有王岱、褚树荣、黄厚江、黄明勇、高建华、厉行威、韩露、陈琳、赵福楼等老师，本研究在参阅他们研究的基础上进一步开展，后文将会提及或引用其研究成果，在此不再展开介绍。在实践中，几乎选修课程的每一个学习任务群都有教学示例。有的探索选修部分学习任务群的教学，强调在教学时要有任务意识，对不同的任务群应有不同的教学方法，且注意各任务群之间的协调关系；在教学评价方面，也需体现不同学习任务群的特点等。有的主要讨论选修教学内容要与必修课任务群贯通进行的问题，强调分设必修课和选修课是为了体现基础性和选择性的统一。

（二）国外研究现状

从国际上看，早在 18 世纪末就产生了选课制，西方各国课程在结构上长期实行必修课与选修课相结合的课程制度。世纪之交，世界范围掀起高中课程改革浪潮，英国、美国、法国、日本等国的高中课程改革的共同特点是：学术课程与个性课程、职业课程有机结合，课程设置更为宽广灵活。如美国的必修课要求学生掌握必要而合理的学科知识结构，以适应社会基本要求；选修课课程非常丰富，它充分满足学生的兴趣志向，培养专业技能，促进发展个人特长。美国高中在学分构成中选修课比例较高，约占学分总数的 1/4 至 2/5。选修课类型多样，重视现代社会实用知识和技能。英国新的课程设置力图在课程设计的三大基础：学生、社会、知识之间找到平衡点，设置"关键技能课程""市民课程"等新的课程。选修课程重视职业课程。法国从高二年级开始学生进行专业定向，分文学专业、经济和社会专业、理科专业。选修课为学业导向提供指导，新增的"个体化帮助"课程、"框架性个人研究"课程等满足学生个性化学习的需求。日本普通高中的课程同样体现出必修课程与选修课程相结合的特点，学科课程分普通教育课程和专门教育课程。普通教育课程主要是必修课程，专门教育课程主要是选修课程。高一主要设置公共必修课程，高二、高三主要设置选修课程。从选修课设置的情况来看，欧美和日本等国家和地区具有四大共同特点：一是选修课的比例增加了；二是选修课加强了与学生未来兴趣、职业、专业的对接；三是职业课程是高中选修课程的重要组成部分；四是选修课程强调综合和实用，服务于学生的实际生活和未来发展。

我国研究者们在关注本国母语选修课的同时也放眼国际，以国际视野观照我国选修课的发展。选修课起源于德国，最早提出了"选课自由"的思想，而真正成熟于美国。许多学者取法美国的选修课。余艺文（2003）总结了美国中小学选修课程设置的特点：课程开发随时代变化而变化，学习技能课程多样，注重实用性等。❶ 杨鸿燕（2014）❷ 以美国加州有着高升学率的韦伯高中的选修课为个案，详细介绍了其选修课的历史发展，总结其课程在实施过程中比较重视选课的指导，提供诸多选课指南，且拥有比较完善的走班制课程组织形式及运作系统等特点。借此启发我国高中选修课的教学与设置，如课程设置可以在保证学生基础的情况下，给予其足够大的选择空间；选择合适的兼顾学术性与兴趣性的课程内容；建立良好的选课指导制度等诸多见地。赵刚与何更生（2011）认为美国的"选课指导"值得借鉴，提出中国选修课的实施要将"选课"与"修课"区别对待，并全程指导。❸ 祁小荣（2013）梳理了美国选修课程的发展史，总结了美国英语选修课程建设的经验教训，且落脚于其对浙江省深化语文的课改的启示：课程立足学校特色走向整合、教师自主开发精品课程及学生根据个性修习课程序列。❹

在全球化的趋势下，加强课程比较必不可少。有关中国与外国的选修

❶ 余艺文. 谈美国中小学选修课的设置［J］. 课程·教材·教法, 2003（8）: 72 - 74.

❷ 杨鸿燕. 美国加州韦伯高中选修课的设置与实施研究［D］. 长沙: 湖南师范大学, 2014.

❸ 赵刚, 何更生. 美国高中的"选课指导"及语文选修课实施的对策［J］. 齐齐哈尔师范高等专科学校学报, 2011（4）: 106 - 109.

❹ 祁小荣. 美国高中英语选修课程发展的经验与借鉴［D］. 金华: 浙江师范大学, 2013.

绪论

课对比研究也有迹可循。早在 1991 年，袁祖望选取了美国、苏联、日本、英国、法国、德国、印度七个国家的选修课作为研究对象，为我国选修课的设置带来了一些思考。❶ 谢红珍（2003）比较了我国与美国、芬兰的课改，认为我国课改基本上能跟上国际课改的趋势，应该学习美国将升学、就业和学历教育三个任务纳入课程目标体系，以及学习芬兰对学生人生规划能力培养的重视等。❷ 而郭霞（2008）从课程决策、形式、功能三个角度对中美选修课的课程结构作了条分缕析的研究，探索出我国高中选修课课程结构优化的方法，比较全面细致。刘正伟（2008）在对加拿大、法国、美国、日本、英国等发达国家开设语文选修课程情况进行分析后，归纳了发达国家语文选修课的四种基本类型，即社会应用型、学术拓展型、民族及地方语言文化型、内涵加深型。❸

综上所述，研究者认为选修课在欧美发展已然较为成熟，我国的语文选修课应与时俱进。我们应当根据本国现实情况，开设优质的具有中国特色的高中语文选修课。

（三）文献综评

高中语文选修课是新课改以来备受关注的一个领域，相关的研究比较丰富。这些研究全面探索了高中语文选修课的理论与实践，有一定的广度和深度，也还存在一些不足和有待继续探究的空间。

（1）研究时间较长但呈阶段性起伏。从文献的发表年度来看，自 2004 年开始，有关"高中语文选修课"的文献数量呈上升趋势，并在 2008 年达到了第一个研究高峰期，这与实验版课标出台以及接踵而至的高中语文选修教材的投入使用有直接的关系。随着高考与语文选修课的结合，2014 年达到近十年来第二个研究高峰，选修课的理论与实践逐渐走向成熟。截至 2018 年，有关高中语文选修课的研究与"学习任务群"的研究紧密结合在一起。18 个学习任务群中，有 11 个选择性必修和选修学习任务群，7 个必修任务群中有 4 个与选择性必修、选修或其中一类贯通。对语文选修

❶ 袁祖望. 外国普通中学选修课开设的比较研究［J］. 课程·教材·教法，1991（9）：59－61.

❷ 谢红珍. 国际普通高中课程改革比较研究——我国与美国、芬兰课改比较研究［J］. 湖南科技学院学报，2005（4）：215－218.

❸ 刘正伟. 国际语文课程与教学比较［M］. 杭州：浙江大学出版社，2008：255.

课学习任务群的研究成为热点，出现了第三个研究高峰。目前，部编本高中语文教材即将投入使用，随着语文选修教材的更新，预计高中语文选修课的研究又会迎来百花齐放的春天。

（2）研究范围广而深度有待挖掘。从研究范围来看，有关高中语文选修课的研究非常全面，涉及课程理念及基本理论研究、教材研究、教学研究与比较研究。有关高中语文选修课的发展历史、意义较为清晰，研究不多，有关教学策略的研究成为热点。教学策略与教学问题相伴相生，教学问题不断，才会持续引起研究者的关注及反思，并力图寻找解决矛盾的新路径。但选修课的教学模式研究，经验性的较多，而学理支撑不够。尽管如此，选修课的教学难题依然困扰着广大师生，可以预知这将仍是选修课改革最大的难题。

（3）研究同质化且创新有待加强。在基本理论研究中，探讨选修课的意义及特点的较多，但多数是全面罗列，而深挖理析不够，创见不多。在教材研究上，以研究人教版的为多，其他各版本的研究所占比重较少。在关于国外选修课的研究中，以美国母语选修课的研究居多，其他国家的研究较少。从文献类别来看，国内有关高中语文选修课的专著相对薄弱，以期刊论文为主，在学位论文方面，硕士论文居多，博士论文并不多见。从研究方法上来看，以文献研究法、案例研究法为主，而较少使用访谈法、叙事研究法等。研究的创新性有待进一步加强。

有关选修课程的理论与实践，为本研究奠定了良好的基础。通过探讨与争鸣，教育学术界和实践界在有关课程结构改革的基本理念上达成了共识：认识到新课程改革的重要性和迫切性，语文选修课开设对新课程改革的重要意义；理清了语文选修课的历史发展；反思了语文选修课实施中存在的理念问题和实际困难；探索了新的课堂教学模式。但对新课程改革走到今天所面临的新的挑战和关键问题还缺乏系统而深入的诊断和剖析。如新课改的推行的成效到底如何？语文选修课为什么在实践教学中被上成了必修课？选修课程是加重了学生的负担还是解放了学生？能走多远？选修课的课程理念、学习目标与内容、教学与评价和必修课的联系与区别在哪里？选修课到底怎么上才切实可行、优质高效？要实现提高学生核心素养的目标，还面临哪些新挑战？这说明关于语文选修课的理论与实践均有待进一步探索。

绪论

四、研究方法

文献法。通过收集与整理和语文选修课设计与实施相关的研究文献，整体把握我国语文选修课开设的基本理念、发展演变、性质目标、实施操作等基本情况，了解语文选修课理论研究的前沿成果，在前人研究的基础上，以较开阔的课程视野观照语文选修课的发展。

调查法。深入教学一线，通过访谈、座谈、专题研讨、观课议课、查看教学资料等方法，收集语文选修课的第一手材料。及时发现问题、总结经验，为语文选修课的设计与实施提供现实依据。

案例法。主要以新课标中语文选择性必修和选修课 11 个"学习任务群"为中心，以长沙各级学校语文选修课改革为依托，收集语文选修课教学的案例（设计），并逐个进行评析，凝练特色，指出不足，为新课标下教师普遍比较茫然的"学习任务群"教学提供参考和借鉴。

上编

2003 年实验版课标下
语文选修课程改革的回眸与审视

第一章　实验版课标下的
语文选修课程设计论

凡事预则立，不预则废。"语文教学设计是教师依据语文课程标准，在充分进行教材、学情分析的基础上，拟定教学目标，据此制定包括教学内容、教学过程、教学方法在内的教学方案，并在实施中获得反馈信息，对方案进行调整、优化的过程。"❶ 语文选修课程设计是语文课程理论向教学实践转化的中间环节。语文选修课程设计是指对语文选修课程设置、开发的系统规划及其课程实施的设计。即为了达到一定的教育目标，对课程目标、课程内容和课程实施策略进行设计。

"为了每一个学生的发展"是新课程改革的基本精神，也是素质教育的基本要求。对于这一理念的落实，选修课和必修课应有不同的分工。对于必修课来说，强调的是一切学生，是由"每一个"组成的全体，应突出课程基于共性的公平；对于选修课来说，强调的是独立个体，是全体中的"每一个"个体，应突出课程基于个性的公平。共性教育和个性教育在人的成长中不可偏废，具有等值功能。共性教育要求课程按一定时代和社会的统一需要设计，指导学生习得知识、技能和社会规范，帮助学生更好地融入社会，成为国家和社会的有用之材；个性教育则要求课程按照学生的身心发展规律，引导学生正确认知自己的天赋和个性，帮助学生能够发现和发展潜能，成为有创造力和有个性的人。本编讨论都是基于实验版课标下的语文选修课程的理论与实践。

实验版课标把选修课设计为五大系列。课程内容按模块来组合，用学分来计算课程修习。模块是高中课程结构在学习领域、科目之下的一个层次，它有明确的教育目标，能反映学科内容的逻辑联系，构成相对完整的学习单元。必修课包含"阅读与鉴赏""表达与交流""梳理与探究"三个方面的内容，由 5 个模块组成，每个模块 2 学分，36 学时。选修课程分

---

❶ 靳彤. 中学语文教学设计 [M]. 北京：高等教育出版社，2016：2.

为 5 个系列：诗歌与散文、小说与戏剧、新闻与传记、语言文字应用、文化论著选读。每个系列可设计若干模块，每个模块 2 学分，36 学时。按照高中课程方案，每学期分两段安排课程，每段 10 周，其中 9 周授课，1 周复习考试，语文按每周 4 学时安排，高中必修课安排 1.25 学年，选修课程安排 1.75 学年。

第一节　语文选修课程设计的依据

《国家中长期教育改革和发展规划纲要（2010—2020 年）》提出要"创造条件开设丰富多彩的选修课，为学生提供更多选择，促进学生全面而有个性的发展"。❶"丰富多彩"是我国在政策文件上对选修课的类别和层次所做的总体性的规定。选修课开设的丰富程度，对学生的个性成长起着关键性的作用，也是选修课的"选择性"特征是否突出的重要标志。研究语文选修课的类别和层次对推进语文选修课程改革具有重要意义。

选修课的发展比较曲折，但每一次教育改革都重提或把它作为一个亮点推出。既然选修课在一定历史时期的效果不佳甚至没有效果，是不是可以不要？选修课的重要作用及其意义何在？选修课的设计依据是什么？这些都值得慎重思考。总体来说，任何时代设计任何课程时都离不开社会、学生和知识三大要素。

一、新时代的社会需求

国家高度重视教育工作，习近平总书记多次主持会议审议教育重大议题，深入基层考察，与师生座谈，发表重要讲话，提出了一系列关于构建新时代中国特色社会主义教育体系的新理念新思想新战略。2014 年，习近平总书记在与北京师范大学师生座谈时指出："教育是提高人民综合素质、促进人的全面发展的重要途径，是民族振兴、社会进步的重要基石，是对中华民族伟大复兴具有决定性意义的事业。"❷新时代赋予教育以前所未有的崇高地位和神圣使命。党的十九大报告要求："要全面贯彻党的教育方

---

❶　《教育规划纲要》工作小组办公室. 教育规划纲要辅导读本［M］. 北京：教育科学出版社，2010：21.

❷　习近平. 做党和人民满意的好老师——同北京师范大学师生代表座谈时的讲话［M］. 北京：人民出版社，2014：2.

针，落实立德树人根本任务，发展素质教育，推进教育公平，培养德智体美全面发展的社会主义建设者和接班人。"党的十九大报告还提出了我国新时代的教育总目标，把立德树人确立为教育的根本任务。立德树人的内涵非常丰富，德育主要包括五个方面的内容。"立德树人，就要坚持社会主义核心价值观导向，深入开展理想理念教育、爱国主义教育、中华优秀传统文化教育和革命传统教育，加强法治教育、国防教育和可持续发展教育，促使学生内化为精神追求，外化为行动自觉。"❶ 语文选修课较之必修课，更能灵活地回应时代的要求。语文选修课应该以中国特色社会主义理论体系为指导，落实立德树人根本任务，既注重对学生能力的培养，也注重对学生的人格熏染，加强社会主义核心价值观教育，帮助学生形成社会主义核心价值观。语文选修课程的设计，与以往有所不同，要反映新时代的要求，在立德树人的总任务下设计课程与教学，帮助学生在学校和教师的指导下，自主选择学习任务群，形成有个性特色的课程研修计划，完成课程研修任务。

我国的教育与国外有较大的差距，反映在课程结构上就是长期以来一直实行单一的必修课程。从国际上看，早在 18 世纪末就产生了选课制，目前高中开设选修课程是世界各国的通用做法。"早在 20 世纪 80 年代，亚、非、欧、美等洲 60 个国家中，普通高中开设选修课的国家就占 76.7%。"❷ 选修课因与社会生活的紧密联系而极具开放性的特点，应面向未来，满足社会发展的需要。未来社会需要各种不同的人才，选课制是为了满足社会发展对多样化人才的需求。随着经济的迅速发展，社会分工越发精细，科技知识日益增长，新兴学科不断涌现，原先那种为适应普及需要的统一的教学模式和课程制度，已不能满足社会发展的需要，因而对教育个性化、人才个性化的要求越来越强烈。一些学校开始根据社会各领域对人才的不同要求，纷纷开设与专业、职业相对应的课程。

现代教育的重要特征，就是要面向学习者个性化、多样化的学习和发展需求，因材施教，促进学习者释放潜能，全面而有个性的发展。高中要重点培养学生自主探究的兴趣和内在的驱动力，通过选择性必修和选修课程等环节，创造条件和机会，引导学生发现自己的兴趣点，确立学习和发

---

❶ 陈宝生.优先发展教育事业［C］//党的十九大报告辅导读本.北京：人民出版社，2017：341.

❷ 赖瑞云.文本解读与语文教学新论［M］.北京：北京师范大学出版社，2013：449.

第一章 实验版课标下的语文选修课程设计论

展的方向。有意义的课程应该面向人的未来发展。教育实践证明，选课制有利于激发学生的潜能。根据教育的公平性原则，以学生为中心，由他们来选择认为对自己的一生更有意义和更具有方向性的学习科目才是真正的教育平等。当学生学习他们所喜欢的课程以及那些他们具有某些天赋的课程时，他们的心智会得到更好的发展。选课制为学生个体提供最适合他们自身学习的个性化课程，会更利于学生的全面而有个性的成长。随着选课制在中学的推进，许多中学的课程价值追求逐步演变，开始由过分强调共识教育逐渐走向追求个性教育；由偏向知识一隅转向注重实际运用；由单一为升学准备转变为兼具就业和升学两种功能。

二、学生个性发展的诉求

把选择权还给学生。我国新课程改革新在哪里？有专家指出"建立行之有效的校内选课指导制度，让学生行使充分的选课自主权，是区别新旧课程的一个显著标志"。❶ 可见，选修课的设置是高中新课程的最大亮点。为指导新世纪语文课程改革，教育部 2003 年颁布了实验版课标。作为第八轮国家课程改革中语文改革的指导性文件，它突出了以人为本的课程理念，强调了个性发展的课程意义，即语文是"为了每一位学生的发展"，把课程的选择权还给学生。

实验版课标规定语文"课程由必修和选修两部分构成，并通过学分描述学生的课程修习状况"。这表明选修课与必修课具有等值特点，意味着一直停留在大纲或课标层面的选修课在实际教学中取得了合法的地位，进入学校的教学计划。这具有里程碑的意义。"学校在保证开设好所有必修模块的同时，要积极创造条件，制订开设选修课程的规划，逐步开设丰富多彩的、高质量的选修课程。"

重视学生的个性发展。教育本质上是培养人的社会实践活动，学校教育既是共性教育，也是个性教育。合理的课程设置，既促进人的社会化，也促进人的个性化。良好的共性教育能帮助学生更好地融入社会，良好的个性教育则能促使学生发现自己，塑造更好的自己，为社会做出更大的贡献。语文必修课程以促进学生全面发展为要务，选修课程则以凸显学生个性发展为指导思想和目标，选修课课程结构的开放性、学习内容的多样化

❶ 倪文锦. 选修课：追求、困惑与反思 [J]. 中学语文教学，2007 (9)：24 – 26.

和评价方式的多元性可以比必修课更好地满足学生的差异性需要。

为学生选课创造条件。选修课的设置把课程的选择权交给了学生。按照三级课程管理模式，选修课程包括国家选修课程、地方选修课程和校本选修课程。从高一至高三"逐步增设选修课程，学生可跨班级选修"，高三下学期学生可"按照自己的兴趣和需要继续修习某些课程，获得一定学分"。整个高中阶段，学生享有自主选择课程、选择班级、选择学习内容和进度安排的权利。学生可以依照学校建立的校内选课指导制度，形成适合自己个性的课程修习计划。

从人的个性发展看，选修课更有利于培养学生对学科的终身兴趣。有一种普遍的观点认为，理想的教育应该在中国接受基础教育，在美国接受大学教育。美国的大学非常重视选修课的开设，越好的大学越能开出更多和更高质量的选修课，如哈佛，人文艺术类的选修课就可以开出100多门。我们中国人一直有些迷信自己的基础教育，比如我们的考试闭卷多，美国的数学考试，公式印在试卷上，凡是在书本上可以直接找到的东西不用去背。相比较，中国的学生能够把公式背得滚瓜烂熟，知识掌握得比较牢靠，功底比较扎实，发展后劲足，连英国的中学也向上海取经。这是强项，但也有短板，主要是选修课程不足，职业生涯规划教育缺乏，学生在高中阶段还不能确定自己的学科兴趣和职业倾向，以致面临高考后的专业选择，茫然失措。美国中学有大量的选修课，重视培养个体对学科本身的兴趣，对探究本身的兴趣，鼓励学生在追求知识的过程中发现自己的潜能和专业兴趣。所以，开设丰富多彩的选修课程，引起学生对学科的持久兴趣，激发学生创新潜能，对学生的终身发展具有重要意义。

创新能力是影响学生终身发展的重要能力，而创新能力的培养离不开真正的学科兴趣。创新是民族进步、国家发展的不竭动力，而教育的水平关涉国家的创新能力，因此创新成了各国教育的核心价值。长期以来社会上对我国创新人才的匮乏提出了尖锐的批评。在莫言获得诺贝尔文学奖之前，社会各界的诺贝尔奖情结浓厚，对中国本土没有培养出诺贝尔奖得主诟病颇多，近年来又转向对高考状元和奥赛得主的创新能力的质疑。40年的高考产生了大批的状元，这些高考状元一直受到中学、大学、商家乃至全社会的追捧，但跟踪调查发现，他们的职业成就远远低于社会预期。钱学森生前曾把它归结于大学教育出了问题。大学千校一面，所以培养不出来杰出人才。的确，这里面有大学培养模式的问题，但更深层次的根源在中学，并且与中学的选修课程的匮乏有较大关系。以状元、金牌得主为例，他们在中学时期在学业上取得了不俗成绩，表现出专业潜能，但却没能进一步确认自己的专业兴趣和终身职业发展方向，因而也就并没有根据兴趣、特长选择适合自己个性的学校和专业方向。他们大多挤进名校，选择热门专业，如状元们偏爱清华、北大，专业集中在好就业的经济类、金融类，如高考状元偏好"经济管理"专业。这一方面是因为太过功利的思想，另一方面是学生在中学并不完全了解自己在学习兴趣、需要和发展趋向等方面的特点，不能正确认识自己，不能根据自己的兴趣和未来发展的需要决定取舍。选修课的设计一定要凸显学生的个性，根据学生的个性开设，培养学生的创造力。"创造力曾经被认为是一些特殊的天赋异禀的个体的单独活动，或者是'孤独的天才'（Richards，1996）的特权。但是现在，它已经成为生命、人类发展、群体发展以及文化进化的源泉。"❶ 未来我们的日常生活，都需要创造性的活动，培养每一个孩子的创造力是选修课程的应有之义。

三、学科知识结构的需要

课程的设计不可忽视学科知识的系统建构。为了体现知识的系统性，以往的课程设计理念注重构建封闭的纯知识体系。语文课不是文学课，也不是语言课，更不是语言和文学两门学科的简单结合。语文知识体系不只是汉语语言学和文学学科体系的搬用，而是围绕语文素养，以语用为中心，在语文活动中动态建构。

实验版课标用"工具性与人文性的统一，是语文课程的基本特点"这一表述确立了语文课程的性质，提出了"全面提高语文素养"这一核心命题。它指出语文学习的最终目的是要全面提高语文素养，既包括读写听说能力的养成，也包括精神的充实、情感的完善与人格的提升。"语文素养"的提法旨在打破知识和能力的单一维度，努力做到知识和能力、过程与方法、情感态度和价值观三维目标的融合。那么如何实现三维目标？分设必修课和选修课是实现的重要途径之一。必修课主要体现课程的基础性和均衡性，使学生具有较强的运用语言文字的能力和良好的思想文化修养，在

❶ RONALD A，BEGHETTO J C，KAVFMAN. 培养学生的创造力［M］. 陈菲，周晔晗，李娴译. 上海：华东师范大学出版社，2013：213.

语言的应用、审美和探究等方面得到协调发展；选修课主要体现课程的多样性和选择性，为学生发展特长和个性创设学习条件和空间。

第二节　语文选修课程设计的任务

语文课程设计的任务主要是依据语文学科的性质、语文教学的规律和学生的身心发展规律设计科学合理的课程目标、课程内容和课程实施策略。

一、语文选修课程的目标设计

"课程目标，是在课程设计与开发过程中，课程本身所要实现的具体要求，它期望一定阶段的学生在发展品德、智力、体质、素养等方面所达到的程度。"[1] 课程目标由专家制定，体现在语文课程标准之中。实验版课标制定的语文课程目标有一定的层级，既有必修课与选修课的共同目标，也有各自的具体目标。它先从"积累·整合""感受·鉴赏""思考·领悟""应用·拓展""发现·创新"五个能力层级规定了语文必修课程和选修课程的共同目标，然后又从"阅读与鉴赏""表达与交流"两个板块规定了必修课程的具体目标，从高中语文选修课程设计的诗歌与散文、小说与戏剧、新闻与传记、语言文字运用、文化论著研读五个系列规定了选修课程的具体目标。实验版课标重视课程目标的层次性和差异性。必修课体现全体学生基本的、共同的语文素养目标，选修课则着眼于不同方向、不同发展水平的学生提高性、差异性的语文素养目标。语文选修课程的课程目标有了较大突破。

一是整合性。实验版课标突出目标的类别性，在从五个方面规定学生的发展目标后，又分别从必修课程与选修课程两个方面分述课程目标。王荣生教授认为语文课程目标分为三种类型：内容目标、能力目标和活动目标。[2] 实验版课标选修课程根据不同的体裁和题材，分五个系列从内容、能力和活动三个维度陈述目标，如在"诗歌与散文"系列，提出"背诵一

[1]　张先亮，蔡伟，童志斌. 高中语文教学质量目标设定与标准监控研究［M］. 北京：语文出版社，2012：5.

[2]　王荣生. 语文课程目标：转化与具体化——基于《义务教育语文课程标准（2011年版）》的语文教学建议［J］. 中小学管理，2012（4）：13 – 15.

定数量的古代诗文名篇",属于内容目标,体现了重视传统朗读训练法、重视文化积累的课程目标;在"新闻与传记"系列,提出"养成阅读新闻的习惯,关心国内外大事及社会生活,能准确、迅速地捕捉基本信息,就所涉及的事件和观点作出自己的评判",属于能力目标,体现了在信息时代,重视信息的筛选与评价能力培养的课程目标;在"小说与戏剧"系列,提出"尝试对感兴趣的古今中外小说、戏剧进行比较阅读或专题研究";在"文化论著研读"系列,"以发展的眼光和开放的心态看待传统文化和外来文化,关注当代文化生活,能通过多种途径,开展文化专题研讨"。后两种属于活动目标,体现了重视专题研习中研究性学习方式的课程目标。不同类型的目标结合在一起能全面实现选修课程的拓展性和选择性。

二是综合性。实验版课标注重语文选修课程目标的综合性。如在"语言文字应用"系列,提出"注意在生活和跨学科的学习中学语文、用语文,在学习和运用的过程中提高语言文字应用能力","能综合运用在语文与其他学科中获得的知识、能力和方法,读懂与自己学识程度相当的著作,运用多种方式展开交流和讨论"。这些目标规定符合语文学科本身的综合性特点。

三是实践性。语文课程目标的实践性一方面是指加强语文与生活的联系,在实际生活实践中学习和运用语文;另一方面是指语文素养在大量的阅读、写作和口语交际的实践活动中提高,实验版课标的一大特色,是把听说读写实践活动本身设置为课程目标之一。下面以写作目标的设置为例来说明实验版课标的课程目标的实践性特点,如表1-1所示。

表1-1 实验版课标对于语文选修课程写作实践活动的规定

系列	表述	实践特点
诗歌与散文	尝试诗歌、散文的创作,组织文学社团,展示成果,交流体会。	写作和口语交际实践活动有机结合。
小说与戏剧	留心观察社会生活,丰富人生体验,有意识地积累创作素材,尝试创作小说、剧本,相互交流。	加强写作与生活的联系,写作与口语交际实践活动结合。
新闻与传记	认识传记作品的基本特性,尝试人物传记的写作。	阅读与写作实践活动结合。

系列	表述	实践特点
语言文字应用	拓展运用语言文字交流的途径，学会用现代信息技术辅助交流，如使用计算机进行编辑、版面设计，制作个人网页和演示文稿。	注重写作活动与现代信息技术的结合。
文化论著研读	关注现实生活和社会发展，对感兴趣的问题进行思考，参考有关论著，学习对当代社会生活中的问题和中外文化现象作出分析和解释，积极参与先进文化的传播和交流，提高自己的思考、交流能力和认识水平。	阅读、写作、口语交际实践活动紧密结合。

　　课程目标的设置，教师的参与度不高，而把语文课程标准呈现的课程目标转化为教学实践中的教学目标则是教师的职责。从课程目标转化为教学目标，关键在于教学设计。教学设计既要呈现教学策划，又要以一定的教育教学理论为基础。主要包括：分析学情和教材；确定教学目标；计划教学流程；选择教学策略与手段；进行教学监测与评价等内容。简言之，教学设计主要包含三个方面的内容：教学目标、教学过程和教学策略，其中目标设计处于居高总揽的地位。

　　教学目标指教师在教学之前预期学生通过教学活动能够获得的学习结果。教学目标对教师的教和学生的学均具有指导、调节和规范的作用，对教师而言，主要是指导教师处理教材、选择教法、评价教学效果和反思教学；对学生而言，主要是指导学生进行制订学习计划、调节学习过程和检查学习效果。

　　目标科学合理不但可以提高课堂教学的效率，而且可以激发学生主动学习的兴趣，形成可持续发展的学习力。语文选修课的课程目标比较合理，但在课标层面的目标属于比较抽象的目标，转化为具体的教学目标需要发挥教师的主观能动性。就目前的整体状况看，由于选修课的教材专业起点较高，教师的专业水平和文本解读能力与之相比还有一定差距，所以选修课的教学目标设置有一定的随意性。表现为教学目的不甚明晰，行政主管部门规定学什么就教什么，教师会什么就教什么，选修课的教学目标方向不够清晰；同时，教学目标也不够系统，虽然，单篇课题有教学目的、教学重点和难点，但篇与篇之间，目标与目标之间缺乏整体有机联系。总之，教师缺乏对语文选修课程的教学目标体系的宏观构架。

第一章　实验版课标下的语文选修课程设计论

　　语文选修课程的教学目标分类也主要依据布卢姆的目标分类理论，但侧重点与必修课有所不同。美国芝加哥大学的布卢姆将教学目标分为认知目标、情感目标和动作技能目标三大领域。其中，认知目标的 6 个层次是：知识—领会—应用—分析—综合—评价；情感目标的 5 个层次是：接受—反应—形成价值观念—组织—价值体系个性化；动作技能目标的 6 个层次是：知觉—模仿—操作—准确—连贯—习惯化。新课程改革中语文必修课在目标设计上主要借鉴了布卢姆的设计理念。语文选修课程的教学目标设计与必修课相比，应凸显差异性。

　　第一，多维度而有重点。语文选修课程可以根据知识与能力、过程与方法、情感态度和价值观三个维度分项思考，但具体到某篇选文或某个专题的目标则应该有所侧重，不必面面俱到。如《中国古代诗歌散文欣赏》主要从文学鉴赏角度引导学生阅读古代诗文，加强文化熏染。《外国小说欣赏》则主要是勾勒外国小说史的大致轮廓，初识小说艺术，提高审美鉴赏能力。

　　第二，多层次而有弹性。无论是认知目标、情感目标还是动作目标，教学要达到哪个层级，应准确区分。教学内容的弹性来自教学目标的弹性，王荣生教授在说明弹性目标的重要性时举了一个必修课的例子，笔者认为对于选修课价值更大。"郑桂华老师的课有这样一个特点，比如《安塞腰鼓》这节课，不同的学生，甚至不同的年级，她都可以上。我认为诀窍在课堂教学流程的疏导处，比如'圈传递这种感觉更强烈一些的句子'这一处，还比如'发现词语和句式的特征'以体会'感情与表达形式之间的关系'这一处。感觉强烈的句子，有的班级可能圈得多一些，有的少一些；词语和句式的特征，有的学生发现得少一些、浅一些，有的多一些、深一些，这里有很大的调节余地。"❶ 因选修课要根据学生的个性和不同需求，目标比必修课要更有弹性。根据学习理论的研究，学生只有在完成了某一单元规定的教学目标的 85% 以上，才能顺利进行新一单元的学习。所以在设计这一目标时学情分析至关重要，教师要通过测试、调查、观察课堂表现、分析作业等方法准确把握学生原有基础和学生学习准备情况，确定有层级的目标起点。

---

❶ 王荣生. 如何理解语文教学内容的确定性［EB/OL］.［2012 - 11 - 17］. http：//www. yanxiu.com.

第三，可量化而有质性。教学目标体系中既要有具体、明确的量化指标，以便于观察和测量，也要有适宜于综合性语文活动评价的质性目标。如有教师在中华传统文化学习中把"儒家礼仪专题研究"的教学目标设计为：学经典、识礼仪、习文化，就比较恰当。学经典，可量化到多少篇，传承礼仪文化具有质性特点。与教学内容的宽泛性相对应，教学目标也具有高度概括的质性特点。

二、语文选修课程的内容设计

相对于语文必修课程内容的稳定性，选修课程具有不确定性，而且这种不确定性贯穿在国家课程、地方课程和校本课程三级课程体系里。它给教师开发课程增加了难度，同时也带来了较大的自主空间。教师可以根据学校的课程资源与学生的实际需求，按照课程目标，自主开发课程，确定课程内容。教师的"二次开发"可以有三种形式。

一是大力开发国家课程。国家选修课程的内容综合性、实践性很强，实施方式灵活自由。实验版课标中有选修课的十二种举例，这些举例是对选修课五大系列的具体化，为确定课程内容和编写教材提供了一种思路。由于选修课是国家基础教育课程改革中出现的新生事物，出版社首先依据这些举例，开发编写系列选修教材。如人民教育出版社在 2002 年 10 月开始启动《普通高中课程标准实验教科书·语文》的研究编写工作，共开发编写了包括 5 个必修模块和 16 个选修模块在内的普通高中语文课程标准实验教科书。开发的选修系列 16 个模块的课程名称为：《中国古代诗歌散文欣赏》《中国现代诗歌散文欣赏》《外国诗歌散文欣赏》；《中国小说欣赏》《外国小说欣赏》《中外戏剧名作欣赏》《影视名作欣赏》；《新闻阅读与实践》《中外传记作品选读》；《语言文字应用》《演讲与辩论》《文章写作与修改》；《先秦诸子选读》《中国文化经典研读》《外国文化著作选读》《中国民俗文化》。国家层面的课程尽管从选题到内容的编排尽量考虑到基础性，但总观全套教材，教师教学会面临两大难题：一是对于中学生的接受能力来说，教材的专业化、学术化的程度仍然较高；二是相对学生的文化视野来说，选修课程内容量大、面广。因此，教师在处理国家层面的选修课程时，首先要全面了解教材，认真钻研教材，准确把握教材的难易程度，筛选教学内容；然后依据学生的基础和学校的条件，做好从课程内容到教学内容的转化工作。

二是补充完善地方课程。三级课程有机勾连可以形成合理而又重点突出的课程体系。总体来说，在三级课程体系当中，中间这一级研发最弱。多数省份的普遍做法是从已经开发的国家课程中选择推荐。如湖南省从人教版的 16 个选修模块中选择了《中国古代诗歌散文欣赏》《外国小说欣赏》《新闻阅读与实践》《文章写作与修改》《中国文化经典研读》5 门课程推荐在全省共同使用。地域适应性是地方课程的最大优势，地方课程还有很大的拓展空间。在地方教育行政主管部门对地方课程普遍开发不足的情况下，学校应根据当地的课程资源，补充和完善地方课程。在课程建设过程中，一些学校和语文教研组的探索值得推荐，如苏州十中以校本课程形式开发的具有地方课程特色的《文学苏州》《认识苏州方言》；苏州一中开设的《叶圣陶文学作品选读》等。这些以介绍当地文化、历史人物、风土人情为主线的课程不但能给学生以语言文字的训练，而且能使学生在阅读和实践中产生亲切感和探究欲，激起学生爱国爱乡的感情。

三是自主设计校本课程。国家课程层面的语文选修模块其实已经比较丰富，如人教社有 16 种，语文出版社有 15 种，苏教版 15 种，鲁教版 9 种等。为什么还要鼓励教师大力开发校本课程呢？因为国家课程虽然教材品种丰富多彩、内容包罗万象、教材编排体系灵活多样，但主要依据全国同学段学生的普遍知识水平，以学科知识为中心建设教材，相对于每一个具体学校来说，目标泛化，针对性较差。而校本课程主要是依据学生的实际语文水平以及教师和学校的现有条件开设的，往往更有针对性，更具实效。课程内容可以是国家课程系列里某一方面的细化，也可以是地方课程的拓展延伸，还可以另辟蹊径，创造性地开发出独具特色的课程。如苏州十中的校本课程《校园碑文选读》，它把寻访校园石碑的实践活动和阅读碑文的学习活动紧密地结合起来，让学生真实体验到身边处处是语文的妙处。该课从 2001 年开始实施，至今已连续十六届，仍然受到学生的欢迎和喜爱。❶ 这说明只要技术路径和实施方案设计科学合理，每个学校都有可能开出一批比较成熟的校本课程。生活是课程之源，校本课程的开发应广泛联系学生的全面生活，沟通课内与课外。"从课堂、校园生活、家庭和

---

❶ 徐思源. 基于学生，着眼发展——苏州十中语文校本课程的开发与实施［J］. 中学语文教学，2017（3）：45 – 47.

社会实践活动三个空间维度思考校本课程的开发，就发现校本课程开发有着无限的空间。"❶

三、语文选修课程的过程设计

语文选修课程的实施方案应突出培养学生的综合能力和自主学习能力。设计的核心是构建为之服务的教学过程和教学策略。

美国心理学家加涅等人在 1988 年提出了课堂教学中促进学生有效学习的九个外部条件，即九个教学事项：引起学生注意，提示教学目标，唤起先前经验，呈现教学内容，提供学习指导，展示学习行为，适时给予反馈，评定学习结果，加强记忆与学习迁移。教师在教学中依次完成这九个教学事项，才能更好地完成教学任务。目前语文必修课程的教学过程设计理论主要以加涅的教学设计原理为基础，吸收 20 世纪 80 年代以来的语文教学模式改革成果而形成的，比较成熟，模式也基本稳定，课堂教学过程包括导入—整体感知—重点赏读—拓展训练—布置作业五个基本环节，有些变式，但设计思路基本稳定。

组织教学内容是教学设计的一项重要工作。语文选修课程因为教学内容与必修课程不同，分类比较清晰，有的侧重于实际运用，有的着眼于鉴赏陶冶，有的旨在引导探索研究。课堂教学也应有不同的模式。从已有的课改实验经验看，问题导向式、专题研讨式、活动探究式是较为有效的课堂模式。问题导向式的基本流程：自主发现问题—合作探究问题—集中解决重点问题—整理反思问题。它有利于培养学生的问题解决能力和创新思维能力。专题研讨式的基本流程：策划选题—搜集材料—讨论互评—理论总结。它有利于培养学生的研究性学习能力和合作能力。活动探究式的基本流程：策划主题活动—分工开展活动—汇报展示活动—活动成果评估。它有利于培养学生的综合能力和实践能力。在新课改中，选修课也出现了一些新的课堂教学模式，如线上、线下一体化的"混合式教学"，前后次序颠倒化的"翻转课堂"，学生自动分层的"自分课堂"，师生换角的"对分课堂"，等等。这些模式丰富了课堂形式，为选修课的组织提供了新的思路。

❶ 项春雷. 基于叶圣陶教育思想下的学校课程开发 [J]. 课程·教材·教法，2017（2）：119－125.

第一章　实验版课标下的语文选修课程设计论

相对于语文必修课程的全面基础性，语文选修课程更突出拓展性，在教学内容的选择上，相对专一，深度有所加强，着眼于挖掘学生的潜能，培养学生的创新能力，这样的课堂以解决问题为主，采用问题导向式课堂模式较为适宜。相对于语文必修课程的知识系统性，语文选修课程教学容量大，知识的整合性强，在教学内容的组织上更突出专业领域知识，着重理解与评价语文学科中的某种现象，探讨规律，这样的课适合采用专题研讨式。相对于语文必修课程的学科单纯性，语文选修课程在教学内容上与生活的联系更紧，与其他学科的融合度更高，这类课更适合采用活动探究式。

四、语文选修课程的方法设计

不同类型的选修课存在教学方法上的差异，选修课特别注意寻求与课程内容相适应的教学方法。语文教学方法的选择要始终贯彻以学生为中心的指导思想。常用的教学方法有：讲授法、讨论法、练习法、演示法等，随着新课程改革的推进，国外大量新的教学方法被引进。发现教学法、情境教学法、合作教学法、愉快教学法、个别教学法等新颖教学策略被广泛运用到中小学课堂教学，应该说教学方法的丰富与更新是新课程改革的亮点之一。语文选修课程的教学策略设计应该综合考虑多种影响因素，具体应考虑以下几个方面：教学目标的层级性、教学内容的专题性、学生学习起点的差异性、教师教学风格的独特性和教学条件的可行性等。如国学经典阅读之类的选修课程，教学目的重在识记和理解，可以选用讲授法和诵读法，帮助学生在理解材料意义的基础上背诵大量古诗文，提高背诵效果；同时，背诵的篇目多了，反过来又提高了学生对经典的理解水平，从而形成良性循环。近年来，语文教育实践中出现了一个可喜的现象：由于诵读法、吟诵法的普及，学生在学习中国传统优秀文化的过程中，经典篇目的背诵能力大大提高了。如《中国诗词大会》节目中参赛的中小学生选手不少，有的还取得了令人瞩目的成绩，如复旦大学附中高一年级16岁的学生武亦姝，经过与名牌大学的大学生和诗词修养甚高的成人的激烈角逐，成为2016年第二季冠军。据她的语文老师介绍，武亦姝在繁重的学习压力下，还能背诵2000余首古诗词。学校开设的校本课程《中华古诗文阅读》起到了一定的作用，武亦姝能背诵校本教材的全部诗文。这不但为参赛奠定了基础，也激发了她进一步学习古典诗词的兴趣，提升了能力。

如果教学方法运用恰当，能激发出学生的无限潜能。

教学媒体的选择与运用也是语文选修课程教学策略设计的重要一环。多媒体的使用已是语文教学的常态。它在知识容量、教学直观、提供示范和展现过程等方面具有传统教学手段与方法所不能达到的优越性，但也有它的限度。语文选修课程教学在植入音频视频的过程中不能喧宾夺主，要考虑到引入的必要性、针对性和辅助性。

总之，教学设计既要体现语文教学的计划性和目的性，又要体现语文教师的设计智慧。教师要想做出优秀的教学设计必须要有自己的独立思考和个人特色。由于语文选修课程的开设属于第一次，有的教师在这方面还没有积累起相关的经验，所以做教学设计时，常常找一些现成的案例进行借鉴，借鉴是没有问题的，但一定要在自己独立备课的基础上参考和补充完善，如果没有融入自己的理解，完全照搬，效果并不好。教学目的、教学过程和教学方法的设计是建立在教师个体对教材、学情和社会需要的充分把握基础上的，教学设计需要个性特色。

第三节　语文选修课程设计的问题

语文选修课在实施中取得了一定的成效，但也在推进过程中暴露出一些深层次问题：选修课没有分类分层设计；内容设计单一；方法上一味求新。

一、语文选修课程设计存在的主要问题

（一）整体课程框架分类分层不清

（1）选修课类别单一。"为了每一个学生的发展"是新课程改革的基本理念。选修课主要是为了帮助学生确定自己的发展方向，实现主动发展，而学生的个性和层次需求不同，所以在课程设计上一定要有分类意识。我国的课程专家学者历来十分重视选修课的分类问题。廖哲勋按照性质和作用划分，把选修科目分为四种类别："①面向高一级学校的提高性科目；②面向主要生产部门的职业性科目；③扩展科学视野的综合性科目；④发展学生特长的技艺性科目。"[1] 从立新在此基础上进一步归纳，把

❶ 廖哲勋．课程学［M］．武汉：华中师范大学出版社，1991：166.

选修课分为三大类：①学术类；②职业类；③兴趣爱好类。❶ 这样分类除凸显选修课程的学术价值外，都注重了选修课程在特长培养和职业导向等方面的特殊价值。但在新课程改革中，无论是从课程标准、教材还是教学层面来看，选修课的类别均比较单一，过分偏重面向高一级学校的学术类课程，兴趣爱好类课程不足，职业类课程尤其缺乏。

以语文教学为例，由于各种原因，语文选修课在实际开设中类别单一。据笔者调查和访谈发现，学校开设的语文选修课程主要有两种：第一种是统一开设。以权威教材为本，学校统一选用一套经典教材中的几个模块，设置大致与教材同名的选修课程，教学内容主要是讲授教材的内容。第二种是自主开设。教师根据特长开设校本课程，课程范围在选修的五个系列之内，教学内容与高考挂钩。大多数学校实际开设的语文选修课程基本上是以第一类课程为主，以鉴赏陶冶类居多。按前面课程专家的分类标准衡量，实际开设的语文选修课基本属于"学术性"课程，主要是面向高一级学校的提高性课程，有的甚至开成了面向高考的应试性课程。

（2）选修课层次模糊。21 世纪呈现出一种更为复杂的社会状态，"社会思想文化多元多样多变"。❷ 在这样的社会背景下，学生的需要层次性更为明显，不同的学生就是选择同一类别的选修课甚至选择同一门选修课，对课程的期望和要求也会不一样。高中选修课从设置初衷看，是为了满足中学生毕业后的不同流向和学生发展的不同倾向而提供的选学科目。从选修课历史发展来看，选修课主要提供两个层级的课程：一是为升学做准备的课程；二是为就业做准备的课程。随着我国经济实力和综合国力的增强，高等教育从精英教育走向了大众化教育，我国大学升学的比例大大提高。按照《国家中长期教育改革和发展规划纲要（2010—2020 年）》公布的发展战略目标，高等教育的毛入学率要由 2009 年 24.2%、2015 年 36.0% 增至 2020 年 40.0%。我国目前仍有 60% 以上的适龄青年不能升入高等学校，按如期实现预计发展目标算，我国到 2020 年虽然升学的比例增长迅速，仍将还有超过 50% 的适龄青年因为各种原因需要直接就业。"就业"必然要成为课程设计更为重要的一个层级。语文课程标准中对选修课的开设有具体的范围要求而没有明确的层次要求，所以就目前的选修教材

❶ 丛立新. 课程论基础 ［M］. 北京：教育科学出版社，2000：242.

❷ 袁贵仁. 努力办好人民满意的教育 ［J］. 中国高等教育，2012（24）：4.

和教学现状来看，选修课程的层次性是模糊的。经典教材在开发中层次性也较为缺乏，以人教版为例，系列教材中的几个模块之间，在课程功能定位上没有层次差别，整体上更多地为准备升学的学生设计，特别是为语文学习兴趣浓厚并预备进一步到汉语言文学及相关专业深造的学生考虑。教材过分追求学术性、文化性而忽视社会实用性、职业指导性。从校本选修课程看，也是与高考联系过于紧密，重在以升学为目标，有的甚至异化为高考应试的培训课程。

王策三先生早在 20 世纪 80 年代就提出课程论研究面临的重大矛盾之一是"学校课程如何适应准备培养职业专家或各种专业劳动者和准备培养一般学术文化人才，简言之，中等学校课程如何服务于准备劳动就业和升学的双重任务"。[1] 今天这个问题本可以依靠选修课程较好地缓解，但由于选修课程设计的层级过于模糊，矛盾仍很突出。

（二）教材内容框架设计类型失衡

为了配合新课改，国家于 2002 年 10 月开始启动高中语文教材的编写工作，按照实验版课标的要求，开发编写了包括 5 个必修模块和 16 个选修模块在内的普通高中语文课程标准实验教科书。选修课教材，与必修课有一些衔接，但跳出了必修教材的框架，在增加阅读量，拓展学习视野，发展个性等方面突出了特色。应该说，三级课程中国家课程的教材开发比较成熟，但仍然存在系列较为单调的问题。综观目前国家课程中的语文选修课教材，迷失在学科丛林的现象较为普遍。从国学、文学、哲学、美学、文字学、文章学、教育学等学科视野出发编写的教材占据了主要市场。这些教材学科性强，在导向上偏重学术研究。偏向学术的教材，一般由学科专家主持编写，这类教材在学科知识的系统性传授上有优势，但如果选修课程教材全部是同一类型，不但使得国家课程教学内容单调，而且还有一个导向性的问题，可能会误导地方课程、校本课程的编写理念和方向，事实也的确如此，从已经开发出的校本教材看，多数教材的学术化倾向明显。从国家课程层面的选修课程看，存在的问题主要是一个占比问题，一个平衡的问题。学科类教材占比过高，甚至占绝对优势，就有可能使得选修课教材失去"选择性"，也使得一般的语文教师望而生畏，失去自主开

---

[1] 王策三. 教学论稿 [M]. 北京：人民教育出版社，1985：201.

发选修课教材的信心。

语文选修课程中的校本教材，因其灵活性，本应该与生活、与社会的关系更为紧密，现实针对性更强，以弥补必修课程因其长周期和相对稳定性而时代感不足的问题。但实际的情况是地方课程、校本课程的教材开发严重不足，质量堪忧。有专家呼吁要加强对校本课程的监控和管理。"语文校本教材质量监控体系，是指根据教育规律、课程目标、教材编写原则和质量标准，对语文校本教材进行全过程、全方位对层次的监控与评价，并有效地改进语文校本教材的组织工作，提高编写效率，保障教材质量的较为完整的管理系统。"❶

教材是教学的基础，教材的内容框架是教学的线索。语文选修课国家课程层面开发的教材实际上在中学一统天下，更应该考虑不同地区和不同志向的学生的水平和需求，开发出学术类、兴趣类、职业类等结构均衡的教材。

（三） 方法设计一味求新

教学方法是为教学内容服务的。巴班斯基说，是教学目的和内容选择方法，而不是其相反。影响教学方法设计的因素很多，教学方法受教育思想和教学理论的制约，受课程标准、教材、学情的制约，也要受到教师自身特点的影响。在以往的方法设计中比较忽视教师自身的特点。其实，即使是最先进的方法，只有教师能融入自己的理解和个性，才能真正发挥实效。教师能驾驭的方法才是好方法。

语文选修课程教学中教学方法的设计在宏观和微观层面都存在一些问题。在宏观设计理念上：重西方引进轻传统继承；在微观设计行为上：重形式创新轻实际效果，导致语文选修课在方法设计上形式大于实质。如语文教师在教学设计中大量采用音频视频法，但引入的音频视频内容却跟教学内容不和谐，要不内容关联不紧，要不风格不搭。暖场歌曲或视频导入没有起到熏染气氛、创设情境的作用。再如语文教师在教学设计中习惯于套用实验版课标中的自主、合作、探究的学习方式。但在课堂观察中我们发现，有的选修课在文学性的文本解读中过度运用"角色扮演法"合作探究，追求气氛热闹而缺失静心的体悟。甚至有人纯粹受新方法的吸引，在鲁迅杂文研究这样的选修课程中也运用"角色扮演法"，在课堂上塑造孱头、浑蛋、废物的形象，哗众取宠。有的生硬移植杜郎口模式、北大附中模式等，把大量的语文课堂学习内容无限延伸到课外，这实际上是加重学生负担。有的在自主、合作、探究的学习方式转变中，出现分组泛滥的现象，不管是否适合教学内容，一切都分组讨论，把分组学习等同于合作学习。合作学习在全国普遍盛行，有的运用并不恰当，如学习《西厢记》花大量的时间去分组讨论"张生会不会回来"，而对戏曲文本语言本身的张力、元曲的语言特点却匆匆带过。这样的分组讨论看上去激发了学生探究的兴趣，课堂气氛很活跃，但实际是与课堂教学目标背道而驰的，没有多大的实际效果。所以，教学方法不能一味求新，应返璞归真。在新课改进行 15 年后，关于教学方法的教学反思越来越多。特级教师李镇西曾呼吁教师应该是一棵文化大树。我们学名校、学名师，不必在方法模式上纠缠不清，更不必将方法奉为圭臬，要学他们背后的付出与追求、学识与修养。中国科技大学原校长朱清时说，不折腾就是教育的最基本规律，教育要是总折腾，大家都没有心思静下来看书、想问题，所有成果都是虚的。北京师范大学王宁教授说："我是反对把中学语文教学完全跟教法来挂钩的，我觉得重要的问题不是教学法，而是一些理念。当然我也不反对教学是有技巧的，但是如果内容都没有理解好，讲再多的技巧有什么用呢？"❶ 也有人把目光又重新投向西方，通过对美国语文课堂教学的观察，重估教学方法的价值和意义。李海林："'按照生活中听说读写的实际状况教学生学会阅读、写作、交流这几件事'这样一句简明扼要的话，正是美国母语教学给我们的一个重要启示。"❷ 语文教学的目的是培养学生实际生活中需要的听说读写能力，教学方法应回归朴素，为教学的目的服务。朱俊："我听了一节英语课（相当于我们的语文课），内容是赏析一部长篇小说中的片段。上课老师没有因为有听课老师而特别强调互动，教学方法和我们十几年前的语文课一样，读一段之后提几个问题然后讨论讨论，再读一段再提问讨论，然后布置作业。之后，老师布置了一道写作题，要求学生以小说

---

❶ 桑哲. 语文课不是文学课也不是语言课——访著名语言学家、北京师范大学王宁教授 [J]. 现代语文，2004（11）：2 - 5.

❷ 李海林. 按照实际状况教会学生读写和交流——美国母语教学的一个重要启示 [J]. 语文建设，2015（11）：16 - 19.

主人公的身份，给报社写一封信，所有学生都在电脑上操作，老师可以随时查看了解学生的写作情况，学生也可以在互联网上搜索参考相关信息。"❶

这些反思进一步说明好的教学方法要为教学目的和教学内容服务，不在于形式的翻新。要从学生的学习效果去衡量教学方法的运用是否恰切。

二、语文选修课程设计的问题探因

新课程改革在选修课程的设计开发上权力下放，给学校和教师留出了比较大的空间，以避免"万人一本、千人一课"的局面。但综观语文选修课的实施现状，我们发现这一设计初衷面临困境，多数学校开设的选修课具有高度的相似性，远没有达到纲要所提出的"丰富多彩"的要求。究其原因，虽有课程历史传统问题，如我国多年来没有选修课，有的也只是停留在课程大纲上，实际开设少，没有积累多少开设经验等，但更主要的是无法摆脱的现实的功利目标。语文选修课在实施中以升学作为课程设计的主要目标甚或唯一目标，激发兴趣特长和培养职业性向的目标受到忽视。

（一）"学科中心"的课程类别设计观

2003 年实验版课标对必修课程与选修课程的特点表述为"必修课程要突出课程的基础性和均衡性。学生通过必修课的学习，应该具有良好的思想文化修养和较强的运用语言文字的能力，在语文的应用、审美和探究等方面得到比较协调的发展。选修课程也应该体现基础性，但更应该致力于学生有选择地学习，促进学生有个性地发展"。❷ 这确定了两种课程性质的相同点和不同点，必修课和选修课都要体现基础性，但选修课更要体现拓展性和选择性，为每一位学生的个性发展提供养料。语文选修课与必修课至少应从两个方面进行区分：一是选修课程的实用功能要大于文化功能。必修课重在传承中国文化，传递社会主流价值观，促使学生通过学习传统文化，认同中国传统核心价值观；选修课的实用功能则大于文化功能，重

❶ 朱俊．面向每一个学生，做好每一个细节——感受美国教育［J］．江苏教育研究，2015（2B/3B）：114－115．

❷ 中华人民共和国教育部．普通高中语文课程标准（实验）［S］．北京：人民教育出版社，2003：4．

在按需设置、定向分流，帮助学生更好地适应生活，重在培养学生良好的社会适应能力。二是选修课程的个体意义大于公共意义。选修课程重在顺应人性，满足独特性和多样性，发展个性，促进学生联系自身和社会生活思考个人职业方向，做好人生规划。课程的个体建构意义高于公共预设意义。美国课程论专家蔡斯将课程设计模式概括为三种有代表性的类型：学科中心的设计；学习者中心的设计；问题中心的设计。❶当然，每一种课程设计都会综合考量多种影响因子，但又多有侧重，每一种模式都有其优势和适用点，"学科中心"侧重考虑的是知识的体系性；"学习者中心"侧重考虑的是学生的兴趣；"问题中心"侧重考虑的是社会的需要。选修课程根据类别不同，可以选取不同的设计类型。如学术性课程可以采用学科中心的设计，兴趣特长课可以采用学习者中心的设计，职业指导课可以采用问题中心设计等。目前我国语文选修课的课程设计过分偏向学科中心的设计，比较单一。课程目标在务虚性方面做得很好，在务实性方面有所欠缺。比较重视为学生传承优秀文化遗产和理解多元文化提供指南，而对学生实际生活指导则较为忽略。具体表现为：重文化的继承与融合，轻生活技能的指导与培训；重知识的系统与整合，轻知识的亲历与内化。以学科为中心设计的课程，知识的系统性更强，序列性更清晰，更有利于促进学生的智力发展，对高考应试也有帮助，所以在一线教学中更受欢迎。

（二）"升学中心"的课程层次设计观

《普通高中课程方案》在"课程设置及其说明"中把选修课程分为"选修学分Ⅰ"和"选修学分Ⅱ"。"选修学分Ⅰ"要求"根据社会对人才多样化的需求，适应学生不同潜能和发展需要，在共同必修的基础上，各科课程标准分类别、分层次设置若干选修模块，供学生选择"❷。实验版课标中选修课共分为五个系列，即系列1：诗歌与散文；系列2：小说与戏剧；系列3：新闻与传记；系列4：语言文字应用；系列5：文化论著研读。这5个系列涉及5大领域，也就是说学校只要在这5个方向领域开设了符合规定的课程，即视为达到了课程要求，至于这些课程是否要分类别

---

❶ 蔡斯．课程设计：有代表性的模式［C］//瞿葆奎．教育学文集·课程与教材：上册．北京：人民教育出版社，1988：283-328.

❷ 钟启泉，崔允漷，吴刚平．普通高中课程方案导读［M］．上海：华东师范大学出版社，2003：475.

和层次，实验版课标则没有涉及，把分类分层任务下放给了学校。"学校应按照各个系列的课程目标，根据本校的课程资源和学生的需求，有选择地设计模块，开设选修课。对于模块的内容组合以及模块与模块之间的顺序编排，各学校可以根据实际情况灵活实施。课程的具体名称可由学校自定。"❶ 实验版课标要求选修课程在国家课程、地方课程和校本课程三级课程中应以校本课程为主，从理论上讲，这些课程应该是多类别多层次的。实验版课标说明中提出："应鼓励学生根据自己的学习兴趣、未来学习和就业的需要，选修有关课程。"从表述上明确分了层次，要求选修课程为打算继续学习深造的学生和打算就业的学生提供不同的课程选择。但由于高考制度尚没有实质性的改革，高考仍然"寄托着亿万家庭对美好生活的期盼"，新课程改革的一举一动牵动着亿万家庭，任何有损升学的做法都有可能遭到家长和社会舆论的质疑与抵制，所以各个学校在选修课程设置上异常谨慎，高度趋同，形成了目前以国家课程为主的局面。一些选修课程沦为必修课的延伸与补充，多在为"升学"做准备。

（三）权威主义的教材设计观

传统教学观认为，教本教本，教学之本。教材（主要是教科书）不是唯一的课程资源，但在我国教科书却一直是学校教育的主要课程资源。"所谓'教科书'（textbook）是指'学校或是任何学习集团在学习一定领域的知识时所运用的教材，以便教学的方式编辑的图书。"重新认识语文教科书在我国语文课程资源中的特殊地位是课程资源开发与利用的关键。众所周知，我们的基础教育改革更多的是借鉴了美国的课程论思想，而美国有着与我们完全不同的课程实施环境。比如，美国教师对教科书的利用程度要弱得多，但他们的数字化教育普及程度相当高，"电脑、电视通过控制人们的时间、注意力和认知习惯获得了控制人们教育的权利"，课堂教学中学生有电脑和互联网可用，网络资源成了教师的重要课程资源。在美国，他们的三级图书馆——学校图书馆、社区图书馆、城镇图书馆的建设和使用形成了良好的传统，教师和学生能利用广泛的课外课程资源达成课标中要求实现的课程目标。而在我国情况却完全不同，县一级的中学图

---

❶ 中华人民共和国教育部. 普通高中语文课程标准（实验）［S］. 北京：人民教育出版社，2003：5.

书馆从馆藏到实际使用陷入恶性循环；公用图书馆的建设和利用率不高。据调查"2004 年有 693 个县级图书馆没有购进一册新书，占总馆数的 25.9%"。网络教学方面，虽然为配合课程改革，加速教育现代化，国家制订了校校通计划，但学校"网络课程资源的使用效率也不是很高"。在条件性资源相对匮乏、课外学习资源利用不足的教育环境下，我国语文教学中教科书的作用明显高于西方国家，教科书的编写仍然是语文教材建设的重中之重。在新的课程改革的背景下，教科书的影响力也势必发生变化，出现新的特点。侯定凯在《〈教科书政治学〉译者序》中认为："现代社会教科书在学校教育中的地位是双重的：一方面，学生可获得的信息渠道日益多元，使传统教科书的权威性受到挑战，对教科书批判性的学习，成为学生成长的一部分；另一方面，教科书依然是课程的中心环节和学校教育的重要载体，教科书的地位同样也得到教师和考试制度的权威的强化。"所以我们要把教科书放在新的时代背景之下来把握其双重性。尊重教科书，但不完全依赖教科书。

（四）形式主义的方法设计观

在语文教研中有一种不良的风气，什么时髦研究什么，这种"实用主义"既不是根据学情，也不根据教情，更不是真正地反映学科的特点。实验版课标为所有的学科都设计了自主、合作、探究的学习方式，旨在转变学生过于被动、封闭、接受式的学习方式，提升创新能力和自我教育能力。但在进入各科教学中却有些走样，主要是没有把三种方式很好地跟学科特点结合，为求新而盲目移植。新课改后语文界在教学方法的设计上也存在这样的误区，传统语文教学中一些好的传统方法被舍弃，人为地为教学方法贴上新、旧的标签。如语文学习的方式，不只是有自主、合作、探究，传统的诵读法、素读法、虚心涵泳法等在古诗文的体验性学习中具有不可替代的价值；串讲法、讲授法等在知识的梳理与归纳中，更符合语文学习的特点，也更为高效。西方引进的新方法，不是包治百病的万灵之药，运用不当，也可能效果适得其反。新旧学习方式有机结合，才能相得益彰，提高教学效果。因此，设计教学方法关键要考虑以下几点：一是教学方法为教学目的、教学内容服务，方法的选择要符合语文学习的特点和规律；二是重在教与学双方对教学方法的认同度，认同度越高，方法越有效，方法的选择要符合学情；三是方法设计重在符合语文教师的个性风格。教师能驾驭的教学方法，才能激发出教师的最佳水平。总之，教学方法没有抽象的好与坏，只有具体运用的对与错。

第四节　语文选修课程设计的改进策略

"育人为本"是我国教育的重要工作方针，提升高中学生的综合素质，促进学生健康成长是学校一切工作的出发点和落脚点。语文选修课的设计应以学生自身发展为基础，促进学生顺利升学和就业。与必修课的基础性相区别，选修课应对学生兴趣特长和职业生涯起到更强的指导作用，着重对学生的现实生活、职业规划和专业发展方向形成分类分层指导。基于此，语文选修课的设计，应从生活语文、职业语文、专业语文三个方面分类别，从就业与升学两个方面分层次，才能达成一个共同目标：促进学生的个性发展。

一、生活语文

"教育与生活分离的问题是近现代教育的基本问题。"❶ 所以在当今的国际课程体系改革中，生活教育内容普遍受到重视。

（一）生活语文的理论阐释

（1）联系生活。这里"生活"的外延是宽泛的，主要包括家庭生活、社会生活和精神生活。"这生活并不局限于学生个人的小天地，还指社会生活、历史上的生活、国外的生活，乃至想象中的生活，只不过这些生活都是学生所能认识、理解，并有所感受、体验的，某种意义上也属于生活的生活。"❷ 这实际上指出了学生实践生活的特殊性。学生的实践生活包括两种：一种是指与身边世界发生联系的物质生活，另一种是指学生与宽广世界产生联系的精神生活。设计家庭生活类课程，主要目标是培养学生处理日常生活事务所需要的语文技能与综合素养，以获得更具品质和更高质量的生活。"世界上很多国家和地区如美国、英国、法国、德国、加拿大、日本及我国台湾地区的中小学和高中都设有必修的家庭学科课程。"❸ 我国

---

❶ 方明生. 日本生活作文教育研究［M］. 上海：上海教育出版社，2002：1.

❷ 顾之川，顾振彪，郑宇. 中小学写作教材改革设想［J］. 语文建设，2014（7）：15－19.

❸ 孙晓梅. 日本家庭学科课程的启示［J］. 人民教育，2012（9）：51.

的课程体系中生活教育的内容在必修课中没有单独设置，在综合选修课中也没有明确。学科教学实际担负了渗透生活教育的职能。语文必修课程随着语文综合性学习等模块的加入，生活教育的内容可以融入，但相对还是比较随意。应在选修课程设计中设立"生活语文"类别以弥补不足。"生活语文"重视语文教学与日常生活的联系，重在提高学生处理生活问题的语文能力。生活语文的听说读写活动始终围绕学生的实际生活，以解决实际生活中碰到的语文问题为宗旨。如日本的"生活作文"运动值得借鉴，它摒弃了注重形式训练的作文教学，鼓励儿童联系生活写真实作文，如调查作文、集体作文、自我成长史作文，目的重在通过语文活动提高儿童处理生活实际问题的能力。"生活语文"课程重在培养学生驾驭世俗生活的能力。在"家庭生活"模块，可多从衣食住行、洒扫应对、闲暇利用、家庭责任等方面设计，培养学生关注日常生活中生存质量的提高，养成生活技能与智慧。中国学生的生活自理能力差是一个不争的事实，从小学到中学，从城市到农村，陪读成风，有的陪读在学校门口还不算，为节约学生的宝贵学习时间，一日三餐还要送到学校里。但凡家境稍微过得去，没有人不在家庭计划中优先满足孩子的求学需求。在这样一种家庭和社会氛围下，学生过着衣来伸手、饭来张口、抬头看星星、低头玩手机的日常生活，完全不具备处理现实事务的自理能力，以致有的学生上了大学还不能打理自己的日常起居。如设置《探寻家乡美食文化》选修课，可采取实用介绍加活动操作的课型模式，通过采购食材、掌勺烹饪来表达对家乡美食的热爱、对家乡美食文化的传承，而不仅仅用流于表面的介绍，来表达一个"吃货"的热情。家庭生活教育还有一个任务就是培养学生在与人交往中形成良好的教养。"教养是镶嵌在他所具有的其他种种良好品质之上的一道光泽，它可以帮助这些品质在他身上更好地发挥作用，使他获得所有与他接近的人的尊重和好感。"现在的学生，尤其是在独生子女家庭长大的孩子，从小到大，课业负担重，生活中的一切实际事务被包办，现实中的交往活动不多，因而，交往方面的教养较为欠缺。学生在与人交往的过程中举止失当、礼仪不周的现象比比皆是。语文选修课程以凸显人的个性为要务，但当规训失度教养失调时，个性也有可能成为学生人格发展的一种障碍。"勇气于一个教养不好的人，更添一种粗野之气，也抵消了勇气的好处，学问于他便成了迂腐，才智成了滑稽，朴素成了粗俗，温良成了

第一章 实验版课标下的语文选修课程设计论

奉承。缺乏教养任何一种好的品质都将被扭曲，反倒成了他的缺点。"❶ 教养，自然习得效果最佳，如果有幸生于忠厚之家诗书之族，耳濡目染自成风度，那值得庆幸。如果没有，学得也犹未为晚。生活教养类课程的开设，可以帮助学生通过课程学习到的规范与自己生活中的表现对比，反思自己，改善行为。如开设《论语中的礼仪教育》选修课，学生可以通过学经典、识礼仪、习文化，反思自己日常生活中一些不合礼仪的行为，从而加以避免。开设古文里的"亲情教育"主题阅读选修课，读《项脊轩志》《陈情表》等，学生可以通过课文学习在家庭生活中与亲人的相处方式。《项脊轩志》以"极淡之笔"写"极至之情"，用普通家居场景、家庭生活小事，表现亲人之间的脉脉温情。生活是写作的源泉，日常生活中的平凡点滴，只要用心体验，一定能发现其背后所寄予的深情。《陈情表》以极浓之笔写极简之情，通过回顾祖辈隔代抚育孙辈的辛酸经历，表现亲人之间反哺的深情。学习这样的课程，学生不但可以获得散文写作的技巧，而且还可以以此观照自己对待长辈及亲人的态度，重新认识自己在家庭中的责任，学会感恩和担当。这样的亲情，不管时代怎样变迁，都会使人感觉到"活在这珍贵的人间，太阳强烈，水波温柔"（海子语），认识到家庭是可以彼此依靠的温情港湾，深化对中国孝道及家庭养老模式的认识。

"交往是人与外部世界关系实际展开的基本的现实形式，是人存在的根本方式，是人的全部本质、功能形成和发展的根源和基础。"❷ "社会生活"模块，可设计日常应用写作、社交口语、演讲与谈判技能、会议组织与总结、活动的组织与策划等内容，指导学生从实践活动中体会到语文的重要性，探究语文学习的方法和途径，提高语文的实际运用能力。目前学生的社会实践活动相对是较为缺乏的。设置"社会生活"模块应有两个方面的目标：一是通过语文学习培养学生参与社会生活的积极态度和话语权意识；二是语文活动与社会现实结合，获得宝贵的社会经验。值得注意的是，随着互联网时代的到来，学生参与社会生活的路径忽然变得既宽又窄。现实世界与虚拟世界在某种程度上走向了融合，产生了介于两者之间既真实又虚幻的"超强现实"。在"超强现实"生活中，学生的社会生活变得更为复杂，真实性与虚拟性相伴而生。如何引领则是课程的责任。

---

❶ 洛克. 教育片论［M］. 熊春文，译. 上海：上海三联书店，2014：163.
❷ 田汉族. 交往教学论［M］. 长沙：湖南师范大学出版社，2002：12.

（2）关心生活。设置提升学生评判生活能力的课程。可设计关心社会生活、评判社会生活等选修课程，通过一系列的语文学习活动，使学生养成关注身边的生活事件，认真思考社会现象，积极参与社会生活的人生态度和社会责任感。如在"新闻与传记"系列，就目前开发的"新闻通讯的阅读与写作"课程看，阅读经典的新闻通讯作品占了大头，重点落在了文体教学上。新闻的要素与结构、观点与事实、表达方式与效果之间的关系等静态知识成了教学的主要内容。然后以读悟写，跟着经典模仿写作，学术性较浓。其实这个系列也可以指导学生阅读动态新闻为重点来设计课程。教材是即时报道经济社会发展事件的各种媒体资讯，包括新媒体、自媒体等信息平台上的新闻通讯作品。教学素材由学生发现、选择和提供，教学内容具有不确定性，但是可以检测的。主要目标体现在三个方面：一是学生通过动态新闻及时了解国内外大事，学会迅速、准确捕捉基本信息；二是能综合分析各种信息，对新闻所涉及事实与观点作出独立判断；三是有关注社会发展的意识，能总结新闻人物与事件的社会影响与意义，在一定程度上预判发展趋势。美国、澳大利亚等国的"说服性"文章写作模式值得借鉴。它与社会生活的联系非常紧密。如美国的竞选文化很发达，参与竞选活动是每一个公民社会生活的一件大事，无论是选举还是被选，参与者均需用充分的理由来证明自己的观点，或者说服别人。有的学校就会根据大选形势，安排相关的新闻阅读与实践活动。如一所高中让学生在大选期间做这样的练习：请仔细分析那些总统候选人说的话，看看哪些是事实，哪些是观点，配合一些相关研究，来判断这些候选人的可信性。这类阅读新闻实践课程很有价值，学习内容可以是观看总统候选人的系列实地演讲、电视辩论赛，也可以是阅读各种媒介的相关报道和评论等。这在引导学生认清社会时局的同时，培养其批判性思维能力。真实的世界往往真伪难辨，事实与观点之间关系复杂，教会学生从新闻报道等媒体信息中去辨别那些伪装成事实的观点，分析作者背后的动机，可以帮助学生甄别真伪，洞见真相，认清形势。每个人的认知存在局限性，许多偏见来源于认知局限，社会现象纷繁芜杂，同一个事实，从不同的立场可以得出完全相反的结论。这既对学生的思辨能力提出了更高要求，又在一定程度上通过分类训练促进学生思维能力的发展。学生在合作中讨论社会生活，丰富认知，反思纠偏，在求证中可以培养出独立思考的习惯，进而形成批判性思维。

引导学生参与真实的社会生活。学校曾经是人们向往的神圣殿堂，它承载着无数的希望与梦想，青年学子在这里绽放激情与青春，追逐智慧与荣光。然而，随着网络的普及，校园活动却渐渐失去了往日的吸引力，一些学校靠严厉的管理制度甚至威胁手段来强制学生参加活动。校园生活在一些学生心中失去了应有的分量。从学生的课余生活状况看，家长跟学校正在合力培养一批圈养的宅男宅女。"宅生"们除了上课和补课，大多空余时光"宅"在家里或者宿舍里打游戏、玩手机，沉溺在虚拟的世界里，对现实世界则漠不关心。语文可以设置"节气民俗调查""重阳节的思与行""我爱我乡""探寻美丽乡村""揭秘城市名片"等以社区实践活动为主的选修课，促使学生走出校园，走进社区和村寨，观察地方的风土人情，了解民间疾苦，提高对生活的认识水平和改造生活的能力。从这个意义上讲，课程的实践功能大于文化功能，课程要起到引领实践生活方向的作用。同时，在知识经济时代，知识与经济的关系日益紧密，网络消费早就成了学生真实人生的一部分。网络生活在由虚拟走向真实的过程中商业化气息较浓，一些商家为了获取最大的经济效益，文化产品过分考虑到成人大众的消费心理，其价值追求具有明显的娱乐化倾向。文化的这种消费性功能使得当下的网络文化逐步走向世俗甚至低俗。应设置诸如"网络世界的语言文明""网络热词的冷思考""网络世界的行为规范""网络阅读""网络写作"等选修课程，从学生的网络听说读写行为入手，帮助学生掌握网络生活所需的语文知识与行为规范，更好地适应亦真亦幻的网络生活，以获得更为便捷和雅致的人生。

（3）超越生活。在"精神生活"模块，语文选修课重在培养学生超越世俗生活的能力。一方面能对日常生活进行文化反思与审视。可设计与学生的衣食住行相关的姓氏文化、美食文化、服饰文化、环境文化、理财文化等课程，引导学生深入分析日常生活现象背后的文化理念，形成批判性思维方式和反思能力。如钱文忠教授在中央电视台的"百家讲坛"上系统讲授"百家姓"后，有不少学校开设了校本课程《百家姓》，引导学生学习经典，认识文化，了解自己家族姓氏源流，开始思考我从哪里来，踏上文化寻根之旅。中央电视台《舌尖上的中国》等美食节目火爆后，也有一些学校开设了介绍当地美食和美食文化的选修课程，如湖南岳阳的粽子文化、福建的茶文化。

另一方面是指能有更高的精神追求。2014 年全国文艺工作座谈会上，习主席与作家梁晓声有一段关于"精神上的故乡"的对话。梁晓声认为，人应该有两个故乡，一个是现实地理的故乡，另一个则是精神上的故乡。习主席就此提出："希望文艺家要使我们更多的青年也都有精神上的故乡。"❶ 这话其实也道出了语文教育存在的意义和价值。书籍应是人的另一个故乡，读书是学生的一种重要的生活方式，是回归精神故乡的路径。语文教育应该帮助学生成为精神生活丰盈的人。如"新闻与传记"系列，传记学习的意义不在于让学生了解古今中外著名传主的人生故事，而在于引导学生经由他者的人生获得有益的启迪，对人生的价值与意义进行深度思考。有教师在设计人教版选修教材《中外传记作品选读》中《沈从文：逆境也是生活的恩赐》的教学活动时，明确了如下教学基本目的："梳理选文的脉络，探究沈从文的人生轨迹；品味关键性的语句，体会作者的生活态度和对人生的思考；感悟主旨，了解逆境对传主的意义，从中获得有益的启迪。"❷ 这个目标设计把握了传记教学的精髓，科学合理。通常而言，顺境是生活的恩赐，但如果有了正确的生活态度，逆境也是一笔巨大的财富，可以通过磨砺促进人的成长。

（二）生活语文之实践探索

依据生活实际需要设计语文活动是生活语文的基本教学理念。我们以湖南省永州一中唐小艳老师的《我们去哪儿之萍洲书院》为例，探讨生活语文的理念如何贯彻落实到具体教学中。"我们去哪儿"借助湖南卫视一档很火的真人秀节目在学生中的影响力造势，能调动学生对活动的兴趣。"之萍洲书院"，表明这是一个系列活动，此次游学活动的目的地是学校附近的"永州八景"之一的萍洲书院，依此类推，师生下次可以自主选择其他游学目的地。课题名称暗示了课程的开放性和灵活性，这是师生根据生活需要共同开发的一门校本课程。

（1）语文活动的选题来自日常生活：旅游日渐成为生活的必需品。"语文综合实践活动大致可分为三种模式：其一，学科模式，活动内容主要以课外阅读及课外写作等语文学科内容为主；其二，跨学科的研究性学习，活动以语文学科内容为主，同时涉及其他学科；其三，活动模式，主

❶ 习近平对话梁晓声：我跟你笔下知识青年不一样 [EB/OL]. [2015 - 04 - 01]. http:
www.guancha.cn.

❷ 苏立康. 品课·高中语文卷 [M]. 北京：教育科学出版社，2013：220.

045

第一章 实验版课标下的语文选修课程设计论

要通过远足、旅游等活动方式进行，语文学科内容蕴含于其中。"❶ 本堂课是在一次旅游活动的基础上开展的研讨课，融合阅读、写作与口语交际活动，教学流程分为以下五步：

第一步　探秘组揭秘：回眸萍洲书院

第二步　摄影组分享：留下珍贵的记忆

第三步　科研组汇报：挖掘书院文化底蕴

第四步　议政组建言：关注萍洲书院的旅游发展

第五步　娱乐组献策：让快乐与我们同行

从教学内容和流程看，本次教学生活娱乐性与历史文化性并重，第二、四、五环节，侧重娱乐性，第一、三环节侧重文化性，娱乐性的特征非常鲜明。这既凸显了此次综合实践活动的主题，也在某种程度上具有创新传统教育观念的意义。教人怎么玩正式进入课堂。在一个文明古国，关于衣食住行的礼仪是很齐全的，某些方面的礼仪程式甚至可以称得上是繁文缛节。对"行"的要求也体现在一整套的程式规范当中，就个人成长层面来说，如入学有拜师礼；成人有冠礼、笄礼；就社会交往层面，官场交往有又一整套的严格礼仪，民间应酬也有约定俗成的交际规则。但这些严格的规范，更多的是基于正式场合。对于如何嬉戏游玩，传统核心文化价值体系较少探讨，有限涉及的论述负面评价居多，如玩物丧志、业勤于精荒于嬉等。李清照写了一本《打马图经》，对博戏的种类、源流和变化进行比较专业的介绍，就被某古代文学知名专家解读为其"好赌"的力证。其实，在《打马图经序》中可以看到"打马"更像一种文字游戏："独采选、打马，特为闺房雅戏。……予独爱依经马，因取其赏罚互度，每事作数语，随事附见，使儿辈图之。不独施之博徒，实足贻诸好事。使千万世后，知命辞打马，始自易安居士也。"在比较刻板的文化传统下，如何引导学生游玩，似乎也一直是传统教育的盲点。唐老师的教学有意在这方面加强了正面引导。

教学片段：

师：接下来是摄影组，有请。

生：谢谢老师，谢谢同学们！我们摄影组的任务是"摄影及录像，留下珍贵的记忆"。下面请欣赏我们制作的全班美照，每一张都是珍贵的

❶ 刘正伟. 国际语文课程与教学比较 [M]. 杭州：浙江大学出版社，2008：239 - 240.

记忆！

学生PPT展示照片。

师：感谢摄影组的辛勤付出！这可是我们班日后20年聚会的重要资料哦！

师：最后是娱乐组上台，有请！

生：好的，我们娱乐组的宗旨是"设计途中的娱乐活动，并负责组织开展，让同学们收获快乐"。我们组设计了做游戏、赛歌、讲笑话、跳舞等活动，让同学们一路欢笑，一路歌声。请看我们录制的视频。

策划活动，全程服务，后期制作，择优展示，学生在完成这些任务时，增长了知识，锻炼了思维，提高了综合能力。课堂分享活动不但让全班同学在学习的过程中感受到了快乐，而且还增进了弥足珍贵的友情。随着中国经济社会的发展，中国人的休闲方式发生了巨大变化。今天，不管是农村还是城市，条件允许的话，家长都带孩子外出旅游，旅游消费成为家庭日常消费的重要组成部分。教人如何游玩，是一个亟待解决的生活问题，是一个值得从文化上加以认识的问题，更是一个在教育上需要加以正确引导的问题。

（2）语文活动的目标指向生活：做一个有文化的旅游者。语文活动是提升语文素养的有效途径。选修课相对在教学内容和学习方式的选择上更为自由，知识的学习、能力的训练可更多依托语文实践活动。《我们去哪儿之萍洲书院》的教学目标直接指向生活，整体教学目标为："做一个有文化、有思想的游览者！带着问题去，带着发现回！"具体目标从四个方面展开，如探秘组设计的语文活动目标是"了解、发现萍洲书院，弥补自己知识上的不足"。小组通过多方查阅资料和现场观察，向全班汇报了探秘结果。小组代表从萍洲书院的始建、地理位置、结构布局、国学地位、萍洲八景等方面介绍了萍洲书院，让全班同学较为全面地了解萍洲书院。

教学片段：

师：先请探秘组来汇报成果。

生：好的，我们探秘组的宗旨是"了解、发现萍洲书院，弥补自己知识上的不足"。通过多方查阅资料和现场观察，我们较为全面地了解了萍洲书院，现汇报如下：（略）

师：大家觉得周超同学的汇报怎么样？请同学点评。

生：周超的汇报内容丰富，条理清晰，可见探秘组做了充分的准备工作。她从萍洲书院的始建、地理位置、结构布局、国学地位、萍洲八景等方面介绍了萍洲书院，让我们较为全面地了解萍洲书院，可谓知识渊博。

师：关于对萍洲书院的探秘，还有同学要补充吗？

生：我觉得还可以了解柳宗元与萍洲书院的关系。

生：还有怀素的书法。

师：提得很好，课后希望同学们再花时间，再次拓展。

这样的语文活动是有目的的自觉活动，学生在探究过程中不但学到了知识，更重要的是还掌握了搜集与整理文献资料的方法，增强了对当地历史名人和文化的了解和认识，进而增进了学生对家乡的热爱。赏景组设置的学习目标是"欣赏景物，发现美、感悟美、描绘美"。赏景组将景物分为沿途、书院内、书院外三部分，小组分派任务，在赏景之后，要求组员写出作文。经过筛选，最后选两位同学作为代表，展出她们的作文，供大家一起交流。摄影组的学习任务是"摄影及录像，留下珍贵的记忆"，汇报展出的是全班同学的活动美照，每一张都是生活的记录、珍贵的记忆！议政组的任务是"对萍洲书院的开发、建设、完善提出有用的建议，如硬件、宣传、服务态度、配套景点、相关商业等方面，提出自己的看法，为发展永州旅游事业尽一份力"。整体目标体现了语文生活化的特点，鼓励学生通过游玩活动在实际生活中认识环境，发现问题，自主完成任务。具体目标分别从四个方面指向萍洲书院的前世和今生，按照学习任务设计的相关语文活动，激起了学生自主探究的兴趣，让学生在活动和探究中发现萍洲的历史文化价值和旅游开发价值。

（3）语文活动的过程融入生活：在真实的生活中完成学习任务。语文选修课程的最终目的是全面提高学生的语文素养。语文素养靠什么生成？在什么条件下发展和提升？以往语文教学靠知识的灌输和教师的精讲，并不见效。唐老师依靠语文活动，引导学生在真实的情境中解决生活中的真实问题，对提高学生的语文素养具有促进作用。

教学片段：

师：接下来是科研组的汇报时间。

生：好的，科研组的任务是研究书院的建筑艺术和文化蕴涵。其中，建筑艺术方面我们运用古代建筑的有关知识，去发现书院的建筑艺术，如门、龙饰、颜色、回廊、屋檐等。请看我们的照片。（PPT展示）

而在文化蕴涵方面，我们选择了对书院的对联、诗词、国学价值做研

究，请看我们的照片。（PPT 展示）

（师生鼓掌）

师：没有想到，科研组学以致用，将《中国古代建筑》一课的知识运用得这么熟练，课内和课外结合紧密，真正体现了"语文的外延就是生活"这个观点。

从教学片段中我们可以看到，萍洲的建筑特点和历史文化知识不是教师去梳理和精选，然后灌输给学生，而是依托一个真实的任务，引导学生按照要求在情境中开展语文活动，运用所学知识解决问题。

教学片段：

师：接下来有请议政组。

生：没有调查，就没有发言权，通过这次实践活动，我们的感受还是挺多的。永州的旅游业发展现状堪忧，永州是文化古城，可开发、有价值的旅游景点很多，可是由于种种原因，却至今默默无闻。我们该怎么做？

第一，我们在硬件上要更上一层楼。比如，萍洲书院内的修缮还不够成功，许多文物还没摆放好，不能供游客欣赏，甚至有些展室是空的。我们不能让游客扫兴而归。相反地，宁远的九嶷山就做得好多了，不但有闻名的大殿，最近还开发了三分石、孔雀山等景点，足够游客们游览两天了，内容丰富多了；东安的舜皇山也做得很好，既可以爬山，还可以参观岩洞，最近还加了河流，花样好多的。

第二，我们在宣传上要加大力度。比如凤凰，靠沈从文的《边城》吸引了来自全世界的游客，其实，我们有柳宗元和怀素，更有历史文化底蕴，却没有宣传好。比如各种曹操故里，人家都愿意去争抢，我们连家门口的宣传都没有做好。

第三，配套的设施和服务方面，我们也做得不够。比如交通，去萍洲书院并不方便，交通还要更给力一些。比如美食、商业街之类，还没有相配套的，不能带来经济效益。没有导游，萍洲书院文化推广不够。

针对萍洲书院开发不足和缺少导游的问题，在上述研讨的基础上，唐老师布置了两道作业：①向有关部门写一封开发和利用萍洲书院的建议；②至少做一次萍洲书院的导游志愿者。

这凸显了真实问题导向式的教学特点：第一，语文活动以解决生活中的真实问题为目的，在问题解决中提升文语文素养。第二，语文学习以学生的自主合作探究活动为主，学生在体验生活中增长智慧，增进友情。从

049

学生的表现看，教学目的达到了，学生表现出了作为永州人的主人翁意识，表现出了建设家乡的社会责任感。

二、职业语文

职业语文，即面向职业为就业做准备的语文。它要求语文课程把职业教育纳入教学计划，课程内容和方式与职业教育紧密结合，增强学生对职业的了解和认知，提高职业规划意识，培养理性选择职业的能力。

（一）职业语文的理论阐释

（1）职业语文课程设计的背景。职业语文的开展是在国家日益重视职业教育的大环境下进行的，近年来，我国调整教育结构，大力发展职业教育。第一，国家确定职业教育的战略地位，职普教育并重发展。教育部原副部长鲁昕在 2014 年全国职业教育工作会议上作了《加快构建以就业为导向的现代职业教育体系，为促进经济提质增效提供人才支撑》的报告，提出职业教育是国家经济社会发展战略的重要基础，要牢固确立职业教育在国家人才培养体系中的重要位置，推动职业教育与普通教育并重发展，推进中、高职紧密衔接，着力培养数以亿计的工程师、高级技工和高素质职业人才。第二，顶层设计科学，普职融合思路明晰。我国在顶层设计中，调整了教育的结构，明确了普通教育与职业教育的发展方向与规模。2014 年 5 月 29 日，国务院正式下发《国务院关于加快发展现代职业教育的决定》，对高等学校分类管理，在全国现有的 1200 所国家本科院校中划出一部分，推动高校逐步地、更多地培养应用型人才和技术技能型人才，把原来的职业教育由高中和专科阶段扩展到本科、研究生阶段。鲁昕在《加快构建以就业为导向的现代职业教育体系，为促进经济提质增效提供人才支撑》报告中提出："以 2000 年以来新设定 600 多所本科高校作为工作重点，探索开展本科层次职业教育，推动教育结构战略性调整。""引导一批地方本科实行综合改革，向应用技术类型高校转型发展。"鲁昕还提出："坚持职普比例大体相当，努力稳定中等职业教育招生规模。"即统筹设计了普通教育与职业教育的发展规模。这些设计为普通高中教育与职业教育对接、义务教育与中等职业教育对接明确了方向，提供了契机，也提出了艰巨的任务。第三，教育理论界重新认识职业教育的地位和意义。张楚廷在《职业教育的意义》中对于"职业"进行了重新界定，从狭义、中义、广义三个方面理解职业。狭义之下，职业就是指所从事的具体行业；从广义上讲，职业是一种特定的生活方式，所有的大学教育在某种意义上都是职业教育。❶ 美国菲利普·G. 阿特巴赫主编的《变革中的学术职业——比较的视角》把学术研究视为一种职业，这样，职业教育从广义上来讲是全民教育，每一阶段的教育都是为未来的职业做准备，都应渗透职业教育。从广义上讲，所有的教育都可以称为职业的教育，当前世界范围内提倡全民职业教育。每一个阶段的教学内容都应该有职业教育的地位。一些普通中小学开始试验，利用综合实践课和选修课加强职业教育的内容，也在学科教育中渗透职业教育的内容，一些普通大学也增设了职业导向的实用课程，普通教育与职业教育对接遂成热点。把握好机会，我们可以在基础教育阶段更好地宣传职业教育，提高学生的职业规划意识，培养学生的职业能力，帮助学生选择更适合自己的教育，顺利成长成才。第四，普通高中生升入普通高校和高职院校的占比各半。以湖南省为例，2017 年，湖南省共有考生 41.08 万人，全国 1540 所普通高等学校在该省共计录取新生 35.72 万人（含保送生、自主招生、高水平艺术团、综合评价录取、提前特殊类型录取和高职单招等），录取率为 86.94%。已录新生中本科 17.47 万人，录取率达 42.53%；专科 18.25 万人，录取率达 44.42%。文科类 13.51 万人（含文科艺术、体育），理科类 18.99 万人（含理科艺术、体育），职高对口类 3.22 万人。❷ 这一组数据表明，就考生考入学校类别看，全省考生升入普通高校和升入高职院校的学生占比大体相当，高职院校的录取率比普通高校的录取率高出 1.89%；就考生来源来看，职高对口升学率仅占 7.84%，普通高考升学率达 92.16%。普通高中升入普通高校和高职院校的学生大体相当。普通高中升入高职院校的学生比例如此之高，而高中课程体系中却没有相应的职业教育课程，这样的课程设置与学生的实际需要是脱节的，课程改革的形势非常严峻。

（2）职业语文课程开设存在的困难。尽管职业教育的发展总体态势良好，但在基础教育阶段融合职业教育，尤其在语文学科教学中通过选修课程渗透职业教育还存在许多困难。为了解基础教育中职业教育课程开设的现状，笔者以长沙市为例，进行了实地考察。2014 年下半年，笔者走访了

---

❶ 张楚廷. 职业教育的意义［J］. 当代教育论坛，2014（1）：113 – 115.
❷ 资料根据湖南省教育考试院 2017 年公布的数据整理。

长沙市教育局、岳麓区教育局、长沙职教基地、望城一中、长沙市雷锋学校、湖南师大附中等单位，发放调查问卷410份，收回400份；先后对校长、教育行政人员、教师、家长和学生进行了访谈，详细了解了长沙市基础教育中职业教育课程开设的基本情况。根据对问卷调查、校长访谈、教师座谈、家长访谈、查看课表等调研收集的第一手资料进行分析，得知基础教育过程中职业教育严重缺席，以致学生在进入高等学校前，真正了解自己职业兴趣和倾向的很少，高考志愿填报中从众心理和行为严重；主动选择高职院校的少，迫于成绩被动无奈选择的多，志愿选择的盲目性比较大。第一，学校职业教育意识淡薄。尽管在高考招生中，每年高职院校的录取率占比超过半数，但其社会认可度和美誉度并不高。据问卷调查，在回答选择高职院校的四大理由：成绩差、家庭条件困难、个人喜好、学习技能中，排在第一位的是：成绩差，占95%。经过访谈和实地考察，我们发现，在经过政府积极的政策导向和教育部门多年不懈的努力下，从人数来看，进入普通高校和职业院校的比例相当，但生源质量却有较大层次的差别。学生和家长选择进入高职院校的首要原因是学业成绩差，社会也普遍认为，学生高考升学无望，才会去就读高职院校，进入高职院校的学生在学业成绩上集体自我效能感也较差，觉得自己是高考的失败者。同时，多种原因造成绝大多数高职院校招生低门槛甚至零门槛，社会对高职院校整体评价不高，高职院校更难吸收优秀生源，从而形成了恶性循环。在调查中，我们发现为数不少的人认为，职业教育是大学以后的事，在基础教育阶段没有那么重要。有的校长认为职业教育固然重要，但升学率是社会对一个学校评价的硬指标，心有余而力不足；有的教师认为学科理论学习是主要任务，其他顾不了那么多；有的家长认为基础教育阶段孩子成绩好就行了，职业兴趣是高考后考虑的事情；甚至一些教育主管部门的工作人员也认为，基础教育与职业教育是两条线，职业教育在中学毫无地位可言。在此背景下，语文要想开设与职业挂钩的选修课程阻力不小，外部环境的支持力度有限。第二，职业课程严重缺乏。在普通教育系统里，从整个义务教育阶段到高中阶段，学校以升学为主要目标，重视静态科学文化知识的学习，课程设计与教学内容等缺乏职业视角。被调查的学生有90%非常希望和希望学校开设与职业教育有关的课程。但通过访谈学生、查看学校课表等途径，我们了解到普通学校课程体系中缺乏职业教育设计视角，大多数学校没有专门开设与职业有关的课程；学科教学中较少渗透职业教育的内容；师资队伍、教学设施也不具备。在这样的条件下，职业语文课程的开设准备不足，还存在教材开发、教师储备、教学条件支持等方面严重缺失的问题。第三，职业规划指导滞后。我国第八轮基础教育改革，加强了教育与生活的联系，推行选修课制度，增设了综合实践课程。一些中小学校按规定开设了选修课程和综合实践课程。但存在一个普遍的问题：选修课程、综合实践课程与职业教育联系不紧，存在选修课程学科学术化、综合实践课程日常生活化的现象。学校也没有成立专门的职业兴趣指导委员会之类的机构来指导学生选课、测评学生职业能力倾向，帮助学生发现和甄别自己的专业兴趣。第四，缺乏保障机制。由于教育者也过于片面地理解职业教育，基础教育与职业教育几乎无交集，共享性差，要想在学科教学中渗透职业教育，存在诸多困难。一是师资问题，基础教育系统中，教师几乎都是从学校到学校，基本来自高等院校，有行业背景的"双师"型教师在普通中小学尤为稀缺。能够结合学科教学对中小学生进行职业指导和职业潜能测评的教师很少，致使学生在确定自己职业兴趣时很迷茫，对职业生涯不能做出理性规划。二是实习实训基地问题。有校长反映，在基础教育中进行职业教育心有余而力不足，没有场地，没有设备，学校连实施综合实践课程都很难，更遑论职业课程。三是没有建立统一的督导评估机制。对基础教育中的职业教育，课前缺乏规划，课中缺乏监控和管理，课后缺乏评价与反馈。

（3）开设职业语文课程的对策。在基础教育中加强职业教育，是每一门学科的职责，关乎国计民生，也影响学生一生的发展。我们应更新观念，改革创新，在基础教育全程渗透职业教育，做好课程设计。

第一，加强顶层设计，职业教育应进入语文课程标准。要加强政策宣传，更新理念。国家确定了职业教育的战略地位，正在进行教育结构大调整，提出了"职业教育要面向人人、面向社会，着力培养学生的职业道德、职业技能和就业创业能力"的发展思路。普通教育指向升学教育，职业教育指向就业服务的双轨制度必将走向融通。应通过政策宣讲、形势报告、主题研讨等形式落实中央及省市精神，让职业教育从基础教育阶段抓起。在基础教育中包含职业教育的课程内容应成为教育决策者的基本理念，成为全社会的共识，并在适当时候进入学科课程标准。高中教育阶段的课程目标设置上应有职业教育的维度，兼顾升学与就业的要求。在语文等学科课程目标上也要有相应的职业教育的条目规定。

第二，优化选修课程群，构建普职融通的选修课程体系。选修课程内容分模块，包含职业教育的内容。在西方，义务教育一开始就与职业教育紧密地联系在一起，普鲁士率先在1754年普及义务教育，是因为机器化大生产的需要，德国目前职业教育地位仍很高；美国中学课程中职业教育的课程占到总课程的20%。我国学校教育由于受到"学而优则仕"和"大道小器"等儒家教育传统的影响，中学以科学课程、理论课程为主，课程的职业导向不明，缺乏职业课程和有明显职业意向的课程群。高中阶段选修课程应做重大改革，明确指向职业教育，从学术化转向多样化，从学科化转向综合化。在选修课中开设职业课程群。语文选修课程应构建着重培养职业态度、职业技能和就业创业能力的课程群，在语文选修课程中渗透职业教育。

第三，分层设置课程，满足学生职业发展需要。学校教育要适应地方经济社会发展需要，职业教育是关键的一环，新课程改革重视在高中阶段开设职业课程。《国家中长期教育改革和发展规划纲要（2010—2020年）》强调："鼓励普通高中办出特色。鼓励有条件的普通高中根据需要适当增加职业教育的教学内容。探索综合高中发展模式。采取多种方式，为在校生和未升学毕业生提供职业教育。"[1] 选修课的兴起与职业教育密切相关，西方18世纪末产生的选课制主要起源于职业需要。考察选修课的功能，我们发现许多国家的选修课实际担负了指导职业选择的重要职能。如美国多数高中学校设有职业指导中心。该中心的职能主要指导学校选修课的设置，组织本学区的初中毕业生了解学校的选修课的种类，介绍选修课指导老师的简历、业绩和成就，负责学生选择选修课的咨询指导，将学生送到实验基地去进行实习感悟，请专家测试发展潜能和趋向。学生进入高中后，"在高中一年级和二年级（10年级和11年级），学校开设一些课程对学生进行职业指导教育……这些课程旨在帮助学生了解个人在能力、兴趣和需要方面的差异，发展自己独立作出职业决策的能力……逐步确定自己未来的职业道路"[2]。我国一些教育专家也认为"职业课程可以包括在选修课之中"[3]。语文选修课在帮助学生发现自己的职业潜能上可发挥积极作

---

[1] 《教育规划纲要》工作小组办公室. 教育规划纲要辅导读本［M］. 北京：教育科学出版社，2010：21.

[2] 陈志和. 美国高中段职业教育的特点［J］. 中国职业技术教育，1998（5）：45.

[3] 李秉德. 教学论［M］. 北京：人民教育出版社，1991：184.

用，课程设置在这一类别应从如下两个层次考虑。

第一层次：面向就业。重点是普及职业常识，进行初步的职业训练，主要对学生进行语文实用知识和技能方面的训练，培养学生具有从事某种职业的初步能力。20 世纪 20 年代蒋梦麟在一次以《我所瞩目的好教育》为题的演讲中，提倡好的教育就是造就三种人，即活泼的个人、能改良社会的个人、能生产的个人。❶ 并特别强调劳工神圣，突出个人的生产操作能力的重要性。可设置"职业阅读""职业写作"等语文选修课程。每一个模块都有一个观察职业的独特视角，如"职业阅读"，通过阅读探究了解几大类主要职业的经济收入和社会声誉状况，所要求的基本条件和特殊素质，业内的风云人物和创业故事等，指导学生整体把握行业的基本情况，做好选择职业的知识储备。"职业写作"，可通过撰写职业报告等，理性分析某些职业特点，进一步确认自己的职业意向，培养职业所需的写作能力。一些大学生之所以选择了不合适的专业与学科，主要是我们高中课程较少或者没有关注职业选择，语文选修课程应该在这方面发挥指导作用。第二个层次：面向升学。首先，主要培养学生正确的职业态度。舒新城早在 20 世纪 20 年代，针对当时中学生多半家境优越对职业不感兴趣的现状，大力倡导："给中学生以适当的训练，养成脚踏实地、吃苦耐劳的习惯，以自食其力为最大光荣、以不劳而食为最大耻辱的精神。"❷ 时至今日，这一倡导仍具有振聋发聩的作用。可借鉴美国高中职业技术教育改革（CTE 计划）的新经验，"实现学术课程和职业课程的整合"。❸ 如针对目前就业难的现实，可设置"职业调查"等研究性学习板块，调查社会上各种职业的实际需要，写出职业调查报告，形成理性的职业规划，在职业方向的选择上做到知己知彼。目前电视上求职节目火爆，大学生对职业的关注度明显提高，但等到大学再关注职业选择其实已经为时较晚。同时，随着我国人民群众生活水平的提高，针对"宅男宅女""啃老"现象的增多，需进一步强化学生的劳动观念，形成正确的就业创业观。可设置"职业体

❶ 杨东平. 中国究竟有没有自己的教育文化［EB/OL］.［2016 - 05 - 25］. http://www.news. ifeng. com/a/20160525/48842314_ 0. shtml.

❷ 舒新城. 中学职业指导的先决问题［C］//吕达，刘立德. 舒新城教育论著选：上. 北京：人民教育出版社，2004：493.

❸ 王娟涓. 美国高中职业技术教育改革的新进展——生计和技术教育［J］. 西南民族大学学报：人文社科版，2004（3）：384.

第一章 实验版课标下的语文选修课程设计论

验"类语文选修课程，激发学生的劳动神圣感与创业精神。基础教育、职业教育和高等教育相辅相成，共同构成我国国民教育体系。大力发展职业教育具有推动经济发展、促进就业、缓解劳动力供求结构矛盾等重要的战略意义。改革开放以来，我国建立了世界上最大规模的职业教育体系，形成了基本完善的职业教育法律制度体系，探索了灵活多样的职业教育办学模式。伴随着职业教育在实践领域的繁荣，对职业教育的理论研究日益深入，这些研究既有宏观层面的价值意义、规律、政策法规的探讨，也有微观层面的课程与教学的策略建构。但鲜有从基础教育阶段课程设计的角度去研究基础教育与职业教育的衔接问题，有的专著与论文涉及了这个论题，但往往是点到即止，并无深入阐释。因此，从学理上对基础教育与职业教育衔接存在的问题进行梳理和系统阐释很有必要。而在实践中，基础教育与职业教育在教育理念、教育制度、课程体系和教学资源等方面存在严重脱节的现象。选修课程的设计应针对基础教育中职业教育严重缺席问题重新规划。其次，培养学生具有职业选择能力。根据北京大学"首都高等教育项目组"的调查，有 35.9% 的学生对所学专业不感兴趣。还有学者对中国各地 175 所普通本专科的学生进行了抽样调查，结果显示有 46.6% 的大一新生不确定自己是否选对专业。❶ 高考后，学生只要成绩上线，一般都会选择普通高校，而不会主动选择高职院校。其实，大量进入三本或二本院校的学生并不是特别适合学习偏重理论的"高深知识"，选择的盲目性较大。这种盲目一方面来自学生对自己的职业方向把握不准，另一方面来自社会氛围的压力。在我国"大道小器"的教育传统里，技能性人才不被重视，地位卑微，连孔子也为自己的多才多能自卑地感叹"吾少也贱，故多能鄙事"。今天因技能型人才紧俏，其工资待遇大幅提升，许多高职院校毕业生的收入已经超过本科院校，但社会美誉度依然不高。应组织技能型人才进校园，大力宣传工匠精神。利用网络媒体，营造尊重劳动、崇尚技能的良好社会氛围，提高职业教育的社会美誉度。媒体可多报道各行各业的技能大师和技术能手，以及"世界技能大赛"获奖选手。中学可把这些获得殊荣的技能人才作为成长成才之星，请进校园，进行主题演讲。

---

❶ 王阳．院士为大一新生授课：好的教学模式为何难推广？［EB/OL］．［2017－10－19］http：//www．view．news．qq．com．

第四，整合教学资源，争取环境支持。普职融通，既是大势所趋，又任重而道远。要想保证基础教育与职业教育顺利融合并持续发展，必须依靠制度来保障。高中应成立职业指导委员会。成立专门机构，配备专业师资，指导学生做好职业生涯规划。这个机构的主要职责是：指导学生选课和参加课外实践活动，帮助学生在学习中发现和确认自己的职业兴趣；引导学生对职业进行专题研究，从经济效益、社会声望、发展前景对职业做理性的分析；测评学生的职业能力倾向，帮助学生根据自己的能力和兴趣做出科学合理的职业规划。建立共享机制，改善教学条件。首先，提高教师的综合素养，鼓励教师普职流动。一方面要切实加强高中教师的培训，培养教师的综合职业能力，适应教育改革的需要；另一方面鼓励普职教师流动，普通中学的选修课和职业课程可以聘请职业学校的教师指导，培训学生的专业领域知识和专业技能，满足学生多样化的需要。其次，整合优势资源，共享教学平台。普通高中有的办公条件落后，教学用地和学生宿舍面积严重不足，图书和学习资源匮乏，实习实训条件落后，设备设施简陋，政府应加大投入，切实加强学校的教学设施场地建设，更新教学设备，增添教学资料。另外，根据一些省的经验，普通中学与职业学校可以形成普职共建机制，在协议共建学校中，职业学校开放实习实训基地，供普通中学的学生完成选修课程，进行职业见习和职业体验。最后，建立全面的考评机制。在考评机制中，终结性考核和形成性评价都要有职业教育的视角。在终结性评价中，我国大多数省份在小升初、中考中推行综合等级考核制度，建议在高考的考核机制中增加职业教育的维度。在过程考核中，也应该有职业教育课程。如湖南师范大学附中的学工、学农实践课程成了一种传统，开设多年，深受好评。职业教育应从小学抓起，学校应指导学生选择课程，引导学生进行职业畅想，帮助学生提升职业能力。

（二）职业语文之实践探索

选修课的一个重要功能是指导学生根据个人的兴趣特长和社会需要做好职业规划，提高理性选择职业的能力。我们以湖南省永州一中罗斐然老师的《理想职业我来说》为例，探讨职业语文的理念如何贯彻落实到具体教学中。罗老师将关于职业选择的阅读、写作和口语交际活动较好地结合起来，课前要求学生阅读大量关于职业的新闻报道，组织学生分组对自己感兴趣的职业进行调查研究，撰写职业调查报告；课中发布与分享调查研究成果；课后观看相关视频，了解社会就业供求情况。

（1）激发理性规划职业的意识。"长大你想做什么？"几乎每个学生在学龄前都会被问到这个与职业有关的问题；入学后，"我的理想"也是中小学老师偏爱的作文命题。可以说，耳濡目染，每个学生心中都有一个职业梦想。只是这个梦想基本是"畅想式"或者"梦呓式"的，而不是理性规划后的结果。罗老师这堂课最大的亮点，是用理性谈梦想。要求学生分组带问题调查个人心中的理想职业。全班分成 4 个职业调查组，调查组有共同任务，即都要调查了解某类职业的职业地位、职业条件、职业动机和职业特点等，但又根据职业实际情况各分配一个重点任务，分工合作。教学流程分四步：

第一步　高级技工组：通晓职业地位

第二步　专业技术类组：明了职业条件

第三步　行政事业类组：明确职业动机

第四步　商业服务类组：把握职业特点

这样的职业调查设计目标明确，对象清晰，任务具体，学生在教师的指导下，能很快地进入角色，开展调查活动。学生在专题职业调查前，表达职业意向、选择职业也许是盲目的，在对职业的社会地位、特点、从业要求等进行全面了解和理性分析后，再表达自己的职业意愿，就有了更强的针对性和可靠性。如高级工人组的设计很有时代性。中国正在进行产业结构调整，实业兴邦，需要大量有一定理论知识的高级技工。据调查显示，高级技工在全国职业需求中的占比最高，社会对高级工人的需求十分旺盛，人才结构性缺失非常严重。为此，国家在大力推行高职院校的招生改革，但从目前来看，学生和家长的兴趣不浓，原因是多种多样的，其中一个重要原因是大部分学生对这一职业状况不了解，深入调查研究很有必要。罗老师的教学引导学生开始理性关注职业，引导学生把个人职业意向和社会需求结合起来考虑，具有职业规划的启蒙意义，能激发学生理性规划职业的意识。

（2）丰富多种职业体验。每个学生能亲密接触到的职业人有限，交流探讨能初步知晓多种职业的酸甜苦辣，打开一扇体验职业之门。如有同学分享父母是公务员，感觉公务员工作稳定，生活规律，自己觉得很羡慕。这符合社会对公务员职业的体认，说明公务员职业的社会美誉度高。有人分享家里经商，自己也有潜质，立志要做一名商人。

教学片段：

生：我是商务类组成员，中国经济进入高速发展时期，国家对商务人员的需要呈逐年上升趋势，调查显示：从2013年的20%多递增到2017年的60%。万达集团的王健林在2017年达沃斯论坛上指出经济全球化既不是神话，也不是魔鬼，在商业扩大基础上的全球化能给予中国经济最大的发展动力，推进中国和他国互利共赢。（PPT展示）在经济全球化的背景下，无论是对内经济还是对外经济，精明的商人必不可少。我家里就是经商的，从小耳濡目染，我有从商的潜质，本人的理想也是当一名商人。

师：从分析国家商业环境开始，见解精辟，分析到位，最后结合自己的理想，阐述了自己的职业选择，非常理性。

这样的分享很有现实价值，商人的潜质之一是精明，中国传统文化中，有"无商不奸"的偏见，历来重视政治精英和学术精英，对商界精英存在贬抑的现象。学生的选择说明商人的社会地位和自我认同感提高了。有人分享对服务业的调查结论与体验。中国的第一产业、第二产业已经相对比较成熟了，第三产业仍有巨大的发展空间。随着飞机和地铁的普及，乘务人员的需求量大幅增加，女性学生在这方面的从业意愿很强。调查小组通过问卷发现愿意做乘务人员的女性学生占比超过50%，并且职业体验也非常真实。她们认为工作无贵贱，女性善解人意、细致周到，适合服务行业，选择职业应把理想和自身优势结合起来。学生的选择说明年青一代择业更重视自我感觉。

（3）提升职业选择能力。能否理性选择职业，既关系到个人从业的稳定性和发展性，也关系到个人的职业幸福度。学生的课堂职业讨论开始关注选择职业的深层次矛盾。首先，在职业选择中个人需要和社会需要是一组在任何时代都难以调和的矛盾。如技术工人缺口大，社会需求量大，在国家经济转型中作用巨大，但个人从业意愿不太踊跃，说明主动选择的比较少，矛盾未能有效解决。其次，个人意愿与能力也是一组很难调和的矛盾。如医务人员需要良好的理科知识结构，若知识结构欠缺，个人意愿再强也无济于事。

教学片段：

师：社会发展靠科技，科技发展离不开专业技术人员。现在请专业技术类的医务人员组发言。

第一章　实验版课标下的语文选修课程设计论

生：我们这组的同学都有意向从事医务工作，有人想当医生，有人想当护士。中国人口众多，医务人员缺口大。但做医生难，医务职业对从业人员的知识与能力要求高。我们看一个对在湘雅医学院读大三的校友的采访视频，他的学医心得对我们来讲具有很好的启示作用。（视频播放："英雄"终有用武之地）。据介绍，医生职业和理科知识的关联性很强，生物知识占比 50%，化学知识占比 32%，物理知识占比 18%。如果将来要当医生，我们一定要将职业理想和知识学习结合起来，从现在开始，努力夯实理科知识，提升综合能力。

这样的教学起到了很好的教书育人的作用。它能引导学生把职业理想与学习实际自觉结合，树立远大理想，并培养学生为理想而奋斗的精神。

最后，从业动机的个人目的与社会目的也是一组难以调和的矛盾。如在行政事业单位人员职业生涯中，某种动机过强，结果可能适得其反，适当的动机水平很重要。

教学片段：

师：公务员、事业单位人员工作稳定，这种工作稳定性往往成为大家选择职业的吸引因素。有很多人将稳定性工作作为自己的职业理想，也有很多人向往职位升阶，同学们为什么想做公务员呢？请行政事业类组代表发言。

生：是的，以下是我们调查的学生中，想做公务员的动机分布情况：稳定性占比 38%，权力欲占比 27%，收入高占比 22%，待遇好占比 13%。从中可知，稳定性是高居动机榜首，有权也是重要的考虑因素，既稳定，又有权，我们都愿意。

师：有权没错，但权力是用来为人民服务的，而不是为了个人的名利。动机纯粹，方可牢记使命，报效国家。

这样的探讨既真实又有研究价值，目前我国大学生报考公务员的人数逐年增长，从报考动机看，可能更多的是从个人动机出发，考虑到稳定性、有权、收入高、待遇好等因素，而忽视了社会给予这个职业的职责和要求。罗老师的引导，强调了这个职业的首要职责是服务国家和人民，而不是追求个人名利。职业动机教育在语文教学中进行，自然、适时、恰当。

进入 21 世纪，伴随着高速发展的经济态势，中国的就业问题日益突出，尤其是中国学生的就业问题，日益获得全社会关注。当今社会的职业，从大体上可分为生产类、专业技术类、商务类、行政事业类，等等。每个人求职都有自己的职业理想，了解"如何依据社会条件和个人要求，以理想为导向，选择适合自己的职业"是这节研究性学习课的主要任务。无论选取何种职业，都应该是基于理性前提，把个人兴趣、职业要求和社会需要结合起来考量。学生在做职业规划时，应综合考虑多种因素，权衡利弊，做出最合理的职业选择。罗老师的课在避免择业的盲目性方面具有重要指导价值。从效果来看，研讨课比较成功，学生以职业理想为导向，积累了关于职业选择的相关知识，并能将这些知识运用到职业选择实践中去，提升了学生理性选择职业的能力。

三、专业语文

目前的语文选修课在这一类别无论是课程设置还是教材开发都是比较重视的。对于有浓厚的语文兴趣并想在语文方向进一步发展的学生来说，课程体系是相对完善的。

（一）专业语文之理论阐释

语文选修课文学文化类的专题多，探索研究的类型广，教材经典丰富，课程起点高。但实际的教学效果还不是十分理想。原因是学术性选修课程没有分层级，是统一开设模式，每一个教师都讲授学校规定的选修课程，选修课与必修课完全同质化。这样的语文选修课是难以达到及早发现个性人才和培养个性人才的课程目标的，亟待改革。美国高中语文学科不但必修课分层，学术性的选修课一般也分为基础、中等和高级 3 个层次。我们的语文必修课在学术性选修课上分两个层次比较恰当，即面向就业的基础层次与面向升学的提高层次，这样才能真正满足学生不同层次的个性化需求。

（1）面向就业的初级专业语文。语文选修课程重在开阔学生的文化视野，提高文学品味和审美修养，培养文化文学爱好者。一个国家一个民族如果民众没有读书的习惯，那是很难屹立于世界之林的。我国正在努力营造书香社会、书香校园，让阅读成为百姓的一种生活方式，而这样的生活方式是需要学校教育培养的。目前社会上百姓的休闲方式多元，《围城》里所描述的"国粹"麻将战依然是主要的消遣方式；扑克牌"跑得快"已经上了电视，做成了地方热门节目；广场舞红遍大江南北，舞动中国；喝酒则早就借助文化，实现普及……这些热闹的休闲不但对青少年安静读书有纷扰，也会给他们未来休闲方式的选择带来潜在影响。面对就业层面的专业语文，有三大任务。第一，选择阅读内容的能力。在读图时代，学生缺少的不是阅读数量，而是阅读质量，阅读趣味的培养非常重要。习近平同志在《我的文学情缘》中写道："我看文学作品大都是在青少年时期，后来看得更多的是政治类书籍。记得我很小的时候，估计也就是五六岁，母亲带我去买书。当时，我母亲在中央党校工作。从中央党校到西苑的路上，有一家新华书店。我偷懒不想走路，母亲就背着我，到那儿买岳飞的小人书。当时有两个版本，一个是《岳飞传》，一套有很多本，里面有一本是《岳母刺字》；还有一个版本是专门讲精忠报国这个故事的，母亲都给我买了。买回来之后，她就给我讲精忠报国、岳母刺字的故事。我说，把字刺上去，多疼啊！我母亲说，是疼，但心里铭记住了。'精忠报国'四个字，我从那个时候一直记到现在，它也是我一生追求的目标。"习近平主席的阅读经验告诉我们，阅读的内容对个人阅读趣味的培养至关重要，阅读的内容对人的影响是终身的，学生对阅读内容的选择需要教育者的引导。在网络时代，这个内容选择问题则更为突出。第二，旨在培养他们闲暇阅读的兴趣和习惯。鸳鸯蝴蝶派的重要刊物《礼拜六》在创刊号的发刊词中写道："买笑耗金钱，觅醉碍卫生，顾曲苦喧嚣，不若读小说之省俭而安乐也……一编在手，万虑都忘，劳瘁一周，安闲此日，不亦快哉！"❶ 职业劳作之余，是否有读书的闲情雅致，取决于阅读的能力和习惯。读写能力的养成，必须经由反复的训练和长期的积累。以兴趣课的形式开设专题教学，把闲暇教育引入课堂，在课堂上以正式课程的方式研讨怎样度过闲暇时光，探讨在休闲中的读写内容以及如何读写的方法，必然对学生离开校园后的语文学习具有推动作用。

（2）面向升学的高级专业语文。提高层级的语文选修课，则以发现、挑选和培养文学创作型人才为目的，是为大学学习做准备的预备学习，除有效地组织课程内容外，还要重视学术训练，重视学习方式的改革。"只有符合各学科特点和各学科学习规律的多样化的学习活动方式才能激发学

❶ 孔庆东．鸳蝴派与现代性的同步［J］．文学评论，2014（5）：62-88.

生参与学习的主动性和创造性。"❶ 系统设计研究性学习活动方式，才能在更高层次进行学术训练。教育的大众化并不是不要培养精英。开设专业语文，主要是在中学开设语文学术选修课程，让中学生提前进入中国汉语言文学学科领域，接触大学的学习方法，接触学科的大师，让有特殊才能的创造型学生脱颖而出，通过专业熏陶使学生对学科完成从兴趣爱好到专业志向的转变。专业语文课程不是一般的兴趣特长课，而是专业兴趣培养课，这两者是有本质区别的。"兴趣爱好从小就要培养，到高中阶段就不只是培养兴趣了，而是要巩固他们的兴趣，培养专业志向，培养他们坚持志向的毅力和不怕困难的精神。"❷ 语文选修课程改革过程中出现的特长兴趣课、培训提高课、大学先修课等课程，主要指向学生的语文专业兴趣。这些课程重在研究兴趣的培养和研究方法的训练。如湖南师范大学附中开设的语文选修课程体系完备，特色鲜明。共有三个层级 17 门课程，包括兴趣课 11 门，培训课 4 门，大学先修课 2 门。具体课程设计见表 1-2。

表 1-2　湖南师大附中语文选修课一览

课程类型	兴趣课	培训课	大学先修课
课程名称	1. 现当代文学名家选读	1. 中国文化之旅	1. 中国古代文化
	2. 名著选读和影视欣赏	2. 古代诗歌鉴赏	2. 文学写作
	3. 20 世纪后半叶欧美流行音乐文化	3. 人物传记阅读	
	4. 唐诗宋词选读	4. 议论文写作指导	
	5. 外国短篇小说选读		
	6. 演讲与口才		
	7. 古代文化名人之旅		
	8.《诗经》选读 60 首		
	9.《论语》选读		
	10. 现代诗歌写作		
	11. 交际语言学		

专业语文指向研究能力，但对研究能力水平的要求则不可太过专业。2017 年 10 月，清华大学附小推送的以苏轼为主题的研究报告刷爆了朋友

❶ 廖哲勋，罗祖兵. 试论学习活动方式的本质含义和重要作用——为修改课程标准和深化课程改革而作 [J]. 课程·教材·教法，2013 (1)：3-11.
❷ 顾明远. 把学习的选择权还给学生 [J]. 河北师范大学学报：教育科学版，2012 (1)：5-7.

第一章　实验版课标下的语文选修课程设计论

圈，还被一些媒体公众号转载。这些小学生所在的班级有一个口号，"人人有课题，个个会研究"。根据该公众号列出的学生的"小课题"看，如《大数据帮你进一步认识苏轼》《苏轼的旅游品牌价值》《今人对苏轼的评价及苏轼的影响力》等，选题均有较高学术含量；采用的研究方法也很专业，甚至还相当前卫，如用大数据分析苏轼的语言特点；研究成果令人瞩目。但也因为研究难度较大，项目完成需要过多借助家长和老师的力量，从而引发社会广泛的关注与争议。其实，专业语文不一定如此"专业"，中小学生的"学习项目"与高校的"科研项目"还是有质的区别，不必过分追求研究成果，重在研究态度的养成和研究方法的训练，学会研究是核心目标。

师资怎么办呢？一是引进外援。课程开设初期，除依靠学校学有专长的老师外，可适当利用当地资源优势，聘请人才。陶行知在重庆所办的育才学校的经验可资借鉴，为达到"培养人才之幼苗，使得有特殊才能者的幼苗不致枯萎，而且能够发展"的办学目标，学校聘请著名诗人艾青担任文学组的组长，并陆续请郭沫若、茅盾、冯雪峰、夏衍、聂绀弩、邵荃麟、何其芳、田汉、吴玉章、姚雪垠等一大批文学大师来学校兼课或举办讲座。为开好专业语文层级的选修课，中学可加强与大学的合作，就近聘请大学的专家学者兼课或举办讲座，引领学生提前进入学术殿堂，形成探索研究之风。"2013 年开始，北京大学将与部分中学合作，率先推出'中国大学先修课程'。并计划用 3 年时间，最终建成 30 门左右不同学科的先修课程，以满足学生多样化的个性要求。"❶ 二是加快培养。基础教育的改革，关键力量还是中学自有教师。应引进与培养相结合，加强培训，提供平台，促进教师专业水平的提升。2018 年湖南师范大学与附属中学集团下的中学，建立了 7 个省级教师行动研究基地，在湖南师大附中梅溪湖中学建立了"语文教师行动研究基地"。基地建设旨在合作研究，有针对性地解决一线教学中的重难点问题，培训一线教师，打造教学共同体。中学教师可利用平台，实现快速成长。这是中学与高校合作的有益尝试，试验可逐步推广。三是加强教师的职前教育，推进师范教育的课程改革。"现在高师教育课程设置老旧死板，既缺少理想的关照，又脱离实际，把学生限

---

❶ 原春林. 北大推出"中国大学先修课程"［N］. 中国青年报，2013－01－28（12）.

定死了，很难培养出优秀教师。"❶ 教师的职前教育很重要，正如温儒敏所指出的，目前的高师课程设置与中学的对应性差，与中学教育密切相关的新课标、新教材、新课程等方面的核心课程开设不足，质量不高。高师应改善课程结构，注重提高师范生的研究能力和教学能力。如语文选修课的专题教学，对教师的学科功底和科研能力提出了较高的要求，教师没有这方面的系统训练，很难胜任教学。高师应该培养出更多的学有专长、研有专长的合格教师。

（二）专业语文之实践探索

专业语文课程主要是针对那些对于语文学习兴趣浓厚并希望进一步深造的学生，旨在激发他们的专业兴趣，训练研究方法，培养一定的学术研究能力。我们以湖南省永州一中蒋建业老师的《项羽之死》为例，探讨专业语文的理念如何贯彻落实到具体教学中。运用专业理论研读中国传统文化经典是专业语文的要求和导向，也是被语文教学实践所证明的有效手段。《史记》作为广有影响的文化经典，在语文教育史上有重要地位。叶圣陶、朱自清在《略读指导举隅》中所选的略读篇目为：《孟子》《史记菁华录》《唐诗三百首》《蔡孑民先生言行录》《胡适文选》《呐喊》《爱的教育》，他们在指导阅读《史记菁华录》时，特别分析了《史记》的"互见"体例，认为它不但具有"避免重复、寄托褒贬、掩饰忌讳三种作用"，而且也是欣赏人物形象的重要方法，"一个人物的性行，一件事情的原委，往往散见在若干篇中，读者要参看了若干篇才可以得其全貌"。❷ 拓展一下，一个人物的形象，不但可以从一本书不同篇章里体现，也可从不同时代不同文体里"互见"。

蒋老师的课运用诗文"互见"的品法来评鉴项羽，可以更加全面地了解人物形象及其意义，掌握不同文体塑造人物形象的不同艺术手法。教学流程分三步：

第一步　走进诗歌，初识项羽

第二步　比较鉴赏，评议项羽

第三步　以史为鉴，群谏项羽

（1）诗文互见，形象有别。这是《中国古代诗歌散文欣赏》第四单元

❶ 温儒敏. 温儒敏论语文教育［M］. 北京：北京大学出版社，2010.

❷ 叶圣陶，朱自清. 略读指导举隅［M］. 北京：中华书局，2013：49.

第一章　实验版课标下的语文选修课程设计论

中的自主赏析文章，单元话题是"创造形象，诗文有别"。这一单元所选的几篇课文，在艺术形象方面有很高的审美价值。蒋老师在教学《项羽之死》时，用李清照写项羽的诗歌《咏项羽》导入，切合单元主题。诗歌和散文虽然都可以通过塑造形象表达意旨，但各有特点。

教学片段：

师："学习课文之前，先请大家欣赏女词人李清照的一首诗《咏项羽》。请大家以小组为单位对照思考题交流欣赏收获。"

（教师出示《咏项羽》一诗的幻灯片，并出示思考题：李清照笔下的项羽是一个怎样的人物形象？李清照在诗里是怎样塑造项羽这一人物形象的？）

（教师参与学生的讨论交流。）

…… ……

师："同学们的发言很精彩。现在我把大家的观点总结一下。项羽是一个英雄形象，大家对此已达成了共识。"

教学片段：散文中的形象

师："项羽在诗人李清照的诗中是一个英雄，那么，他在史学家文学家司马迁的笔下又是一个怎样的形象呢？"

（教师出示幻灯片，提出阅读要求：请大家认真阅读垓下之围、东城决战、乌江自刎三个场景，圈点勾画，做好批注，概括出项羽的形象特点，然后在小组内讨论交流。）

…… ……

生："我认为项羽总体上来说是一个英雄，但他不是一个十全十美的英雄，也有自己的缺点，这才是一个真实的项羽。"

在诗歌中，李清照笔下的项羽虽败犹荣，是一个完美的英雄；毛泽东笔下的项羽居功自傲，是一个"不可沽名学霸王"的反面典型。诗歌中的项羽形象单一，作者的褒贬分明。与之对比，司马迁笔下的项羽也是一个英雄，但更真实，具有多面性格。他并非十全十美，也并非一无是处。他是一个勇猛、重情的豪杰，同时也是一个自负、失败的英雄。再联系初中时学过的《鸿门宴》比较，那时的项羽拥兵四十多万，在军事实力上占绝对优势，但因为自负、有勇无谋、刚愎自用等性格缺陷，在短短的几年之内竟落到美人不保、江山不保、性命不保的悲惨结局。失败的原因令人深思，项羽的形象更加立体丰满。

（2）诗文互见，手法有别。在同学们关于项羽的形象达成共识后，蒋老师进一步引导学生归纳诗歌塑造形象的特点。诗人是怎么塑造人物形象的呢？项羽一生的英雄事迹很多，但李清照只写了不肯过江东这一件事，进而归纳出诗歌塑造人物的方法是写意式的"高度概括，大笔勾勒"。《项羽之死》则详细描写了垓下之围、东城决战、乌江自刎三个场景，进而概括出散文塑造形象是写实性的"详细具体，工笔描摹"。自然引出散文是如何塑造形象的这一关键问题。

教学片段：

师："从同学们的讨论中，我们可以看出，司马迁笔下的项羽形象丰满多了，让人如见其人，如闻其声。那么，司马迁是怎样塑造项羽这一形象的呢？"

生："写得很详细。"

师："司马迁是怎样详细描写的呢？"

生："注意了语言、动作、神态描写。"

师："你是从课文中的哪些句子看出来的？"

生："'于是项王乃悲歌慷慨'，垓下之围里的项羽在四面楚歌的情况下还想着虞姬的安危，神态描写体现了项羽很重感情。"

生："东城决战中，项羽'驰下，汉军皆披靡'，'项王乃驰，复斩汉一都尉'，动作描写体现了项羽的勇猛。"

生："他又说：'令诸君知天亡我，非战之罪也。'语言描写体现了项羽的自负。"

师："好。我们这个单元学习的是创造形象，诗文有别。现在我们以李清照的《咏项羽》一诗和司马迁的《项羽之死》为例，说说诗文在塑造形象上又有怎样的区别？"

生："老师刚才讲了诗歌塑造形象是'高度概括，大笔勾勒'，那么散文塑造形象是详细具体。"

生："这可能就是老师平常讲的细节描写吧。"

蒋老师在引导学生归纳形象特点和塑造手法时，始终引导学生回到文本，通过对具体语境中的语言的品鉴、体悟、归纳写作规律，最后自然得出比较结论：诗歌《咏项羽》运用高度概括、大笔勾勒的手法，塑造了项羽生为人杰、死为鬼雄的英雄形象。散文《项羽之死》运用语言、动作、神态等详细具体的描写，塑造了项羽多情善感、勇猛自负、知耻重义的形象。对创造形象诗文有别的特点，清代学者吴乔做了这样一个比喻："意喻之米，文喻之炊而为饭，诗喻之酿而为酒。"这说明散文创造形象是写实的，诗歌创造形象是写意的。传记文通过对语言、行动的细致刻画，表现人物思想性格，塑造形象栩栩如生，给人更为具体逼真的感受。

（3）诗文互见，情感有别。在咏古类诗歌中，作者的感情一般是寄寓在所塑造的形象之中，褒贬分明，情感倾向往往比较明显。而散文则不同，尽管写人散文也以生动的形象吸引读者，但主题往往是丰富的，叙述、描写、议论结合在一起，理性较强。传记作者对人物的评价也是文章的一部分，作者直接发议论，表明个人主观看法，也代表社会对人物作客观评价，因而对历史人物的情感更理性，注重评价的客观性和公正性，对后世读者认识人物形象的影响更大。

教学片段：

师："你们认为项羽失败的原因是什么？"

生："项羽自负、有勇无谋、刚愎自用，悲剧性格决定了他的悲剧命运。"

师："司马迁是怎样认为的呢？"

（教师引导学生阅读课文后的"相关链接"。）

师："请大家从文段中画出相关词语。"

生："自矜功伐，不师古。""以力征经营天下。""不觉悟，不自觉。"

师："司马迁是怎样评价项羽的观点的呢？"

生："岂不谬哉？"

师："古人云：以铜为鉴，可以正衣冠；以人为鉴，可以知得失；以史为鉴，可以兴天下。"

尽管司马迁偏爱项羽，对项羽的评价很高，把项羽拔高列入记载皇帝事迹的"本纪"之中，但篇末的"太史公曰"的评价却并未因此而对其缺点有所掩饰忌讳，体现了史学家的公正。诗文"互见"让我们从不同的角度看项羽，能更全面地认识项羽的丰富形象；同时，通过比较，掌握了《史记》塑造形象的手法，更好地理解了作者的创作意图和作品的意旨。"任何文本都是建构在前文本的基础上，文本与文本之间互相关联，相互阐发，共同构成了具有连贯性的文学发展整体。"[1] 运用诗文互见的方法，

---

[1] 贾奋然. 文体观念与文化意蕴：中国古代文体学美学论集［C］. 北京：中国社会科学出版社，2016：72.

能见出项羽这个人物形象的不同特色，正是建立在这两种文体关于项羽描写的关联和互构的基础上。诗歌里的项羽，源于《史记》，又超越《史记》，体现作者对历史人物的情感倾向，也体现历代读者对艺术形象的重新阐释。项羽不断走进诗人的视野，也算是《史记》及项羽对后世影响深远，具有无穷魅力吧。

第二章　实验版课标下的
语文选修课程实施论

　　新课程改革是国家基础教育的一个重要改革措施。按照教育部统一规划，高中新课程改革在 2010 年实现全国覆盖。2004 年秋季，新一轮的高中课程改革首先在山东、广东、海南和宁夏 4 省区进行实验；2005 年增加了江苏省；2006 年增加了福建、浙江、安徽、天津和辽宁 5 个省市；2007 年增加了北京、湖南、陕西、吉林和黑龙江 5 省市；2008 年增加了山西、河南、新疆和江西 4 省区；2009 年增加了云南、湖北、河北、内蒙古 4 省区；2010 年全国所有省份（新增川、渝、黔、桂、甘、青、藏 7 省区）都进入普通高中新课改。至此，全国共 31 省区市（除我国香港、澳门、台湾地区）全部按计划进入新课程改革。新一轮课程改革步子较大，困难也不少，课程改革推进比原定计划慢，实施过程中存在不少的问题。但总体来说，新课程改革正在扎实稳妥地推进，成绩有目共睹，积累了丰富的经验；也暴露了一些深层次矛盾，值得认真进行教学反思。

第一节　语文选修课程实施的现状与审视

　　语文选修课程在全国实施 8 年、湖南实施 5 年后，2012 年，我们主要以永州市为调查对象，就一线教学的问题与困惑进行了专题调研，以全面了解语文选修课的实施情况，发现语文选修课教学中存在的问题，及时改进。

一、来自教学一线的问题反思

　　一种新课程无论设计多么完美，实施过程中肯定会遇到始料未及的问题。倾听来自教学一线的声音，才知道理想和现实有多远，课改调整方向在哪里。有问题不足为奇，要探究的是这些问题的性质以及解决的路径和策略。

（一）研讨实录

高中语文选修教学研讨会（一）

研讨主题：深思与反思：高中语文选修教学 5 年回顾

时间：2012 年 11 月 28 日

地点：江华县一中

人员：江华一中语文教师 11 人；江华二中语文教师 5 人；宁远一中、宁远二中、宁远三中、蓝山二中、新田一中、新田二中、道县一中、道县二中、江永一中 9 所高中语文教师各 2 人；南六县语文教研员 6 人；市教研员 1 人，共 41 人。

策划：湖南师范大学文学院 杨云萍

主持：永州市教育科学院 杨振华；江华县教研室 张成恩

记录：江永县教研室 周逢春

整理：蓝山县教研室 李桐旺；江永县教研室 周逢春；江华县教研室张成恩；湖南师范大学 杨云萍

张成恩：今天我们聚集在江华一中，对我们各校的选修教学进行必要的反思。我想，在 5 年的选修教学中，我们遇到了许许多多的困难，也积累了很多的经验，更有很多很好而且切合今后选修教学的建议。下面请大家介绍你所在的学校、县区关于选修教学的经验，让大家共享；说出你的困惑，让大家一起探求解决问题的对策。

王快学：我是道县教研室高中语文教研员，道县共有三所高中。高中语文选修课教材可以说是材料丰富，编排很有特色。选修课的材料可以用"丰富"二字概括，古今中外的名家名作，有诗歌、散文、小说等多种体裁的文学名著，为学生扩大阅读，初步掌握中外文学作品，提升文学素养，提高学生鉴赏文学作品的水平，提供了一个很好的平台，同时，为学生进入高三复习迎考起到了桥梁作用。通观选修课教材的编订，最大的特色莫过于每一个单元都有一个明确的话题。一个话题，一个角度，一个重点，编排有序。有鉴赏示例，也有鉴赏实践，自主学习为前提，学生讨论为主，学生是学习的主人，完全可大胆让学生自主完成。我们县三所高中的选修课的教学，相对来说，都重视相关的话题知识。话题是一个单元的学习方向或目标。教学中以话题为中心开展教与学活动是应该始终坚守的。要想坚守这个中心应先引导学生吃透话题的相关知识，然后在例文的分析中紧扣这些知识具体分析和思考以形成能力。在教学中尽量避免"节外生枝"，这样一来可以用最少的时间突破重难点，提高教与学的效率。同时，在话题教学中，我们特别注重发挥教师的指导作用。学生自主学习，体现新课改的高效课堂理念，教学中应充分发挥教师的指导作用，让选修课朝着正确的方向，达到教学目标。在课时安排方面，由于受学情和教学时间等因素的影响，对高中语文选修教材我们是这样处理的。高二上期，在学完必修五之后，我们选讲了《中国古代诗歌散文欣赏》及《文章写作与修改》。其中对《中国古代诗歌散文欣赏》花了一个半月的时间重点讲，《文章写作与修改》花了一个星期（6个课时）略讲。高二下期，我们选讲了《中国文化经典研读》与《新闻阅读与实践》，其中《中国文化经典研读》花了一个半月时间重点讲，《新闻阅读与实践》花了一个星期（6个课时）略讲。高三上期选讲了《外国小说欣赏》，花两个星期左右的时间略讲。

不过，我们县的语文选修课教学存在着下面几个问题：一是选修课程"必修化"。选择性学习是选修课的基本特征，但在实际的教学实践中，学生的选课权被层层"盘剥"得所剩无几了。高考政策制定者决定选修课怎么考，考哪些，最后决定学生选修哪些课，哪些内容；中学课程制定者统一教材，统一课程，统一按班分配任课老师，这些让学生几乎没有选择；教师选修课的教学方式以课堂形式为主，以读讲方法为主，不顾选修课本原有的功能，完全异化选修课的功能，使得选修课"必修化"了。二是高中语文选修课的功利化。作为语文教师都想把选修课上好，甚至力求上得精彩，但是在实际的教学中，效果大打折扣，选修课只能是"看上去很美"。这源于高考指挥棒高悬头上，因而教师突出的问题是教学时间很有限，学生就觉得学习时间紧张、进度太快，教与学的矛盾越来越突出。语文选修课只能为高考让路，凡是与高考有关的，就大上特上，比如湖南高考选做题要考查的《外国小说欣赏》《中国文化经典研读》，与高考密切相关的《中国古代诗歌散文欣赏》就很系统地传授，而《新闻阅读与实践》《文章写作与修改》虽与高考有关，但出于时间的考虑就只能是选择性地讲解，针对性地就几种题型进行重点突破，这样就出现了凡考必教、不考不教、为考而教的奇怪局面，选修课教学就越来越功利化了，至于实验版课标所提倡的那些看上去很美的雄心勃勃的目标，就只能"神马都是浮云"了。三是与现实脱节。高中语文选修课程开设的目标是培养学生的学习兴趣和满足个性化发展，最终提升学生的文化素养。这势必要激发学生的主观能量。让他们广泛去阅读和品味大量的作品。而这与现实是矛盾的，也就是我们说的"理想是美好的，现实是残酷的"。为什么这么说呢？关键是现实是功利的。高考这一指挥棒的存在，使得一切教学都围绕这一点进行。而选修课刚好放在高二向高三迈进的关口，更何况还有学业水平考试。全面复习已开始，都在抓进度，学习时间之紧张，学习任务之繁重，可想而知。结果往往就是从教材中选取典型篇目，浮光掠影地按必修课一样教学，完成任务。

戚华林：我是江华一中语文教师。说到选修必修化的问题，我深有感触。实验版课标的颁布和实施，是中学语文课程改革中划时代的大事，特别是选修课的设置给了语文老师以巨大的鼓舞。通过近10年的实验，选修课教学虽取得了一定的成效，但同时我们在教学过程中也存在不少的问题。根据调查分析，我校高中语文选修课程教学中，主要存在选修课程"必修化"的问题。实验版课标指出，选修课程"更应该致力于让学生有选择地学习，促进学生有个性地发展"。开始上选修课的时候，我们还是想根据"课程标准"的要求对学生各方面的能力加以培养与提高。但在实践教学过程中，效果还是不尽如人意。从教学过程来看，多数教师感觉使用选修教材的主要难点是教学时间有限，学生对选修课学习的主要困难也是学习时间紧张、进度太快，由于教学内容与教学时间之间矛盾突出，所以课程标准所倡导的自主合作学习、探究学习变得可望而不可即。教师的选修课教学方式也呈现"必修化"的趋势，以课堂形式为主，以读讲方法为主，全然不顾语文课标所讲的选修课教学"有的侧重于实际应用，有的着眼于鉴赏陶冶，有的旨在引导探索研究"等不同能力重点带来的教学方法不同，这样学生的所谓选修课也少有个性化学习空间，呈现"非选化"状态。同时面对日益加大的学考及高考的压力，所以在具体的教学过程中，出现了凡考则教、不考不教、为考而教的局面，选修课的落实十分困难，这决定了选修课的有些课文只能是略讲甚至不讲，真正的选修成了不可多得的奢侈品。例如，我们对《中国古代诗歌散文欣赏》等与高考联系紧密的课文，大讲特讲，而对《中国文化经典研读》只讲了有关"儒家思想""修齐治平""天理人欲"等内容；对《新闻阅读与实践》，只讲了"新闻标题的拟写""一句话新闻"及"新闻短评"等内容；对《外国小说欣赏》只讲了"叙述""场景""主题""结构"等内容，其他基本忽略不讲。而对于《文章写作与修改》则完全没有按照其要求来进行教学，作文写作教学也完全是根据高考作文的要求来进行教学的。之所以出现选修课教学上厚此薄彼的现象，我想还是教学评价制度所导致的。不管是教育行政部门，还是学校对老师的评价，都是以学生的分数来进行评价，而对于对选修课教学的评价，几乎没有什么评价方案及学分认定标准，即使有也只是一种形式，因此，出现"为考而教"的现象也就不足为奇了。那么，要想改变这一现象，我想，只有改变我们对老师的评价制度，这种选修课程"必修化"的问题才可能得到根本上的解决，否则，要想达到课程标准上指出的"致力于让学生有选择地学习，促进学生有个性地发展"这一目标，也只能存在于"理想"上了。

张自卫：我是宁远二中的教师。在具体的教学过程中，我们有许多困惑。一是完成选修课的教学课时不够。按照《湖南省普通高中语文选修课程教学指导意见（试用）》规定，我们所选的是必选的5个模块《文章写作与修改》《中国古代诗歌散文欣赏》《新闻阅读与实践》《中国文化经典研读》《外国小说欣赏》。从教学实践来看，除用1.25个学年学完5册必修模块外，其余1.75个学年还要用差不多1个学年来进行高考复习，高二还有一个学业水平测试（简称"学考"），因此留给选修课的时间不多。实验版课标规定："选修课的设计，必须以课程目标为依据，充分考虑学生的需求和实际水平。不能把选修课上成必修课的补习课和应考的辅导课，也不能简单地照搬大学里的选修课。"但在实际的教学过程中，选修课课堂教学容易出现以下几种倾向：把《中国文化经典研读》上成高三复习训练课；把《中国古代诗歌散文欣赏》上成了语文知识专题课；把《外国小说欣赏》上成了专题内容的学术课；把《新闻阅读与实践》上成了架空的人文课；把《文章写作与修改》上成了没有个性的课。二是选修课的教学效果如何体现。高中语文课程由必修课程和选修课程两个部分组成。必修课程关注学生基本的语文素养，注重知识与技能的基础性和均衡性，是"学考"的主要内容。选修课程弥补了必修课的不足，为高中生修习提供了更大的选择空间，更多地满足了学生的兴趣、爱好和专长。但学完选修的5门课程大概要3个月时间。从整个高考的迎考工作来看，有点不值。湖南高考中的选做题是从"经典""新闻""小说"3个专题中筛选出2个，由考生"2选1"（分值12分）。如果在"文言阅读"或者"大阅读（散文或小说）"上花3个月时间就能不止得12分。一面是提高学生全面素质，另一面是提高学生的高考成绩，还要基本上在高二第二期完成，时间太仓促。这二者的关系如何协调？

唐正明：我是江华二中教师。我校语文选修课的设置力求做到选择性、现实性、实效性三者统一，把选修课大致分三类：（一）全选课，如《中国古代诗歌散文欣赏》《中国文化经典研读》，所有学生都上，每周6学时，每模块上一个学段；（二）节选课，突出学生的自学性，每个模块上3周，开18节，如《外国小说欣赏》《新闻阅读与实践》；（三）校本自主开发选修课，如"学生自强教育""瑶文化与风俗"等，每周1节，上2至3个学段，学生任选；（四）穿插课，将选修内容穿插在高二整个学年，如《文章写作与修改》，教师将平时的作文讲评与《文章写作与修改》综合起来用，两周1节。选修内容的教学在原行政班级进行。

在实际的教学过程中，我们有这样的困惑：一是教师专业成长与学生个性发展的不相称。二是选修课程的精深与学生基础薄弱、视野狭窄的不相称。三是教学时间紧迫与教学内容繁重的不相称。四是教学中，教师对教材深度和广度的拿捏与学生的接受不相称。最后说一点我们的反思。关于选修课的开设，《湖南省普通高中语文选修课教学指导意见（试用）》中从"教学指导思想""课程结构及目标""课程设计基本要求及教学建议""评价建议"四个方面作了高屋建瓴的构建与厘定，对我校的高中语文选修课教学的有序、高效推进产生了重要影响，让身处落后山区的我们在选修课教学中不至于偏得太多、偏得太远。只是在具体课堂教学实践中，老师很难达成统一的模式与意见，往往随各自的教学个性、文化积淀而摇摆，有时，幅度还挺大。从学生学习方面看，目前，学生的学习时间更紧，任务更重，除了教材，更有繁重的作业；表面上看，通过选修内容的学习，容易发展学生的个性、健全学生的人格，但实际上，很可能成为专家、教师的一厢情愿，如果更具体一点，我们很不情愿接受这样的现实：上等生吃不饱，中等生吃不好，下等生吃不了。从学业水平考试方面看，一次性合格率，不单是行政指标、考核指标，更是心灵指标、素质指标，对时空相对紧缩的高中生来说，探究如何减压、减负，如何发现、传承、创新文化，如何丰盈、充实心灵，我们的选修课改可能还有很长的路要走，而其中最关键的是如何最大程度地激发孩子的善良、热情、奉献、互助之类的品质，因为这才是一个民族发展、社会和谐的必需。

刘智成：我是新田一中的教师。感到困惑的是：高中语文选修课内容

第二章　实验版课标下的语文选修课程实施论

多，时间紧，部分篇目难度较大。按照课程标准安排的正常教学进度，每本选修教材的学习时间不能超过半个学期。而学习选修教材的时段，正是学业水平测试复习的关键时期和新课程学习向高考复习的过渡期，时间紧，很难保证有足够的课时来学习选修内容，一些探究活动更难以充分展开。选修教材的部分篇目难度较大，有的甚至超出了高考的难度，基于时间关系和学习中不得不带有的功利性目的，这一部分内容很难得到有效的探讨。能否降低选修课程的学习难度，选修教材的内容能不能有更深刻的现实意义，以期进一步引导学生思考生活，让更多的内容和感悟成为学生的写作素材，让学生真正体会到学以致用的乐趣，从而更喜欢选修教材的学习。

宋晓森：我是江永二中的教师。从高二的学段 2 起开设选修课，时间紧，任务重，按常规操作一般很难完成教学任务；再说选修课程选什么、教什么、怎么教也是难题。我们没什么经验可言，只是按照课标和湖南省的指导意见行事。

《中国古代诗歌散文欣赏》，在一定阅读量的基础上，精选重点，鉴赏研究，通过多种途径帮助学生阅读和鉴赏。如加强诗文诵读；采用多媒体等辅助手段，引导学生从互联网搜集有关资料；注重对作品的个性化解读；举办朗诵会；可尝试诗歌散文创作，组织文学社团，向外投稿，把成果结集，交流体会。《外国小说欣赏》，可阅读典范的小说；可观看根据小说改编拍摄的影视片；可开展专题讨论；可组织读书报告会、讨论会，介绍中外著名小说作家撰写的小说，就所读作品发表自己的看法；可将相关题材的影视片与小说进行比较，并作出评论；鼓励学生尝试写小说。读、议、写结合，汲取精神养料，形成小说鉴赏能力。《中国文化经典研读》选择各学派代表性的文章或片段，进行"研究性阅读"。在此基础上，可结合有关阅读内容，形成若干小专题，引导学生自行钻研、相互探讨；还可以利用本地文化资源，引导学生联系实际进行分析和解释，提出自己的见解，通过口头、文字、图表、图片等多种形式展示成果。指导学生通过研读，增强文化意识，提高认识和分析文化现象的能力，吸收优秀文化的营养，参与先进文化的传播。《新闻阅读与实践》应特别突出"应用意识""实践意识"。为此，应该突出两个重点：一是抓消息阅读，二是抓新闻短评的写作。如此，不断提高学生的思维能力、思想素质与语言文字应用能力。我想不论哪个系列、哪个模块，我们必须从生活实际出发，从区域实际出发，充分尊重学生的需求、个性，给足时间和空间，使学生真正成为学习的主人，使教学真正为学生的成长服务。

毛丽华：我是江永三中的教师。我校选修课教学基于"根据实际选择内容，突出重点"的教学理念，以《中国古代诗歌散文欣赏》为主要教学内容，《中国文化经典研读》次之，《新闻阅读与实践》《文章写作与修改》安排少量课时指导学生学习，《外国小说欣赏》由学生自学。《中国古代诗歌散文欣赏》这本教材的编写与设计，我认为有很强的方法指导意识。"赏析指导"短文与"赏析示例"对所选诗作的具体分析，起了总领和示范作用。"自主赏析"部分又提供了教师指导下的学生赏析活动的具体凭借。"推荐作品"则引导学生利用刚刚学到的鉴赏方法自行进行文学鉴赏活动。链接资料广泛丰富，最大限度地提供给了学生探究的空间。思考题名副其实是探究，注意多方面比较、引申、参见，能抓住关键性词句，深入作品肌理，不作泛泛探讨。针对这本教材，我们还是进行了重组整合，调整课程内容，力求不平均用力，做到重点突出，主次分明，使学生在有限的课时内获得最大的收益。

当然，整合时我们尽量处理好这几种关系：单篇和单元，精读和略读，讲读和自读；关注了这样几个要素：相同类别作品，相同诗歌体式作品，鉴赏方法，诗坛、词坛大家的专题整合。例如，李白专题：《梦游天姥吟留别》《越中览古》《将进酒》；教学内容以课本所选诗作为主，针对研究的主题，顺序进行适当的调整。由于受到条件的限制，在自主选修部分并没有完全按照课标的要求实行学生自主选修，形式上和必修课一样，并没有凸显出学生的兴趣、特长。若能真按课标所讲，应该效果会更好一些。加上受学校教学质量压力限制，语文学科地位相对较低，实施过程中困难重重，数理化生及英语老师不理解，班主任也不太支持，一些教学活动和设计在执行过程中被打折扣。若能在考试评价上增加语文学科的分值或者是增加语文学科分数的区别度，效果应该会更好一些。

何永顺：我是江永一中的教师。选修教材教学过程中，我们也有很多困惑。一是选修教材的教学与学业水平考试复习安排有冲突，因而，学生往往不太上心，积极性不高，学习效果不是太明显，严重影响了教学目标的达成。二是选修内容难度相对较大，不容易突破。《中国古代诗歌散文欣赏》所选的诗歌和散文都是精品，内容与形式都非常精美，大大超出了学生现有的欣赏水平。《中国文化经典研读》中孔子、孟子等相关内容博大精深，深邃的中国文化让学生一时难以摸到头脑，教学起来非常吃力。

陈惠兰：我是蓝山二中的教师。我以《中国古代诗歌散文欣赏》诗歌部分教学为例，谈一点教学心得。我觉得，选修教学要突出单元重点，注重知识衔接。高中语文选修教材《中国古代诗歌散文欣赏》诗歌教学分三个部分。整个教学都是教给学生鉴赏诗歌的方法。语文教师应积极倡导"自主、合作、探究"的学习方式，培养学生语文应用审美与探究能力。在这三个单元的教学中，既要突出单元的重点，又要注重知识衔接。第一单元的教学重点是"知人论世，以意逆志"，联系作者的生平及其时代，可以更好地认识作品的意义及价值。第二单元的教学重点是"置身诗境，缘景明情"。品味感受意境，要"沉浸其中"，全身心地投入一个想象的世界中，得到美的享受。第三单元的教学重点是"因声求气，吟咏诗韵"，指通过感受诗文的节奏，音韵的平仄来把握作品的精神，通过吟咏诗文的音韵来体味其中蕴含的情感。但这三种鉴赏方法在诗歌教学中并不是独立出现，而是相辅相成，贯穿整个诗歌欣赏的过程，不可割裂开来的。常言道："文如其人"，对作者生平事迹及所处时代的了解，必然能够更准确把握作者的写作意图。因而，知人论世是鉴赏诗词必不可少的环节。王国维在《人间词话》中说过诗词以境界为上，而意境由意象融情而造，读者欣赏诗歌须展开联想，再造境界才能体悟诗意，得到美的享受。这就是所谓的"置身诗境，缘景明情"。如编排在第一单元的《湘夫人》中，赏析"袅袅兮秋风，洞庭波兮木叶下"，需引导学生围绕意象的特征展开想象，对这千古佳句不妨多加涵泳，玩赏品位其精妙之艺术。诵读是诗歌教学中的必要环节，古人云"读书百遍，其义自见"，也有人说"熟读唐诗三百首，不会作诗也会吟"，讲的正是"因声求气，吟咏诗韵"的鉴赏方法。选修教材的编写意图着眼于提高学生的语文素养。语文教师在教学时既要突出重点，又要衔接知识。

张成恩：由于时间关系，还有没有发言的老师，回去后可以把你们的经验写成书面的材料，发至市教科院杨振华老师的邮箱。选修是新事物，也是高中语文教学面临的新情况，请大家回去后，结合本校的教学实践和学生实际，认真实地开好选修，把选修教学落在实处。

（二）问诊课堂

来自教学一线的各种声音，使我们对语文选修教学的实际现状有了较为全面的了解和认知。针对语文选修教学的基本特点和问题，以后的教学应该从哪些方面改善？在教改实验中，有哪些共同的规律需要从行动研究中归纳？我们也来听听研究者们的反馈和引领。

杨振华：永州市教育科学研究院

永州市语文选修课实施以来，各县市区态度积极，办法不少。积累了一定的经验，但困难和问题也不少，需要正确归因与反思。

一是应试性明显。根据实验版课标精神，语文选修课设计与高考所要求的素质教育理念是一致的，都要着眼于语文素养的培养，学好有助于考好，但应试不是教育的最终目的，更不是唯一目的。目前"为考而教"的对应太机械，为了考试而学习的倾向明显。教师本身要淡化功利，行不言之教，引导学生自主钻研文本，品味名篇佳作，切实提高语文素养。

二是整合性不够。语文选修教材以主题组织单元，研讨性学习导向明晰，教学中对教材的整合是必需的，也是首位的。但从教学现状看，拘泥于单篇教学的惯性思维还没有调整过来，局限于一本教材框架按部就班的教学普遍存在。单篇整合、专题与专题的整合、选修与必修的整合、课内与课外的整合均显不足。

三是分层教学缺乏。选修的必修化导致分层教学缺乏。语文选修课对学生学习层次没有区分，教学的差异性无从体现。不同层次的学生本有不同的学习需求，目前的语文选修课对水平较低的学生和水平较高的学生提出统一的要求，且均指向较高层次的要求，这一方面使得整体学习难度增加了，学生学业成就感不足；另一方面学生能真正自主选择的机会少，自主、合作、探究的学习方式难以形成，专业兴趣难以培养。

杨云萍：湖南师范大学文学院

这次座谈会是在语文选修课实施5年已有4届学生的前提下召开的，一线教师主要介绍了选修课实施过程中各个学校的基本情况。反映的情况比较全面，既有对各校选修课程整体设计和具体做法的介绍，也有对选修课程实施中存在的问题和不足的真实描绘，并针对问题，提出了自己的解读办法或建议。这表明，从总体上来说，尽管语文选修课的实施困难重重、问题较多，但一线教师对选修课程设置是持肯定态度的，且对选修课的前景也持乐观态度。语文选修课实施特点主要体现在以下几个方面：

一是对标教学。永州市所有高中的语文选修课程教学都是按照实验版课标与《湖南省普通高中语文选修课程教学指导意见（试用）》规定和精神实施，课程的开设，教材的选用，教学的方式等，改革方向与国家的新课改要求一致，指向明确，课程政策落实较好。绝大多数教师认为，实验版课标和湖南省的指导意见，在课程理念、课程结构目标、课程设计与教学、评价建议等方面具有高屋建瓴的指导意义，教师自觉参照执行。国家层面的选修教材文质兼备，选修教材的编排，内容厚重，结构明了，注重学法指导，质量很高，是学校选修教学的重要凭借。语文选修课的评价基本以高考为导向，大致参照高考形式考核，体现课标要求。

二是自主教学。根据实验版课标编制的教材和读本，教材的数量与以往比较增加不少，选修多达 30 余本。不但教材的数量增加了，而且选修课的学习内容更是要从课内拓展到课外，课程资源更为开放，学习资料来源更加广泛。基于此，教师普遍根据需要对教材内容有所取舍，课堂尝试采用自主、合作、探究的学习方式，重在整合内容，精讲方法，传授读书之道；课外要求学生自主搜集学习，汇聚相关学习内容，有侧重地探究某个方面的问题，体现了以学生为主体，以培养学生自主学习能力为主线的教学理念。在选修课教学实践中，有的学校尝试分类教学，把选修课分为全选课、节选课、校本课和穿插课等，根据学校实际情况重新整合教学内容。有的学校根据文本特点，灵活处理教材内容，根据学生实际先进行系统梳理、取舍、整合。在这个过程中，或按作者，或按流派，或按题材，或按内容进行。有的学校注重学法指导。选修教学不可能面面俱到，只能根据选修教材各章节内容，抓住要点、突出重点，进行思维突破、学法引导，让学生自主思考、探究、讨论、交流、实践。有的学校发挥语文骨干教师的积极作用，以点带面，备课组集体推进。有的学校尝试评价改革，把阶段性考核、过程评价与终结性评价相结合。一本教材完成选修后，及时组织一次阶段性考核，学期结束时进行一次终结性考试，并将阶段性考核、终结性考试与平时上课的过程评价相结合。其中过程性评价占该模块综合评价的 30%，终结性考试占该模块综合评价的 70%。这些措施体现了教师教学的自主性和创造性。

三是活动教学。相对于必修课的教学，语文选修课教学的综合性、实践性加强了。教学基本是以主题或话题为中心，既整合听说读写活动，又打通课内外，进行跨学科的语文实践活动。教学评价活动化特征突出，除了纸笔测试，评价方式走向多元，读书报告会、成果展示课等活动表现性评价方式被广泛运用。第一，重视研读活动。如集体研读，就单元专题内容，在课堂上安排一定的时间让学生分小组进行合作探究。第二，采用灵活多样的形式展示合作探究成果。如：学生代表讲解课文的形式；学生自由撰写小论文的形式；不同小组之间展开辩论的形式；与研究性学习和兴趣小组活动相结合的形式。在相关学习小组展示探究成果之时，鼓励其他同学质疑和提出不同意见，重要问题可以进一步探究。经过这些环节的活动，学生的实践能力提高了。

语文选修课程实施存在的困难或问题主要集中在以下三个方面：

一是理想与现实反差大。理想的语文选修课程是在必修课的基础性上突出拓展性和提高性，目的是以多样化的课程满足学生的选课要求，促进学生的个性发展。而现实的课程恰恰在这一点上最为尴尬，老师们普遍反映，语文选修课程实施呈现"必修化"的特点，学生选择的余地很小，并且紧紧为高考服务，走向了"凡考必教，不考不教，为考而教"的应试化、功利化的老路。语文课程改革的理想虽好，但实现很难。语文选修课与高考的矛盾突出，如何解决这一组矛盾，将关系到改革的成败。选修的内容同高考的关系，从本质上说开设选修课同提高学生素质适应高考并不矛盾，但实际操作时又有难度，有些矛盾会凸显出来。

二是教学内容与教学时间的矛盾突出。从客观上讲，语文选修课程教学形式新、难度大、内容多、任务重，而时间却非常有限，学考、高考、其他科目都在挤压语文选修课的学习时间。网络作品、新媒体作品等娱乐性阅读也在抢占经典阅读的时间。在学时严重不足的情况下，语文选修课的学习陷入蜻蜓点水式的困境，现有的教材学习都很不系统，师生哪儿还有精力去搜集和开发更广阔的学习资源，因此，学习视野难以开阔，教学任务的完成也大打折扣。教学评价也没有按照课标学分认定标准进行认定。教学的虚化导致师生压力大、兴趣低、迷惑多。

三是课标要求与实际脱节。实验版课标非常重视校本课程的开设，提出校本课程是选修课的主要实现形式，而在教学一线恰恰是校本课程极为缺乏。"注重校本课程的开发是 20 世纪 90 年代以来许多发达国家课程改革的重要特色。所谓校本课程（school–based curriculum）即以学校为本位，由学校自己确定的课程，显然它与国家课程及地方课程相对。"❶ 校本课程

❶ 刘正伟. 国际语文课程与教学比较［M］. 杭州：浙江大学出版社，2008：238.

第二章 实验版课标下的语文选修课程实施论

的开设主要是为了扩大学校课程的自主权，利用当地文化资源，增强课程的适应性。在老师们的介绍中，三级课程比例严重失调。国家课程各校根据湖南省的指导意见统一开设了，5门课程也是全省统一选择的，只是在内容的取舍和时间、顺序的安排上不同学校各有侧重。但普遍反映，教材难度太大，专业性太强，学生自学连基本理解都困难，提高和扩展难度大；地方特色课程几乎没有，省级只有指导意见，并没有开发出具有湖湘特色的语文选修课程；校本课程只有江华二中提到了两门：《学生自强教育》《瑶文化与风俗》。由此观之，语文选修课程结构不是很合理，教师普遍反映，国家课程内容太多，应对国家课程压力大，没有余力开发校本课程。校本课程着眼于学生的实际，也为语文教师搭建一个展示自我、超越自我的平台，但是同时也给语文老师带来了新的挑战，教师相关的学科素养有所不足，从目前来看，依靠教师开发校本课程，困难很大。

问题暴露了，症结找准了，如何解决就有了正确的方向。如何围绕这些问题突破，彰显语文选修课程的特色，将是下一步调整策略的重要依据。围绕这些问题，永州市分级组织选修课教学培训，通过教育行政主管部门、学校和教师自我学习三级培训，语文选修课教学与必修课同质化的问题得到一定缓解，选修课的"异质性"得以凸显，形成了一定的专题教学的特色。

二、来自教学一线的探索经验

2013年，根据调研调整教学策略后，我们在深入课堂观察了解后，再次召开教师专题研讨会，探讨语文选修课的教学模式，分享与共享教学经验，探寻语文选修课改革的规律。

（一）研讨实录

高中语文选修教学研讨会（二）

主题：分享与共享：总结语文选修教学实验经验

时间：2013年5月10日

地点：永州市一中

人员：永州一中语文教师22人；永州三中语文教师4人；永州四中4人；祁阳一中3人；祁阳二中、祁阳四中、双牌二中、东安一中、永州二中5所高中语文教师各2人；祁阳县、零陵区、冷水滩区语文教研员3人；

市教研员 1 人，共 47 人。

策划：湖南师范大学文学院 杨云萍

主持：永州市教育科学院 杨振华

永州一中副校长 欧阳媛卿

记录：永州一中 廖菁菁

整理：永州一中 廖菁菁 蒋交林；湖南师范大学 杨云萍

欧阳媛卿：各位老师，大家好，欢迎来到永州一中。今天我们市北 5 县高中二年级语文教师代表以及我校高一、高二的全体语文教师聚集一中，交流选修教学经验，目的是共享选修教学的已有成果，探析选修教学中遇到的问题，以期提高我市选修教学的水平。请大家自由地毫不保留地介绍本校在选修教学中取得的经验，提出选修教学中遇到的困惑。

我先谈谈我的一点意见。我感觉到，目前我们的选修课学生不能自主选择，这是高考制度的问题。但不管怎样，我们要更新理念，转变教学方法。一是要研究选修这么多内容，我们到底该如何教，应该要找到症结；二是要由学生自主选择，根据学情，考虑学生需要，找到学生喜好的、对学生发展有帮助的、为学生发展服务的（方式）去引导学生自主地学。三是要调动教师和学生的爱好。四是要切实做到，选修重在学生的自学，切不可把选修上成必修。

文善明：我是永州市一中的教师。永州一中在语文选修课的教学方面已经努力探索了多年。以下几点是我们体会较深的。

一是深入地钻研实验版课标。课标是我们老师课改的指针。人人都有课标，个个都研读课标，每次集体备课都讨论课标，这是实行实验版课标最初两年我们语文老师的常规"节目"。研读它是为了熟悉它，熟悉它是为了实践它。去年高考结束之后，我和几位老师利用暑假时间，在 2011 年省市培训的基础上，通过运用新课程理念来研究教材，许多原先模糊的认识都变得明朗起来。对选修课堂中教师的角色转换，新型师生关系的处理，新的教学方式方法的实施，都有了更清晰的认识和理解。

二是科学地安排时间。按照课程结构，必修课与选修课的教学时间分别是 1.25 学年和 1.75 学年。这当然是理论上的，如果按照这个进度，我们就没办法复习了。我所说的时间有三层意思：第一层是教材规定使用的时间，第二层是教师实际上课的时间，第三层是阅读与训练的时间。区分三个时间概念是为了突出选修课的特点，突出选修课的重点，体现新课改的理念。教材规定使用的时间，仅供参考。假如教师上课时间和学生阅读与能力训练（不是考试）的时间是 3：7，那么学生就有足够的时间自我解读文本，发表见解，体验情感。当然这个时间不是权威的，不是唯一的，与学生的层次有关。但只要我们的老师认认真真研读了新课标，明确了选修课的要求，你的课堂时间分配也会相对合理，至少不会把选修课上成了必修课。

三是明确的分工协作。这是对备课组的内部机制而言。这种好处是不言而喻的：它节约成本、提高效率、集思广益、效果显著。集体备课是交流经验、协调进度、交接任务的过程。语文选修课与必修课不同之一在于，它既可以逐课上，也可以整个单元一次性上。所以分工协作显得十分重要。集体备课中的常规要求"三定""四备""五统一"，我们落实得比较好，当然离一中的长远发展的要求还很有距离。今天上午，三中和十一中参与了我们语文组的集体备课，看到了我们的分工协作，我们平时也是这样做的。

具体到课堂操作，我也讲三点需要注意的。

一是注意选修与必修的区别和联系。以必修 1－5 的"表达与交流"部分与《文章写作与修改》为例，前者具有普及性、一般性，后者明显侧重于技巧和能力，是在前者基础上的深挖与提高。所以对《文章写作与修改》这本教材，我们没有必要专门花整块的时间讲授，只要在作文写作与讲评的指导中有针对性地讲授，突出在"表达与交流"的基础上的技巧训练就可以了。这样就既不会把选修课变成必修课的复制品，又不会将选修课上成随意的讲座。

二是在教学中强调选修对学生能力的培养。以《中国古代诗歌散文欣赏》为重点，主要培养学生阅读鉴赏能力，增加个人文化底蕴；以《新闻阅读与实践》为重点，主要培养学生语言文字的应用能力、写作实践能力；以《中国文化经典研读》《外国小说欣赏》为重点，兼顾校本教材《柳子文学》，主要培养学生文化遗产、外来文化的借鉴能力、探究能力、综合学习能力。三种能力有不同的侧重点、不同的层次。

三是探索选修与高考的关系。通过对两年的湖南卷分析来看，选修课有哪些要求，高考就会有哪些考查。高考的内容是有严格要求的，要兼顾必修选修的存在，要突出选修课的重要性，因此选课不能随意上，不能太宽泛，必要的时候，要针对高考要求来上。所以我们在选修课复习时研究考纲、研究了湖南考试说明，研究了湖南样卷，再确定复习重点，抓得比较准，训练比较到位，效果比较好。现在我们还研究考题。老师们只要对照 2010 年湖南卷与选修教材，就会发现，试卷上处处有选修教材的影子。高考作文《早》，在《文章写作与修改》的第 7～31 页，能清晰地发现它的影子。选做题在考查《外国小说欣赏》和《新闻阅读与实践》，第 19 题探究题 8 分，虽然来自文学类作品阅读，但就探究能力而言，却是突出选修课的宗旨。至于古诗文默写、阅读理解、欣赏，必修选修兼顾的痕迹非常明显。仅以文言文《诸葛孔明》为例，它既是必修 5 名著导读的内容，也是《中国古代诗歌散文欣赏》中的《蜀相》《书愤》的内容。2011 年高考来自书本的痕迹同样很重，必修选修也是各占半壁江山，在此就不赘述了。

彭震球：我是永州一中的教师。在教选修的过程中，我感觉，我们的学生语文意识是比较淡薄的，选修在增强学生的语文意识方面是一种突破，注意文化，注重素养，改革的方向无疑是非常正确的。但是，我们又必须看到这样一个事实，学生的学习能依据自己的兴趣、依据自己的爱好的，能实实在在着眼自己的素养提高的，在目前这种考试制度下，恐怕是不容易的。学生所有的学习可以说都是为了考试，学选修也是更多地考虑与高考的对接。那么教师如何面对，我一直困惑。

叶国嫒：我是双牌县二中的教师。我的选修课教学有不少收获也有诸多困惑。主要的做法：

一是围绕话题探究，展开课堂对话。如我将《湘夫人》教学话题设计为"从《湘夫人》看屈原的追求与精神困顿"，引导学生围绕"洞庭秋色""心理历程""华堂装饰""会合无缘"等描写展开研读，引导学生联系《离骚》与《史记·屈原列传》中的选段全面了解屈原，并以"问题"为导向，开展教学对话，引导学生解读《湘夫人》的精神内涵。教学话题选择要紧扣文本，话题的难度要适合学生的认知能力与思维水平，话题的展开要由表及里、由此及彼、由浅入深。话题展开的形式是探究与对话。如《中国文化经典研读》中的《〈论语〉十则》的教学，我将话题设置为"好学的境界""人生修养的过程""做人与处世""生命境界""自我修养的关键"，要求学生研读文本，体会圣人的成长历程与人生智慧，体会《论语》中"仁"的内涵及其现实意义。课堂对话有效开展的前提是：话题紧扣文本的核心内容，有一定的挑战性与开放度，并适合学生讨论；学生充分研读文本，并基本形成自己的思考；教师有把握话题的足够自信。

二是化零为整，化整为零，整合文本。以《中国文化经典研读》为例，它选取的是有关哲学、宗教、史学、政治、科技、学术思想、文学思想等最具代表性和影响力的部分作品，跨越春秋至近代几千年的中国文明史，其所涉及的"中国文化"内涵博大精深。先教学生化零为整。读目录，读"阅读指南"与"大视野"，让宏观把握先行。再化整为零，让问题牵着话题，让学生走进文本，于隐微处发问探疑。选修研读重视的不应是结论，而是过程，学生只有在研读的过程中，才能习得方法，涵泳精神。在这个过程中，课堂的话语权要充分地交给学生，教师的"引"与"点"只是对学生视野广度的扩展与思维深度的开掘。

三是提高课堂教学的有效性。指导学生梳理选修教材的人文话题，整理其中的人文素材。如《外国小说欣赏》中关于"爱情""人与人""人与自然""理想与现实""人性的善与恶""现代人的精神困境"的思索与探讨，这些不仅为学生的写作提供了丰富的素材，也将学生带入了一个有别于学生生活经验的深度的世界。《新闻阅读与实践》是一门实践性很强的选修课，教学中，我以"冬田的使用"为主题，让学生利用周末选定周边地区的某个村庄进行调查采访，然后要求学生拟写一则新闻，并针对所写新闻事实再写一篇新闻短评。

杨小言：我是祁阳县教研室的教研员。选修课对于我们农村中学教师们来说，是一个巨大的挑战，几年来，我们县积累的经验有以下几个方面：

一是学习内容有选择性。比如《中国古代诗歌散文欣赏》第一单元：以意逆志、知人论世，分别选取了屈原、鲍照、杜甫的诗。那么首先可以让学生选取自己感兴趣的诗人，然后让学生分成不同的兴趣小组，对自己组感兴趣的诗人进行调查研究。最后由研究小组中选取2～3位同学对课文进行个性化的解读，教师进行适当的点拨即可。

二是学习方法有所改变。选修课比之必修课无论学习方法还是学习内容，都有着鲜明的特征。在目前倡导"高效课堂"教学模式的大环境下，在学习选修教材时，语文教师力求改变以往"告诉式"教学方法，而是将授课的重点放在引导学生自己去鉴赏、探究上，从而提升学生语文素养。将学生按照不同性质分成"同质异构"的学习小组，分配不同的教学任务给每个学习小组，组内、组间展开合作、交流、竞争，针对不同的教学任务，每个成员尽自己最大的可能去完成构建整个学习任务的那块属于自己的部分。

廖洁：我是永州三中的教师。当前在高中语文选修课教学中存在"三大三不"的突出问题。这"三大三不"是：一课程量大，必需的课时不够；二备课量大，教师的负担不轻；三知识量大，难易度不好把握。为有针对性地解决存在的这三个突出问题，我认为高中语文选修课教学应当注重"三性"：

一是我们应当注重使用选修教材的灵活性，着力解决课程量大、必需的课时不够的问题。新课程标准认为教材只是一个例子，教材只是一个平台，只是一个材料，教材的取舍权在师生手里。比如《新闻阅读与实践》中有关新闻体裁的特点、要素、结构等知识，在必修1的新闻单元中学生已有所掌握，而且内容比较简单，所以选修这本书时，我们可以利用必修1所学的新闻知识让学生自主解决新闻模块中的前面几个单元，教师则侧重于带领学生突破新闻评论，特别是新闻短评，因为它贴近高考，而且可操作性强。

二是我们应当注重学生在选修课学习中的自主性，着力解决备课量大、教师负担不轻的问题。我们三中语文组正努力尝试使用自编的导学案来引导学生自主合作学习的教学方法，具体做法是：每次上课前，先将导学案分发给学生，导学案包括预习案、探究案、训练案三个部分，教师在各部分中提出能帮助完成学习目标的相应的问题，然后给足时间和空间，由学生自己备课，备课组以小组为单位，分工合作，有的负责搜集作者和所处时代的背景资料，有的负责重难点字词句的查阅释义，有的负责探究人物形象，同学们从图书馆、资料室以及互联网上查阅大量资料，集体商量，有时还找老师请教，出谋划策，发扬团队精神。之后，再由备课小组组长汇总整理，最后各小组在课堂上可以尽情展示本组的学习成果，其他小组给予评价。课后再完成训练案。我们采取的这种教学方法，可以使课堂"活"起来，可以让学生充分体验求知的"过程"，从中获得成就感，学生学习的积极性也随之大为提高。

三是我们应当注重选修课的双重性，着力解决知识量大、难易度不好把握问题。选修课涉及内容广，知识量大，难易程度的确很难把握。有的教师上选修课就像带研究生，把它当成大学里的课来上，过于追求学科专业知识和理论的系统化，却忽略了基础知识的积累和基本能力的训练。这种做法值得商榷。例如，对于中国古代诗歌的教学，教师要通过自己的精心讲解和分析，让学生明白中国古代诗歌的发展过程，引导学生掌握学习和鉴赏诗歌的基本步骤和方法，引导学生学会鉴赏中国古代诗歌的形象、语言、表达技巧，引导学生学会评价诗歌的思想内容和作者的观点态度。这样就可以为学生自主鉴赏中国古代诗歌打下坚实的基础，使学生的诗歌学习能力获得均衡的发展。在此基础上，教师要以学生的"学"为中心，通过探究同一时代不同诗人的诗歌、同一诗人不同时期的诗歌来重点突破对某一块教学内容的学习。如引导学生学习杜甫的《蜀相》时，在鉴赏了诗歌的形象、技巧、思想主旨之后，再联系杜甫在人生其他阶段所创作的诗歌进行比较阅读，从而总结归纳出杜甫诗歌的风格特点和思想境界。

蒋交林：我是永州市一中的教师。新课程改革在我省已实行六年，从当初一片叫好、热烈追捧、勇于探索到如今的冷静思考、理性分析、权衡利弊。我们的做法主要有：一是提高教师的语文素养。教师特别对"中国文化经典"与"外国小说"方面的知识储备相对较少。如文化经典有的玄奥费解、飘忽混沌，外国小说有的则观念超前，怪诞变形。应通过各级培训提高教师素养。二是语文选修教材内容繁难，教学要根据学情适当降低难度。三是改革评价机制，不要只是为了高考而教学，应着眼于语文素养的培养。

陈满华：我是永州市一中的教师。改革方向是正确的，注意文化，注重素养。但目前如何解决选修必修化的问题。首先我省是指定选修；其次学生不是为兴趣学习，实际是应试；最后选修与高考对接问题，等等，都制约着选修教学的实践。

唐助国：我是永州市一中的教师。选修就是选修，但教师当成必修，显得沉重，这是高考指挥棒的作用。我们在教学中要把握好，定位好，是上好选修的先决条件。譬如《外国小说欣赏》意在开阔学生视野，提升学生小说欣赏水平，了解西方小说的创作情况。如果我们当成必修来教，恐怕一年也教不完这本教材。我们高二今年按照教材所列专题，引导学生自己读，学会读，让学生在阅读中体验、理解、评价、鉴赏，好像效果还可以。我想我们不必太舍不得放手，相信我们的学生并不笨，而是很有天赋的。一句话，选修不是要教完，重要的是要让学生读完。对不同的学生要有不同的层次要求。教师要做的是如何根据不同学生提出与其相应的读书目标。

成少华：我是永州市一中的教师。在近几年的选修教学中，我感觉，尽管选修有些让人觉得"飘"，但在教学中我们做好以下几个方面，选修教学应该是有效果的。一是认真开展读书活动。开展读书活动，有助于积极应对《外国小说欣赏》的教学难题。就《外国小说欣赏》所选取篇目来看，学生的兴趣还要提高，很多同学老早已读完了全本书，但就是没有上升到欣赏层面上，外行看热闹。开展读书活动，让学生主动思考、鉴赏，变成内行看门道。这样做符合高中生的心理特征，满足了他们的表现欲。总之要让学生先动起来，真正动起来。二是指导、帮助学生形成品读模式。对于"文化经典"重视课前预习。课前发给学生课文对译，让学生事先疏通文字，熟读文本。课堂讨论围绕以下三点进行：交流重点字词句式，积累文言知识；探讨文章思想内涵，理解名家思想；探究文章现实意义，讲究古为今用。要有意识地引导学生先觉后悟。三是让学生自由选择课本。选修课可以让教师的教、学生的学自由选择。也就是教师理解的重点就教，不是重点就让学生自学。选取思想精髓的作品，教师采取讲座的方式，只精讲一篇重点文章，其他的让学生自我学习、模仿学习。给学生以足够的时间去诵读去涵泳去领会。四是教师要加强学习，特别注重对中国传统文化经典的学习。不断给自己充电，努力提升自己的专业素养。

欧阳媛卿：今天的座谈很扎实。由于时间关系，还有没有发言的老师，回去后可以把你们的经验写成书面的材料，发至市教科院杨振华老师的邮箱。请大家回去后，结合本校的教学实践和学生实际，认真实在地开好选修，把选修教学落在实处。

（二）问道课堂

自去年（2012 年）研讨会后，永州市通过培训研讨等方式，针对选修教学存在的问题调整选修教学策略后，探索出了一些新做法和新经验。其中专题教学的模式做出了特色，更突出了以学生为主体，以自主、合作、探究为主要学习方式的教学理念。哪些经验值得推广，哪些特色需要进一步凝练，我们也再听听研究者的反馈与提倡。

杨振华：永州市教育科学研究院

大家就选修教学做了一些有益总结。我想这些经验对我们的选修教学应有很好的启示作用。从老师们的讨论中，我觉得以下一些做法值得提倡和推广。

第二章　实验版课标下的语文选修课程实施论

一是整合教学。选修教材内容多，涵盖广，教学中对教材的整合是必需的，也是首位的。整合可以是单篇的整合，可以是选修某一本教材内不同文本的整合，也可以是选修与必修的整合，还可以是课内与课外的整合。

二是专题研习。整合的目的是开展专题研习。整合要按照一定的专题进行，让学生有针对地按照专题进行有效的研习。教师应当引导学生并一同进入教材所创设的对话情境中，自主研读，钻研文本，品味名篇佳作。达成文本、教师和学生的对话交流，以期实现对文本的深度解读。

三是分层教学。专题的确定一定要切合学生。我们可以采取分层的办法，把学生分成不同层次，对不同层次的学生提出不同的要求，如对语文水平较低的提出低层次要求，对较好的学生提出高层次的要求，以期激发每一位学生的兴趣和学习动机，让每一位学生学有所得，有所提升。我想这样的教学才能实现真正的有效教学。

杨云萍：湖南师范大学文学院

经过多年的努力和一年的调整期，语文选修课改革成效比较突出，主要表现为教学理念不断更新，突出了语文选修课的"选择性"以及在个性发展上的独特作用。在教学模式上，专题教学取得突破，教学的广度和深度有所拓展。在推广这些经验的同时，我想教学还可以从以下几个方面努力，进一步凝练选修教学特色。

一是进一步把选课权还给学生。选修课的必修化是教师反映得最多的一个问题，也是在有应试任务的高中阶段最难解决的问题，但只要认真研讨，深刻反思，办法总比困难多。首先，教师在教材的使用上可增强选择性。在现有的条件上，充分利用教材，尽可能设计出可供选择的学习模块群，凸显课程的选择性。如与必修课关联紧密的，结合必修课的内容组合多个模块，进行主题教学或比较教学，学生虽是统一的研习方向，但可以自由选择学习模块。读本与配套的光盘和磁带，设计为语文活动的资料，引导学生组织相关的语文活动，加以学习和利用。读书报告会、朗诵会、辩论会等都是不错的选修学习形式，学生可以根据自己的兴趣选项参加。其次，教师可在课堂任务上提高选择性。在选修课堂上可运用熊川武提出的自分教学法，在因材施教的基础上，按照学生的个别差异进行个性教学，提高学生自主学习的积极性。鼓励学生参与课程任务设计，布置弹性学习任务，把学习任务的选择权交给学生。最后，提高"教师"的选择性。在"互联网＋"背景下，语文选修课的学习可以适当网络化，进行线上线下混合式学习，班级课堂教学可以和视频教学、微课教学融合，学科专家、教学名师可以请进课堂，让学生亲历"百家讲坛"，体验到不一样的选修教学方式，启发学生自主探寻适合自己的"教师"和教学方式。

二是深化专题教学模式。改变教材观念，对选文不平均用力，加强整合，构建课内、课外一体化教学体系，采用"1＋N"群文阅读的形式，以点带面，构建合理的内容框架。专题教学是一种以问题为导向，以培养综合能力为目的，以整合为特征的一种研究性学习。首先，选题很重要。选择专题要考虑知识的体系性和学生学习的整合性。教学目标上要集中一点，切忌面面俱到。选修教材给了我们很好的提示，如《中国文化经典研读》里有"儒道互补""春秋笔法""修齐治平""佛理禅趣""家国天下""天理人数""科学之光""经世致用""人文心声"等主题单元，这些单元从一个话题出发，整合相关材料，有经典原文，有相关读物，有大视野下的拓展材料，专题研习的角度明显。我们可参照这样的思路确定选题及专题的顺序。如针对上述 9 个专题，和学生一起探讨，共同选择确定学生最急需探究的 2～3 个专题体系，进行重点学习。像"儒道互补""佛理禅趣""科学之光"可以作为重点探讨。儒道佛是中国古代价值体系的核心，学生对儒家精神比较熟悉，而对三者融合的情况及其作为哲学的存在比较陌生。中国古代人文科学发展情况如何，多数学生接触的科学著作原典少，对这方面的知识也相对比较陌生。选择这些专题进行重点探究，可以弥补学生知识结构的不足，促进学生认知结构的重组。而其他主要是开阔视野、扩大认知结构等方面的专题内容，学生比较熟悉，可以指导学生自读，也可以与必修课整合进行。专题确定之后，教学也与单篇课文不同，重在按照学习任务重组教材，关注知识的内在联系，更关注学生的认知规律。学习材料不限于教材，师生可补充其他学习资料，补充资料可以是现实生活中的材料，也可以是其他学科的材料，构建一个开放的、综合性、多元化的课程资源系统。教学不是为了识记这些材料，甚至也不是为了掌握这些材料的内容，而是通过这些材料梳理知识脉络，建构知识体系，形成正确的认知结构。教学方法主要是理论联系实际，课内研讨式，课外活动化。课内研讨以师生课外语文活动为基础，体现教师的创造性与学生的自主性学习，教师要在检验学生的自主学习成果的过程中引导学生做好理论提升，概括规律性的知识，强化对知识体系的认知，完善知识结构。

第二章 实验版课标下的语文选修课程实施论

三是以语文的方式培养价值观。"儒道互补"是中国传统价值观的核心，培养价值观是语文的应有之义，但必须以语文的形式，学习文化经典，澄清价值。如从"经典原文"板块学习《论语》十则、《老子》五章，了解儒道文化的发源；从"相关读物"板块学到《孟子》《庄子》对儒道文化传统的继承和创新；从"大视野"中了解到儒道文化对中国文化构成的影响。为梳理儒道哲学的主线，更好地把握主旨，学习材料可延展到课外和生活。如与实验版课标在"关于诵读篇目和课外读物的建议"中推荐阅读的篇目《论语》《孟子》《庄子》等整本书阅读结合起来，也可与《史记》中的《孔子世家》《老子韩非列传》等内容结合，还可与电视里关于《论语》《道德经》的讲座，电影《孔子》，以及现实生活中的祭祀孔子、老子等活动联系起来，让学生见识原典，走进经典，感受文化，更全面详细地了解中国古代哲学的发源及演变，以及在今天的发展，梳理中国文化的发展脉络，理解中国文化的精髓，正确认知中国价值体系在世界价值体系中的地位和作用。

第二节　语文选修课程实施的问题及突破

选修课的设置是新课程改革的最大亮点。但自新课程改革以来，高中语文选修发展到今天，无论是实践教学还是理论研究均在一定程度上陷入了困境。根据上节的调研，我们发现多数学校所开设的选修课与必修课在课程设置、实施、评价等方面没有本质区别。在课程形式上基本以国家课程为主，全体学、统一教、统一考，课程的选择性和多样性没有突出；在教材建设方面，大多数学校采用人教版教材，自主开发的校本教材较少；国家课程与校本课程的学时比例不当；教学模式与必修课大同小异，过分重视学术性；课程评价受高考的影响较大，测试方式传统。这反映出选修课在实施过程中与必修课陷入了同质化的樊篱。这是语文选修课实施中始终存在和亟待解决的主要矛盾。

一、语文选修课与必修课同质化的表现

语文选修课与必修课同质化主要表现在课程设置、课程开发与课程评价三个方面，课程的"选择性"未能体现。

（一）课程设置：学术课程备受青睐，个性课程严重匮乏

新课改后，语文课程增加了综合性学习内容，结构调整为识字写字、阅读、写作、口语交际、综合性学习五个板块。但从现已开发的选修课程系列看，分科倾向明显，呈现学科封闭性特征。如多数学校依据人教版教材设置的选修课程：中国文化经典研读、中国古代诗歌散文欣赏、外国小说欣赏、新闻阅读与实践等，具有明显的学科壁垒性，跟大学中文系的课程实现了较好的对接。校本层面的语文选修课程也是如此。如清华附中开设了 12 门校本课程，它们分别是：金庸和他的武侠小说、《人间词话》研究、中国汉字文化、唐诗选读、古典诗词和建筑文化、戏剧表演与剧本写作、文学典故、外国文学导读、形式逻辑、文言文入门、毛笔书法、篆刻。❶ 这些选修课程注重学科知识的系统性、完整性和理论性，知识范围专而深，具有浓厚的学术性。这一趋势使语文选修课与其他学科领域联系不够，跟学生的实际生活联系不紧，跟当代社会问题联系不紧，没能体现出选修课程培养兴趣、指导职业和生活选择等方面的特点。选修课过分追求"学术化"的价值取向，背离了选修课"根据社会对人才多样化的需求，适应学生不同潜能和发展的需要"等课程设置初衷。因为选修课与必修课具有过分学术化等同质特点，所以，面对目前选修课浩大的教材系列，在选修课的课堂教学中，一线教师最大的困惑是内容多，时间紧，疲于应付。由于与必修课一样，都是全体学、统一教，选修课不但没有体现出个性教育的特点，反而在一定程度上加重了学生的学业负担。

（二）课程开发：国家课程统领市场，校本课程举步维艰

实验版课标在选修课的课程设计思路中强调校本课程的开设，提出"学校应按照各个系列的课程目标，根据本校的课程资源和学生的需要，有选择地设计模块，开设选修课。对于模块的内容组合以及模块与模块之间的顺序编排，各学校可以根据实际情况灵活实施。课程的具体名称可由学校自定"。但在具体实施中，由于校本课程的开设在师资和教材开发上存在不少困难，所以大多数学校开设了以某些权威教材为核心的高度同质化的选修课程。这就导致语文选修课程和必修课程一样，基本还是处于国

---

❶ 丘道学. 高中语文选修课典型案例研究［M］. 北京：清华大学出版社，2010：200.

家课程层面，而且教材也仍然基本是全国大一统的局面，呈现明显的一统性特点。新课改后语文教材建设，呈现出一标多本的特点，教材选用制度也进行了改革，政策上可以由省、市县、学校三级自主选择。但总体来说，由于高考统考和传统习惯等影响，教材选用大多是以省为单位集中选定，人教版教材在市场上仍然占有绝对优势。如有学者对全国已经实施高中新课程改革的 19 个省市区的教材选用情况进行了调查，笔者从其调查报告《各地高中教材选用政策比较研究》中分析发现，语文学科人教版教材在湖南等 6 个省市所占的份额是 100%，在 19 个省市平均所占的份额是 71.27%。新课改以来，全国通过审定的中小学教材，每个学科平均有 6 种，人教版语文教材所占比例已经很高，而且还有不断上升的趋势。"部分先行进行高中课程改革的省、市、区，在第二轮选用教材时，放弃了以前选用的其他版本，转选人教版教材。"❶ 由于目前各个版次的选修教材与必修教材是作为一个整体统一开发的，所以这样的教材选用现状，使语文选修教材也高度同质化，从而消解了选修课程三级课程的构架意义。从永州市的实施情况看，国家课程基本保证完成，地方课程开设较少，比较有特色的校本课程则少之又少，当地许多优质特色文化资源没有被有效地开发和利用。其实像永州市一中的《柳子文化》和江华二中的《瑶文化与风俗》这样的依托当地文化资源的校本课程是可以大力开发和利用的。永州市一中所在地是柳宗元流放 10 年的零陵区，柳宗元一生中许多重要诗文在此完成，被选入课文的《捕蛇者说》《小石潭记》《江雪》等皆出于此。零陵区有著名景区柳子庙和柳子街。始建于北宋仁宗至和三年（1056 年）的柳子庙是国家级重点文物保护单位，内存的大量石碑、石碣为珍贵文物，如正殿后墙的石碑——三绝碑（荔枝碑），即由韩愈撰文，苏轼书写，内容为歌颂柳宗元的事迹，石碑本身和碑文内容具有极高的文物价值和文化价值。可以说，柳宗元成了永州文化的一张亮丽名片，永州市一中的校本课程《柳子文化》也完全可以开发成永州市统一开设的地方课程。像祁阳的《浯溪碑林文化》、江永的《女书文化》、江华的《瑶族文化》都有很高的文化价值，学生生活在其中，耳濡目染，对文化有感性的体验，课程也有实用价值，完全可以开发成校本课程或地方课程。

---

❶ 温儒敏．扎实稳妥地推进课程改革［J］．语文建设，2006（5）：4－6．

（三）课程评价：纳入高考备受推崇，多元评价鲜有探索

高中语文选修课设置之初，课程功能定位就在应对高考与增强社会实用两者之间偏向前者。在2003年实验版课标出台之后，各个省市区分批逐渐实施新课程实验。选修课一进入实践教学中，无论是专家学者还是一线教师，人们最关心的议题就是选修课与高考的关系，具体围绕三个问题展开：考不考？考什么？如何考？温儒敏认为："我主张一定考，而且在高考中要明确显示选修部分。如果不考，那就等于放弃选修课。……必修的赋分可以占大头，比如70%，选修的赋分应该占小头，比如30%。"倪文锦认为："这种重点不重的现象在新课程高考中同样存在。……新课程语文高考把选考内容的分值定为30分，占总分（150分）的20%；而必考的内容分值120分，占总分的比例高达80%。这一比例与高中三年语文选修课与必修课学习时间的比例很不协调。"❶湖南的语文自主命题中，选修部分的考查内容以选做题目的形式直接标识出来。高考在选修课与高考的关系上，各方意见不同，但有一点是共同的，高考一定要考，不考不但会影响选修课的学习，甚至还有可能影响其存在的根基。需要讨论的只是对选修课在高考中所占的分值比例大小的问题。实践中的选修课，除少量的校本课程采用等级评定、有一些表现性评价外，国家课程考试方式仍然与高考测试形式保持高度一致。语文选修课程的评价方式跟必修课同质化严重，单一纸笔测试占绝对优势，多元评价体系未能建立。

二、同质化的原因探析

（一）误用经验与传统

"努力追求高质量的语文教育水平，以适应时代发展和国际的竞争""追求优秀，拒绝平庸"❷是世界各国母语教育改革的基本理念。在卓越教育理想下，西方一些国家的语文课程改革加强了学术性要求，提高了语文学习的难度。如就教材而言，"（美国）这些年来所编的教材，从文学素养至语言能力的培养上都提高了要求。这一特点也体现在其他国家的教材之

---

❶ 倪文锦. 选修课：追求、困惑与反思 [J]. 中学语文教学，2007（9）：24-27.

❷ 雷实. 借鉴国外经验，改进我国语文教学 [J]. 湖北教育，2002（7）：12-16.

中"。❶ 但不同的是，西方国家有着跟我们不一样的课改背景。拿美国来说，自 20 世纪 70 年代以来，随着"回归基础"教育改革的深入，美国语文加强了学术性。这一方面是因为美国此前过分强调"儿童中心"，降低了学习难度和忽略了知识的系统学习，导致美国公民阅读和写作等语文能力严重下降，企图通过加强学术性来扭转局面。另一方面加强学术性也主要是必修课加强学术性要求。美国高中语文必修课的主要科目有英语写作、美国文学、英国文学等，这些必修课是分层级的，学生可以根据自己的成绩和基础选择学习不同层次的英语必修课。而在高中约占学分总数 2/5 的选修课则基本是跨学科和跨领域的，没有像我们这么纯粹的语文选修课，主要侧重于现代社会实用知识和技能培养，具有综合性和生活化的特征。我国则有着完全不同的语文学习传统。长期的科举考试制度使得语文学科的地位至高无上，客观上也积累了众多堪称经典的语文学习素材。语文课一直保持较高的"学术性"，重视学科知识的系统学习、重视文化文学经典的继承是语文课的优良传统。1996 年颁布的《全日制普通高级中学语文教学大纲（供试验用）》首次提出学科类和活动类两种课程类型，要求学科类课程分必修课、限定选修课和任意选修课。必修课与选修课共同体现学科的工具性，共同担负文化传承任务，也保持着"学术性"的传统。所以对我国语文改革来说，在语文学习中，不是要加强学术性，而是应该调整下降。选修课是在必修课的基础上拓展与提高，应提供学术性、生活性、职业性等多样化的课程供学生选择。如果只是继续往"学术性"方面拓展与提高，只能是方向之一，而且是一个不怎么适切的方向。

（二）苛求权威与经典

教科书不是唯一的课程资源，但在条件性课程资源相对匮乏、课外学习资源利用不足的教育环境下，"教科书依然是课程的中心环节和学校教育的重要载体，教科书的地位同样也得到教师和考试制度的权威的强化。"❷ 长期以来，教材在人们心中的地位和实际的作用我国明显高于西方国家。所以在课改中社会各界对现行教材质疑不断，"中小学语文教材的

---

❶ 雷实. 借鉴国外经验，改进我国语文教学［J］. 湖北教育，2002（7）：12 - 16.
❷ 阿普尔 M，克里斯蒂安 - 史密斯 L. 教科书政治学［M］. 侯定凯，译. 上海：华东师范大学出版社，2005：1.

真实性、经典性和儿童性成为争议的主要焦点"，❶ 教材引起的广泛争议反映出人们的教材观存在一定程度的"教科书权威主义"倾向。在语文必修课的教材建设中，我们一直苛求教材的完美无瑕，并将教材奉为圭臬。基本处于国家课程层面的必修课程走的是经典主义路线，对教材编写人员的权威性、选文的经典性，编选的系统性等方面的要求非常苛刻。作为新生事物的选修课程，也摆脱不了"经典情结"，完全移植了必修课程建设和选用教材的经验，重权威、重经典、重系统。学校在开设选修课程的时候，在开发主体上，不信任本校的教师和学生，依赖专家权威，缺乏自主性；在课程内容上，不侧重展现当地的文化资源，务求经典普适的学习材料，缺乏本土性；在选用原则上，忽视儿童立场，过分强调学科序列，缺乏学情对应性。如果不考虑选修教材对个体成长的特殊意义，以及激发对民俗文化的兴趣，培养热爱家乡等地域文化情感，单纯从教材本身的质量去衡量，校本教材在整体水平上与国家教材是有一定差距的。这就造成了各个学校选用权威版本的选修教材多，且比例日益提高，最后与必修教材一样，形成全国大一统的局面。

（三）不敌现实与功利

从理论上讲，教育者都懂得教育是长效的，教育不能简化为考试，尤其不能简化为一次高考。专家和一线教师为什么普遍积极主张选修课纳入高考？重要的原因是怕学生"不考不学"，导致亮点不亮，虚化选修课程；或者担心学生不像重视必修课那样重视选修课，最后影响选修课的推进和语文课程改革。基于此，有人希望选修课与高考对应得越具体越好。如有的省份，把选修课的背诵篇目明确写入考试大纲。这样的对应方式值得商榷，如果选修课还在记忆层面加重考核，那对选修课与学生来说无疑均是雪上加霜。这种急于让选修课"有用"的提倡，用心良苦，也有现实基础，但究其事实是对目前存在的功利读书现象的一种妥协。目前的应试教育愈演愈烈，已经从中学蔓延到大学，以考促学，实属推波助澜。另外，高考制度改革滞后也是人们把选修课程与高考紧密联系起来的重要原因。尽管人们早已意识到高考改革的必要性和急迫性，但在还没有找到一种更加公平公正且可以替代高考的评价方式以前，高考仍会继续。如果高考制

❶ 张俊列. 语文教材争议评析［J］. 中国教育学刊，2011（11）：60 - 62.

度不改革，对选修课与高考的关系认识不清，选修课一直游离于高考之外，师生都认为选修课对高考完全无用，那选修课就有可能名存实亡。目前选修课纳入高考的呼声越来越高，为教育理论界和实践界所普遍接受，但怎样对应的研究和实招却不多，选修课的应试性越来越强也就不足为怪了。

三、克服同质化的有效策略

（一）实用为上，分层设置课程

语文选修课与必修课在价值意义上是不同的。必修课程的文化功能要大于实用功能，传递社会主流价值体系等是语文必修课的应有之义。而选修课的实用功能应大于文化功能，重在促进学生的个性发展，课程的个体价值高于公共价值。目前我国的选修课方向单一，语文选修课主要是学科专业知识的深化和拓展。应该借鉴西方经验，凸显选修课的实用功能。如英国在处理课程设置的三大基础（学生、知识、社会）时重视选修课与社会的联系。必修课主要处理好学生与知识的关系，选修课主要处理好学生与社会的关系。语文选修课旨在帮助学生初步判断自己的专业志向和职业倾向，接受社会分流，这就需要语文选修课程在设置上要有层次意识。现在大多数学校语文选修课的起点定得很高，倾向于做文学文化的专题研究，这些学科专业性强的探究对准备进一步在汉语言文学方向深造的学生有用，但不一定适合大多数学生。1996 年的《全日制普通高级中学语文教学大纲（供试验用）》首次真正把语文选修课纳入大纲的视野，把语文选修课分为两个层级：为预备升学的学生提供的学术性课程和为预备就业的学生提供的实用性课程。这种分层设置的理念很好。许多国家的选修课肩负指导职业选择的作用。如美国多数学校设有职业指导中心，该中心的职能就是指导学校选修课的设置。实验版课标要求选修课的开设"有的侧重于实际应用，有的着眼于鉴赏陶冶，有的旨在引导探索研究"，语文选修课教学至少应在职业潜能、兴趣特长、专业志向三个方面分层教学，体现特色。

（二）校本为主，凸显体验价值

经典的课程可以传播人类最具价值的知识。必修课追求权威也许是历史和时代赋予的重任。选修课完全同质，则失去了选修课程应有的鲜活灵魂。国家层面的选修课程与校本课程比较起来，整体上来说，也许更成熟更精致。但一线师生毕竟只是个使用者和执行者，缺少亲自参与课程的过程体验。选修课应鼓励师生大力开发校本课程，它的体验意义和活动价值更高。师生在自主开发活动中获得的亲历感、满足感和成就感，可激发师生进一步探究的热情。我们目前的选修课教材编得太像更高一级的必修教材，精致、经典但不可亲。选修课应更注重学习活动对个体的体验意义。校本课程可以使人在过程中体验，培养学生的自主探究的兴趣与能力。学校与教师、学生共同开发的选修课，也许有些不成熟，但"初生之物其形必丑"，我们不必过于焦虑。反过来说，所有的课程目标都最终要靠学校和教师来落实，一味焦虑也没用。学校应该调整国家课程与校本课程的学时比例，多开校本课程。在教材上，可以选定一套教材参考，更应该鼓励与资助学校和教师自编教材、讲义，为学生的个性化发展提供机会，帮助学生在活动中发现潜能、发挥特长和确定今后的专业方向。如永州市双牌二中的关于《冬田的使用》的新闻调查与采写，贴近山区学生的生活，实用价值高。打开思路，学生的生活环境也可以成为课程资源，如双牌县有阳明山，万亩高山红杜鹃吸引了海内外游客；有天下第一银杏村——桐梓坳，成片的古老银杏林焕发出新的活力。近年来，迅速在全国崛起的旅游景点，把旅游文化与当地特色文化有机结合，呈现出独特的景观风貌。可把语文与当地特色资源结合，开发出校本课程，引导学生通过实地考察和探究学习，参与当地文化建设，形成综合性的知识和能力，增强对地方文化的认同感。

（三）理顺关系，促进高考改革

在选修课的课程评价理念上，误区与偏差同在，一些专家和一线教师不仅把高考是否有具体题目考选修课作为是否重视选修课的标志，而且认为这将关系到选修课的生死存亡。这与高考命题改革的方向是相背离的，也不符合国际考试制度改革潮流。"教育相对发达的英、美、俄、日、韩等国家，纷纷根据本国实际和社会特点，改革和完善考试制度，总体上呈现出统一考试和多元评价相结合的发展方向。"❶我国的高考制度改革首先

---

❶ 戴家干. 坚持公平公正，深化高考改革 [J]. 求是，2011（2）：57-59.

第二章 实验版课标下的语文选修课程实施论

可以从选修课的考试改革开始。目前选修课中的校本课程基本采用多元评价方式，国家课程也可采用，并尝试通过合理的途径，计入高考成绩。如果一定要在高考试卷上体现选修部分，则应与教科书宽泛对应，主要考察思维能力和文化态度。如法国每年高考的哲学作文，要求引用哲学家经典论述，联系生活评价其当代意义。美国高考（SAT）共考三门，数学、批评性阅读和写作。作文考题涵盖文学、艺术、政治、经济、历史、社会等领域，但不需要考生具备专业背景知识，主要考查学生的思维能力和说理能力。这样的高考命题考点不是与哪几本教科书对应，而是要考查学生课外阅读的广度和深度，考查语文学习的综合质量，考查学生综合素质的发展状况。经过多年的努力，必修课才跳出依教材命题的框定，选修课不能重走老路，更应注重高考与选修课的宏观对接，而不是与具体考试内容一一对应。高考可以不具体对应选修课，更不要与必修课去抢占什么分值，但是一定要在语文素养的指向上完全一致，有选修课的考查维度，以此明示学生不学好选修课，没有形成相应的语文素养，必定考不好高考，体现语文选修课的基础性作用。这样，语文选修课必定更多地在学习过程与方法上训练学生，突出选修课在启迪思维和发展个性等方面的独立价值。

第三节　语文选修课程实施的经验与反思

从丰富学生人文底蕴的角度看，选修课是必修课的一种广度与深度延伸；从提升学生能力的层面上看，选修课程强化了探究能力、审美能力、逻辑思维能力、自主表达能力的培养；从发展学生个性看，选修课程提供了丰富的"思维触点"与"对话场"。从学生的未来发展看，选修课程注重学生终身学习能力的培养与形成。

语文教学实践中选修课到底是怎样的境地，积累了哪些有用的经验呢？2011 年 12 月、2013 年 4 月，我们主要采取听课，座谈，查阅文献（选修教学计划、教师教案），走访教师等方法，分别用几个月的时间对永州市 22 所省、市示范性高中学校语文选修课堂教学进行了调研，将两次调研对比，得出的基本结论是：语文选修教学给语文课堂带来了一些质的变化。我们先从两个课例说起。

一、两个课例：选修课堂教学质的变化

课例一：《春夜宴从弟桃花园序》

1. 导入

教师引用我国台湾著名诗人余光中的《寻李白》"酒入愁肠，七分化作月光，余下三分呼为剑气，绣口一吐就是半个盛唐"导入，说明饮酒赋诗，自古是文人的一大乐事。

2.（PPT展示）简介李白，让学生填空

李白（701—762年），字太白，号青莲居士。唐朝著名诗人，是我国文学史上继屈原之后又一个伟大的浪漫主义诗人，有诗仙之称。李白和杜甫合称李杜。李白诗歌风格清新俊逸。

3. 解题

教师提问：标题告诉你哪些信息？

（PPT展示）"春"字点明季节；"夜"点明时间；"宴"点名活动，宴饮；"从弟"点明对象，堂弟；"桃花园"点名地点；"序"点明文体，序。序，一种文体，本文属宴集序，是指古人在宴集时，常常一起借着酒兴抒情赋诗，诗写成后公推一人作序，如王羲之《兰亭集序》。

题意：李白于某个春夜在桃花园宴请各位堂弟所作的序文。

（PPT展示：序分为书序、赠序、宴集序三种）

4. 学生齐声诵读文章

5. 课文理解

学生齐读课文一句，翻译一句，教师补正，翻译完全文，学生通读全文，试背诵课文。（要求能全部背诵的同学就背诵，还不能全背的可偶尔看一下课文，稍作提示。）

（学生基本上能把句子翻译清楚。每翻译一句，教师即点出该句中的重点字词、句式，订正学生的翻译。）

6.（PPT展示）结构总结

课文可分两层，前一层到"大块假我以文章"，是说此次聚会的原因——及时行乐。后一层是围绕"乐"字展开，体现作者乐观开朗的胸襟。

7. 教师提问

（1）本文的题目是"春夜宴从弟桃花园序"，但文章开头写的是什么内容，这样写有什么好处？

（几个学生回答了自己对文章开头内容及作用的理解，教师 PPT 展示）

开头写的是人生短暂，韶光易逝。可分为两层，第一层以"夫"字领起，感叹之中联想到人生苦短，能得到多少欢乐呢？因此古人要用"秉烛夜谈"来留住美好的时光。第二层以"况"字衔接，不止时光易逝、人生短暂使人留恋，更进一步还有春天的美景在召唤，大自然斑斓的色彩也吸引着众人享受大好时光。这两层说明了春夜游桃花园的缘由。

（2）文章第二部分是什么让作者感受到这种游宴之乐呢？

（PPT 展示）乐事之一：兄弟朋友个个聪敏、多才，兄弟朋友相聚，主客共同吟诵诗篇。

乐事之二：宴席上不同的话题，纵情高谈阔论。

乐事之三：高兴地观赏盛开的桃花，在月光下传杯递盏。

乐事之四：举杯痛饮，赋诗抒怀，罚酒取乐。

（3）作者感叹"浮生若梦"，为什么读起来并不感觉低沉？

（学生说了许多，但基本上不能理解作者的情感）

（PPT 展示）正因为"浮生若梦"才让作者效仿古人"秉烛夜游"去追寻人生的欢乐，以此表达珍惜时间、热爱生活的情感。从"为欢几何"到"乐事抒怀"也正如李白一样显示了人生的旷达和洒脱。

8. 艺术表现手法分析

（PPT 展示）运用典故；运用比喻、拟人修辞方法；运用对偶，语言凝练。

课堂点评：这是 2011 年听课调研中在永州一所省示范高中所听到的一节课的简述。这堂课总体来说，教学思路清晰，流程顺畅，知识点落实较好，但最大的问题是与必修课同质化严重。

（1）选修课程必修化。《春夜宴从弟桃花园序》是选修课《中国古代诗歌散文欣赏》中散文部分第三专题"文无定格，贵在鲜活"中的一篇选文。这堂课有比较明显的选修课程"必修化"的特征。在这节课中，尽管教师很重视字词的落实，也有意识地引导学生去感知文本中作者的情感，但教师以精讲为主，学生自主阅读的空间很小。教师采用的是"本本主义"的教材处理方式，就文本说文本。立足文本没有错，但在选修教学中需要的是立足文本又跳出文本，阅读文本又拓展文本，借助若干文本完成"专题"学习。教学方式依然以教师满堂灌为主。尽管教学中，教师要求学生逐句翻译文句，但在这过程中，学生依然处于一种被动接受之中。在文句翻译后教师提出的几个问题开放性不够，学生的合作、探究活动开展不足，主体性体现不够。

（2）学习效果不很显著。倡导学生主动参与和创造，实现学习方式的改革，是高中语文新一轮课程改革的目标之一。语文选修课，提倡学生自主学习，鼓励学生合作探究。然而这节课中，学生合作交流没有体现主动性，更没有体现探究性。新课程倡导课堂教学中师生共同交往互动。教师应以一个合作者的身份参与学生学习的过程，创设情境，调动兴趣，适机点拨。就《春夜宴从弟桃花园序》而言，教师应引导学生寻找、发现、探究作品的思想内涵，感受作品中作者的情趣，并用历史眼光和现代观念审视，给予恰当的评价，借此以教会学生正确的审美方法，培养健康高尚的审美情趣，从而让学生学会欣赏、学会评鉴古代散文，从而达到陶冶情操、改变性情、提高素养的目的。就文本说文本，教师教学内容讲清楚了，教学预设也完成了，但教学的生成性不够；知识性的目标达成了，素养性的目标未能很好地实现。

（3）传统文化未能凸显。学习文言文，扣紧字词句落实是没有错的。但到了选修阶段，一定要适当跳出字词教学，挖掘言语背后的文化。本课的教学未能很好地彰显鲜活的文字背后的文化价值。《春夜宴从弟桃花园序》描绘家庭聚会之乐，生活气息浓厚。因为是文人聚会，所以既有生活之情趣，又有生活之理趣。鉴赏这篇序，要理解文中蕴含的日常生活的情致，更要体悟其文化价值。如可引导学生从"乐"字分析作品中体现的道家生命情怀。作者用"何伸雅怀？"的问题贯穿全文，分层探讨了生命之乐。先用"序天伦之乐事"表达对生命的乐观态度；然后从世俗之乐和精神之乐两个方面表达人应纵情享受美景、天伦、美酒、佳咏之乐，取悦自己，释放生命活力，尽情享受生命之快乐。序中的价值观显示出儒道异质的特点。道家重生命情怀，提倡享受物欲之美，追求精神自由，强调个体的尊严，重视实现个体生命的价值与意义。这在以儒家为主的中国古代价值体系里并不见容，就连李白的好朋友兼崇拜者杜甫也很不认同，批判李白"痛饮狂歌空度日，飞扬跋扈为谁雄"（杜甫《赠李白》）。但弥足珍贵的是它丰富了中国的文化生态，彰显了另一种生存状态的价值。以往这篇序中的生命情怀被遮蔽，应重估它的文化价值。道家的生命情怀与儒家的家国情怀形成互补，共同构建了中国儒道统一的多元和谐价值体系。

必修课和选修课的差异性，首先是课程目标上的差异性。这堂课的教学在目标上未能做好层次区分、体现出选修课的特质，说明选修课的拓展性、提高性的理念还没有在课堂教学实践中生根开花。

课例二：《山羊兹拉特》

1. 导入

教师由学生讲述自己与某种动物之间的故事导入。学生讲述故事后教师提问：在你和动物的交往的故事中，你感受到什么？

2. 情节梳理

（1）请用简略的语言概括一下故事情节。

明确：综合几位同学的概括，我们基本得出了这样一个故事框架：勒文一家被生活所迫打算卖掉一直感情很好的山羊兹拉特。在阿隆带着兹拉特去城里的路上，他们遭遇了暴风雪，在暴风雪中他们患难与共，最后安全回到了家。

（2）由这个框架，我们能概括出哪几个场景？

明确：分别、患难与共、回家。（教师板书）

3. 情感把握

（1）能用一个词语来形容一下你的读后感受吗？

明确：温暖、感动、爱。（学生回答，教师总结）

（2）让你感动的有哪些细节？请小组合作，相互交流那个最让你感动的细节。（学生三四人为小组，很热烈地交流，持续时间五分钟）

明确：（学生从原文中找出7处分享后，教师总结）是的，因为爱，他们即使在风雪夜也不觉得饥饿，也不觉得寒冷，也不觉得寂寞；相反，他们很温暖，很愉快，很踏实。

4. 情感想象

阿隆为何要一再地对山羊说话？假如你就是兹拉特，在这样的情境下，你会怎样说？（同桌互动，持续8分钟，学生发言略）

师：同学们想象力非常丰富。四组同学想象重组的都符合情景吗？

生：最后一组好像不妥吧。

师：为什么？

生：在这风雪交加、寒风怒号的漆黑一片中，从小说的情境看，兹拉特是给阿隆精神上的慰藉。他们亲如兄妹，他们相互依存。而这里的兹拉特是充满牢骚和怨气的。

师：这里，与其看成是阿隆与山羊的对话，不如说是阿隆的自言自语，但我们体味山羊用自己的心去温暖阿隆的心。所以我们更愿意看作是——心灵与心灵的（对话）交流。为此，我们在补白出来时，要根据上下文内容，依据文章的感情基调，才符合叙述对象的个性特征。

5. 情感处理

作者为什么不直接写出兹拉特的语言，或者像前文那样直接把山羊的心理活动写出来，而用"咩"来替代呢？

生1：给读者以想象的空间，再创作。

生2：作者这样写更显出阿隆与兹拉特的默契，交流超越了语言的障碍，情谊深厚。

师：看看这一课的主题——情感。

（学生阅读教材话题中的第一、二部分）

师：从情感方面说，我们从文中读到的感情是……

生：人与动物之间感人的爱。板书：爱（形成了这样的板书：咩——爱）

师：但作者却写得很节制、不露痕迹，这就是……

生：节制胜于放纵。

师：对，情感是小说的动力，此处无声胜有声。

6. 作业布置

以《山羊兹拉特》为例，说一说为什么有那么多的小说喜爱以人物与动物的关系来完成感情题材的书写。

课堂点评：这是2013年4月我们在永州市蓝山二中所听到的《外国小说欣赏》话题七"情感"一课的精彩片段的实录。这堂课较好地诠释了单元话题——情感，使情感这一话题成为作品阅读的助推器。

（1）专题导向。教学围绕小说"情感"这个专题，设计了环环相扣、层层推进的几个问题，较好地体现了本文以情动人的特色。特别是"假如你就是兹拉特，在这样的情境下，你会怎样说？"这一环节和"既然是心与心的交流，作者为什么不直接写出兹拉特的语言，或者像前文那样直接把山羊的心理活动写出来，而用'咩'来替代呢？"这一问题的设计，让学生进行角色体验式的阅读，置身文本，生发阅读体验和生活体验，也激发了学生穷其情究其理的强烈愿望，"作者究竟为什么这样写？"而单元话题又恰好能满足学生的愿望。学生借助单元话题很容易获得"节制胜于放纵"的解释。最后的作业问题"为什么有那么多的小说喜爱以人物与动物的关系来完成感情题材的书写?"能启发同学深挖文本,体验人类最高尚的情感——悲悯情怀。在人与动物的题材里,作者往往是慈悲为怀,把悲悯的目光投向处于困境中的人,也投向给予人类温情的一切动物。

(2)多重对话。这堂课很好地体现了基于文本,实现对话,挖掘内涵的文本研习教学。教师在教学中,抓住文本的动人细节,紧扣文本主体内容,创设研习情境,设计问题链,调动学生的情感体验,在文本与自我的对话中,挖掘出文本的隐性信息,引导学生感受作者潜在的写作意图,以达成对文本的深层解读。一堂好的课,最重要的不是教师精彩,而是学生精彩。这堂课的所有结论都不是教师"告诉"的,而是学生在教师的问题引导下,研读文本,合作讨论而得出的。教学中师生、生生关于文本的对话非常顺畅,教师的提问起到了主导作用,能引导学生步步深入探究文本;学生的回答体现了主体作用,是独立思考和合作交流的结果。如"情感想象"环节,有同学模拟山羊的对话,兹拉特的语言充满牢骚和怨气。其他同学马上指出想象不符合特定的情境,从小说的情境看,在风雪交加、寒风怒号的漆黑夜晚,兹拉特与阿隆亲如兄妹、相濡以沫,他们相互依存、互为精神慰藉,不应该有这种怪罪的情绪。教师适时总结出补白的三条原则:根据上下文内容;依据文章的感情基调;符合叙述对象的个性特征。理论规律自然生成,体现了教师深入浅出教理论的技巧。

(3)体验学习。文本研习教学注重学生的体验学习。课堂中,教师始终强调学生的自我体验性阅读,阅读"自主"地位得到有效的加强。这种体验阅读过程中"自我"的上升,才会引出真情体验、个性体验,从而得以张扬学生的阅读个性,进而促使学生阅读水平的发展。如在"情感把握"环节,教师首先要求学生全文通读,畅谈读后的整体感受;其次要求学生从文章中找出最能打动自己的细节描写。这样的安排体现了从整体到局部、从宏观到微观的体验要求。整体感受来自对全文的体验,要求宏观把握全文的感情基调,如《山羊兹拉特》中的爱与温暖。细节体验来自个体对文本的独特发现。爱推动小说的情感发展,爱不仅是人类的专利,也表现在人与动物的关系上,但是小说是怎样表现的呢?为什么是这一处触动你而不是那一处?学生从原文中找出的7处细节描写,就是7个情感触发点,表明每一个人的感受的独特性。最后分享体验。小组合作,相互交流那个最让自己感动的细节,从而生发出新的感动。唯有学生真正感受到体验到的情感,才能触动灵魂。

这堂课讲小说的情感，教师以情感启发情感，以情感推动情感，既重视感性的情感体验，又重视理性的情感规律总结，做到了感性与理性的较好融合。

二、专题研习：选修课"异质性"模式

从《春夜宴从弟桃花园序》的教学与必修课同质化到《山羊兹拉特》教学专题研习，我们看到高中语文选修教学的变化。"教师们不约而同选择'专题研究'的形式开展选修课的教学，'专题研究'恐怕是选修课本身应该具有的主要特色之一。"❶ 专题研习课堂由以下几个环节组成。

（一）选择话题，开展专题研习

专题研习是实验版课标的目标要求，也是语文选修教材学习目标和内容的要求。实验版课标提出的语文课程总目标要求是："积累整合""思考领悟""感受鉴赏""实践运用""拓展创新"。实现这 20 字的总体目标，"专题"是整合点，是选修课程发展学生语言运用能力、审美能力和探究能力，进而提高学生的语文素养的基本保证。选修教材的内容和目的要求确定了选修教学的切入点是专题。如湖南省确定的选修教材，《中国文化经典研读》有十个单元专题，《中国古代诗歌散文欣赏》有六个单元专题，《新闻阅读与实践》有六个专题。选修教材单元编排鲜明的专题性，蕴含丰富的话题。例如，《中国古代诗歌散文欣赏》"诗歌之部"要求达到的知识目标主要是：了解古代诗歌中常见意象；准确把握诗歌的主题和抒发的情感；了解《湘夫人》中即景起兴的手法；了解古代诗歌的不同体式（歌行体、骚体、五言、七言等）。在第一单元，选有白居易、屈原、鲍照、杜甫、陆游等诗人的作品。这里单元专题"知人论世，以意逆志"给定的是解读诗歌的一种方法。

选择恰当话题，以话题推动教学，促使学生依据话题与文本进行深度对话，能培养学生的研究性学习能力。如《中国古代诗歌散文欣赏》，在"散文之部"中有"文无定格，贵在鲜活"的专题，教学中把它分解成"清新的语言，鲜活的情趣""情趣不同，笔法不同""情趣不同，文化不同"等话题，更有益于学生形成鉴赏不同风格散文的能力。

❶ 邱道学．高中语文选修课典型案例研究［M］．北京：清华大学出版社，2010：228．

第二章　实验版课标下的语文选修课程实施论

话题的选择要兼顾"必修"与"选修"的关系。如在"从《蜀相》看杜甫之'忧'""杜诗沉郁顿挫风格的具体呈现"话题研习中，教师以"必修"学习过的杜甫的诗歌作为"共同基础"，安排学生搜集相关资料，之后围绕话题分析材料，接下来展示研究结果，然后与同学交流，最后完成专题作业。教学话题选择要紧扣文本，话题的难度适合学生的认知能力与思维水平，话题展开由表及里、由此及彼、由浅入深。话题展开的形式是展示探究与对话，设计的话题紧扣文本的核心内容，又有一定的挑战性与开放度，并适合学生讨论。

在话题推动专题研习的过程中，采取围绕专题、突出主线的方法，促进学生语文核心素养的提升。如《中国文化经典研读》，选取的是有关哲学、宗教、史学、政治、科技、学术思想、文学思想等最具代表性和影响力的作品，跨越春秋至近代几千年的中国文明史，其所涉及的"中国文化"内涵博大精深。教学中应结合经典内容，突出文化主线。如《〈朱子语类〉三则》的教学内容设计为：利用注释阅读文本，首先找出三则选段中的关键词（读书、真味；克己、天理与人欲；切己与向外）；其次根据相关论述归纳朱熹的观点；最后联系当今社会现实，分析朱熹理学的积极意义与局限性。如《外国小说欣赏》中关于"爱情""人与人""人与自然""理想与现实""人性的善与恶""现代人的精神困境"的探讨，都需要结合学习专题，凸显材料的人文价值，为学生的未来发展打下深厚的人文底子。

选修研习重视的不应是结论，而是过程，学生只有在研读的过程中，才能习得方法，涵泳精神。在这个过程中，课堂的话语权要充分地交与学生，教师通过"引"与"点"发挥作用。

（二）整合教材，推动专题研习

选修课程的内容可以用"繁杂"来概括，包罗万象，点多面广，如何解决这个问题？达到加涅所提倡的"教学内容更加条理化"呢？"以教材的单元教学为框架，适度补充，让学生见木见林。"❶整合课内外课程资源不失为一条有效的途径。

以《新闻阅读与实践》为例，教学需要整合课内外资源。课内相对静

---

❶ 张爱民. 什么是选修课的课程资源［J］. 现代语文，2010（6）：7-8.

态的经典作品的阅读，目的是让学生了解新闻的社会功用、体裁特点和构成要素，同时，把握不同的语言风格；课外动态的日常的新闻阅读，如课前五分钟的新闻消息日日谈、新闻观感、身边的新闻我来评的安排等。新闻的课外学习资源非常广泛，基本要求是培养学生阅读新闻，关心国内外大事，关心社会生活的习惯；培养学生准确、迅速地捕捉新闻的基本信息；对所涉及的事件和观点做出自己评判的能力。课内外结合帮学生学会了在生活和阅读中广泛收集资料，对资料进行核实、筛选、提炼，提高了学生收集和处理信息的能力，培养学生实事求是、认真负责的科学态度。如《中国古代诗歌散文欣赏》，可以有相同类别作品的整合，相同诗歌体式作品的整合，诗歌鉴赏方法的整合等。联系课内外材料，可将教材重组为李白专题，杜甫专题，边塞专题，隐逸专题，命运咏叹专题等，进行整合学习。

当然，整合策略要适合学校的学情，水平较高的学校可以尝试选修课程与研究性学习的整合，借助研究性学习的思维方式及操作过程来指导学生的选修课的学习，在语文选修课程的教与学的过程中渗透研究性学习的方法和精神。语文选修课要强调学生从自己的学习积累和学习兴趣出发去选择学习内容、确定课题研究项目，在教师的指导和帮助下，独立自主地运用已学过的或正在学习的知识来解决语文课程学习中的学术任务。如在《中国古代诗歌散文欣赏》教学中，有学校开发了"唐诗宋词中的月亮""唐代诗人心中的历史情怀""散文、诗歌意象蒙太奇探析"等学术拓展性专题，提高学生学术研究的兴趣与能力。

（三）分类学习，深化专题研习

语文选修教材"学术化"倾向明显，教材的选择权又在省级以上课程决策者那里，一线教师和学生在教材选择上没有多少话语权，基本上处于被动的局面。在这种背景下，为体现选修的选择性，教学上的灵活处理就显得至关重要。分类教学是专题教学的重要策略，可探究语文的类型，凝练出共同的规律性。

对教材进行分类整理，每个类又设计不同层级的目标，学生可以选择任何一个类别学习，在任何一个层级又可选择自己要达到的目标。如《中国古代诗歌散文欣赏》"诗歌之部"教学内容可调整为三个类别。第一层级设计诗人研究（以某个诗主题人重构一个新专题，如"李煜词"新专题），流派诗研究（以某一流派诗人的诗词重构新专题，如"婉约词赏析"

第二章 实验版课标下的语文选修课程实施论

专题），主题研究（选择某个主题重构新专题，如古诗词中"愁"的描写与发展专题）三个方向。第二层级设计古典诗词的诵读与诗意理解，古诗词中特定意象的认知与意境感悟两个方向。第三层级设计诗人人生阅历、主观感受、生活体验与诗人创作；升沉世风与诗人创作风格两个方面。又如"散文之部"中"散而不乱，气脉中贯"专题的教学内容可调整为：散文的情理脉络；散文的语言与鲜活的情趣表达；散文中的作者的心性；不同情趣散文的不同笔法；自由创作中的共同规律研究等不同类别的专题。在这些专题中，学生可以自由选择，自主确定自己要达到的目标。

（四）组织活动，展示研习成果

创设语文活动，倡导参与式研习，是专题教学的重要特点。以问题引导学生研习，在活动中加深体验，求解问题，获取自主学习的经验。可开展的专题活动有很多，如"主题辩论""经典诵读""影视欣赏""汇报表演""实地考察""专题研究""资料索引""写作比赛""学习论坛""学生讲堂"等活动，由学生独立自主或在教师的指导下进行相关资料信息的采集、筛选、分析、综合、提炼和重组。在有针对性的专题切磋讨论中，互相争辩、互相启发。这样学生在各种活动体验中，不断改造与改组自己的学习经验，变革和建构不同于必修课并适合于学生个体的选修课学习模式。提供多元化的评价形式。如学习某一模块前公示评价方案，要求学生每一项均须完成，但具体内容学生可以根据自己的能力及兴趣爱好做出选择。如《外国小说欣赏》设计如下：自主选择阅读两部现代派长篇小说或小说集（包括专业小说杂志）；自主选择评价教材中的作品，可以评价人物，可以评价主题，可以评价艺术；自命题模仿某一篇小说进行一次写作实践；参加一次有关小说的辩论会、演讲会、专题研讨会等。又如《中国古代诗歌散文欣赏》设计了如下评价方案：自主选择读背 30 首（篇）中国古代诗歌散文（不含必修模块的相关诗文）；自主选择并分别撰写一首（篇）中国古代诗歌散文鉴赏文章，需要对其进行个性化鉴赏；至少参加一次班级或学校组织的中国古代诗歌散文朗诵比赛，或中国古代诗歌散文的辩论会、演讲会、专题研讨，或制作一张介绍自己学习中国古代诗歌散文的心得体会及学习方法小报等。这样的评价方案，重视活动成果的展示，有利于培养学生组织、参与语文活动的能力。

三、优化语文选修课教学的思考

"有选择地学习"是选修课的基本特征，实验版课标明确指出："更应该致力于让学生有选择地学习，促进学生有个性地发展。"但实践中选修教学依然是困难重重，举步维艰，为凸显语文选修课的个性，应从以下几个方面进行优化。

（一）优化教学生态

选修课程的"选择性"是其最本质的特点，教学要务必保证学生选课权。导致选课权缺失的原因是多方面的，有高考制度的问题，也有学校、教师的教育观念问题。相关各方应加强配合，共同努力，把选择权还给学生。一是继续改革高考制度。就目前开课情况看，高考选修课怎么考、考哪些，直接决定哪些选修课模块能够进入教学实践。一些省直接指定选修，选修模块在"指定"下摇身变为"必修课"。应进一步加强研究，调整高考与选修课的关系，避免模块对应，加强综合素养对应。二是学校要全力支持。对高中学校而言，在目前教育评价体制下，高考的重要性不言而喻，课程的开设有一定的功利性目标无可厚非，但功利性绝不是我们的唯一目标，况且，好的课程与好的高考在本质上的追求一定是一致的，不存在根本冲突。这点认识不清，就会误以为选修课与高考是完全对立的，要高考就不能要选修课。当然，开设真正意义上的丰富多彩的选修课确实也还存在课程资源、硬件设施、教学成本、师资力量等方面的困难。统一教材，统一课程，按班级"选修"统一开设选修课，相对简单易行，便于操作。但教育是功在千秋的长远事业，课程对学生的个性发展和终身发展意义非凡，学校应努力在现有条件下或者创造条件，按照要求开设三级课程，根据实力开设校本课程，为选修课的教学提供物质支持和精神氛围。同时，尽快在高中建立选课指导制度。开发与新课改要求相一致、与学生内在需求相适应的选修课程，形成完善的选修课程体系，根据学生的个体差异性，指导学生根据兴趣与职业意向选择选修课。三是选课权的实现关键在教师。高中教师的辛劳与压力多半来自高考。考核、晋级、薪酬，也往往与高考成绩密切关联。一些教师在教学中将自己觉得与高考联系不紧密的或者在高考中可能看不到"效果"的内容就过滤掉。其实，这里也有短视与盲视。高考指向素养和综合能力，高考与选修课没有不可调和的矛

第二章　实验版课标下的语文选修课程实施论

盾。过分强调矛盾有时只是不愿改革的借口，更何况我们的教学不可能等高考制度彻底完善以后再开始，所以，只要认同改革就会有办法。教师只有自觉自愿地按要求教学，才能保质保量地完成。在调研中我们发现，只要教师锐意改革，哪怕课程是统一开设的国家课程，在具体的专题教学中，也可以凸显出"选择性"，有的可"侧重于实际应用"，有的可"着眼于鉴赏陶冶"，有的"旨在引导探索研究"，学生可以根据不同的需求，选择性地学习，建构不一样的课程。怎样提高？要完善教师培训制度。实现教师职前、职后培训一体化，中学与高校共建行动研究基地，有效解决教师的专业素养和学养不足的问题，解决教师专业储备与选修课不相适应的矛盾，完善以校本培训为主的系列培训制度。

（二）优选教学内容

"在选修模块的设置上，一些学校很少考虑专题性内容和综合性内容结合的问题。有的学校设置的选修模块都是专题性内容，有的学校则一律是综合性内容。"❶ 以目前国家课程的教材来看，主要以专题性内容为主，教材内容需要做教学化转换，教师需要重组教学内容，增加综合性内容。

深奥的内容浅易地教，是处理选修教材行之有效的方法。目前选修教材就内容看，偏向专业，比较深奥，从现行人教版的语文选修课教材看，基本上是与大学中文系学生的学习内容对应。各模块教材基本由某一领域的学科专家领衔编写，如《外国小说欣赏》，尽管就编写质量来说，体现出了专业性、权威性等优势，是一本优秀的教材；但与高中学生关于外国小说的知识储备和现有的接受能力并不相符合，过于专业、深奥的内容对学生的能力形成了一种巨大的挑战，相当多的学生学习吃力。因此，教师应根据学情，补充学习资料，编好导学案，做好课前预习导读、课中探究助读、课后训练展读等课程内容的转化，降低学习难度，扩大学习广度，帮助学生开阔视野，广泛涉猎，培养综合能力。

封闭的内容开放地教，是跳出选修教材重组教学内容的有效方法。语文选修课程开设是"为学生的个性发展提供更为广阔的自由空间"，满足学生个性发展需求是教学的重点。教师应根据课标精神，正确认知

---

❶ 郑国民，尹逊才.高中语文选修课实施存在的问题及思考［J］.语文建设，2005（11）：4－7.

和理解选修教材与个性发展的体系，增加教学内容的综合性。选修教材有自恰逻辑，内成系统，外连生活，既有知识结构的封闭性，也有辐射内容的开放性。可惜的是，在教改中一些教师只是看到选修教材封闭性的一面，而忽视其开放性的一面，照本宣科，进行封闭的知识教学。应充分利用在校同组教研观摩的机会，有效利用培训、进修学习的机会，认真钻研教材，探寻教材与生活的触点，在教学资源的开发和整合上大胆尝试，认真准备，丰富课程资源，优化教学内容，实现选修课应有的基础价值。

（三）优先发展个性

实验版课标指出，"高中语文的教学，要在保证全体学生达到共同目标的前提下，充分关注学生在语文学习中面临的选择，努力满足其学习要求，支持其特长和个性发展"。人的心理发展，包括认知、个性和社会性发展，人的个性发展是受先天条件、社会环境和学校教育影响的。个性发展指的是个体以独有的方式对各种情境和环境刺激做出反应，学生的个性是在社会化的过程中形成的。课标制定者、教材编写者为学生的个性发展提出了积极的教学建议，如要求执教者为学生的个性发展提供一个广阔的平台，要突出学生根据自己的兴趣爱好选择适合自己的课程。教师的指导要特别尊重学生对个性发展的渴求，要尊重学生的兴趣，鼓励学生发表个性化的见解，绝不能再用教师的见解去限制学生张扬个性等。但个性发展的实现，则需要依靠良好的教育行为和教育环境。教师在教学中要关注学生的个体差异性，激发学生的自我意识、自我信念和自尊。"在学校环境中，学生的个别差异主要表现为智力、学习能力、先前知识经验、家庭文化背景、性别、志向水平、成就动机以及学习风格等方面的差异，所有这些差异都直接或间接地影响着教育教学活动及其效果。"❶ 因材施教、以学定教是教学的基本原则，但"材"的起点在哪里？"学"的起点在哪里？哪些差异是课堂教学可以处理的？哪些差异是处理不了的？这些基本问题不搞清，教学的起点就有可能失准。为此，教师在教学中要认真甄别学生的个体差异性，判断学生的差异倾向，先前知识经验、学习能力倾向等个体差异，是很难通过教学处理的；多样化的智力，学习风格等个体差异，

---

❶ 陈琦，刘儒德. 教育心理学［M］. 2版. 北京：高等教育出版社，2011：63.

是可以通过教学处理的，教师可根据学生的差异类型，提供学习材料、开展学习活动、展现教学评价，设法在哪些可以弥补的差异性方面满足学生的个性化需求，促进学生的个性化发展。

（四）优化评价机制

"选修课的效果监测不到位，选修课的检测方式、检测内容、检测难易程度目前都无法像必修课那样落实。"❶ 教育评价是英语 Educational Evaluation的意译。教育评价是对教育效果进行的价值判断。应加强语文选修课的评价范式研究和评价模式探究，根据选修教学的现实而组织实施教学评价，有效检测语文选修课程的实施效果。新的课程改革对教育评价提出了更高的要求，选修课的评价模式亟待改革。一要从功利本位转向育人本位。教育评价具有导向、诊断、甄别、选拔、改进和激励等多种功能。但随着高考制度的推行，语文选修课评价的功利色彩也日益浓厚。在调查中，几乎所有接受采访的老师都认为高考的评价方式影响了选修课的教学。毋庸避讳，评价首先是要结果的，这是评价的特有内涵，这一点并不因素质教育和课程改革而有所改变，所以评价首先要发挥好甄别与选拔的作用。但如果偏离了"育人"轨道，一切只是为了"选材"，那就走向了功利本位。教育归根结底是为了培养全面发展、个性健全的个人，是为了培养能创造美好生活的个人。功利的目标也很重要，但它只是教育追求的附加值。语文选修课与高考的关系需要重新厘定。二是加快语文选修考与学的对应研究。新课程改革后考试制度的改革也在逐步推行，高考的自主招生增加了面试等质性评价的分量，受到各界的普遍赞誉。这革新了"纸笔测试"的形式，同时，全面素养和综合能力的强调，也引发了人们对"应试"的再认识，以往的高考模式在松动。有专家学者曾用"万恶的高考制度"来形容高考模式，称高考制度不废除，素质教育只是一纸空文；有人高度评价有的名校自主招生、免推入学等高考改革。这实际上都是在倡导高考制度的改革，要求评价方式多样化，增加高考的弹性和灵活性。回顾改革开放以来高考40多年历程，语文学科的高考与教材的关系忽近忽远，但一直不如其他学科那样紧密，考与学怎样对应一直是个难题。语文

❶ 黄明勇. 论语文核心素养在高中选修课中落地的有效路径［J］. 中国教育学刊，2017（12）：37－40.

选修课怎么考？是素养能力对应，还是学习任务内容对应，研究者至今尚无共识，有待于我们进一步探讨。

语文选修课的设置，改变了传统语文教学的格局，带来新的气象，更好地回应了时代的需求。但新课程改革在力图创新的同时，也暴露出一些深层次的矛盾，实行十几年之后，是该系统地梳理和总结了。当前语文选修课教学的内外部环境发生了较大变化，新课改初期提出的改革方案难以适应新时代的经济社会发展，一些理念需要反思与更新；一些行动策略需要调整与创新。2013 年，教育部启动了普通高中课程标准修订工作，历时 5 年，2018 年出台了新课标，语文选修课程改革应在新课标理念的指导下，重新出发，继续前行。

下编

2017 版新课标下
语文选修课程改革的发展与探新

第三章　基于核心素养的
语文选修课程基本理念

中华人民共和国制定的新课标颁布实施。而修订的两大背景是核心素养观在世界范围的兴起和社会主义核心价值观进入学科课程。因此，语文选修课程的基本理念也随之进行了调整。在语文课程性质的认知上，新课标与实验版课标基本一致，强调语文课程是一门学习语言文字运用的综合性、实践性课程，工具性与人文性的统一，是语文课程的基本特点。在语文课程的基本理念上，则有了较大的突破与发展，凸显了核心素养统摄的理念框架。

第一节　立德树人，培育核心价值观

一、立德以培育社会主义核心价值观为核心

新课标确立的基本理念是：①坚持立德树人，增强文化自信，充分发挥语文课程的育人功能。②以核心素养为本，推进语文课程深层次的改革。③加强实践性，促进学生语文学习方式的转变。④注重时代性，构建开放、多样、有序的语文课程。它强调了语文课程在促进学生全面发展方面的育人功能：其一，培养学生树立正确的价值观；其二，帮助学生形成适应社会的必备品格；其三，训练学生掌握关键能力。而立德树人是语文选修课程的基础，传承了中国德性第一的教育传统。

中国传统教育一贯重视立德，自古以来读书人把"立德"列为"三立"之首。《左传·襄公二十四年》曰："大上有立德，其次有立功，其次有立言，虽久不废，此之谓不朽。"对于立什么德？每一个时代有不同的内涵。当今的德包含甚广，归纳起来主要有以下几个方面的内容：理想信念；爱国主义；品德修养；中华优秀传统文化；奋斗精神；引导学生培育和践行社会主义核心价值观。树人是百年大计，是千百年来教育者的终极

目的和终身事业。《管子·权修》曰："一年之计，莫如树谷；十年之计，莫如树木；终身之计，莫如树人。"树什么人？每一个时代也有不同的标准。2019 年，在全国教育工作会议上，国家调整了教育总目标，提出了培养德智体美劳全面发展的人。"劳"的人才培养维度再次进入国家教育方针。在课程育人上，更突出用社会主义核心价值观培养德智体美劳全面发展的社会主义建设者和接班人的政策导向。

党的十八大以来，习近平就立德树人发表了一系列的讲话，构建了新时代的立德树人观。习近平主席"高度重视培养什么人、怎样培养人这一根本问题，要求学校全面贯彻党的教育方针，承担好立德树人、教书育人的神圣职责，着力培养造就中国特色社会主义事业合格建设者和可靠接班人"。❶人无德不立，育人的根本在于立德。教育要引导学生培育和践行社会主义核心价值观，踏踏实实修好品德，成为有大爱大德大情怀的人。新时代"德"的内涵丰富，其核心是社会主义核心价值观。基础教育课程承载着国家意志，需要贯彻党的教育方针和政策，社会主义核心价值观进入语文选修课程是新时代的必然要求。2006 年中共十六届六中全会通过了《中共中央关于构建社会主义和谐社会若干重大问题的决定》，提出要构建"社会主义核心价值体系"，并阐释了社会主义核心价值体系的内涵、内容。2012 年中共十八大报告，用"富强、民主、文明、和谐；自由、平等、公正、法治；爱国、敬业、诚信、友善"24 个字从三个层级概括了社会主义核心价值观内容。教育部根据《中共中央办公厅关于培育和践行社会主义核心价值观的意见》（中办发〔2013〕24 号）的文件精神出台了《关于培育和践行社会主义核心价值观进一步加强中小学德育工作的意见》（教基一〔2014〕4 号），要求各级学校要把立德树人作为教育的根本任务，改进课程育人工作；还明确提出了对语文等学科教学的要求："推动学科统筹，特别是加强德育、语文、历史、体育、艺术等课程教学的管理和评价，提升综合育人效果。"因此，全面认识社会主义核心价值观理论是在语文选修课程中渗透价值观教育的基础。

二、育人以中华优秀文化为主要内容

社会主义核心价值观有三大理论来源：一是中国文化传统中的价值资

---

❶ 任仲文. 学习习近平总书记系列讲话精神［M］. 北京：人民日报出版社，2014：293.

源，包括仁爱、和谐、大同等理念；二是西方文化传统中的价值资源，包括自由、民主、人权等理念；三是马克思主义文化传统中的价值资源，包括平等、正义、人的全面而自由的发展等理念。核心是中华优秀文化传统。

中国特色社会主义核心价值观须以中国传统文化为基础，在发展中国特色社会主义的背景下，社会主义核心价值观必然不能脱离中国传统文化的土壤，习近平总书记指出："完善优秀传统文化教育，把中国传统文化的精神基因、精神追求、精神标识分阶段有序体现到学校教育当中，筑牢广大青少年践行社会主义核心价值观的思想文化根基。"[1]

中国传统文化是中华民族几千年生长发展的积淀，展现了整个民族从古至今的精神追求和文化风貌，在漫长的历史进程中，形成了众多可贵的精神文化资源，对社会主义核心价值观的构建具有重大的启示，是社会主义核心价值观民族性的重要保证。春秋战国时期，儒家设想"天下大同"，法家提出"刑无等级"的制度；墨家主张"兼爱非攻"。中国文化里各家的思想者，他们以不同的表达形式，共同传达出对于实现社会平等、社会和谐、社会美好的期待。"社会主义核心价值观要真正达成共识、获得最广大人民群众的认可和践行，必须提取概括传统文化中那些对当今中国特色社会主义建设仍具有重要价值的内容。"[2] 中国传统文化形成与发展主要在封建社会时期，其中必然有封建落后文化的残留，因此，社会主义核心价值观绝不是简单地复制中国传统文化的所有价值体系，而是以中华优秀传统文化为源泉，汲取优秀传统文化的精华，去其糟粕，实现对中国传统文化的整合与升华。社会主义核心价值观吸收了中国传统文化的优秀因子，才得以成为中国特色的核心价值体系。

当然，践行社会主义核心价值观必须从中国特色社会主义的具体情况出发，坚持以马克思主义为理论思想指导，传承中国优秀传统文化的时代价值，同时批判吸收西方政治哲学价值追求的精华。

语文选修课程以社会主义核心价值观体系中的重要理念为主导，既注重对学生的个性培养，也注重对学生共性价值体系构建的引领。新课标在课程设置上，与以往有所不同，通过选择性必修、选修两大类课程，把学

---

[1] 任仲文. 学习习近平总书记系列讲话精神 [M]. 北京：人民日报出版社，2014：293.
[2] 唐旭昌. 基于系统论视角的社会主义核心价值观的解读 [J]. 河南社会科学，2014（7）：19－22.

习的选择权还给学生，学生可以通过自主选择发展方向，形成有个性的课程研修计划，确定学习内容，完成课程研修任务。学生学习的自主性增强了，用什么样的文化去引领就更为重要。"祖国语文是中华儿女的精神家园，语文课程对继承和弘扬中华优秀传统文化、革命文化、社会主义先进文化，培养文化自信，推动文化的创新发展，具有不可替代的优势。"❶ 语文选修课程的优势更为明显，18 个学习任务群中必修课 7 个，选修课 11 个，高中阶段 2 年时间学生在进行选修课程的学习；11 个"学习任务群"中包含中华优秀传统文化、革命文化、社会主义先进文化的任务群有 6 个，即"选择性必修"中的"中国传统文化经典研习""中国革命传统作品研习""中国现当代作家作品研习"，"选修"中的"中国传统文化专题研讨""中国革命传统作品专题研讨""中国现当代作家作品研讨"。这些选修课程的专题学习，可帮助学生全面深刻地了解传统文化的发展脉络，感受到中华优秀文化的独特魅力，认识到中国革命文化的当代价值。语文选修课在贯彻立德树人、加强社会主义核心价值观教育中更具意义。

第二节　素养为本，培养综合能力

选修课分类分层设计的目的是培养学生的核心素养。20 世纪 90 年代以来，以"核心素养"引领教育改革与发展渐成世界潮流。2014 年 4 月 24 日，我国教育部正式颁布的《关于全面深化课程改革，落实立德树人根本任务的意见》首次提出了"核心素养"的概念。世界改革潮流与我国政策文件成为新课标修订的核心依据。新课标在以下三个方面有了新的突破。第一，提出了学科核心素养的课程目标。第二，构建了学科学业质量标准体系。第三，与学业水平考试和高考无缝对接。姜钢在《落实立德树人根本任务，进一步深化高考内容改革》一文中对新高考的改革内容进行了具体的阐释：一是立足全面发展育人目标，构建科学的考查内容体系；二是创设高考成绩综合报告制度，实现对学生的多维评价；三是加强命题教师队伍建设，提高适应考试内容改革的能力；四是大力推进国家题库建设，

---

❶ 中华人民共和国教育部. 普通高中语文课程标准（2017 年版）［S］. 北京：人民教育出版社，2018：2.

提升支撑考试内容改革的专业化水平。❶ 这样，考试内容将发生根本性的改变，也更加优化。核心素养的考查将成为重点，语文新课标也随之进行了调整，在学业水平考试与高考命题建议中强调对学生核心素养的考查。"测评与考试是语文课程评价的重要组成部分，应真实反映学生语文学科核心素养的发展过程与现有水平，准确判断学生核心素养发展过程中的问题及原因，对高中语文教学改革发挥积极的引领和导向作用。"❷ 另外，随着国家调整教育方针，提出德智体美劳的育人目标，学生的健康意识和劳动体验等以往考试很少涉及的内容将成为考试的新领域。多维评价的实施、高考成绩综合报告制度的建立，将会彻底改变目前一考定终生的局面，也可帮助高校和学生有效实行双向选择。如测评者可利用大数据等现代信息技术和先进的心理测评技术对考试数据进行充分挖掘，开发反映学生知识、能力、素养、价值内化水平的直观统计图，向学生、高校提供多维的成绩综合分析报告。学生根据自己的天赋和优势，选择能激发自己潜力的学校；学校根据对学生的特长和发展趋势的评估，选择适合专业发展需要的学生。加强命题教师队伍建设是保障命题质量的关键。建立命题教师数据库，拓展命题教师的来源，有利于学科专家、课程与教学论专家和一线教师形成合力，保持命题的稳定性和高效性。成立高考内容改革指导委员会，从顶层引导走势，让高考沿着课改的方向稳步跟进。加强新型高考国家题库建设，完成题库由试题的存储库向全流程、多功能、信息化、智能型的题库系统的转变，智能化是新型高考国家题库的重要方向，如利用题库智能组卷系统，加上手工调整试卷功能，可更有效地控制试题的难度、效度和区分度等。面向社会征题，是社会需要在高考中的反映，使得高考与社会生活紧密联系在一起。

实验版课标提出了"语文素养"新概念。新课改之初我们是这样理解"语文素养"的内涵的，如人教版普通高中课程标准实验教科书在选修教科书的"致同学们"中写道："语文学习的最终目的是要提高语文素养，这既包括精神的充实、情感的丰富与人格的提升，也包括读写听说能力的养成。"新课标在此基础上，发展了"语文素养"的概念，更精准地凝练

❶ 姜钢. 落实立德树人根本任务，进一步深化高考内容改革［N］. 中国教育报，2018 - 12 - 25（2）.

❷ 中华人民共和国教育部. 普通高中语文课程标准（2017年版）［S］. 北京：人民教育出版社，2018.

出"语文核心素养"的概念，即高中语文课程应帮助学生在语言建构与运用、思维发展与提升、审美鉴赏与创造、文化传承与理解等几个方面获得较为全面的语文核心素养，在继续发展和不断提高的过程中有效地发挥作用，以适应未来学习、生活和工作的需要，指向人的核心素养发展和学科核心素养的发展。

一、指向人的核心素养

讨论语文选修课程的价值，我们首先要明白课程设置的依据是什么。制约课程设置的因素有很多，但纵观课程发展史，各国在进行课程设置时，都不会忽略学生、社会、知识这三大基础，只是在各个不同的历史阶段，由于课程设置者的教育目的不同而偏重点不一。有偏重成人的课程，即课程更多地考虑学生的需要，是以人本主义为课程哲学，属于"儿童中心"的课程；有偏重成材的课程，即课程更多地考虑社会的需要，以社会为本位，是以社本主义为课程哲学，属于"社会中心"课程；有偏重成器的课程，即课程更多地考虑文化知识传递的需要，以知识为本位，属于"学问中心"课程。孰优孰劣，离开具体的历史语境，评价很难中肯。每一种课程设置在特定的历史阶段都曾力图祛除时弊，革新图强，起到了一定的积极作用。本研究立论的基础是当前的教育形势，即在新课改推行 15 年后的所谓后课改时代，在以培养人的核心素养为指导的教育理念下，如何平衡语文选修课程与学生、社会和知识的关系。

语文选修课程首先是成人教育。"素质教育的一个重要目标是通过适当的教育方式促进学生素质的全面发展，在现有的条件下教育中的全面发展即个性发展。"❶针对我国长期以来偏重社本主义的课程现实，特提倡人本主义课程观，以纠时弊。人本主义课程论流派产生于 20 世纪 60—70 年代的美国。人本主义课程论又称人性中心课程论，是在抨击"学问中心"课程论的"非人性化"的浪潮中应运而生的。它是在批判结构主义课程论存在的严重问题中逐步发展起来的。最著名的代表人物是马斯洛和罗杰斯。人本主义课程论不再过分强调知识本位，而是将学生的学习和生活联系起来，以"人的能力的全域发展"为目的，对我国当前的教育理论与实践有着诸多值得借鉴的地方。人本主义课程论主张，"学

---

❶ 李学. 和合语文课程研究［M］. 武汉：华中科技大学出版社，2012：173.

校的职能是'使人充分地培养成为名副其实的人，而决不能只是提供人力资源'"。❶

语文选修课程为什么要以人本主义为课程哲学？人本主义课程不像学问中心课程那样仅仅把重点放在智力上，它以"人的能力的全域发展"为目的，强调智力发展（理智、知识、理解）与情意发展（情绪、感情、态度、价值）的统一。教育的本质是培养人。教育的成人属性一直被教育的理论与实践所关注，从未被真正否定与抛弃。中外教育史上，更多的争论往往集中在成人的方向上。归纳起来，重心一直在人的个体价值与社会价值之间摇摆。任何一种课程尽管在主观上可能有设置者单向的强烈意愿，但就客观实施效果看，均会或多或少兼顾双重价值，所以笔者在讨论成什么人的问题时，首先说明叙述立场，把整体的人的价值区分为个体价值与社会价值是为了叙说的方便。强调人的个体价值，并不是为人的几种价值排序，而是意识到不同的课程在人的培养上应有不同的方向与分工。如必修课程因其基础性的要求，在培养人上在尊重个体价值的同时，要突出社会规范对人的规训与教化作用，强调共性教育；选修课程因其选择性的要求，在培养人上在尊重社会价值的同时，应更加突出人的独立与自由精神的发展，强调个性教育。

人的个体价值是具有时代性的。人本主义教育家弘扬人的个体价值有特定的时代诉求。卢梭要培养自然人是因痛感18世纪的教育过分压制人性的沉疴，所以被誉为"教育上的哥白尼"，他的自然主义教育理论，因强调教育要顺其自然，根据儿童的发展阶段实施教育，引发了教育领域中一次影响深远的革命，在西方教育史上乃至世界教育史上具有划时代的意义。他的教育理论是闪亮的，但教育实践是苍白的。原因是多方面的，反映出的问题是世界上没有抽象的人，人的个体价值依托于具体的个体，讨论人的个体价值是以时代为基础的。各门学科内含独特的育人价值，学科教学是学生超越个体经验进入人类文明共同经验世界的基础，学科课程设置合理，学生能更顺利地在知识宝库里登堂入室。

那么当今社会需要具有什么样的基本素养的人呢？语文选修课程又能在成就这些素养上具有何等独立价值呢？语文选修课程面临这些迫切的问题。"核心素养观"是目前全球理论研究的热点，各科教学的共同目标是

---

❶ 钟启泉. 现代课程论 [M]. 彩版. 上海：上海教育出版社，2003：184.

培养人的核心素养。什么是核心素养呢？国际研究组织 OECD 定义 "素养"（Competency）如下："不只是知识与技能，它是在特定情境中，通过利用和调动心理社会资源（包括技能和态度）以满足复杂需要的能力。"❶ "核心素养"是指人恰当应对社会复杂情境的综合能力。传统的核心素养主要指 3R's，包含三种核心技能，即读（Reading）；写（Writing）；算（Calculating）。现代核心素养是指享誉世界的 "21 世纪 4C's"，即协作（Collaboration）；交往（Communication）；创造性（Creativity）；批判性（Critical thinking）。它既包括智力因素，也包括非智力因素。在此基础上，语文选修课程的基本理念确定为 "以核心素养为本"，即高中语文课程应帮助学生在语言建构与运用、思维发展与提升、审美鉴赏与创造、文化传承与理解几个方面获得较为全面的语文素养，在继续发展和不断提高的过程中有效地发挥作用，以适应未来学习、生活和工作的需要。"未来教育不仅要为创新驱动的职业做好准备，还要为尚未诞生的职业做好准备，具有广泛迁移性的核心素养因而成为教育的首要目标。"❷ 语文选修课不但要重视语文学科特色核心素养，还要关注跨学科的共同素养和自我成长层面的素养，而自我成长层面的素养是统摄所有其他核心素养的枢纽。语文选修课程强调自主学习、选择性学习，更有利于帮助学生形成对自我、他人、社会、人生的独立认识与判断，更有助于学生个体心智的成熟和品性修为的发展。

二、重视语文核心素养

语文教育应该培养学生的哪些关键能力是一个永恒的话题。改革开放以来，语文教育的目标经历了从 "双基目标" "三维目标" 到 "四核目标" 的发展变化。高中新课标从语文学科核心素养即语言建构与运用、思维发展与提升、审美鉴赏与创造、文化传承与理解四个维度确立了 12 项课程目标。每个核心素养分为三级，为课程设置和学业质量标准提供依据。包括：①语言积累与建构；②语言表达与交流；③语言梳理与整合；④增强形象思维能力；⑤发展逻辑思维；⑥提升思维品质；⑦增进对祖国语言文字的美感体验；⑧鉴赏文学作品；⑨美的表达与创造；⑩传承中华文

❶ 转引自张华．论核心素养的内涵［J］．全球教育展望，2016（4）：10–23.
❷ 张华．论核心素养的内涵［J］．全球教育展望，2016（4）：10–23.

化；⑪理解多样文化；⑫关注、参与当代文化。

语言建构与运用能力是指在丰富的语言实践中，通过主动的积累、梳理和整合，逐步掌握祖国语言文字特点及其运用规律，形成个体的言语经验，在具体的语言情境中正确有效地运用祖国语言文字进行交流沟通。思维发展与提升是指在语文学习过程中通过直觉与灵感、联想与想象、实证与推理、反思与创造活动训练，获得思维能力发展和思维品质的提升。语言的发展与思维的发展相互依存，相辅相成。审美鉴赏与创造能力是指学生在语文活动中体验、欣赏、评价、表现和创造美的能力及品质。语文活动是人形成审美体验、发展审美能力的重要途径。在语文学习中，学生是通过阅读鉴赏文学作品、品味语言艺术而体验丰富情感、激发审美想象、感受思想魅力、领悟人生哲理，并逐渐学会运用口头语言和书面语言表现美和创造美，形成自觉的审美意识和审美能力，养成高雅的审美情趣和高尚的品位。文化传承与理解是指学生在语文学习中，能继承中华优秀传统文化，理解、借鉴不同民族和地区的文化，以及在语文学习过程中表现出来的文化视野、文化自觉的意识和文化自信的态度。这样对语文核心素养目标的分类更加具体与明确。

语文核心素养不是简单的语文知识或技能，而是运用祖国语言文字解决实际生活问题的综合能力。语文选修教科书《中国文化经典研读》在前言"致同学们"中提出："选修课程同样指向这一目标。和必修课程比较起来，选修课的学习应当更要求打开思路，发展个性，更需要主动地学习。"❶ 语文选修课程在培养学生的语文核心素养上有它独特的价值，首先，它是个性化的学习，以人为本，尊重人的个性，兼顾外在社会需要与内心需要，注重满足自身精神需求，能激发个体潜质和发展个性特长。其次，它是自主性的学习，能激发学生主动联系生活，搜集学习资源，整合学习资源，在社会实际生活中学习语文，运用语文。这样的语文学习才是有意义的学习，学生在主动学习中能感受学习语文的快乐，享受语文，并有可能发展为终身爱好。最后，它强调综合性的实践活动。课程学习要求打通课内与课外，在具体任务情境中解决现实问题，完成任务，培养学生的综合能力。

---

❶ 人民教育出版社课程教材研究所．语文选修：中国文化经典研读［M］．北京：人民教育出版社，2006．

第三章 基于核心素养的语文选修课程基本理念

127

第三节　依托项目，提升实践能力

一、语文学科的实践性特点

课程的设计不可忽视学科知识的系统建构。为了知识的系统性，以往的课程设计理念注重构建封闭的纯知识体系。语文课不是文学课，也不是语言课，更不是语言和文学两门学科的简单加合。语文知识体系不只是汉语语言学和文学学科体系的搬用，而是围绕语文素养，以语用为中心，在语文活动中动态建构。

新课标提出："从祖国语文的特点和高中生学习语文的规律出发，以语文学科核心素养为纲，以学生的语文实践为主线，设计'语文学习任务群'。"语文学习以任务为导向，以学习项目为载体，以学生运用语言的实践活动为主线，改变了以往语文学科知识体系建构的静态化特点，凸显了语文学科知识体系的建构的实践性品格。高中语文的三个系列：阅读与鉴赏、表达与交流、梳理与探究板块的知识体系都需要借助语文实践活动进行，语文核心素养也需要依托实践中的学习项目达成，学生需要通过自主、合作、探究等学习方式完成语文学习。新课标根据语言建构与运用、思维发展与提升、审美鉴赏与创造、文化传承与理解四个维度，设计了18项学习任务群，其中11个为选修课程学习任务群，必修课程学习任务群中还有4个是必修、选修贯通，选修课的学习分量得以强化。这些学习任务群覆盖了高中学生学习运用语言文字的情境，涵盖了高中语文课程"阅读与鉴赏""表达与交流""梳理与探究"的板块内容，并关注了语言文字运用的新现象和跨媒介运用的新特点，充分体现了整合言语、文本和应用性知识，落实了语文核心素养的实践特点。

语文课程的实践性表现在两个方面：第一，语文素养需要在语文运用实践中生成、发展和提升。课程设计不再以静态知识体系为纲，不再以单一方面的能力训练为纲，而是以在实践生活中能解决复杂问题的综合能力为纲。第二，学生的实践活动分为以获取间接经验为主的语文实践活动和以获取直接经验为主的社会实践活动两种。学生语文实践活动的特殊性要求言语活动必须有目的、有计划地进行，既要在真实的社会实践中进行，即以活动模式为主、语文知识教学蕴含其中的综合实践活动，也要针对语文学科的知识系统精心设计，根据学科特点进行的学科模式，即以语文知识学习为主的活动。如语文学习的规律是多读多写，日积月累。学生的阅读实践活动是指整体设计读书计划、阅读书目，统筹安排阅读时间，依序达成。高中语文学习是一个从感性体悟到理性思索的发展过程，学生的写作实践要与语文综合性学习活动结合起来，设计真实写作、任务驱动型写作，让学生在完成真实写作任务的过程中养成分析问题和解决问题的综合能力。把握这些语文实践活动特点，能更好地培养学生的语言文字应用能力和解决问题的实践能力。

二、"学习项目"的实践旨归

"语文课程作为一门实践性课程，应着力在语文实践中培养学生的语言文字运用能力。"基于此，新课标选修课程的"学习任务群"教学基本是以"学习项目"为载体进行的专题学习。这种学习方式具有两个突出特点：第一，这是一种基于问题解决的语文活动。学习者要具有问题意识，善于从语文学习生活中发现问题，确定"学习项目"，在真实情境中，培养分析问题和解决问题的能力，通过解决真实问题来提升综合能力。第二，这是一种基于任务的学习活动。通过项目任务的完成来提高语文综合素养。它追求语言、思维、审美和文化修养等多方面、多层次目标发展，在学习过程中注重跨学科整合课程资源，改变了语文以往那种单篇学习、逐点讲解、逐项训练的线性学习方式，以自主、合作、探究性学习为主要方式，凸显语文学习的综合实践性。如表3-1所示，写作教学要求不再在课标中单列，而是相机插入学习任务群之中。

表3-1 新课标对于语文选修课程写作实践活动的规定

学习任务群	表述	实践特点
13 汉字汉语专题研讨	（3）学生以撰写读书报告、语言专题调查报告、小论文等形式呈现学习成果，并在专题讨论会上发表自己的成果。	写作和调查、口语交际实践活动有机结合。
14 中华传统文化专题研讨	（2）阅读应做读书笔记。围绕中心论题进行有准备的研讨，围绕专题选择合适的方式展示探究成果。	写作与阅读、口语交际实践活动结合。

续表

学习任务群	表述	实践特点
15 中国革命传统作品专题研讨	（3）学习整理研究资料的方法，做读书笔记和摘要；结合研究专题，进行调查、访问，提升思想认识水平和语言运用能力。	写作与阅读、调查访问实践活动结合。
16 中国现当代作家作品专题研讨	（3）每读一篇必做读书笔记。围绕中心论题进行有准备的研讨，围绕专题选择合适的方式展示探究的成果。	写作与阅读、口语交际实践活动结合。
17 跨文化专题研讨	（3）借助已有的阅读经验，选择合适的内容进行跨文化专题研究，在中外文化的比较中，深化对中华优秀传统文化的理解，增加对中国特色社会主义文化的自信。	写作与阅读、口语交际、综合性学习等实践活动紧密结合。
18 学术论著专题研讨	（3）整理提炼专著研读或专题研讨的成果，借鉴专业学术论文的形式写学术性小论文，相互交流。	写作与阅读、口语交际等实践活动有机结合。

我们以选修"汉字汉语专题研讨"学习任务群的教学设计为例，具体说明基于任务驱动项目学习的特点、策略和步骤。新课标规定了该任务群的学习目标和学习内容，并原则性地提出了教学建议。该任务群的学习既有课内活动，也有课外任务。目的是培养学生发现语言文字运用问题，自主积累语言知识，增强语言文字运用的敏感性，感受语言文字的独特魅力，增强热爱语言文字的感情。目标的达成主要靠语文实践活动，调查、写作、口语交际等活动既是手段又是目的。

学习项目如何体现实践特点呢？首先，任务选择来自实践。如学习项目"网络俗语研究"，这是一个真实的问题，也是一个亟待解决而又难以解决的问题，它涉及语言的雅与俗的问题，也涉及人的素养及民族素养的问题。选题遵循了真实性、开放性的原则。其次，学习项目的选择要具有一定的实践指导价值。语言选修课的学习打通了课内与课外，网络学习资料是重要的课程资源，学生面向网络学习，网络俗语触目可及，我们无法阻止它，但可以抵制或限制它，在网络语境中，严格自律，不用不转不赞。"语文课要起到一个语言引导作用，让人们向雅文化靠拢，不要去搞俗文化。"❶ 这

❶ 桑哲. 语文课不是文学课也不是语言课——访著名语言学家、北京师范大学王宁教授[J]. 现代语文，2004（11）：2-5.

样的项目学习就发挥了语文课程对现实语言运用的导向功能。最后，建构"研讨式"的课堂模式。"任务驱动的教学法基本环节为：创设情境—确定任务—自主学习、协作学习—效果评价。"❶ 研讨式课堂模式颠覆了以教师精讲为主的授受式模式，凸显了语文的活动性。语文教师在创设情境、提出任务、组织活动、评价等方面发挥主导作用，学生才是活动的主体，他们以自主、合作、探究为主要学习方式进行研讨，教师只是根据研讨情况点拨和引导。如就如何净化网络语言环境的研讨，教师可组织学生进行课前资料收集、课堂辩论、课后写作活动，学生自主合作去完成，教师引导学生从实践活动中获得经验。

实践能力是学生面向未来生活必须具备的关键能力，语文选修课程通过项目学习的方式可提高学生解决现实生活中复杂问题的综合能力。

第四节　延展课外，发展必备品格

根据选修课的任务群要求，学生必须在课外参与大量社会活动才能完成学习。在信息时代，参与社会，不仅指参与社区等周围世界的活动，也包括积极融入国际社会和网络社会。

新课标中学习任务群的设计，完全打通了课内与课外的边界，把课外活动变成了课程辅助活动。以往的课程，课外活动主要是指课前的预习、课后的作业，都是为课堂学习服务的。而在任务群的学习中，除课外活动以往的功能保留外，一些课外活动已经发展为辅助课程。如专题教学中的参观、实操、访问、调查、阅读笔记、论文等，本身就是课程学习的一部分，计入课程的独立评价范畴。如学习《毛泽东诗词鉴赏专题》，参观爱国主义基地新民学会旧址，了解青年毛泽东"改造中国，改造世界"的理想，接受爱国主义教育和理想教育，激发报国理想，活动本身就是课程的组成部分，而不只是为了理解诗歌去探寻作者生平和创作背景，指导知人论世的方法。这符合国际课程发展趋势，如中学课外活动开展比较成功的新加坡，已经逐渐形成全国统一的课程辅助活动制度，如设置"生活技能"板块，帮助学生形成现代社会所需要的公民素养。"课程辅助活动使学生在学校里就致力于对社会做有意义的事，这不仅有利于个性、技能、

❶ 张玉琼．任务驱动"梳理探究"的三大教学策略［J］．青年时代，2016（13）：129．

知识和友谊的培养，还在一定程度上将学生培养成有责任感的社会公民。"❶ 语文选修课把课外活动发展为课程辅助活动，意义非凡，不但具有课程开发和学习方式转变的探索价值，而且还有助于我国尽快形成统一的课外活动制度，把课程辅助活动学科化、常规化，帮助学生更好地适应社会。除了要融入当地文化，随着国际交流的频繁和网络交流的盛行，在新的形势下，我们重点探讨课程如何引领学生参与国际社会和网络社会。

一、融入国际社会，保持国民品格

随着全球经济的一体化、政治的多极化，国际交流日益频繁，文化的碰撞和冲突与日俱增。国际理解成了新课程改革的基本理念。如何引导学生关注多元文化，以开放的心态参与国际交流应当成为语文选修课程的重要内容。"国际理解"应包括以下三个方面的内容。

第一，了解和理解外国文化。百年来的语文教材，外国文学文化作品一直占有一定的比例。实验版课标下的语文选修课程，在"诗歌与散文""小说与戏剧""新闻与传记""语言文字应用""文化论著研读"5个系列中均包含有反映外国文学和文化的课程内容，还专门开发了《外国小说欣赏》选修教材，全国各校选修这门课程和教材的比例很高。文学是世界最好的交流语言，这门课程的宗旨是：引导学生欣赏外国小说，了解外国小说的创作方法和流派，理解外国小说的审美情趣和价值追求。从编排体系看，以小说的基本要素为"话题"，把文体知识和文化知识结合较好。新课标设置了2个涉及外国文化的选修任务群：选择性必修"外国作家作品研习"和选修"跨文化专题研讨"，旨在引导学生理解外国文化精华，培养开放的文化心态，增强文化理解力，拓宽国际视野。

第二，在国际上客观推介中国。不了解外国，只是从中国的角度看中国，有时候难免妄自菲薄或夜郎自大；不了解中国，只从外国的角度看中国，有时候难免以偏概全，贻笑大方。国际交流都会不顺畅。从国际理解视角看中国，对中国的评价才会客观。2017年高考新课标全国卷Ⅰ作文题：用2～3个描写中国的关键词向外国青年介绍你所认识的中国。命题意图非常明确，倡导国际理解，并且重新诠释了国际理解的内涵，暗含对

---

❶ 李想，魏本亚. 新加坡中学课程辅助活动的实施与启示［J］. 浙江教育科学，2018（12）：8－11.

学生的国际理解教育。改革开放以来，随着国门打开，人们对国外的了解和认识越来越深入，视野越来越开阔，但一些人也由此对国际理解形成了一种错误的认识，以为国际理解就是了解外国和外国文化。如人教版小学语文教科书在引入外国和外国文化内容方面在网上引起了争议。而其实，随着我国作为大国的崛起，国际理解更重要的还包括向外国推介中国，让世界了解中国。

第三，在跨文化比较中认识中国的国际地位。正确认知当今中国的国际地位也是国际理解的重要内容。"国际理解教育应立足本国，培养学生作为全球、国家、社会、自然之一员的责任感，通过教育使学生拥有全球胸怀，为世界和平做出贡献，同时在纷繁复杂的世界局势中维系自己稳定的价值体系，培养对自身文化传统的认同和对世界文化的包容态度。"❶ 国际理解应该是以对民族文化的认同为基础，文化自觉是国际理解教育的重要内容，语文选修课程应引导学生积极参与各种形式的国际交流，在国际比较中获得文化自信。

然而，我们今天在国际交流中还出现了很多令人痛惜的现象，一些对外国文化了解颇多、能力很强的留学生，在国际理解价值观方面却出了问题，继"月亮更圆"论后，又出现了"空气更甜"论；国内一些高校，对待外国留学生的超国民待遇，也是在国际理解的方面出了偏差，也许世界还是那个世界，但中国肯定不是原来那个积贫积弱的中国，新的"崇洋媚外"的言论和行为有失国格。核心素养包括价值观、必备品格和关键能力，"'必备品格和关键能力'的表述，把我们的视野引向核心素养引领下对道德价值的再认识，凸显道德价值的引领作用"❷。也就是说，只有在正确的品格的引领下，关键能力才能起到正向作用。"让学生生成德性，就成了我们教育的重要责任。这种对学生德性预备，亦即使学生为全球文明中的生活做好准备。"❸

二、参与网络社会，坚守公民品格

在"互联网＋"时代，网络交流成了学生的一种重要的生活方式。

❶ 姜英敏．国际理解教育≠对外国、外国文化的了解［J］．人民教育，2016（21）：62－65.

❷ 成尚荣．必备品格与关键能力——对道德价值的再认识［J］．中国德育，2017（4）：11－14.

❸ 胡旭阳．语文德性论［M］．长沙：湖南师范大学出版社，2010：44.

"'媒介语言'与口头语言、书面语言并列为新的语言形态。"❶ 以网络写作为例，我们来分析学生参与网络社会的"媒介语言"特点。"广义的网络写作指人们通过互联网交流思想、传情达意的一切书面表达活动及活动结果的总称。狭义的网络写作专指网络文学创作。"❷ 这着重描述了网络写作的形式特点，强调了以互联网为传播途径的特点，对网络写作的内容要求几无涉及。因此，从内容上探讨学生的网络写作的特点与原则很有必要。学生课外几乎每天都在写作，用文字直播自己的生活，网络写作已然成了学生的一种生活方式。学生利用微博、微信、朋友圈和 QQ 空间等网络社交平台，参与网络交流，实现了自由发表、广泛传播的愿望。网络语境下的学生写作具有了最为可贵的"自由品格"，激发了学生的写作活力和创造力。

学生的网络表达与交流，总体趋势上体现了新课改的人本主义教育理念，但也存在从"自由"走向"逾矩"的失范。"个性化表达"演变为"无节制表达"。学生的网络交流呈现出三个特点：一是表现为无法律禁忌。有的学生什么都敢说，什么都敢转。如有的并不懂政治，也不研究政治，对自己不了解不熟悉的领域却随便发表意见，煽动情绪，有妄议大政之嫌而不自知；有的不懂得谣言止于智者的古训，也不调查实情，有转载谣言之失而不自觉，走在法律的灰色地带。二是表现为无道德禁忌。网络是一个虚拟的空间，人们可以在这里虚拟多个角色，虚拟多重身份，匿名参与网络讨论。他律性的监督失去后，自律性的信条还没有建立，学生应该遵循的表达规范也就随之消失。三是无精神禁忌。每一个平凡的人都应该拥有物质和精神两个世界，这是《平凡的世界》留给我们的有益启示，两个世界丰盈，人生才会完美。以此来分析一些学生的网络表达，从其所关注的焦点、热点和所表达的精神境界看，两个世界严重倾斜。一面是物质世界丰盈炫丽；另一面是精神世界贫瘠苍白。网络写作在回归生活的同时，跌落尘埃。应用社会主义核心价值观引导网络交流步入正轨。

第一，坚守法律人格。守法是现代公民的基本素质。话语的权利与责任应该是对等的，享受了一定的权力，必须要负担起相应的责任，但从目前学生的网络表达与交流来看，权力与责任明显失衡。网络空间的开放性使得话语权一步到位全放开，而没有底线的放权导致了网络写作的泛滥。

---

❶ 倪文锦. 文化强国与语文教材改革［M］. 上海：华东师范大学出版社，2015：373.

❷ 叶黎明，陶本一. 网络写作与中学写作教学的新思考［J］. 课程·教材·教法，2007
（2）：45－49.

这种"流量至上"的传媒平台与以往传统纸质媒介相比，对作者的文责意识既无限包容又无可奈何。多数平台在例行打出"文章内容仅代表作者本人观点，不代表网站观点或立场"的免责申明外，放任了网络交流的边界，没有担负起发表平台应有的监管之职。这样，为数不少的网络表达就游走在法律的边缘。受此影响，学生网络表达中不负责任的现象也越来越多，必须重悬"法治"之利剑。遵纪守法是为人处世的基础，也是网络表达的前提。从学生方面来讲，应系统学习有关现代信息技术的法律法规。学生的网络言论一样要遵守现行法律、政策与方针，不触碰法律底线，不能在言论自由的幌子下失去法律底线；对待网络信息的总态度应实事求是。谨慎对待网络文章，对文章内容应仔细辨别、多方求证后再评论，点赞或者拍砖，跟帖或者转载，文责必负，不能为虚假信息推波助澜，能保证谣言止于智者。从国家网络管理层面来讲，互联网并不是法外之地，国家互联网信息办公室颁布了《互联网管理条列》《微博客信息服务管理规定》《互联网跟帖评论服务管理规定》《互联网论坛社区服务管理规定》等一系列法律法规。学生应学法用法，提高对互联网法的认知，增强守法的自觉性。

　　第二，坚守道德人格。道德是约束人心、调节人际关系的一剂良药，我国一向讲究德性第一。学生在无监管或者监管不力的网络社会，也要真实负责地表达与交流。在众相毕备而又价值多元的网络世界，学生的表达可以惊世骇俗，标新立异，但所折射的价值观、人生观和世界观，应与社会主义核心价值观基本一致，与社会的公序良俗基本一致，与中华民族的优秀文化传统基本一致。学生网络交流应从两方面形成自律：一是负责表达。一方面，在一个虚拟的空间，言说环境已悄然发生了巨变，外在的监督退隐背后，个体的言说纯靠自我约束。那么，学生应该遵循怎样的道德公约呢？《弟子规》曰："入虚室，如有人。"意思是说，进入无人的房间，也要像有人在一样，不可以随心所欲。这应该成为网络写作共同遵循的道德准则。更何况头像攒动的网络并不是真正的无人之境，胡言乱语、低俗粗鄙，从小的方面说，有失人格；从大的方面说，有失国格。二是谨慎表达。《中庸》曰："是故君子戒慎乎其所不睹，恐惧乎其所不闻。莫见乎隐，莫见乎微，故君子慎其独也。"[1]学生应自觉把自己置于周围世界的监

----

❶　朱熹. 四书集注 [M]. 长沙：岳麓出版社，1987：25.

督之中，认识到网络空间是一个公共空间，个体言说不管多么私密，一旦进入传播领域，就与他人和社会发生了联系，就具有了公共话语性质，应符合社会规范。新课程改革鼓励学生关注、参与当代文化。新课标提出："关注并积极参与当代文化传播与交流，在运用祖国语言文字的过程中，坚持文化自信，提高社会责任感，增强为中华民族伟大复兴而奋斗的使命感。"❶ 综观当下学生的网络表达，随着话语权的放开，学生在表达真情实感方面有了可喜的进步，但在话语责任意识和理性精神上有所缺失。解放"话语权"的同时，必须重申"话语责"，增加网络交流的社会责任感。网络文化具有雅俗共享的特点，学生的网络表达，难免受世俗文化的影响，我们不反对俗文化，也反对不了，但要加强引导。语文教师应帮助学生提升精神境界，以文明的态度参与网络论坛，彰显高尚人格。

学生的发展需要和方向，既与个体的语文基础和个性有关，也与时代和社会的要求有关，语文选修课程应指导学生在发展个性的同时，积极融入社会，把个人发展与社会发展结合起来，适应社会进步新形势，形成现代社会所需的必备品格。

新课标与实验版课标对照，新课标在课程理念上更具有时代性和更为科学。在新的课程理念下，语文选修课程凸显了分层分类设计思路。普通高中语文课程由原来的必修、选修两类课程改变为由必修、选择性必修、选修三类课程构成，三类课程对应高中语文课程学业的三级水平。第一级水平：必修课程，设计 2 个模块，每模块 4 个学分，共 8 个学分，强调共同基础，完成学业水平测试，达到学业水平要求。第二级水平：选修课程一，设计 3 个模块，每模块 2 个学分，共 6 学分，满足高考需要。第三级水平：选修课程二，设计 6 模块，每个模块 2 个学分，满足个人兴趣需求，满足个性发展的需要。三类课程分别承担 6～8 项学习任务，形成学习任务群。选修课程的功能层级更为清晰，升学需要与个性发展在课程层面进一步细化。

分层设计的依据是什么呢？一是体现以高中语文核心素养为纲，充分体现语文核心素养发展的层次性。以往的语文课程经历了以文本为纲，以语文知识为纲，以听说读写行为训练为纲的发展历程，如何从单一训练转变为以

---

❶ 中华人民共和国教育部．普通高中语文课程标准（2017）［S］．北京：人民教育出版社，2017：6．

语文综合素养为纲是新课标的重要任务。新课标根据语文核心素养生成、发展、提升的规律，将语文活动、言语文本、语言运用知识三者有机结合起来，并且分别构建出三者自身的系统，整合为以素养为纲的语文课程内容体系，通过选修课程的层级来体现语文核心素养发展的层级性。二是充分体现课程的差异性。必修课程和选修课程均由若干学习任务群构成。"必修的学习任务群构成普通高中语文课程目标、内容的基本框架，体现高中阶段对每个学生基本、共同的语文素养要求；选修的学习任务群则是在此基础上的逐步延伸、拓展、提高和深化，以满足学生对不同发展方向、不同发展水平语文素养的追求。"❶ 必修课体现的是课程的基础性，选修课体现的是课程的差异性，而选修课的差异性也表现在两个层级：选修一主要指向不同发展方向的语文素养，选修二主要指向不同发展水平的语文素养。

语文选修课程设置的终极目标是以语文学科核心素养为中心，经由语文活动，促进人的核心素养的生成、发展和提升。新课标在"选择性必修和选修课程学习要求"中提出了四点要求：

（1）学习多角度、多层次地阅读，对优秀作品能够常读常新，获得新的体验与发现。（选择性必修阶段各类文本的阅读总量不低于150万字）

（2）选读古今中外文化论著，在整体了解论著内容的基础上，把握论著的主要观点和基本倾向。了解用以支撑观点的关键材料，拓宽文化视野和思维空间，提高文化素养。

（3）注意在生活和跨学科的学习中学语文、用语文，在学习和运用的过程中提高表达、交流能力。

（4）了解语言文字法规的有关内容，增加规范意识，学会辨析和纠正错误，提高语言文字运用的正确性和有效性。

这些要求体现了语文选修课程的基本理念：以语文核心素养为本，注重语言、思维、审美和文化等素养的综合培育；强调在语文活动中提高综合能力和实践能力；一切语文素养的提高以语言文字运用为基础，在语文活动中发展学生的价值观、必备品格和关键能力。

———————————

❶ 中华人民共和国教育部．普通高中语文课程标准（2017年版）［S］．北京：人民教育出版社，2017：8．

第三章 基于核心素养的语文选修课程基本理念

第四章 核心素养为本的语文选修课程目标与策略

新课标提出了新的课程框架，以 12 条课程目标、4 个核心素养、18 个学习任务群、5 级学业质量水平构建了新的课程体系。强调教师要引导学生通过参与阅读与鉴赏、表达与交流、梳理与探究等语文学习活动，在语言建构与运用、思维发展与提升、审美鉴赏与创造、文化传承与理解几个方面都获得进一步的发展。语文选修课程指向核心素养，为学生全面而有个性地发展奠定基础，语文选修学习任务群教学"既要体现各个任务群的个性价值又要聚焦学科核心素养"。❶

第一节　"语言建构与运用"素养的认知与培育

"语言建构与运用"素养是语文学科核心素养的本体要求和基础，思维、审美、文化等方面的素养必须经由语言文字运用的训练而形成。从语用的角度强调语文选修课的学习，构建相应的教学策略，守护了语文的本体性和根基。

一、关于"语言建构与运用"的认知

新课标表述。新课标在"学科核心素养与课程目标"中明确指出学科核心素养主要包括"语言建构与运用""思维发展与提升""审美鉴赏与创造""文化传承与理解"四个方面。"语言建构与运用"是"指学生在丰富的语言实践中，通过主动的积累、梳理和整合，逐步掌握祖国语言文字特点及其运用规律，形成个体言语经验，发展在具体语言情境中正确有效地运用祖国语言文字进行交流沟通的能力"。❷

---

❶ 黄厚江. 预防任务群教学"跑偏"的策略性建议 [J]. 中学语文教学, 2018（8）：16－19.
❷ 中华人民共和国教育部. 普通高中语文课程标准（2017 年版）[S]. 北京：人民教育出版社，2017：4.

新课标从三个方面提出了"语文建构与运用"的"课程目标"。

一是语言积累与建构。积累较为丰富的语言材料和言语活动经验，形成良好的语感；在已经积累的语言材料上建立起有机的联系，在探究中理解、掌握祖国语言文字运用的基本规律。

二是语言表达与交流。能凭借语感和对语言运用规律的把握，根据具体的语言情境和不同的对象，运用口头和书面语言文明得体地进行表达与交流；能将具体的语言文字作品置于特定的交际情境和历史文化情境中理解、分析和评价。

三是语言梳理与整合。通过梳理和整合，将积累的语言材料和学习的语文知识结构化，将言语活动经验逐渐转化为具体的学习方法和策略，并能在语言实践中自觉地运用。

新课标解读。对"知识建构与运用"的正确解读与认知很重要。从课程哲学层面解读目标，有两个突出特点：第一，在个体知识与公共知识之间，"建构"更强调个体意义的知识；第二，在陈述性知识与程序性知识（或静态知识与动态知识）之间，"运用"更强调活的知识，如方法性知识。从教学层面解读目标，应把握四个方面：一是守护语文的本体性。"语言"是语文本体性要素，语文教学必须以发展学生语言素养为根基。二是提出了"语文活动"这一核心概念。这将为语文学习方式带来巨大的变革，以学习活动为中心，而不是以静态的知识为中心，强调了语文的实践性品格。三是强调知识的结构化和认知结构的形成。任何一个学科都有它的基本知识结构，如语文知识体系主要包括汉语知识、文体知识、文学文化知识、方法性知识等。学生通过积累、梳理和整合，掌握它的基本结构，并形成通过语文认知世界的独特方式和学科视角。四是突出在真实语境中运用所学语言知识与原理，积累言语活动经验，形成语感。真实语境既包括文本上下文的微观语境，也包括历史文化等宏观语境。

二、"语言建构与运用"的培育策略

新课标在安排课程结构时，设计了基础性与选择性相结合的课程。从语文的特点和高中生语文学习规律出发，以语文学科素养为纲，以学生的语文实践为主线，设计了18个"学习任务群"。"学习任务群"以任务为导向，以学习项目为载体，整合学习资源，在实际任务完成过程中培养语文素养。这些"学习任务群"整体设计，统筹安排，体现出层次性与差异性。必修课与选修课均由若干学习任务群构成，必修的学习任务群体现基础性、共同性的语文素养的要求，选修的任务群体现选择性、差异性的语文素养的要求。语文选修课的"语言建构与运用"的培育策略可以从以下三个方面去思考。

（一）归纳教学

语言建构与运用，是指在语言文字的具体运用中梳理语言知识，归纳语言运用特点，建构语言知识体系。学习以明确的任务为导向，以学习项目为载体，引导学生进行语言知识总结。

（1）确立归纳项目。"语言积累、梳理与探究"学习任务群，涉及的学习内容非常广泛，包括课内学习与课外学习。"学习项目"是学习任务群中学习内容的具体化和学习方式的明确化。确定归纳项目有三个原则：一是选题来自于学生语言文字运用中的真实问题；二是学生在教师的指导下自主合作商定选题；三是指向语文核心素养的达成，一个项目集中解决一个主问题。我们以学习项目《从语文教学中积累逻辑知识》为例，说明选题要求。一方面，在语文实践过程中，学生把握语言材料的逻辑性有困难，影响了阅读理解的准确性；表达的逻辑性不强，影响了表达的效果。逻辑知识的欠缺是学生在语言文字运用过程中亟待解决的真实问题。另一方面，加强语文逻辑知识的积累有利于提高学生在语言、思维、审美和文化等方面的语文素养，尤其是有助于解决学生思维不清的问题。同时，这也是师生在以往语文学习过程中缺乏自觉关注的知识盲点。语文教材中存在大量的逻辑知识，以往的语文教学对语文逻辑知识关注不够，学习策略指导欠缺；高中生在语文学习中逻辑知识积累不够，不善于从语文学习中归纳总结逻辑知识，师生有探索的自主性和积极性。

（2）明确归纳任务。任务群的学习目的和学习内容还比较抽象，学习项目需要以任务群的总体要求为指导，进一步明确具体的学习任务。如《从语文教学中积累逻辑知识》项目的学习目标和内容是在语文活动中，发扬学生自主学习的精神，通过分析语文教材中的选文和习作的实践经验建立初步的逻辑知识，不追求知识点的全面与系统，随文记录和发现语言文字表达中的逻辑规律，边记录，边积累。必修阶段主要学语言札记，随时记录点滴材料。选择性必修阶段在完成任务的过程中，针对学习内容，可通过专门文章的阅读，引导学生深入思考，也可试写短文，整合和解释有关逻辑现象，形成理性思维，增强表达与交流的逻辑性。学习的内容主要是语文教材和学生课外自主学习的优秀诗文、名言警句、成语、名著阅读等语言材料。采用有机联系法，将知识点建立起非人为的、非字面意义的实质联系，梳理字词句篇的逻辑关系，进一步明确具体的任务。逻辑知识是指关于思维形式及其规律的知识。逻辑知识是属于逻辑学的范畴，但进入语文课程的逻辑知识是作为语文知识而存在，是否作为显性知识进入课文有不同意见。人教版及大多数版本选择的是不作为显性知识进入课文，只能随文学习。上海市选择的是进入教科书的。进入教科书有两种形式，一是单编"知识短文"；二是编入课文后的练习。上海市采用后者，编入练习题，结合课文学习。逻辑学中的概念、判断、推理、逻辑的关系、基本规律方面的知识、证明与反驳等知识都要随文学习。知识点、知识量和知识的表述方式的选择非常重要。目前高中人教版教材中并没有专门的系统的逻辑知识的介绍，语文教学要引导学生从课文中自主归纳。经过讨论可将教学的任务进一步具体化为专门研究课文中的语词逻辑、语句逻辑、篇章逻辑知识。

（3）分组归纳。"语言积累、梳理与探究"学习任务群的教学方式比较灵活，可以专门安排课时集中学习，也可穿插在其他学习任务群中，与各个学习任务群中阅读与鉴赏、表达与交流、梳理与探究的语文活动有机结合在一起综合进行。教材编者和教师教学设计的自由度比较大。学习项目在教师的指导下，成立合作小组。实行组长负责制，小组成员明确分工，各司其职，共同完成。如《从古诗文教学中积累逻辑知识》分组搜集和整理教材中的语词逻辑、语句逻辑和篇章逻辑，下面我们以语词逻辑为例，说明归纳教学策略的使用。

我国古诗词在创造上非常讲究语词逻辑。在词语的运用中，善于利用词语的聚合形成不同的语义场，营造意境。"语义场是根据词语在意义上的共同特点和相互关系而划分出来的类。"❶ 比较常见的是善用同义词而形成的同义义场和善用反义词而形成的反义义场。如在指导学生积累古诗词的学习中，可指导学生利用语词逻辑进行意义背诵。分两组让学生分别从同义义场与反义义场两方面搜集古诗词在语词逻辑上的运用案例，归纳"炼字"规律，进行意义记诵。

---

❶ 鲍厚星，罗昕如. 现代汉语［M］. 长沙：湖南师范大学出版社，2009：188.

如第一小组任务：整理古诗词中"反义词的妙用"案例，可延展到课外的成语、名言锦句等，探讨语言的对比性运用特点。古诗文中运用反义词增强表达效果的例子俯拾皆是，甚至可以说是我国古诗文创造的一条重要规律。"谈笑有鸿儒，往来无白丁"中的"有"与"无"是意义绝对相反的词，属于绝对反义词，肯定了甲就否定了乙，否定了甲就肯定了乙，中间不容许有第三种可能性存在。《陋室铭》用绝对反义词组成反义义场在这里表明作者在择友上的决绝性和高品位。类似的还有如"无可奈何花落去，似曾相识燕归来"中的"去"与"来"，等等。"红颜弃轩冕，白首卧松云"中的"红"和"白"是相对反义词。肯定了甲就否定了乙，但否定了甲不一定就肯定了乙，还有其他可能性存在。李白在这里用相对反义词"红"与"白"来代表青年时代和老年时代，舍去了也许是"蓝"也许是"黄"的中年时代，对比性地勾勒出孟浩然的一生"风流天下闻"的精神风貌，凸显高洁与淡泊贯穿洒脱一生的特点。同时"红"与"白"的色彩搭配，简洁鲜明，使得诗句极具画面感，描写人物更加生动传神。类似的还有如"百川东到海，何时复西归？"中的"东"和"西"；"赢，都变做了土；输，都变做了土"中的"赢"和"输"；"豫章故郡，洪都新府"中的"故"和"新"等。除了古诗词对举运用反义词以外，我国的大量名言锦句和成语里也经常使用，如名言锦句"虚心使人进步，骄傲使人落后""人无远虑，必有近忧"等；成语"表里如一""七上八下""南腔北调""声东击西""左思右想"等。反义词往往表达相互矛盾对立的概念。这些反义词的运用，往往揭示出事物的矛盾，在对比与映衬中，更能突出事物的特点，营造出诗歌的意境和哲理意蕴。同时，反义词对举，体现出我国语言的工整性特点，加强语言表达的音韵效果和感情色彩。

第二小组任务：整理古诗词中"同义词的妙用"案例，可延展到课外的成语、名言锦句等，探讨语言的丰富性特点。我国语言的丰富性体现在同一个意思往往有多种词语表达形式。意义相同或者相近的词组成同义义场。同义义场中的各个词叫同义词，同义词分等义词和近义词。古诗文中运用同义词来表示语言变化的例子也数不胜数，可以说是我国古诗文创作的另一条重要规律。我国古诗词中"互文性"特点突出，在具体语境下，等义性质的同义词在语言中大量存在。"亲朋无一字，老病有孤舟"中"一"和"孤"本是近义词，但从语境看，意义几乎相同，表达杜甫晚年孤身一人、飘荡无依的处境与心理感受。语义轻重、语体色彩、感情色彩几乎相同，细微差别主要在于语言组合习惯，所以不能互换。类似的还有如"牧人驱犊返，猎马带禽归"中的"返"和"归"；"浮云游子意，落日故人情"中的"意"和"情"；"客路青山外，行舟绿水前"中的"青"和"绿"。成语中运用同义词也较为普遍，如三心二意，心满意足，弄虚作假等。

第三小组任务：整理古诗词中"多义词的妙用"案例，可延展到课外的成语、名言锦句等，探讨语言运用的复杂性特点。汉语一个词往往是多义的，它可以有一系列不同的同义词，也可以有一系列不同的反义词。同时，词语在不同语境下有不同词义，古诗词中的词语往往还具有表层意义、深层意义和言外之意。区别词的多义性，才能洞察语言的张力。如"怅寥廓"中的"怅"与"寥廓"；"陋室不陋"中的"陋"等。词语的含义积极丰富，一词而统摄全文，境由词出。

（4）建构语言知识体系。梳理与探究语言材料是基础，归纳与总结语言运用规律才是目的。如上述《从古诗文教学中积累语词逻辑知识》，先分组梳理，各任务小组分工合作，彼此依赖，学习内容相关度较高而又有明确的区分；后全班归纳，通过知识互补与分享，共同完成古诗文中语词逻辑知识的整理与归纳，建构相关知识体系和认知结构。同时还可后续开展拓展性学习，一个学习项目可以延展衍生出多个相关研究项目，如《从古诗文教学中积累语句逻辑知识》《从古诗文教学中积累语篇逻辑知识》。以上学习项目最后还可以整合成一个课题：《从古诗文教学中积累逻辑知识》。这样的归纳学习，可引导学生循序渐进梳理古诗词中语词、语句、语段和语篇的逻辑知识，探究语言运用的逻辑规律，建构语言运用中的逻辑知识体系。

（二）语境教学

"学习任务群"的情境性特点，决定了新课标下的语文学习是基于语境的教学。"语境指言语交际环境，即与具体的言语行为密切联系的、同言语交际过程相始终的、对言语交际活动有重要影响的条件和背景。包括上下文语境、情景语境、社会文化语境、认知语境和虚拟语境等。"[1] 语境

❶ 孔凡成. 高中语文新课标视野下的语境教学［J］. 语文教学通讯：高中，2018（6）：25－27.

包括语言因素，也包括非语言因素。上下文、情景、背景、场合、环境等与语用有关的都是语境因素。语文学习具有语境性特点。

（1）随文学习。语言学习不是抽象的孤立的语言材料学习，而是要在具体的文章中联系上下文去理解。在具体的文本中把握语言的意义及运用规律。如我国的古诗文讲究语言的整齐美，不但诗歌语言如此，古文语言也对仗工整，音律和谐。只是以往的语文教学对此重视不够，并没有把它作为引导学生体会中国语言独特形式美的生长点。

我们以王勃的《滕王阁序》的开头两个自然段为例，分析语言的整齐美。

豫章故郡，洪都新府。星分翼轸，地接衡庐。襟三江而带五湖，控蛮荆而引瓯越。物华天宝，龙光射牛斗之墟；人杰地灵，徐孺下陈蕃之榻。雄州雾列，俊采星驰。

台隍枕夷夏之交，宾主尽东南之美。都督阎公之雅望，棨戟遥临；宇文新州之懿范，襜帷暂驻。十旬休假，胜友如云；千里逢迎，高朋满座。腾蛟起凤，孟学士之词宗；紫电青霜，王将军之武库。

从写作特色看，《滕王阁序》行文逻辑清晰，语言工整。事物对举而出，结构整齐匀称；辞采生动华丽，语言整齐和谐。第一段，用"故"与"新"、"星（天）"与"地"、"襟"与"控"三组词对举而出，以时空为线索，描写出滕王阁所在地南昌的悠久历史和险要位置，气势如虹。接下来，用"物华天宝"和"人杰地灵"、"雄州雾列"和"俊采星驰"两组整齐的词组对举呈现南昌自古拥有丰富物产和杰出人物等特点，条理井然，语言铿锵。第二段，以主次为逻辑线索，对聚会到场人物描写主次分明，层次清楚，语言错落有致。"都督阎公之雅望，棨戟遥临（主）；宇文新州之懿范，襜帷暂驻（宾）。"先用相谐的两个长短句对举描写主请和主宾，突出集会的核心人物。"十旬休假，胜友如云；千里逢迎，高朋满座（群）。"然后用整齐对仗的两句对参加聚会的所有人物进行总写，刻画了到场嘉宾的群体特点。"腾蛟起凤，孟学士之词宗（文）；紫电青霜，王将军之武库（武）。"最后用两个整齐的长短句点出一文一武的"俊采"代表，推介重点人物。从点到面再到线，有序地描绘出集会的盛大场面；语言工整而简洁，生动地刻画了群星璀璨、众星捧月的群雄形象。

随文学习是在感受文本的基础上，体会语言运用的特点及规律。通过上述阅读，学生可以感受到语言整齐的特点；在此基础上，通过联系上下文语境分析，可以认识到语言整齐的妙处有三：声律相协，气势如虹；字数相同，形式对称；语意相对，逻辑统一。并进一步总结语言的音乐美、建筑美、逻辑美在整齐中呈现的范式，归纳古诗文利用对称炼字（包括词、词组、句子）的规律。

（2）随境学习。这里的境是指与文相对的非语言因素，包括作品创造的文化背景及其投射到作者心灵的言说心境。如唐诗宋词中的"庭院""秋千""围墙""井栏""春花""秋月"等词语，描绘的事物是在日常生活中司空见惯的，但是当它们被放置在文化语境下审视，组合成的意象则展现出不一样的语言意义与思想感情，形成不同的美学特征。我们以"学习项目"《苏轼人生态度中的关键词》为例，通过比较阅读来说明"文化语境"下的词语意义辨析路径。

如苏轼《定风波·莫听穿林打叶声》中的"雨"和《记承天寺夜游》中的"闲"等词语，都需要从"情境语境"和"文化语境"去品鉴，才能解读出其丰富的内涵和韵味。从"情境语境"去解读，这里的"雨"是极其平常的自然之雨。日晒雨淋、风吹雨打的经历每个人都有，对待自然之雨的态度，一般人常有的经验是"躲""逃""跑""愁"等狼狈之举，就连杜甫这样的文人也曾狼狈不堪，面对"床头屋漏无干处，雨脚如麻未断绝"忧心忡忡，不可终日。只有苏轼"同行皆狼狈，余独不觉"，能做到"莫听穿林打叶声，何妨吟啸且徐行"，表现出从容的步态。从"文化语境"去解读，这里的雨则是极不平常的人生之雨。对待人生之雨的态度：一般文人是愁雨，如文天祥《过零丁洋》中的"山河破碎风飘絮，身世浮沉雨打萍"，感慨中有忧愤，回望中有低落；苏轼是轻雨，《定风波·莫听穿林打叶声》中"谁怕""一蓑烟雨任平生"等回答，轻视中有无畏，泰然中有从容。甚至在宦海飘荡中有时还有一种难得的安心，如"试问岭南应不好，却道，此心安处是吾乡"（《定风波·南海归赠王定国侍人寓娘》）。

我们主要从微观语境、中观语境和宏观语境来探究语境下的语言运用之妙。微观语境是指文本的上下文语境，中观语境是指作者写作时的心理语境，宏观语境主要指时代语境。要想解读出语言运用的奥妙，一定要结合三种语境去分析。苏轼的《定风波·莫听穿林打叶声》写于宋神宗元丰五年（1082年），当时作者因为"乌台诗案"被贬谪到黄州已经有三年。"乌台诗案"是苏轼人生中的灭顶之雨。元丰二年（1079年）七月，御史李定等摘出苏轼的有关新法的诗句，说他以诗讪谤，八月将他逮捕入狱，对他进行了长时间的审讯，苏轼为此差一点儿丢了性命。十二月作者获释出狱，被贬谪到黄州任团练副使，但不得签署公事，做了一个有职无权的闲官。这场"雨"改变了他的人生，也使得他开始重新审视人生，悟得不一样的人生哲理：只要内心坚定，任何人生境遇都是历练，大可不必挂碍于心，所以作者从途中遇雨这件生活小事，引出了"也无风雨也无晴"的生活哲理。人生经历风雨，才能回望反省，最终达到蔑视尘俗、豁达乐观的境界。这种境界是"胜固欣然，败亦可喜"（《观棋》）的宠辱不惊，是"小舟从此逝，江海寄余生"（《临江仙·夜归临皋》）的红尘有梦。

《记承天寺夜游》与《定风波·莫听穿林打叶声》写于同一时期，前者的"闲"与后者的"雨"一样，结合三种语境去品鉴，兴味无穷。

一写闲人。苏轼在清秋季节，看见月光入户，深夜难寝，"欣然"去找张怀明赏月。"夜游"一般只有白天不忙的闲人才会有精力去做。苏轼是闲人，张怀民也是闲人吗？一句激起千层浪，引发读者的联想，他们为什么闲着呢？张怀民于1083年（元丰六年）被贬黄州，初寓居承天寺，张怀民虽屈居主簿之类的小官，但心胸坦然，决不挂怀贬谪之事，公务之余，以山水怡情悦性，处逆境而无悲戚之容，是位品格清高超逸的人。深夜未寝点出了两个人被闲置的相同处境和相似经历。二叙闲事。文中的闲事有两件：闲事之一是赏月，闲事之二是做官。前者比较好理解，赏月可以怡情悦志，但毕竟不是生活必需，夜晚休闲娱乐还算正常，偶尔深夜披衣起床赏月当属雅兴。后者则耐人寻味，做官白天本应俗务缠身，苏轼却无事可忙，清闲宽馀，这样有职无权的闲官，对具有政治理想、少年得志的苏轼来说，一定是一种内心折磨。此处的两人深夜"未寝"，也许不纯粹是巧合，而是有了另外一种深层次的原因。三抒闲情。文章结尾处"何夜无月？何处无竹柏？但少闲人如吾两人者耳"的感叹令人深思，意蕴无穷。这里的"闲"有失意官场导致落寞寡欢的清闲之态，也有寄情山水赢得内心宁静的闲适之意，展示的内心世界有矛盾有挣扎，但更多的是豁达和乐观，折射出苏轼独有的超越功利的审美人生态度，与《定风波·莫听穿林打叶声》中"竹杖芒鞋轻胜马，谁怕？一蓑烟雨任平生""回首向来萧瑟处，归去，也无风雨也无晴"等人生理念相呼应，共同构成苏轼独特的人生哲学。

随境学习对语言的鉴赏要经过一个转换过程。因文化语境不同，语随境迁。初品语言，往往会有"看山不是山，看水不是水"的朦胧，细读分析，则能拨开云雾，终得"看山是山，看水是水"的清澈。随境学习是一种深度学习，也是一种研究性学习，在语文选修课中具有重要价值。

（三）结构化教学

结构化学习用于语言梳理与整合，重在掌握方法与学习策略。教学引导学生自觉运用语言学习素材，归纳语文的语体与文体等规律性的知识，形成较为完善的知识结构。学生对语言材料建立有机的联系，归纳语言规律，自主建构语文知识体系，形成认知结构。它的理论基础是布鲁纳结构主义教学理论。布鲁纳的结构主义理论是 20 世纪 50 年代末产生于美国的一种教学理论。结构主义教学理论的代表人物是美国心理学家、教育家布鲁纳（J. S. Bruner），布鲁纳是一个结构主义者，他深受结构主义心理学家皮亚杰的影响，在吸取和发展皮亚杰心理学研究成果的基础上建立起结构主义理论。他认为任何一门学科都有一个基本结构，即具有其内在的规律性。不论教什么学科，都必须使学生理解学科的基本结构，而学科的基本结构即各门学科的基本概念、基本原理和规律。如"梳理与探究写作知识"专题教学。我国的写作知识教学并不是像有的学者所认为那样是教学过度，其实到现在为止还是严重不足，具体表现为对如何学习写作知识的路径探讨还不充分，梳理不够系统，探究不够深入，学习规律有待提炼。如中国传统写作知识教学的方法最常用的是以读悟写，随文学习，而这种传统教学法在今天则明显继承不足。现在有人尝试把写作知识教学与群文阅读练习结合起来，通过群文阅读提炼精准写作知识，用以指导写作，使写作知识的教学更具有针对性，这是对传统的回归和有益的尝试。我国古代文论名著《文心雕龙》在写作知识的梳理与探究方面成就很高，它通过对具体的作品的分析，系统地梳理和整合了传统的创作知识，探究和总结了文学创作的规律，这种随文总结写作知识的方法在今天的知识教学中仍然具有借鉴价值。

如"用典"是古代诗文创作的重要技法，在学习《中国古代诗歌散文鉴赏》这门课程时，系统梳理写作中的用典知识对学会鉴赏作品的思想感情和艺术特色大有帮助。《文心雕龙》用"意深笔长"总结曹操的艺术风格，我们以曹操诗歌中的"用典"为例，探寻曹操的"笔长"手法中的"曲言"技巧。在《短歌行》中，作者首先用"青青子衿，悠悠我心"表达渴慕人才之情。典故出自《诗经·郑风·子衿》："青青子衿，悠悠我心。纵我不往，子宁不嗣音？青青子佩，悠悠我思。纵我不往，子宁不来？挑兮达兮，在城阙兮。一日不见，如三月兮。"原本写姑娘对情人的思念之情，这里用来比喻作者渴望得到有才学的人的迫切心情。其次，用"呦呦鹿鸣，食野之苹。我有嘉宾，鼓瑟吹笙"描述了未来朝廷主明臣贤的想象图景。典故出自《诗经·小雅·鹿鸣》："呦呦鹿鸣，食野之苹。我有嘉宾，鼓瑟吹笙。吹笙鼓簧，承筐是将。人之好我，示我周行。呦呦鹿鸣，食野之蒿。我有嘉宾，德音孔昭……"以鹿鸣起兴，体现了殿堂上嘉宾的琴瑟歌咏以及宾主之间的互敬互融之情状，表达出作者的向往之情。最后用"山不厌高，海不厌深。周公吐哺，天下归心"表达求贤若渴的心情。"山不厌高，海不厌深"出自《管子·形解》，陈沆说："山不厌土，故能成其高；海不厌水，故能成其深；王者不厌士，故天下归心。""周公吐哺，天下归心"出自《韩诗外传》，这两个典故突出地表现了作者海纳百川、诚心纳英才的心胸与求贤若渴的心情。三处"用典"在文中分别具有三种不同的作用：一是在囿于种种原因不便明说的时候委婉表意；二是在篇幅有限的精炼表达中拓展内容；三是在复杂感慨中通过类似情境借古抒怀。通过对上文的分析，我们对"用典"这一语言现象进行理论提升：古诗文"用典"非常频繁，"用典"增强了表达效果；领悟"用典"是古诗文写作的基本技巧，梳理积累相关知识，把握"用典"的基本规律；运用所掌握的"用典"知识和规律，鉴赏"用典"在其他古诗文中的作用，进行迁移阅读。

运用上述随文学习知识的方法，也可以对"尊题"等传统写作知识进行梳理。在古诗文写作中"一字立骨法"也是比较通用的一种传统创作技法。它是指以一个字、一个词或一句话（经过提炼而含义深长的语句）作为构思的中心，并以之贯通全文的写作方法。随着科举考试制度的推行、八股文的兴盛，尊题作为写作常识被普及，影响到古代诗歌戏曲小说等文学创作，也影响到现代写作。如在今天的高考作文中，审题是否准确，行文是否符合题意，紧扣中心，依然是评判作文优劣的第一尺度。

"语言建构与运用"有两种梳理与探究的方法：一是演绎法，从抽象到具体，即先系统地传授结构化的语言知识，然后举出具体的样例加以说明，帮助理解；二是归纳法，从具体到抽象，即先随语境学习语言材料，然后从语言运用中归纳知识，并使之结构化。两个方法各有特色，在语文教育发展过程中，不同时期对两种方法均进行过尝试。在"语言建构与运用"中应结合运用两个方法，以后者为主。

第二节　"思维发展与提升"素养的认知与培育

语文学习可提升思维质量，思维质量的提升又可深化语文学习。思维能力是解决现实生活中复杂问题的关键，思维的类型发展和品质提升很重要。语文选修课应该采取相应的教学策略，以批判性思维和创新思维为导向，着重提升学生的思维质量。

一、关于"思维发展与提升"的认知

新课标表述。新课标在"学科核心素养"中对"思维发展与提升"做出如下界定："思维发展与提升是指学生在语文学习过程中，通过语言运用，获得直觉思维、形象思维、逻辑思维、辩证思维和创造思维的发展，以及深刻性、敏捷性、灵活性、批判性和独创性等思维品质的提升。"概念主要对思维方法与思维品质的规格作了具体要求，明确了发展与提升的重点。主要发展五类思维：直觉思维、形象思维、逻辑思维、辩证思维和创造思维；重点提升五种思维品质：深刻性、敏捷性、灵活性、批判性和独创性。关于"思维发展与提升"课程目标主要有三条：

（1）增强形象思维能力。获得对语言和文学形象的直觉体验；在阅读与鉴赏、表达与交流、梳理与探究活动中运用联想和想象，丰富自己对现实生活和文学形象的感受与理解，丰富自己的经验与语言表达。

（2）发展逻辑思维。能够辨识、分析、比较、归纳和概括基本的语言现象和文学现象，并能有理有据地表达自己的观点和阐述自己的发现；运用基本的语言规律和逻辑规律，判别语言运用的正误，准确、生动、有逻辑地表达自己的认识；运用批判性思维审视语言文字作品，研究和发现语言现象和文学形象，形成自己对语言和文学的认识。

（3）提升思维品质。自觉分析和反思自己的语文实践活动经验，提高语言运用的能力，增强思维的深刻性、敏捷性、灵活性、批判性和独创性。

新课标解读。"思维发展与提升"是新课标的一个亮点，把学习知识

与学会思考共同列为语文教学的重要目标。这是第一次把发展思维作为一个目标单列，而不像以往的课纲那样只是附属于知识学习，具有突破性的意义。思维方式是指思考问题的根本方法。重在训练看待事物的角度、方式和方法。在思维类型上，以形象思维和逻辑思维为基础，强调多样发展，强调思维类型平衡发展，扭转了以往忽视逻辑思维训练的理念。在思维品质上，强调全面发展，思维的深刻性、灵活性、敏捷性、批判性、独创性不可或缺，而"批判性思维"和"独创性思维"的强调，则凸显了以创新能力为主的课程目标。当然，思维是在语言运用中发展与提升的，语言的发展与思维的发展相互依存，相辅相成。

在语言文字运用中增强想象思维能力。想象思维的发展主要包括两个方面的内容：一是培养直觉思维，能获得对语言和文学形象的直觉体验。直觉是一种心理现象，是基于经验和本能的一种特殊的思维方式，是意识的本能反应，不是思考的结果，因而具有敏捷性、直接性、本能性、整体性等基本特征。在语文学习和日常生活中，运用直觉判断新事物是每个人都有的经验。对语言和形象形成正确的直觉是指在语文活动中不需要经过理性分析推理就能识别出语言的优劣，领悟到形象所蕴含的深刻道理，对文本快速做出综合性的整体判断。良好的直觉来源于一个人的整体判断力。语文选修课注重整体和整合的教学，有利于培养学生对语言和形象的直觉，一些教改的经验值得总结。新课标非常重视整本书阅读、专题教学，这对培养学生的直觉思维具有重要意义。语文阅读课堂教学新模式五步法：导入—整体感知—重点研读—拓展延伸—布置作业，也体现出对直觉思维的重视。新课改以后语文教学实践中一个重大的转变是普遍重视着眼于全篇的整体教学，整体教学理念得以实现。在单篇选文阅读教学中，教师也普遍重视学生对作品的直觉印象，在学生的整体感受上有针对性地展开教学。如程翔老师讲授李白的《将进酒》，较好地培养了学生的直觉思维。他首先要求学生快速通读全文，整体把握文本的情感基调，体悟文本的情感变化，获得直接的阅读感受和体验。然后在学生直觉体验到"悲"的基调的基础上，教师再立足情感线索设计一个主问题，探寻诗歌中的情感变化，引导学生细读文本。最后，通过把握诗歌的情感起伏：悲—乐—愁，深入分析诗歌的思想内容和艺术特色。直觉具有或然性，整体判断有可能正确，有可能错误，这是直觉的特点，也是直觉的局限。基于直觉的分析综合和逻辑推理，则是验证直觉的过程，直觉的准确性则在验证中不断提升。二是发展联想和想象能力。创作离不开形象思维，阅读同样需要联想与想象。孔子提出"不愤不启，不悱不发，举一隅不以三隅反，则不复也"（《论语.述而》），他的启发式教学关键在于能启发学生的联想，使学生能由已知到未知，"闻一知二"或"闻一知十"，这种能举一反三的思维能力比知识更重要。近年来，教师在语文实践中探索的"主问题教学法"对培养学生的联想思维有所裨益。如从"怕"字分析《秋天的怀念》中的母亲形象，从"痴"字分析《湖心亭看雪》的主旨，从"闲"字分析《记承天寺夜游》中苏轼的人生态度，从"雨"字分析《定风波》中苏轼的审美和人生态度，都属于启发联想和想象思维的教学。这样的主问题设计来源于直接的丰富的阅读经验，是对同类作品、同一作家不同作品或者作家同一时期作品的打通联结。联想和想象思维很重要，在语文实践中才能培养，如一个学生看过莫言的长篇小说《红高粱家族》，体验过莫言在进行人物、情节、环境等描写时原生态的手法和语言，把握了作家创作的人道主义思想倾向，再读《蛙》《生死疲劳》时，就能直接在阅读中捕捉到作者的影子，领悟到作品地方叙事的创作风格。能运用联想和想象，丰富自己对现实生活和文学形象的感受与理解，才会真正摸索出属于自己的读书方法，养成独特的思维习惯。

在语言文字运用中发展逻辑思维。逻辑思维的发展主要分为两个层次：一是思维水平落在低阶思维阶段，以分析理解为主，要求能够辨别、分析、比较、归纳和概括基本的语言现象和文学形象；二是思维水平落在高阶思维层次，以评价鉴赏为主，要求有逻辑性地表达自己对语言现象和文学形象的认识；三是关注评论的立场，能运用辩证思维审视言语作品，探究和发现语言现象和文学现象，形成自己对语言和文学的全面认识。

在语言文字运用中提升思维品质。思维品质包括自觉分析和反思自己的语文实践活动经验，提高语言运用的能力，增强思维的深刻性、敏捷性、灵活性、批判性和独创性。如选修课《中国文化经典研读》中第五单元的主题是"佛理禅趣"，主要探究佛与生活、诗与禅的关系。这是新中国成立以来"佛"的内容以它本来的面目第一次正式进入教材和课堂，改变了其在百年语文中的尴尬处境。众所周知，儒道佛组成了中国的基本精神，佛与百姓的生活密切关联。旅游、节庆、民俗、影视等活动中，学生可以大量接触有关佛的内容，甚至在旅游等日常生活中亲自参与了一些活动，但以往从未用课程的形式对学生实施正式教育。通过主题单元教学，让学生直接学习原典《百喻经》中佛经教义，理解王维《鹿柴》、苏轼《琴诗》等诗歌中的佛理，领悟《西游记》《红楼梦》里的禅趣，归纳佛家向善的基本精神。这样学生就能理性地分析和对待生活中的相关现象和行为，批判性思维也就在读写活动中自然形成。

二、"思维发展与提升"的培育策略

改革开放以来，语文教学的理念几经变化，教学的重心也因理念的变化而不断调整：20世纪80年代"为理解而教语文"侧重于内容，90年代"为迁移而教语文"侧重于方法，新课改以后"为创新而教语文"侧重于思维。但在一线语文教学实际中，思维训练严重不足，训练点也不平衡，"在以往的母语教育中，我们有直觉思维、形象思维的不自觉强调与运用，但少有抽象思维，基本没有逻辑思维教育"，❶ 在语文选修课教学中应加强抽象思维尤其是逻辑思维的训练，重点培育批判性思维和创造性思维。

（一）问题导向式教学

"问题教学"模式由来已久，但在语文选修课教学中还没有引起足够的重视。"问题教学"的特点是力求利用有关思维过程的心理学规律，达到对教学过程的有效控制，促进学生的思维发展。"问题教学法"起源于孔子的"启发式"教学和苏格拉底的"产婆术"教学。❷ 杜威在詹姆斯"意识流"理论基础上，提出了"反思思维"（Reflective thinking）理论，"把人的思维过程分作相互联系的五个步骤：问题—资料搜集—假设—检验—证实"，❸ 并根据人的思维过程特点提出的"问题解决"教学模式，其基本的教学流程：一是创设问题情境；二是确定疑难问题；三是提出解决问题的各种假设；四是对这些假设进行推断；五是验证或修改假设。"问题教学法"并不直接把知识教给学生，而是通过讨论、问答等形式来引导学生提出问题、分析问题和解决问题。教师的启发和指导很重要。美国心理学家加涅提倡"教师要提供最充分的指导，以便使教学内容条理化"。在加涅看来，学生只有在教师的指导下，充分掌握必备的知识技能，才有

---

❶ 陆志平，张克中."思辨性阅读与表达"任务群的理解与实施［J］. 语文建设，2019
（2）：4－8.

❷ 施良方.学习论［M］.北京：人民教育出版社，2001：326.

❸ 王策三.教学实验论［M］.北京：人民教育出版社，1998：96.

可能成为一个有效的问题解决者。

对"问题"教学法实验较早的是语文四大名师中被称为"思维派大师"的宁鸿彬，他的"五步阅读教学程序教学法"重视在语文教学中发展思维，其基本流程是：通读—质疑—理解—概括—实践。五步之中，包孕着四个相关的环节：一是认真读书，提出问题；二是分析研究，解决问题；三是归纳总结，掌握知识；四是加强练习，运用知识。宁鸿彬教育思想的核心是"创造性思维训练"的理论体系，他认为创造性思维包括：求异思维、求同思维、直觉思维、分析思维、灵感思维。他把"创造性思维训练"定义为"指导学生运用创造性思维进行听、说、读、写活动，把发展学生的创造性思维寓于语文课的阅读教学、知识教学和听说读写训练之中。创造性思维训练在语文教学活动中就是指导学生创造性地学习语文"。❶ 即强调在语文学习中提高学生的主体性，调动学生的学习积极性，使学生在掌握语文知识的同时，发展创造性思维。

新课改以来，"主问题"教学法在语文教学实践中的探索悄然兴起，主问题教学法来自于语文的支架式教学。"支架"源自建筑业的"脚手架"，是基于维果茨基建构主义的"最近发展区"理论，学生由"实际发展水平"达到"可能发展水平"需要借助教师提供的"支架"。支架型教学主要分五个环节来展开课堂：搭脚手架—创设情境—自主探索—协作学习—效果评价。"主问题教学法"应用于语文课堂这一命题是由特级教师余映潮明确提出的。"主问题就是课文阅读教学中能从整体的角度或学生的整体参与性上引发思考讨论，理解，品味，探究，创编，欣赏的重要的提问或问题。"❷

目前"主问题教学法"在语文教学中被广泛认同和采用，如熊芳芳从"绝望"的视角解读《长亭送别》，将之作为课眼；刘春文围绕"看"字，利用"看/被看"的关系，探讨《孔乙己》的主题；❸ 黄腊梅从"这间屋子"分析《雷雨》的戏剧冲突等（长沙一中听课笔记，2018.3）。归纳其共同的特征，"主问题导向式"的教学模式，主要流程如下：第一步，教师提出主问题；第二步，学生自主探究；第三步，小组合作讨论；第四步，师生共同解决主问题。值得注意的是，主问题要根据学情从全班学生

---

❶ 许书明.语文四大名师研究［M］.北京：中国文史出版社，2005：254.

❷ 余映潮.说说"主问题"的设计［J］.中学语文教学，2004（7）：11.

❸ 汲安庆.中学语文名师教例评析［M］.上海：华东师范大学出版社，2018：11.

的高频问题中产生。

（二）探究导向式教学

随着实践改革的深入，在"问题教学"的理论基础上，出现了"探究导向式"教学。以往的"问题教学"主要是比较单一的问题解决模式，而问题探究与问题分享没有得到应有的重视，语文选修课的"研习""研讨"则更多地指向问题探究和问题分享。黄伟提出的"问题分层教学设计"和"问题多维理解教学设计"，● 体现了分层探究和多维探究导向的教学理念。

"问题分层教学设计"的依据是布鲁姆对认知领域学习结果的分类，布鲁姆把学习目标分为识记、理解、应用、分析、综合、评价六层，问题分层教学设计的突破意义在于关注到学生的个体差异性和问题层级的训练指向。如识记、理解、应用主要训练低阶思维，分析、综合、评价主要训练高阶思维。"问题多维理解教学设计"把课堂流程分为：解释、释义、应用、洞察、移情、自识六步，从文本与生活的联系探究文本的意义。为此，黄伟提出了问题探究"四步六环"策略。四步：①创设情境，提出问题；②分析问题，自主探究；③合作交流，解决问题；④实践应用，深化延展问题。六环：①引入课程资源，初拟问题；②梳理整合需要解决的主要问题；③开展探讨问题的学习活动；④展开尝试解决问题的学习活动；⑤对解决的问题进行总结、反馈、评价；⑥再质疑，使问题解决成为新的学习起点。这样的设计能引发深度学习，对培养学生的发散思维和创新思维具有重要价值。

"探究导向"的教学不注重结果，更重视探究过程，问题的解决也只是下一个新问题的起点。倡导深度学习，更重视在探究问题的过程中发展学生的自主、合作、探究能力。"探究导向"的教学改革也积累了一些经验：第一，重视问题意识，旨在提高探究问题的能力。在探究教学法中，语文课堂教学一个很大的变化是由教师设计探究主题逐步过渡到由学生提出多个问题，教师在处置问题的过程中引导学生提炼主题，学生整体性参与主题设计，问题意识得以强化，学习的主动性加强了。在教学上，内容都是围绕问题设计的。教师注重营造问题情境，采用分组讨论、共同析疑

● 黄伟. 当代"问题教学"设计、模式、策略评价 [J]. 中小学课堂教学研究，2017（8）：3–7，19.

等形式，构建学习共同体，使教学内容的完成成为新的问题的生长点。第二，探究真实生活，形成人生智慧。如在"朱自清散文研究"专题中，在《背影》中可设计以下几个问题：①《背影》叙述了怎样的一个父子关系，家庭发生了怎样的变故？②《背影》是反映父子亲情的吗？你从文中读到了哪几种情感？比如崇拜、佩服，或者原谅、理解等？③你在生活中是怎样化解亲人之间的矛盾的？④你从哪些细节体会到父子亲情？这种亲情激发了你的哪些联想？⑤你对家庭中的亲情是否有新的认识？这些问题涉及学生在现实生活中对家庭关系和亲情的感受与理解，问题具有开放性、挑战性和真实性，打通了学生的学科世界与生活世界。一方面，学生联系生活经验，能更好地理解文本中的感情；另一方面，理解了课文中的亲情，也可更理性地认知家庭关系，化解亲情的矛盾，形成正确的亲情观。第三，提倡深度学习，培养批判性思维。基于项目的学习属于专题研究，具有跨学科、综合性、实践性等特点，注重在生活实践中学语文、用语文和享受语文。深度学习的目标很多，指向智力因素和非智力因素，主要包括"掌握核心学科知识、批判性思维和复杂问题解决、团队协作、有效沟通、学会学习、学习毅力六个维度的基本能力"。❶ 在智力因素方面，指向批判性思维。探究的形式主要是语文活动。

选修课程的 11 个"研习""研讨"任务群学习，均属于深度学习。它对应学业质量的高水平层次，是为对语文课程更有兴趣和要求的学生所设计的拓展性课程内容。评价方式指向教学过程，指向综合能力。如大多任务群要求学生围绕专题组织研讨会和报告会，要求学生在探讨中批判性地吸收他人的建议，建构自己的观点，互相促进。这对训练思维的敏捷性、深刻性、批判性和创造性起到积极作用。

（三）创新导向式教学

新课改重视创新能力的培养，近年来，语文选修课堂教学越来越重视批判性思维的训练。批判性思维，是指对外来的信息经过自己的独立思考才接受，它是创新能力的核心。人们意识到了它的重要性，但如何培养，尽管语文教师都在探索，但还没有找到很好的路径和实施策略，知识性教

❶ 卜彩丽，冯晓晓，张宝辉．深度学习的概念策略效果及其启示——美国深度学习项目"SDL"的解读与分析［J］．远程教育杂志，2016（5）：75－82．

学很普遍，如何教会学生创新仍然是语文教学中的大问题。下面我们以新课标改革以来的高考作文命题为例，探讨语文思维训练的特点。2003年实验版课标颁布实施，2004年启用根据新课标编写的全国中小学教材审定委员会审定的语文教材，2007年开启对应新课标的第一次高考，到2019年，已经走过了13年。回顾13年新课标全国卷Ⅰ高考作文，我们发现高考注重辩证思维的考查，而创新思维的引导还有所欠缺，如表4-1所示。

表4-1 2007—2019年高考作文题目一览表

高考年份	高考作文题目	考查重点	思维考查特点
2007	漫画材料：摔了一跤	成长与环境	2007年采用新材料作文，对话题作文过于自由的缺点有所匡正，作文要求根据材料内容及含义，选好角度、确定立意和明确文体，有较好的限制性和防范性。与传统的给材料作文相比，避免了限制过死，给考生留出了自由发挥的空间，但主要引导学生进行辩证思维。 2015年开始采用"任务驱动型"作文，强调语境交际写作，凸显交际语境中任务的完成，批判性思维的引导不足
2008	新材料作文：汶川地震	灾难与援助	
2009	新材料作文：动物学泳	扬长与避短	
2010	漫画材料作文：猫捉老鼠	安逸与忧患	
2011	新材料作文：中国的崛起	改革与发展	
2012	新材料作文：船主与油漆工	道义与利益	
2013	新材料作文：工匠切割宝石	技术与勇气	
2014	新材料作文：山羊过独木桥	规则与变化	
2015	任务驱动作文：女儿高速报警	解决亲情与法律的矛盾问题	
2016	漫画材料作文：巴掌与亲吻	选择严格与宽松的教育理念的问题	
2017	任务驱动作文：写信，用2～3个关键词向外国青年介绍中国	客观介绍中国，表达爱国之情	
2018	任务驱动作文：写信给2035年18岁的青年	青年的选择与国家的发展息息相关，每一代人都应该担负起国家的责任	
2019	任务驱动作文：演讲稿"热爱劳动，从我做起"	宣传新的德智体美劳全面发展的教育方针，重新认识劳动的价值，培养劳动意识、情感和技能	

1949年以来，从形式上看，新中国高考作文命题类型大致经历了五个时期：①1951—1965年，主要考"命题作文"；②1977—1998年，主要考

"材料作文"；③1999—2004年，主要考"话题作文"；④2006年以来，主要考"新材料作文"，也有人称之为"命意作文"；⑤2015年后，主要考"任务驱动型作文"。2006年开始的"新材料作文"与以往的"给材料作文"比较，给材料但不给话题，在材料范围内自主确定标题、立意和文体，有开放性但限定还是比较明确的。任务驱动型作文是2015年高考作文新出现的题型，要求学生按照任务指令作文，旨在着重考查学生完成写作任务的能力，特别是思维能力。与以往传统阐释型作文不同的是，任务驱动型作文写作具有一定的封闭性。写作目的单一，写作任务明确，考生在真实的情境中表达，解决真实问题的交际功能突出。任务驱动型作文更能贴近社会生活，更能体现学生解决实际生活问题的能力。高考作文在思维的考查上，优点是一直重视辩证思维的考查，对考生思维品质的敏捷性、深刻性要求较高，但缺点是设计问题的挑战性不够，发散性不强，对思维的批判性和独创性要求不高，不利于批判性思维和创新思维的培养。

我国高中的作文训练主要是记叙文、议论文、说明文和实用文等几种类型，目前正在经历从阐释类写作转向任务驱动型写作。美国高中的写作训练与我国从写作学角度注重写作文体训练不同，更注重写作类型的多样化。高中阶段的写作教学的内容除了最基本的叙述类文本和描写类文本以外，还要求学生进行说服类、反思类、文学阐释类、职业调查研究报告类等几种类型的写作。美国写作教学值得借鉴的经验是作文指向高阶思维，注重考查学生对一系列问题的独立分析与评价；同时作文又指向实际生活，考查学生综合解决生活中复杂问题的能力。我国的任务驱动型作文，联系生活更加紧密，但过分强调实用和实际交际功能，对批判性思维和创新思维的关注不升反降。斯通伯格认为，创意就是完成工作任务的新方法。[1]"创新导向式"教学模式是指以促进学生从问题探究与解决中提出新问题、新观点、新方法为旨归的教学。一般经历四个阶段：第一步，分清事实与观点；第二步，进行合理推导；第三步，超越常规；第四步，碰撞创新。

（1）分清事实与观点。在"互联网＋"时代，随着新媒介的出现，语文学习的材料呈现多样化形态，网络上大量事实与观点夹杂混淆的文章，影响着人们的判断，因此，信息的辨识与甄别变得更为重要。

---

[1] 罗伯特·斯滕伯格，陶德·陆伯特. 创意心理学 [M]. 曾盼盼，译. 北京：中国人民大学出版社，2009：3.

第四章　核心素养为本的语文选修课程目标与策略

如 2016 年网络上出现的关于"小学语文课本中的外国文化"的讨论，就呈现出事实与观点之间的复杂的关系。从网络文章的标题，我们可以看到观点的倾向性非常明显，如《教育部难道是进了内奸吗？现在的小学生课本太让人震惊了！》❶《震惊！教育部进了内奸！语文课本已被悄悄"西化"》《教育部出了内奸，小学语文教材已严重西化》。悄悄西化、严重西化、内奸等词强烈地冲击了国人的大脑神经，一时在社会上引起轩然大波。那到底网络文章表达的是事实还是观点呢？或者换一句话说，哪些是事实哪些是观点呢？观点有对有错，可以被证明或证伪，事实则不可否定。批判小学语文教材的作者从中国古代寓言故事"自相矛盾"的插图采用外国人像的现象入手，集中呈现了人教版六个年级的语文课本中涉及外国内容的选文，指出课文具有四个缺点：涉及外国人的故事偏多、故事虚假、歌颂外国人、外国人的形象都是正面的而中国人的形象都是负面的，从课本中所编选的内容、主人公、插图等方面来说明语文课本西化严重。文章经过网络平台迅速被大量转载，一时成为热搜，引起了人民教育出版社的重视。该社通过网络回应，声明称"人教版小学语文教材严重西化的言论不符合事实"。图 4-1 是人民教育出版社加盖公章的官方声明全文。

该文之所以引起社会热议，是因为它有意混淆事实与观点。比如，它列举的 80 篇课文都是事实，给人感觉"教材西化"的观点是建立在大量事实基础上的。但它只是部分事实，隐瞒了小学共有 12 册 520 余篇选文、涉及外国内容占比 15% 的事实，所以由此推导出来的观点是错误的，不符合事实。

那小学语文课本涉及外国内容部分是否存在问题呢？可不可以讨论呢？问题肯定是有的，反思也是必要的。但通过上述分清观点与事实，我们可以看到，这不是一个意识形态问题，而是一个编选理念与技术问题。从理念层面说，应该反思的是新课改所提"国际理解"理念如何在教材上更好贯彻落实的问题，"国际理解"的内涵如何重新厘定的问题；从技术层面说，是外国内容如何在教材中呈现的方式问题，15% 的占比是否恰当及有何依据的问题。

（2）进行合理推导。郁达夫在《故都的秋》中写道："秋天，这北国

---

❶ 教育部难道是进了内奸吗？现在的小学生课本太让人震惊了！[EB/OL].[2017-04-08]. https://www.sohu.com/a/132815547_168782.

关于人教版小学语文教材外国题材选文有关情况的声明

近日，有人在微博微信中评论，人教版小学语文教材严重西化。有关言论不符合事实。

人教版小学语文教材共有 12 册，选文 520 余篇，涉及外国内容的有 80 余篇，约占 15%。在内容方面，主要选取了以开阔学生视野、培育科学精神、汲取人类优秀文化成果等为主题的文章，涉及历史人物如列宁、高尔基、白求恩，科学家如牛顿、爱迪生、居里夫人，自然和人文景观如非洲的风情、荷兰的牧场、威尼斯的小艇，世界名著如丹麦作家安徒生的《卖火柴的小女孩》、英国作家笛福的《鲁宾孙漂流记》等。

人教版小学语文教材选取了大量歌颂和赞扬祖国优秀人物的文章，如反映革命传统的《狼牙山五壮士》、好学上进的《为中华崛起而读书》、诚实守信的《我不能失信》、关爱残疾人的《掌声》、民族团结的《文成公主进藏》、民族智慧的《赵州桥》《曹冲称象》等，并不存在微博微信中所说的贬低中国人的问题。

我社欢迎社会各界对人教版教材的改进和完善提出宝贵意见，坚决反对罔顾事实肆意发表错误言论的做法。对恶意歪曲教材内容，给我社名誉造成不良影响的行为，我社将保留追究其法律责任的权利。

二〇一六年四月二十七日

图 4 - 1　人民教育出版社加盖公章的官方声明

的秋天，若留得住的话，我愿把寿命的三分之二折去，换得一个三分之一的零头。"这里所做的是审美判断。在文学上，把一种浓情强调到极致是夸张，运用的是情感逻辑，可以起到震撼心灵的作用；而把一种观点强调到极致则是谬误，需要用理性逻辑审视，进行合理的推导，做出独立判断。理性逻辑告诉我们任何绝对难以避免偏颇，警惕分析问题或者表达上情理分离。如在语文选修课"分析社会流行语言与流行文化"专题教学时，可通过对流行金句的审视，培养学生逻辑推理能力，发展批判性思维。好的理念或者好的观点应该坚持客观的态度，但社会上流行的一些所谓表达先进理念的金句，却往往采用大量具有情感色彩的词语，主观表达充斥话语空间，有的语言甚至误导了社会与民众。如"没有教不好的学生，只有不会教的老师"，似乎很具教育情怀，相信每一个学生都有良好的天性与潜质，重要的是教师正确的引导。但辩证法告诉我们，人的成长，内因是主要的，外因是次要的，外因通过内因才能起作用。就算讲教育情怀，那也是虚伪的情怀。这么相信每一个学生，为什么就不愿相信每一个老师呢？依据这样的逻辑，如果相信老师是不是就要反过来说，没有不会教的老师，只有教不好的学生。这样的话语逻辑表现出的是非此即彼的二元对立思维。这么毫无逻辑和情怀的话语也能在社会上流行，足见独立判断的缺失。类似的还有"不能输在起跑线上"，人人生而平等，平等体现在法律和人格上，在经济上、社会资源上人的起跑线天生不一样，不需在人生起跑线上比输赢，输赢在人生征途上。"教育就是静待花开"看起来很诗意很人文，其实是个伪命题。教育如果无所作为，只是静待，那还要教育干什么？"教育是农业""教育是工业"，似乎比喻很巧妙，但其实是教育失掉自信力的表现，教育是什么有待探讨，但首先要弄清的是教育不是什么？显然，教育不是农业，教育也不是工业，教育就是教育。教育首先应该有不依附其他真正属于自己的名字。

（3）大胆超越常规。随着多元解读方法的兴起，文本解读在丰富的同时也出现了一些随意化的倾向，一些名师名家的另类解读在语文界引起了热议，为更精准地阐释文本，近年来有学者提出，解读必须解写，即首先从作者创作的角度去认识文本本身。以诗歌为例，诗歌鉴赏需要从诗歌创作去探究。有人把诗人创作才能分为知识、技巧、艺术三个层面。知识是写作基础，是诗人认识和表现世界的话语资源；技巧是写作技术，是基本创作才能；艺术是技巧的延伸，是创造性的言说能力。如语文必修新教材设计"新诗试作""小说试作"专题写作活动，在学习诗歌创作知识的同时，学习构思方法，发展创新思维。

第一步：通晓常规。以"咏梅"为例，通晓常规是指了解梅花作为一个传统意象的寓意，梅花的花语往往是表达男女之情、士人之愁和物化之德。如王安石《梅》："遥知不是雪，唯有暗香来"描绘的是梅花凌寒独自开放的姿态，寄寓的是作者作为改革先锋在恶劣的政治环境下坚持自我的精神；宋代林逋《山园小梅》："疏影横斜水清浅，暗香浮动月黄昏"，写出了梅花清幽俏丽的风姿，仿佛是一位美丽的女子，令人不禁想约会爱恋，暗示男女之情，也是诗人宁静淡泊的人格写照；元代王冕《墨梅》："不要人夸好颜色，只留清气满乾坤"，表达的是梅的高洁品质，实际是借梅自况，表达不同世俗的高贵人格。

第二步：突破常规。宋代的林逋的："疏影横斜水清浅，暗香浮动月黄昏"被宋代王士朋称为"暗香和月人佳句，压尽千古诗才"。但不是完全原创，是借鉴了五代南唐江为的残句"竹影横斜水清浅，桂香浮动月黄昏"，但在意境上却有了较大的突破。在古诗词的创作上，借鉴化用是常见的创作技巧，李清照《渔家傲·天接云涛连晓雾》："我报路长嗟日暮，学诗谩有惊人句"，令人顿生往事之思和人生之叹。"学诗"代表了青春岁月的幸福生活和美好印记，"惊人句"则浓缩了惊世骇俗的才华和上下求索的精神追求。昔日生命的一切美好更加凸显出今日国破家亡、只身飘零的无限凄凉困顿。李清照在这里化用了杜甫《江上值水如海势聊短述》中"为人性僻耽佳句，语不惊人死不休"的诗句和意境，寄寓了更深一层的身世之感和人生共鸣。杜甫写这首诗时已经 50 岁，仍因战乱在南方漂泊，也处于"路长嗟日暮"的晚年困境之中。所以，杜甫在回忆当年为了写出好诗而精益求精、殚精竭虑的少年意气时，内心的感情一定极为复杂。这里有对少年精神的深情回眸，有对人生理想落空的失望，也有对未曾意料的晚年生活的一声叹息和疏淡接受。同是出身名门，同是少年成名，同是经历战乱，同是漂泊无依，故园难归。李清照化用杜甫的诗句，起到了拓展内容、丰富意蕴、委婉自比的作用，为她下一步表达脱离现实束缚，摆脱人间前路茫茫的困境奠定了基础。

第三步：超越常规。陆游《卜算子·咏梅》："驿外断桥边，寂寞开无主。已是黄昏独自愁，更著风和雨。无意苦争春，一任群芳妒。零落成泥碾作尘，只有香如故。"毛泽东《卜算子·咏梅》："风雨送春归，飞雪迎春到。已是悬崖百丈冰，犹有花枝俏。俏也不争春，只把春来报。待到山花烂漫时，她在丛中笑。"毛泽东对梅花的描写，颠覆了以往梅花的意象，表现出全新的意境和意蕴。

（4）碰撞创新。无论我们对自己努力耕耘的那个领域了解多少，对该领域的认知永远存在盲点，不够完善。唯有多元吸收，才能克服认知的局限性。所以古代诗人往往要通过集会作诗、唱和作诗、友人论诗等形式交流创造，吸纳新观点。新课改以来出现的同课异构，是值得肯定的教学创新形式，《背影》《老王》等名篇的设计，在社会上产生了较大反响，《史记》《人间词话》等选修课的创新设计也对教学产生了积极影响。新课标出台后，有一个专家团队一口气给 18 个任务群设计了 119 个专题，❶ 可以想见专题教学的开放性将会给教学界带来更多的思维的碰撞。语文选修课突破单篇教学，实现项目化学习，将会给师生带来更多的挑战，但同时也是一个机遇，可以给教师带来创新启迪，促进教师的设计能力的提升，也可以给学生带来新的阅读视角，促进学生多维度思考能力的形成。

第三节 "审美鉴赏与创造" 素养的认知与培育

就目前的语文选修教材与教学实际看，语文选修课程以文学类的内容为主，涉及诗歌、散文、小说、戏剧、影视等多种形式的艺术作品，需要进一步培养学生的审美鉴赏能力。而审美创造能力则是一个崭新的课题，如何教育和鼓励学生进行文学艺术创造值得探讨。

一、关于"审美鉴赏与创造"的认知

新课标表述。审美鉴赏与创造是指学生在语文学习中，通过审美体验、评价等活动形成正确的审美意识、健康向上的审美情趣与鉴赏品位，并在此过程中逐步掌握表现美、创造美的方法。新课标在课程目标中表述如下：

（1）增进对祖国语言文字的美感体验。感受祖国语言文字独特的美，增强热爱祖国语言文字的感情。

（2）鉴赏文学作品。感受和体验文学作品的语言、形象和情感之美，能欣赏、鉴别和评价不同时代、不同风格的作品，具有正确的价值观、高尚的审美情趣和审美品位。

（3）美的表达与创造。能运用祖国语言文字表达自己的审美体验，表达自己的情感、态度和观念，表现和创造自己心中的美好形象；讲究语言文字表达的效果及美感，具有创新意识。

新课标解读。一个重大突破是提高了写作要求，把"审美创造"作为了一个基础性要求，而非提高性要求。它突破了百年课纲中写作教学的固定目标，鼓励文学创作，写作目标随之重构。重视从写作学的角度阅读文

---

❶ 褚树荣. 从实验室到田野：学习任务群视域中的专题学习 [J]. 语文学习，2018（2）：40－48.

学作品，对阅读教学将产生重要影响；重视创作，将会倒逼大学中文系调整教学目标，培养师范生的文学创作才能。

课标在这部分的设计极具创新性。第一，匡正流弊。"写"是传统语文的优秀经验，也应是现代语文的本分。语文独立设科以来，在追求科学化的道路上，中学教学长期忽视对学生审美创造能力的培养。研读文本主要是探寻其中的情思与文化，很少从写作学角度探索文学作品是如何写出来的，更没有引导学生去积极体验写作技巧的精妙，导致传承数千年的"以读悟写"法没有得到很好的继承。中小学对文学创造缺乏有效的引导和训练，导致学生文学创作兴趣和能力双低。第二，加强了中小学与大学教育的衔接。课标内容的修订，将促使中文教育专业培养方向的转向，倒逼大学中文系把培养学生诗文辞赋的写作能力当作本分。新课标给语文教学带来的挑战有哪些？经典不只是见识，而是要吸收运用。语言掌握的层级提高了。语言分内部语言、口头语言和书面语言。苏联心理学家维果茨基是第一个在心理学中把书面语言作为特殊信号活动进行专门研究的学者。他认为，从心理学角度看，书面语言同口头语言、内部语言有质的区别。书面语言最完备、最精确，是不同情境下的交流工具。口头语言是交谈者在同一情境下的表达。内部语言是发生在自己的头脑之中的语言。因此，书面语言可以更加充分地表达交际内容，并且是由不同动机引起的，也具有更大的随意性和自觉性，这也是书面语言的心理特征。新课标关于"审美鉴赏与创造"的规定对写作教学提出了崭新的研究领域。创作是以书面语言表达观念情感的过程，是一种复杂的智慧技能。影响因素很多，要加强对学生文学天赋的识别与预判，如文字敏感力、想象力对写作的影响；要加强对学生写作心理因素的研究，如观察、记忆、想象、思维以及动机、兴趣、情感、意志和性格对写作的影响；写作过程也很复杂，要加强对学生创作心理过程的研究，引发学生的创造潜能。

百年课纲虽然未把培养文人和作家作为课程目标，但可以鼓励有创作才能的学生脱颖而出，获得超常发展。这也是选修课个性教学的优势。以毛泽东为例，他的文学成就与青年时期所受的写作教育密切相关。回顾他在青少年时代的求学经历，可以肯定的一点是，除了他的文学天赋，教师对他文学才能的发现与识别、鼓励与激发起到了极大的作用。1910年秋，16岁的毛泽东离开韶山冲，到五十里外的湘乡东山高等小学堂去读书，为入学考试当堂作了一首小诗《咏蛙》：独坐池塘如虎踞，绿荫树下养精神。

春来我不先开口，哪个虫儿敢作声。校长李元甫对这首七古赞赏有加，并高度评价说："我们学堂里取了一名建国才。"毛泽东在湖南全省第一高等中学校（长沙市一中的前身）初显文学才华，目前所存的《商鞅徙木立信论》受到教师的赏识。国文教员柳潜的评语如下："实切社会立论，目光如炬，落墨大方，恰似报笔，而义法亦骎骎入古。逆折而入，笔力挺拔。历观生作，练成一色文字，自是伟大之器，再加功候，吾不知其所至。力能扛鼎，积理宏富。有法律知识，具哲理思想，借题发挥，纯以唱叹之笔出之，是为压题（点题）法，至推论商君之法为从来未有之大政策，言之凿凿，绝无浮烟涨墨绕其笔端，是有功于社会文字。"❶

审美鉴赏与创造并重，是对阅读写作一体化的重视，也是对学生的创新能力和实践能力的强调。学生的创新能力，不是建立在沙滩上的空中楼阁，而必须根植于学科教学的各个环节。文学创作的实践活动，本身就是从无到有的创造活动，可展示和提升学生的创新能力。

二、"审美鉴赏与创造"的培育策略

要完成选修课学习，学生应具备相应的文学、美学理论知识和鉴赏创造能力，教师利用支架式、经典浸润式、创意写作等策略，可以提高学生的审美素养。

（一）支架式教学

教师提供概念支架、主问题支架和活动支架，帮助学生准确了解高中语文学习的基本目标、内容的基本框架，解决语文运用中的实际问题，明确自身语文学习的发展方向。支架式教学策略源于苏联著名心理学家维果茨基的"最近发展区"理论，是指"应当为学习者建构对知识的理解提供一种概念框架。这种框架中的概念是为发展学习者对问题的进一步理解所需要的，为此，首先要把复杂的学习任务加以分解，以便于把学习者的理解逐步引向深入"。❷ 教师在教学中要提供概念支架、主问题支架和活动支架。

概念支架是学生正确理解文本的钥匙。以艾青《我爱这土地》为例，

---

❶ 龙剑宇，胡国强.毛泽东的诗词人生［M］北京：中央文献出版社，2011：57.

❷ 伍尔福克.教育心理学［M］.何先友，等，译.北京：中国轻工业出版社，2014.

教师需要提供的概念支架是象征和意象这两个概念。象征是根据事物之间的某种联系，借助某种具体形象（象征体），以表现某种抽象的概念、思想和情感。象征体的选择，属于写作中具体化策略之一，选择恰当，能形象地外显抽象的寓意，呈现出浓浓的诗意。诗中的"鸟"，仅是泛指，具有象征性。这是一只饱受磨难的鸟，它的歌声，是用整个生命发出的。"土地"也是泛指，象征着哺育了自己而又多灾多难的祖国，"鸟"对"土地"的眷恋，寄寓了儿女对祖国母亲的深情，表达了"匹夫有责"的担当精神。

主问题支架是学生深度学习文本的前提。主问题设计得好，能引导学生细读文本，深入探究文本中的主要问题，拓展和延伸文本意义，做到个性化解读。如教学《爱莲说》，教师可以提供主问题支架"吾独爱莲"是怎样写出"独"字的？文章首先表现的是莲花的"独"。用铺排的手法，描绘出莲花独特的高洁形象；用对比的手法，凸显出莲与牡丹、菊花等不同的高洁精神。然后突出的是作者的"独"。莲不与百花同，作者也不与众人同，以莲自况，抒发了作者深沉的感叹和洁身自好的精神追求。

文学功底的夯实，来自于大量的阅读实践。学生需要在阅读过程中领悟写作的理念、规律及方法。如通过大量的小说阅读，在分析文学形象的基础上，理解文学创作中的具体化策略的概念，归纳出具体化是指通过物象化和事件化，化虚为实的写作技法。毛主席的文学功底来自于他的广泛阅读及读写结合策略。毛泽东的读书方法主要是"四多"——多读、多写、多想、多问。所谓"多读"就是不但要博览群书，而且对重要的书或文章要多读几遍，达到精、熟的地步。毛泽东少年即能背诵四百多首古诗，而且注重诗词知识与技巧的内化。如毛泽东喜欢读李白的诗歌，赞李白的诗"文采奇异，气势磅礴，有脱俗之气"，诗歌创作受李白的影响较大。有的诗歌甚至直接化用李白的诗句，如《贺新郎·别友》直接用了李白《送友人》中的"挥手自兹去"。所谓"多写"，就是课堂上写听讲笔记，课后自学时写读书笔记。"多写"的又一项内容，是他在看书时坚持写眉批。"1917—1918 年，毛泽东听杨昌济讲"修身"课，教材有《伦理学原理》，他在该书上作了约 1.2 万字的批注，其中多处涉及诗学和美学。"❶ 全书逐字逐句都用墨笔加上圈、点、单杠、双杠、三角、叉等符

---

❶ 龙剑宇，胡国强．毛泽东的诗词人生［M］北京：中央文献出版社，2011：87.

号。批语中，有简单地表示赞同、反对、怀疑的话；有很多地方，则是根据前人的学说，加以综合、概括、比较，然后提出自己的见解。眉批的墨迹也有两种到三种，有些是对前面的批语又加以批判和补充。所谓"多问"，就是他除在本校学习外，还经常走出学校到社会学习。那时，经常有些外省的名流学者到长沙讲学。毛泽东常常去拜访他们，虚心向他们请教，总想多得到一些新知识。长沙有人组织"船山学社"，每星期日举行讲座，讲王船山的学说，毛泽东也常去听讲。

（二）经典浸润式教学

审美阅读策略，主要是为培养学生的审美鉴赏能力。审美鉴赏内容包括语言美、形象美、情感美、意蕴美、理性美等。语文选修课的审美鉴赏需要从理解走向创造。阅读经典首先是由语文学科的性质决定的。语文具有培养学生听说读写能力的工具性，课程具有实用功能；也具有进行文学文化熏染的人文性，课程具有文化功能。阅读经典是实现课程两大功能特别是文化功能的必由之路。其次，阅读经典也是适应新课标的要求。新课标要求培养学生的语文核心素养，独立的阅读能力是其重要的目标之一，经典提供精品范例，在培养学生的关键能力和必备品格等方面具有重要价值。最后，经典阅读也是实现中国梦的需要。习近平指出，中华优秀传统文化是我们最深厚的文化软实力。经典阅读可以帮助我们更好地传承与创新传统文化，实现民族复兴、国家富强、人民幸福的伟大梦想。总之，经典阅读可以培养学生乐于阅读的兴趣，勤于阅读的习惯，善于阅读的能力。经典阅读属于深度阅读，一部堪称经典的文学作品，往往语言充满张力，人物典型生动，意蕴深厚丰富，需要运用恰当的阅读策略，才能实现读者与文本的深度对话。经典阅读要达到从理解走向创造，需要借助还原、补白、比较、建构等方法。

第一，还原法。还原法是指回到作品的真实语境去分析，既包括情景语境也包括文化语境。如有同学读了《水浒传》后，对"武松打虎"提出了自己的看法，认为武松打虎是不爱护野生动物，因此武松称不上英雄，提出问题讨论：武松是不是英雄？运用还原法，首先要回到文本，回到上下文具体语境。"已经伤了三二十条大汉性命，官府限期叫猎户去捉。"还原策略是阅读经典的第一步。它要求忠实于原著，研读原著，理解作者原意，读懂原著，达到理解性阅读要求。在提倡个性化解读的今天，那"一千个读者心中有一千个哈姆雷特"的多元解读与还原法矛盾吗？这一点都不矛盾，因为哪怕有一万个哈姆雷特，他必须首先是莎士比亚的哈姆雷特，这个原点是一切解读的基础。

第二，补白法。文学是一门留白的艺术。语言有"言外之意"，形象有"象外之象"，借用"言—象—意"结构，一切作品的意蕴都需要补白。《周易·系辞上》曰："书不尽言，言不尽意。"子曰："圣人立象以尽意，设卦以尽情伪，系辞焉以尽其言。"言意之辩是魏晋玄学的重要论题之一，是王弼解释《易》的重要方法论。文学作品也一样，言难尽意，立象以尽意，不同的是，它是借助文学形象的塑造，表达深厚的主旨。我们也可以借用"言—象—意"结构去补白。如《红楼梦》第九十八回，林黛玉临死前说："宝玉，你好——"后面省略的是什么成了千古之谜。读者补充不同的语言，林黛玉的形象就为之改变，宝黛爱情的性质也会随之改变。如补充"你好狠心"，从结局看也合理，但林黛玉不过是一个普通的女子，宝黛爱情也不过是个惊艳开启惨淡收场的寻常故事；补充"你好自为之"，意思也丰满，林黛玉则是在幽怨中多了一份对贾宝玉的担忧，宝黛爱情则是深情中有痴嗔，无奈中有缠绵；补充"你好好的"，林黛玉是一个清奇女子，宝黛爱情则是一首凄美的千古绝唱，爱情不因对方的改变而改变，是为永恒。补白法是阅读经典的重要一环，还原是倡导忠实于原著，补白则提倡超越原著，达到个性化阅读的要求。新课标在阅读教学中特别强调学生的个性化阅读，那个性化阅读会导致更多的误读吗？还原与超越是什么关系？这些欣赏理论是需要对学生进行指导的。如个性化阅读是个性教育的必然组成部分，重视阅读的独特体验是培养创新人才的基础。个性化阅读也许会产生更多的误读，但没有关系，允许误读，不怕出错，有冲突有困惑才会有思考有进步，重要的是教师要引导学生做好自我修正。如果说还原是回归文本，那补白则是回归生活，还原与补白的结合可实现文学世界与生活世界的融通。

第三，比较法。在阅读活动中，注意汇聚相关文本，从文本与文本之间的联系中去进行比较阅读。如在语文选修课中做"曹操诗歌"专题研究，可以阅读《三国志》中关于曹操的章节。《三国志》是陈寿整理的，属于二十四史之一的正史。书中曹操的形象，忠实历史，比较真实，是卓越的政治家、军事家和文学家。可以整理初中课文中曹操的诗歌《观沧海》《龟虽寿》等，理解曹操作为"建安风骨"代表作家的远大理想和浪漫诗情。也可以阅读毛泽东《浪淘沙·北戴河》"往事越千年，魏武挥鞭，东临碣石有遗篇"等诗句，了解曹操及其诗歌的后世影响。通过同类比较阅读，全面了解曹操的生平经历、创作背景和诗歌创作风格。还可参考《三国演义》中关于曹操的章节，《三国演义》是罗贯中的小说，经过虚构修改，曹操形象并不真实，但其"奸雄"形象却家喻户晓。通过比较阅读，学生可以认识到在文学形象塑造上，从原型到艺术形象，需要经过典型化的处理。典型化是文学创作的重要手法，虚构是文学创造的基本手段。比较法从比较的视角去研读文本，能更全面地把握文本的意蕴。同时容易形成阅读冲突，从而能提出质疑，达到研究性阅读。这样的比较法可以运用在同一人物的研究上，也可运用到同一题材的不同艺术形式的研究上，如莫言的《红高粱》小说、电影、电视剧之比较。现在的中小学生，大多是通过影视剧熟悉我国的四大名著等经典作品。张潮在《幽梦影》中说，《西游记》是一部"悟"书，可我们基本把它当成了一部儿童小说。完全忠实于原著的电视剧《西游记》每个寒暑假都会重播，据调查，该剧已经成了世界上重播率最高的电视剧。是什么导致了这样的阅读差异？通过比较，可引导学生阅读原典。在比较"阅读"中，教师可结合具体作品引导学生认识到改编只是一种解读，往往无法诠释经典的全面意义，有时候，改编还是一个通俗化、浅表化甚至娱乐化的过程，无法抵达经典的灵魂深处。这样就加强了对读图时代的浅表化阅读的理性审视，在比较阅读中训练了批判性思维，开阔了文化视野。

第四，文献法。语文选修课在专题研究阶段，要运用文献法。文献法是指在自主阅读经典的基础上，自觉地搜集与整理前人的相关研究成果，广泛地参读和借鉴他人重要的阅读经验，开阔自己的阅读视野和思路。如在语文选修课中做"李煜词"的专题研究，必定也借鉴前人的成果，如王国维《人间词话》（其中对李煜词的评论："词至李后主而眼界始大，感慨遂深，遂变伶工之词而为士大夫之词"），赵晓岚《赵晓岚说李煜》，叶嘉莹《唐宋词十七讲之李煜》等文献。在这些专家的文献里，李煜的地位被抬得很高，有人称他为千古词帝。这些权威评论和专家意见对学生认识李煜词的特征和成就具有重要的参考价值。如李煜虽然是一个主观诗人，擅长于抒写个人的心灵感受，但他的词到后期在内容上有创新，由个人的浅酌低吟发展到家仇国恨的悲叹；在文体上有突破，由不入主流的小词登堂入室，成为正宗；在境界上有提升，由写一个人的悲哀上升到写出人类共同的悲哀。文献法强调参看研究文献，了解文本在文学史上的地位，知晓文本在学术界的影响，达到学术性阅读的要求。

第五，建构法。建构法就是读者根据自己的认知和体验，主动建构自己对于文本意义的理解。《百家讲坛》推出的于丹《论语心得》，易中天《品三国》，刘心武《红楼梦探轶》，赵晓岚《赵晓岚说李煜》，尽管学术界评价不一，但其倡导的创新阅读理念，有一定的借鉴价值。阅读不是"我注六经"，应该是"六经注我"。就算是专家权威的意见也是可以商榷的。如朱光潜在《诗论》中进行了中西诗歌比较，提出西方诗歌是日景，中国诗歌是月景。如果以唐诗中月之意象分析之，判断也不一定符合实情。古人云，尽信书不如无书。建构法是阅读的出发点和归宿点，读者运用还原、补白、比较和查阅文献等方法，目的是帮助学生主动建构对文本意义的理解，重新赋予文本新的意义，进行创新阅读，达到创造性阅读要求。

陶行知在《创造宣言》中强调一切皆可创造，"处处是创造之地，天天是创造之时，人人是创造之人。让我们至少走两步退一步，向着创造之路迈进吧"。语文选修课的阅读，要实现从理解到创造的转型，经由理解性阅读—个性化阅读—研究性阅读—学术性阅读—创造性阅读五个阶段。语文教师在这个过程中要发挥指导作用。

（三）创意写作教学

新课标提倡尝试文学写作，是"基于人的全面素养培育，针对有文学创作兴趣的学生，尤其是将来有志于文学创意写作的学生而言的"，[1] 中学虽不以培养文人和作家为目的，但语文选修课会给有创造潜质的人预留空间。创意写作（Creative Writing）兴起于 19 世纪末期的美国大学高校，后在西方各国流行，至今已经有 80 多年的历史，中国在 2009 年引入概念，并在大学构建相关学科。近年来，中学也引入了创意写作，一些学校还建立了创意写作基地。人们对创意写作的定义不一，有的侧重于写作内容，从学生写作结果的创新性去衡量，能引导学生写出新见解、新观点、新思想、新技巧的作品，都属于创意写作教学；有的从写作教学手段去衡量，

---

❶ 荣维东. 基于学业质量标准，实施新写作评价——关于高中写作学业质量评价的解读与思考［J］. 语文建设，2018（11）：13－18.

第四章 核心素养为本的语文选修课程目标与策略

凡是运用新手法、新媒体等技术创新了写作课堂及活动的教学属于创意写作。但创意的基本元素是新颖的作品或活动，具有原创性，这一点无疑是核心。创意写作的最终目的是提高写作创造力。什么是创造力呢？"创造力（Creativity）是根据一定的目的和任务，产生出某种新颖、独特、具有社会或个人价值的产品的能力。"❶

（1）写作形式的创意

不管人们怎样认识高考，高考对中学写作教学的指挥棒作用还是存在的，如何发挥指挥棒的积极作用很有探讨价值。分析 2019 年高考试卷，可以发现它在写作形式上的一些新导向，命题仍然属于任务驱动型作文，但表现出两个新特点：一是对接新课标对高考的要求；二是倡导微写作。下面是全国新课标Ⅰ卷的作文原题。

22. 阅读下面的材料，根据要求写作。（60 分）

"民生在勤，勤则不匮"，劳动是财富的源泉，也是幸福的源泉。"夙兴夜寐，洒扫庭内"，热爱劳动是中华民族的优秀传统，绵延至今。可是现实生活中，也有一些同学不理解劳动，不愿意劳动。有的说："我们学习这么忙，劳动太占时间了！"有的说："科技进步这么快，劳动的事，以后可以交给人工智能啊！"也有的说："劳动这么苦，这么累，干吗非得自己干？花点钱让别人去做好了！"此外，我们身边也还有着一些不尊重劳动的现象。

这引起了人们的深思。

请结合材料内容，面向本校（统称"复兴中学"）同学写一篇演讲稿，倡议大家"热爱劳动，从我做起"，体现你的认识与思考，并提出希望与建议。要求：自拟标题，自选角度，确定立意；不要套作，不得抄袭；不得泄露个人信息；不少于 800 字。

2019 年的高考作文从形式看仍然是新材料作文，要求结合材料的内容写作；从类型看，属于命意作文，要求自拟标题，自选角度，确定立意；从写作结果看，要求写一篇篇幅不少于 800 字的完整大作文。命题营造的问题情境很真实：热爱劳动是中华民族的传统美德，可今天的同学却不爱劳动，这一个迫切需要解决的现实问题。设计的任务也很典型：演讲活动

❶ 泛珠三角地区九所师范大学联合编写 . 现代心理学［J］. 广州：暨南大学出版社，2006：214.

是融读、写、说为一体的有代表性价值的语文实践活动，结合自身的经验，用公开演讲的形式做同辈的思想工作，很有现实针对性和价值，而撰写演讲稿是活动中的重要环节，直接影响演讲活动的效果。任务的完成需要综合性、整体性的语文素养，高考命题较好地体现了新课标对高考的要求："考试、测评题目应以具体的情境为载体，以典型任务为主要内容。"❶这样的命题能有效评价了学生的语文素养水平，也回应了2019年新的教育方针所提出的培养学生成为德智体美劳全面发展的人的教育要求，凸显了劳动教育的价值。

值得注意的是高考题中另一部分的写作是与阅读结合在一起的，2019年的高考题中一共有三道题，具有片断写作的特征：一篇是论证类片断写作；一篇是带有文学小短评性质的片断写作；一篇是新闻类的片断写作。原题如下：

6. 请结合材料，分析毛里求斯想要修复的档案文件的受损原因。（6分）

9. 《理水》是鲁迅小说集《故事新编》中的一篇，请从"故事""新编"的角度简析本文的基本特征。（6分）

21. 请对下面这段新闻报道的文字进行压缩。要求保留关键信息，句子简洁流畅，不超过50字。（5分）

第一道题是在阅读三篇实用类非连续性材料的基础上，阐释问题产生的原因；第二道题是在阅读鲁迅的《理水》（节选）后，分析小说的艺术特色；第三道题是在阅读一段新闻报道后，提取关键信息，进行缩写。这就释放了一个信息，写作不等于作文，非文章类的写作也应进入写作教学。平常的写作训练形式可以分两个模块：一部分可以模拟高考作文进行，要求学生在规定的时间内写作完整的文章；另一部分则完全可以与阅读结合在一起或与生活结合在一起，可以进行片断写作。语文选择性必修课程在"研习"层次的专题中，对写作的普遍要求是撰写读书笔记，阅读作品写出内容提要和阅读感受；选择喜欢的作品，撰写评论。读书笔记、心得感受、见解评论等都不一定独立成篇，可以是片断写作。在日常生活中，"互联网＋"背景下的网络写作也基本是微写作，"并不是所有写作的结果都是文章。一句广告词，一段配图文字，考试中的论述题，一个笑

❶ 中华人民共和国教育部. 普通高中语文课程标准（2017年版）［S］. 北京：人民教育出版社，2018：48.

话，个人简历，一个段子，一副对联，一段贺词……"都属于非文章类语篇，使用的范围也很广。❶ 高考题较好地体现了新课标精神，提示当前的写作教学应该实现形式的多样化，可以从写作结果角度去调整写作训练的形式，进行写作形式的改革与创新。"写一篇文章"固然重要，各种微写作也应该纳入写作教学，进行课程化的训练。

（2）写作内容的创意

创意写作是对传统写作的继承与发展，"完整的创意写作教育应该面向经验、心理、风格和天赋"。❷ 创意写作最基本的特点有二：

一是自由写作。这一点与传统写作并无二致。这里生活的概念需要重新理解，因为学生的实践生活，不仅是指日常的衣食住行的物质生活，更主要的是以读书获取间接经验为主的精神生活。作文的主要目的不是应试，而是要着眼于学生的实际生活。一方面是指实际生活，另一方面是指内心生活。叶圣陶说："咱们平时作文，总是为了实际需要，刚才已经说过。而教师出个题目让学生作文的时候，学生并没有作文的实际需要，只因为要他们练习作文，才出个题目让他们作。就实际说，这有点儿本末倒置，可是练习又确乎必不可少。因此，命题作文只是个不得已的办法，不符合理想的方法。"叶圣陶说："人类是社会的动物，从天性上，从生活的实际上，有必要把自己的观察、经验、理想、情绪等宣示给人们知道，而且希望愈广遍愈好。"❸ "凡干的、玩的、想的，觉得有意思就记。一句两句也可以，几百字也可以，不勉强拉长，也不硬要缩短。总之实事求是，说老实话，对自己负责。"创意写作以生活经验为基础，写作是为了记录生活和体验生活。因此，创意写作教学应引导学生抒发个人经验，发挥个人特长，自主创作。

二是灵性写作。天赋包括智力和灵性，灵性是人最本质的存在，创作是基于心灵的真实写作，具有超越功利的审美特质。生活经验是创意写作的基础，创意写作要求来源于生活而又高于生活，艺术地表现生活是当今创意写作的巨大变化。作家能不能在大学培养？中学需不需要培养文学家？这些与创意写作有关的争论，随着文化产业的发展而逐渐消失。创意写作的价值，不只是培养文学家、作家，而是激发每一个人的创造潜能。

---

❶ 叶黎明．美国非文章类语篇写作教学评价［J］．语文建设，2013（9）：25－29.

❷ 雷勇．论创意写作教育的维度［J］．当代文坛，2019（1）：119－124.

❸ 叶圣陶．叶圣陶语文教育论集［C］．北京：教育科学出版社，2015：115.

创造潜能虽不等于创造力，但与创造力有密切关系，发现潜能、激发潜能才能培养创造力。怎样培养呢？首先，培养正确的创作态度。艺术作品是生活的特殊反映，"艺术品是反映外在世界（自然与社会）与内在世界（精神）的特殊的符号存在。这种特殊是要表现在生动性、情感性、想象性、虚幻性、创造性等方面"。❶ 文学性的写作，来源于现实生活，要倾注作者对生活的满腔热情。没有热爱就没有创作，对生活的热情是作者把外在的生活和内在的世界连接起来的纽带。如鲁迅，他那双仿佛能洞察人世间一切真相的眼睛，看似冷峻，实则深情；对国民性的持久关注与批判，源于他对国家与民族的深沉的爱。语文选修课程的教学要引导学生，尤其是那些有志于文学创作的学生，要保持一颗赤子之心，去观察生活、领悟生活和反映生活。其次，识别创造潜质。创作是最具个性的表达，特长因人而异，可以组织文学社团，分类指导创意写作活动，创建创意写作工作坊。长于感性表达的，可以试作诗歌、小小说等；长于理性表达的，也可以从阅读笔记、文学短评、专题点评开始。如引导湖南的学生读湘籍作家的作品，让学生试写文学点评。这些短评可以是碎片式的，形式上不必苛求成文，但要求一定要有创意、有思想。教师可做示范。

示例1：读阎真的长篇小说，你会发现阎真是一个有情怀的人。时移世易，他的古代文人式的士大夫理想从未走远。立功、立德、立言的困顿在他所有四部长篇里成系统地淋漓尽致地展现。《沧浪之水》的功名难成，《曾在天涯》《因为女人》的贞德难得，《活着之上》的立言难为，无不透露出作者对当下现实的深深忧患，焦虑是阎真小说里的基本情绪。

这样的文学短评立足于一个作家的整体创作观。从作品的题材和主题的选取，归纳作品的内容特色，进而总结作家的创作价值追求及创作心态，把握小说的氛围和情绪。

示例2：读唐浩明的长篇历史小说，你会感觉岁月抹不去历史学家的锋刃，但可以抚慰湖南人的心灵。从《曾国藩》到《杨度》，作者尝试构建近代历史上湖南风云人物参与改造中国与世界的画卷。也许这些走出湖南走向世界的人，在人生境遇上各有各的局促，但灵魂却从未妥协，集体呈现了湖南人的开路精神，正是这些在一定程度上保留了中国古代文人价值理想的努力，为后来湖南人的"敢为人先"精神准备了土壤。

---

❶ 何林军．美学教程［M］．长沙：湖南师范大学出版社，2009：204．

这样的文学短评记立足于一个作家的地方叙事特色。从作品塑造的人物身上挖掘地方文化精神的特色和源流，阐释作品中的地域文化及后世影响。

三是个性写作。每一个作家的审美特质取决于独特的创作技法。李白的狂放、杜甫的沉郁、王维的灵性等风格无不得益于他们相应的技巧。李白是激情不到岂有诗？诗句往往是从天而降，起势非凡，直入高潮，澎湃激烈，寓奇特的想象于强烈主观抒情之中。杜甫是无规矩难成方圆，首首字斟句酌，渐入佳境，在格律运用方面娴熟而又独具匠心。王维是"行至水穷处，坐看云起时"般随性，看似漫不经心，实则禅心入诗用心之至。可引导学生以读悟写，随文掌握写作技巧、掌握方法性知识是前提。写作技能也跟所有的技能形成规律一样，需要强化训练，因而运用学得的技巧才是关键。如通过学习选修专题"中国古代诗歌散文欣赏"，学生除了了解到古体诗中的音韵美之外，也掌握了古体诗在意象的选择、意境的营造、意蕴的凝练等方面的写作技巧，可以在此基础上试作古体诗或现代诗歌。可从格律形式上模仿，也可从意象、意境上借鉴，表达对新时代的认识。评价技巧的方式也很重要。中学生的文学写作，从写作结果看，也许大多数不是具有社会价值的真创造，而只是具有个体价值的类创造，更多的是一种创作技巧训练，教学评价时应从作品的个体意义去肯定和鼓励。创造潜能和创造力不是一回事，也许学生表现出来的只是一种潜能，技巧还不够成熟，笔法幼稚，但只要有练习技巧的意识都值得肯定，创意也许有一天就在技巧练习中不期而遇。

第四节　"文化传承与理解"素养的认知与培育

文化的民族性与世界性是教育中的永恒话题。母语教学与外语教学的最大区别是母语教学需要经由语言文字的训练培养学生的文化观。对传统文化的认同和传承，对国际文化的理解和包容是语文选修课的重要教学内容。

一、关于"文化传承与理解"的认知

新课标的表述。新课标对学科核心素养"文化传承与理解"的表述为：文化传承与理解是指学生在语文学习中，继承和弘扬中华优秀传统文化、革命文化、社会主义先进文化，理解与借鉴不同民族和地区的文化，拓展文化视野，增强文化自觉，提升中国特色社会主义文化自信，热爱祖国语言文字，热爱中华文化，防止文化上的民族虚无主义。在"课程目标"中有三条：

（1）传承中华文化。通过学习运用祖国语言文字，体会中华文化的博大精深、源远流长，体会中华文化的核心思想理念和人文精神，增强文化自信，理解、认同、热爱中华文化，继承、弘扬中华优秀传统文化和革命文化。

（2）理解多样文化。通过学习语言文字作品，懂得尊重和包容，初步理解和借鉴不同民族、不同区域、不同国家的优秀文化，吸收人类文化的精华。

（3）关注、参与当代文化。关注并积极参与当代文化传播与交流，在运用祖国语言文字的过程中，坚持文化自信，提高社会责任感，增强为中华民族伟大复兴而奋斗的使命感。

新课标的解读。"文化传承与理解"的内涵。"文化传承与理解"是指学生在语文学习中，继承中华优秀传统文化，理解、借鉴不同民族和地区文化的能力，以及在语文学习过程中表现出来的文化视野、文化自觉意识和文化自信。❶ 新课标注重传统文化与当代文化的融合，强调文化传承的重点是传统优秀文化和革命文化；文化理解的重点是侧重世界优秀文化和多元文化；文化参与的重点是当代文化的传播与交流。传承是基础，理解是前提，参与是目的，三者结合才能在国际文化交流中彰显文化的自觉与自信。

二、"文化传承与理解"的培育策略

有学者认为"文化传承与理解"的教学应把握几个基本原则：第一，凸显现代取向与传统价值观的高度统一；第二，要追求国际视野与民族感情的自然融合；第三，要体现文化共性与鲜明个性的合二为一。❷ 文化的民族性与国际性是文化的固有本质，如何在多样的文化生态中，培植具有

❶ 张妍，林峥，王蕊，等．语文学科"文化传承与理解"的表现与教学建议——以2018年高考语文（天津卷）为例［J］．考试研究，2018（6）：3–12.

❷ 贡如云，冯为民．高中语文核心素养的实质内涵及培育路径［J］．教育理论与实践，2017（5）：52–54.

中国气象、中国精神的文化大树，是文化界的责任，也是教育的责任。"文化传承与理解"的教学策略可以依据原则从以下几个方面进行思考。

（一）古今贯通教学

文化是一条长河，有起有伏，有盛有衰，认识一种文化，必须把它放在历史长河中考查。语文选修课的一个重要目标是培养文化自信，文化自信建立在对传统文化的了解和认同上，这就需要了解文化的发展轨迹，从优秀文化中汲取力量。如果割裂阶段片面学习，就会一叶障目，误读文化。中国古代文化，秦汉、唐宋达到文化高峰，明清逐渐式微。但在文化传播上，却存在偏差，"明、清通过大大小小很多渠道渗透到我们今天的生活，不少年轻人也只从明、清来了解中国历史。这种情景，在我看来，是悲哀的"。❶ 传承传统文化，要有系统观念。

第一，选择优秀文化。文化传承要想取得好的效果，必须要在教学中找到传统价值与当代价值的契合点，中华优秀传统文化在当今显示出了强大的生命力，对学生的世界观、价值观、人生观产生了积极的影响，学生才能感受到传统文化的深厚底蕴和无穷魅力。如在语文选修课"杜甫诗歌专题研究"中，杜甫的爱国情怀是核心内容，传承爱国主义精神是学习的重要目标。在学习《茅屋为秋风所破歌》《登岳阳楼》《登高》等诗歌后，重点要让学生体味到杜甫"麻鞋见天子，衣袖露两肘"的爱国的不易和高尚。杜甫那种在自身食不果腹、衣不蔽体的物质极度困顿下仍然心忧天下的宽阔胸怀在今天同样具有强大的生命力。我们今天如何爱国？存在小我与大国的矛盾，也存在物质与精神追求的矛盾。传统价值观如何与当代价值观融合，激励学生在新时代以不变的爱国精神和不同的爱国形式为祖国贡献力量，这既是一门科学，也是一门艺术。融合一定要结合时代特点，采用现代手段。如我们在湖南师范大学附中梅溪湖中学讲授《茅屋为秋风所破歌》中杜甫的爱国精神时，设计了这样一个拓展延伸环节：爱国古今。

教学片段：拓展延伸爱国古今。

（1）你知道历史上哪些人物的爱国故事？

师生回顾：苏武牧羊；岳飞；文天祥；邓稼先。苏武出使匈奴，遭到

---

❶ 余秋雨．中华文化四十七堂课：从北大到台北［M］．长沙：岳麓书社，2011：290．

残酷的监禁，生命垂危，又被流放北海，受尽磨难，他选择了长达十九年的持节不屈，为后世景仰；岳飞奋勇杀敌，精忠报国，名留青史；文天祥宁死不屈，一片丹心，千古流芳；邓稼先埋名戈壁28载，奠基祖国核武器事业，成为民族的骄傲。

（2）畅谈：我们今天如何爱国？

师生热议：热爱祖国的山河大地，大海蓝天，热爱她的森林草原和每一寸土地。热爱祖国五千年灿烂的历史文化。热爱中国人民，"不独亲其亲，不独子其子"。热爱社会主义，像黄大年那样，把个人的命运与国家的命运紧紧联系在一起，学好本领，为科技强国的中国梦而努力前行。

内容方面是指选取的材料有时尚感，是现实生活中能引起人们热议的鲜活材料，或者是历史生活中至今仍有生命力的材料。历史上的爱国名人很多，教师从同学们耳熟能详的爱国故事入手，引导学生回顾小学所学的课文，唤起同学们原来的阅读经验，引导同学们思考在国运艰难的时候，爱国就是不断抗争，舍身救国。那么，在新时代我们应该怎样爱国？应该学习哪些典型？

第二，融入时代文化。传统价值观与现代价值观的融合，要与时代特点结合，融入时尚元素。与传统的爱国典型杜甫相对应，我们选择了以身许国的感动中国2017年度人物黄大年，新时代的楷模是最好的爱国典型。黄大年生前系中国著名地球物理学家、国家"千人计划"专家。他留学英国18年，是国际知名的科学家。回国前，他住在剑桥大学旁边的花园别墅里，妻子还经营着两家诊所。2008年，中国开始实施"海外高层次人才引进计划"，他毅然归国，7年多来，黄大年担任国家多个技术攻关项目的首席专家，首次推动我国快速移动平台探测技术装备研发突破国外技术封锁，被誉为新时代海归科技报国的楷模。

在国力强盛的时候，爱国就是学好本领，报效祖国。课堂选取的时代楷模黄大年的故事很有时代感，也很具有典型性。黄大年放弃国外的优越生活条件毅然回国的故事，很好地诠释了在新时代我们应该以怎样的实际行动报效祖国。今天的学生家庭条件越来越好，将来出国留学的一定不少，出国到底是为了什么？这是一个值得深思的问题，也是一个现实生活中迫切需要解决的问题。是为了自己有更好的生活？还是为了中国有更好的未来？在解决这个问题的过程中，理想信念教育是必不可少的，但是如果只是理性地给同学们讲道理，作分析，效果不一定好，也不符合语文课堂的要求，所以，有了好的内容，还要选择一种学生所喜闻乐见的呈现方式。

要利用流行元素，赋予传统文化以亲切的面容。时尚进入在形式上是指对典型材料以当下流行的方式进行重组和包装，以学生所喜闻乐见的面目出现。如电视栏目《经典咏流传》《朗读者》《中华诗词大会》等在进行中华优秀传统文化教育方面采用这种形式取得了良好的效果。爱国主义精神是中华优秀传统文化的核心，中华民族每次到了最危险的时候，都是靠它力挽狂澜，因此爱国主义教育在任何时代都是需要的。但每一个时代都赋予了爱国主义精神以不同的时代内涵，在新时代，它是社会主义价值观教育的重要组成部分。如何结合新时代的特点，运用时尚元素进行爱国主义教育则是一门艺术。在联系实际、拓展延伸部分，引导学生回顾历史，畅谈今天。我们截取了中央台正在热播的栏目《信·中国》中宣读黄大年的妻子给他的一封信的视频片段。著名演员凯丽朗读全信，凯丽因饰演《渴望》，给观众留下了贤妻良母的深刻印象，形象非常正面，给人以信赖之感。她的朗读也非常动情，深情处泪洒信纸，具有强烈的艺术感染力。学生在感动的氛围中真切体验到了黄大年舍弃国外优越的生活毅然归国的不易和高尚。同时，作为话剧演员的凯丽朗读也非常标准，学生可从中学到朗读知识和技巧。学生在课堂上完全沉浸在艺术氛围之中，无不为黄大年的故事而感动，一些学生在不知不觉中流下了眼泪。事实证明，如果我们能找到传统与现代的契合点，传统文化教育就能收到事半功倍的效果。

（二）中外比较教学

第八轮基础教育改革提出了教育民主、国际理解、回归生活、关爱自然、个性发展等新课程的基本理念，❶"国际理解"作为课程基本价值追求之一，强调民族性与国际性的统一，重视多元文化价值观的养成，既要培养学生对民族文化的认同感和自豪感，又要培养对多样文化的理解和尊重。课改实验后，这一理念在语文教材和教学中得到了一定的落实。但在实施过程中也存在一些问题，如把"国际理解"简单等同于对外国、外国文化的了解；对外国、外国文化或仰视或鄙视，不能以完全平等的地位与

---

❶ 倪文锦，谢锡金. 新编语文课程与教学论［M］. 上海：华东师范大学出版社，2006：38.

之交流与合作；在追求多样文化中放弃原则，迷失方向，失去文化自信。今天应该调整方向，确立平等而又自信的比较视角，以坚守文化的民族性为本，加强文化的国际性。

第一，平视世界文化。我国对待外国文化的态度经历了一个较为漫长的演变过程，在国贫民弱的历史时期，俯视、仰视都有，就是在今天，平视仍然需要底气。晚晴时期，被誉为"睁眼看世界"第一人的林则徐提出打开国门，引进西学。他的弟子冯桂芬提出了"中学为主，西学为辅"，主张在中国传统文化故步自封的局势下，引进西学，学习外国的先进科学文化技术，改变晚清暮气沉沉的文化生态。后来洋务运动的代表人物张之洞提出"中学为体，西学为用"，主张以中国伦常经史之学为根本，以西方科技之术为应用。"中学"指以三纲八目即明德、新民、止至，格物、致知、诚意、正心、修身、齐家、治国、平天下为核心的儒家学说，"西学"指近代传入中国的自然科学和商务、教育、外贸、万国公法等社会科学。两者目的不同，冯桂芬侧重的是西学，希望用西学来推动中学的改革，弥补中学之不足；张之洞侧重的则是中学，力图通过弘扬中学来钳制日益多元的思想，用文化来稳固摇摇欲坠的腐朽王朝。应该说这些文化改革，反映了特定历史时期的主流文化观，也说明在文化交往中并没有形成平等交流的态度。改革开放以来，随着我国经济社会的发展，国际交流与合作的频繁开展，中国人的文化心态越来越平和，但到现在也还没有完全形成一种平视的视角。对待外国和外国文化，热衷和漠视并存，对中国文化在世界文化中的地位和格局关注与思考俱缺。基于此，重新审视"国际理解"教育势在必行。

语文选修课可以开设"鲁迅作品里的文化态度专题研究"。鲁迅对文化的国际性问题的认识很清醒，既不主张闭关锁国、自我封闭，也不赞成送去主义、自轻自贱，倡导在文化交往上礼尚往来、平等交流。鲁迅曾批评中国人不能以平等的态度与外国人交往，鲁迅对待外国文化的态度在《拿来主义》中体现得非常鲜明。对待外国文化，闭关主义不行，送去主义不行，必须实行拿来主义。

第二，珍视传统文化。文化的优劣在比较中凸显，也在冲突中彼长此消。因深刻认识文化融合的规律，所以具有国际文化视野的鲁迅对传统文化的批判与反思尤其深刻，而这导致了许多人对鲁迅文化态度的误读。其实，鲁迅对待中国传统文化的态度在批判中体现珍视，在反思中彰显深情，这从《故事新编》中可以窥斑见豹。《故事新编》是一本历史小说，取材于中国古代的神话传说和历史故事。中国传统文化以儒道释为核心建构价值体系，鲁迅对传统文化有理解与认同，如《理水》中对大禹埋头苦干精神的歌颂，在《非攻》中对墨子伟大精神的赞同，在《铸剑》中对干将莫邪父子的赞美等，都反映了他对传统文化体系的深厚感情。正如在《中国人失掉自信力了吗》中所言："然而，在这笼罩之下，我们有并不失掉自信力的中国人在。我们从古以来，就有埋头苦干的人，有拼命硬干的人，有为民请命的人，有舍身求法的人……虽是等于为帝王将相作家谱的所谓'正史'，也往往掩不住他们的光耀，这就是中国的脊梁。"鲁迅对中国传统文化的伟大有深刻的体认。也正因为这种深刻体察，他的作品中才呈现出更多的批判和反思，即以现代意识重新审视中国传统文化，从一个独特的角度表达对传统文化的深刻认识和热爱，以期在外来文化冲击下，重构本土文化，推动传统文化与世界文化的融合。

对文化国际化的审视，应立足于本国文化，在对本民族的文化自信的基础上，与世界交流与对话。费孝通的"各美其美，美人之美，美美与共，天下大同"文化观正逢其时。当然，跨文化比较具有复杂性，涉及的知识非常广博，语文选修课选择的文化比较专题，要根据学情确立，不宜过于宽泛。如"《西厢记》与《哈姆雷特》中的爱情观比较"，开口小而具有开放性，难易程度适中，学生有能力进行自主研习。

（三）活动体验教学

文化活动可增强文化感受与体验，是认知文化的实践途径。语文选修课应充分利用当地文化资源，开设校本课程，培养学生热爱家乡热爱祖国的深厚情感。有条件的学校，可以鼓励学生进行跨文化交流，理解中国文化在世界文化中的价值与地位。

第一，积极参与当地文化活动。语文选修课因为多是以"学习项目"为载体的语文专题学习活动，所以在参与文化传播与交流中具有优势。新课标在"学习任务群2：当代文化参与"中提出，"引导学生关注和参与当代文化生活，学习剖析、评价文化现象，积极参与中国特色社会主义先进文化的传播和交流，增强文化自信"。语文选修课应立足当地文化，参与先进文化的传播和交流。以湖南为例，湖南的红色文化资源丰富，湖南境内几乎每一个县都有红色文化设施。据统计，至2017年"湖南有县级以上不可移动革命文物史迹 1300 余处、爱国主义教育基地 433 处、烈士纪念设施 227 处"。● 这些设施、遗址遗迹和基地承载着红色传统和红色基因。语文选修课可以就地取材，以革命人士为主题，或者以革命作品为主题，确定革命文化研究专题，利用当地文化，让红色资源活起来，如讲红色故事，唱红色歌曲，参观爱国主义教育基地，去红色经典景区游学。把语文学习活动与社会主义核心价值观教育结合起来。如学习"毛泽东诗词鉴赏"专题，可组织学生参观橘子洲头、爱晚亭、新民学会旧址等红色经典景点，在实地重温经典，感受文化精神。

第二，正确参与跨文化交流。跨文化交流是全球政治经济一体化的必然结果，它以帮助学生开阔文化视野，见识多样文化，增强文化理解力为旨归。改革开放以来，随着人们共同富裕程度的提高，学生走出国门的机会越来越多，怎样把境外旅游开发成语文选修课程，让学生在旅游中亲历体验文化，记录文化，并学会思考丰富多样的人类文化，则是时代给语文课程提出的新任务。2017 年的高考作文题就是对学生跨文化交流水平的一次检测，高考作文原题如下：

22. 阅读下面的材料，根据要求写作。（60 分）

据近期一项对来华留学生的调查，他们较为关注的"中国关键词"有：一带一路、大熊猫、广场舞、中华美食、长城、共享单车、京剧、空气污染、美丽乡村、食品安全、高铁、移动支付。

请从中选择两三个关键词来呈现你所认识的中国，写一篇文章帮助外国青年读懂中国。要求选好关键词，使之形成有机的关联；选好角度，明确文体，自拟标题；不要套作，不得抄袭；不少于 800 字。

2017 年的高考作文题是颇有深意的，使人很容易联想到网络上炒得很热的"香甜体"。美国马里兰大学 2017 届毕业生杨某在毕业典礼上作了一场十分偏激的演讲，长于昆明的杨某居然介绍中国说："只要出门就必须戴口罩，不然我可能会生病"，夸赞"美国的空气是那么的甜美清新，而且是一种奇特的奢华"。杨某后来在声明与致歉中表示，"希望今后用自己在国外的所学弘扬中国文化""完全没有对国家及家乡的否定或贬低之意"。● 如果她的道歉是充满诚意的，那至少说明我们还有相当一部分青年

● 胡平. 讲好红色故事，让红色资源活起来 [N]. 湖南日报，2018 - 01 - 18（8）.
● 赞美国空气女留学生致歉：完全没有贬低之意 [EB/OL].［2019 - 08 - 26］. http://news. hebei. com. cn/system/2017/05/23/018224940. shtml.

没有掌握跨文化交际的基本原则，有必要加强这方面的教育。2017 年高考作文要求选择 2～3 个关键词向外国青年介绍中国，这涉及跨文化交际的一些基本原则：一是要有客观态度。要本着实事求是的精神，从一个侧面准确地介绍中国的基本情况。二是要有主观感情。要带着对中国传统文化的理解和对中国特色社会主义的文化自信推介。三是要有中肯的文化心态，不仰视也不俯视外国和外国文化，不卑不亢地做好沟通与对话。以往的作文教学，我们过分注重了叙述表达、陈述阐释，而忽视了应对交流，学生表达与交流能力存在结构性缺失，方向有待调整。"从能力划分的角度看，高考作文则已经产生了阐释型作文和任务驱动型作文两种基本题型"，❶ 语言交际能力的培养将是今后语文教学努力的方向。

跨文化交际要与学生的日常生活紧密结合起来。北京师范大学、首都师范大学实验学校开设的选修课程《把游学活动开发成国际理解课程》很有探索价值。课程确定的学习项目为"探秘印度文化"，分四个小组，分别从印度宗教文化、印度服饰文化、印度学校文化、印度饮食文化四个方面探寻印度文化的特质，最后形成调查报告，完成对印度文化较为全面的认识。❷ 把课外活动建设成学科辅助课程是日本、新加坡等国家的先进教育经验，值得借鉴。随着人民生活水平的提高，境外旅游和接待境外来客逐渐成为学生的生活日常，这为语文选修课教学探索出了一种新课型——文化交流型。在交流过程中，文化的冲突与融合相克相生，而沟通与对话，是化解矛盾走向和谐的有效路径。把逐渐日常化的出国旅游开发成国际理解课程，既有理论探讨价值，又有实践的可行性，对如何贴近生活开发和利用课程资源，具有重要的启迪意义。

提高语文核心素养是语文必修课程和选修课程的共同目标，必修和选修之间有紧密联系但又各有重点。选修课程要与必修课配合，在关注共同基础的前提下，突出差异性和层次性，以促进学生个性的发展。选修课程内部分工也要细化，选择性必修重点关注学习内容的"面"的广度，选修重点关注学习内容的"点"的深度，体现不同的难度；教师在选择教学策略时要根据新课标要求和学生实际，区分重点和层次，以达成不同层级的目的。

❶ 张良田. 破解高考语文中的"任务驱动型作文"题［J］. 写作，2017（12）：42-48.
❷ 姜英敏，金春玉. 把游学活动开发成国际理解课程［J］. 人民教育，2016（21）：66-68.

第五章　基于学习任务群的 语文"选择性必修"教学案例及评析

新课标指出："选择性必修课程，学生根据个人需求与升学考试要求，选择修习；选修课程，学生可自由选择学习。对于选择性必修和选修课程，教师应根据学生个人未来发展的意愿和学业状况，有针对性地给予指导，使学生获得良好的发展方向和空间。"❶ 以"学习任务群"重构语文课程的内容是新课标的显著特点和最大亮点之一。它突破了百年来语文课程内容组织的学科化和选文型特点，凸显了语文课程内容的实践活动化的特点，具有创新性。"学习任务群回归语文实践活动，也并非将语文实践活动与语文课程内容的学科化截然分离，而是在历史发展过程中基于学科化的超越。"❷ 陆志平认为，语文学习任务群主要有四方面的特点：以语文学科核心素养为纲，与学生的语文实践能力为主线，以任务为导向，以学习项目为载体。❸ 以下选择的专题教学案例，来自语文实践，基于学习任务群理念设计，具有一定的探讨价值。

第一节　"中华传统文化经典研习" 学习任务群教学案例及评析

本节主要探讨新课标中"学习任务群8：中华传统文化经典研习"的设计与教学。本任务群"旨在引导学生通过阅读中华传统文化经典作品，积累文言文阅读经验，培养民族审美趣味，增进对中华优秀文化的理解，提升对中华民族文化的认同感、自豪感，增强文化自信，更好地继承和弘

---

❶　中华人民共和国教育部.普通高中语文课程标准（2017年版）［S］.北京：人民教育出版社，2018：10.

❷　管贤强，母小勇."学习任务群"：回归语言实践特质的课程内容重构［J］.语文建设，2018（4）：17－21.

❸　陆志平.语文学习任务群的特点［J］.语文学习，2018（3）：4－8.

扬中华优秀文化"。本任务群为 2 学分，36 课时。本设计以"《遇见大历年间的杜甫》"为专题，课堂学习与课外活动相结合，重点研习大历年间杜甫创作的诗歌，理解晚年杜甫的境遇及情怀。共安排 12 课时。

前面我们已经介绍过，湖南师范大学附属中学在语文选修课的改革方面一直走在前列，颇具特色。从课程开设的具体内容看，类型丰富，结构合理，层次分明，梯度适当。课程理念具有前瞻性，如"专题研究""分层开设"的思路；"整本书阅读""文学写作"的开设，为落实新课标"学习任务群"的教学，探索了路径，积累了经验。在新的配套教材还没有出来以前，语文组就开始了用老教材落实新课标的教学探索。其中主题教学、比较教学等整合教学策略的运用案例在《湖南教育》上得以推广。❶以下是以《中国古代诗歌散文鉴赏》"因声求气，吟咏诗韵"单元中《阁夜》为例，进行"主题教学"的实践案例。安排为 2 课时，执教老师是语文组组长厉行威老师。

一、案例呈现：《遇见大历年间的杜甫》

表 5 – 1　案例呈现：《遇见大历年间的杜甫》

学习 任务群	中华传统文化经典研习
学习项目	遇见大历年间的杜甫——以《阁夜》为例
教学目标	1. 因声求气，在诵读中领略杜甫作品中的家国情怀。 2. 拓展阅读，结合大历年间杜甫其他作品走进晚年杜甫的心灵。
课堂教学 流程及 活动	1. 幻灯片展示： （1）杜甫诗歌编年： 757 年（被俘，解送长安）《春望》《羌村》； 759 年（离开洛阳，前往华州）《石壕吏》； 761 年（成都浣花草堂）《江畔独步寻花》《赠花卿》《春夜喜雨》《茅屋为秋风所破歌》； 762 年（成都浣花草堂）《绝句》； 763 年（四川梓州）《闻官军收河南河北》。

❶　厉行威，李泉. 主题教学的"整合"之道——用"老教材"实施"新课标"理念的策略应对〔J〕. 湖南教育，2019（1）：41 – 43.

（2）安史之乱：755 年—763 年；

（3）大历年号：766 年—779 年，唐代宗李豫年号。

大历五年（公元 770 年），杜甫去世。

2. 初读《阁夜》，把握韵脚和节奏；读完全诗，把握本诗的感情基调。

3. 精读文本：

（1）小组讨论，结合具体诗句说说本诗中有几种悲慨。

（2）自由朗读，用不同的吟诵技巧来表现不同的悲慨。

附：诗句赏析及吟诵指导。

"岁暮阴阳催短景"：首句岁暮，指冬季；阴阳，指日月；短景，指冬天日短。一"催"字，形象地说明夜长昼短，使人觉得光阴荏苒，岁月逼人。

吟诵指导："催"字重读。

"天涯霜雪霁寒宵"：次句天涯，指夔州，又有沦落天涯意。当此霜雪方歇的寒冬夜晚，雪光明朗如昼，诗人对此凄凉寒怆的夜景，不由感慨万千。

吟诵指导："天涯"重读；全句应读得舒缓；"寒宵"二字气息可稍稍颤抖，将寒冷的意味凸显出来。

"五更鼓角声悲壮"：写夜中所闻，晴朗的夜空，鼓角声分外响亮，值五更欲曙之时，愁人不寐，那声音更显得悲壮感人。也道出夔州一带战事吃紧，黎明前军队已在加紧活动。兵革未息、战争频仍的气氛就自然地传达出来了。

吟诵指导：全句应读得急迫；"悲壮"二字应重读且声音高亢。

"三峡星河影动摇"：写夜中所见，雪霁后天地无尘，银河显得格外澄澈，群星参差，映照峡江，星影在湍急的江流中摇曳不定。星河的动摇仿佛也是社会的动荡和诗人心中情感的动摇。

吟诵指导："动摇"重读。

"野哭千家闻战伐"：写拂晓前所闻。一闻战伐之事，就立即引起千家的恸哭，哭声传彻四野，其景多么凄惨！

吟诵指导："千家""战伐"重读。

"夷歌数处起渔樵"：依旧写拂晓前所闻，"夷歌"为外来少数民族的歌曲，夔州战乱，少数民族入侵，此时连渔樵之间都唱起了夷歌，而且是"数处"，可见战争之惨烈。

吟诵指导："数处"重读。

"卧龙跃马终黄土"：诗人极目远望夔州西郊的武侯庙和东南的白帝庙，由此而产生的对历史变迁、贤愚同尽的感慨。

吟诵指导："终"字重读。

"人事音书漫寂寥"："人事"即人世间的事，现今世俗中发生的大如战乱之事、小如个人的离别和失意之事，亲朋间通过音讯和书信建立的关系和感情，都遁入了寂寥之中。

吟诵指导："漫寂寥"应读得舒缓且有余韵。

课堂教学
流程及
活动

第五章 基于学习任务群的语文"选择性必修"教学案例及评析

续表

课堂教学流程及活动	4. 幻灯片展示：《秋兴八首》（其一）《登高》《登岳阳楼》三首诗。 　　提问：结合《秋兴八首》（其一）《阁夜》《登高》《登岳阳楼》中的诗句，谈谈你心中大历年间的杜甫形象。 5. 讨论、点拨、小结"大历年间的杜甫形象"： 　　（1）人生境遇：老病（"百年多病独登台""艰难苦恨繁霜鬓""老病有孤舟"……），孤独（"孤舟一系故园心""百年多病独登台""亲朋无一字"……），漂泊（"万里悲秋常作客""天涯霜雪霁寒宵"……）； 　　（2）心胸情怀：心忧天下（"野哭千家闻战伐""夷歌数处起渔樵""戎马关山北"……），胸怀宽广（"三峡星河影动摇""江间波浪兼天涌，塞上风云接地阴""无边落木萧萧下，不尽长江滚滚来""吴楚东南坼，乾坤日夜浮"……） 6. 课堂结语： 　　"战血流依旧，军声动至今。"（《风疾舟中伏枕书怀三十六韵奉呈湖南亲友》）这就是诗圣，处困顿之境而无厌世之想，以饥寒之身而怀济世之心。 7. 作业布置
作业布置及课外实践	1. 课外阅读《秋兴八首》《咏怀古迹》等杜甫晚年作品和冯至《杜甫传》，加深对大历年间杜甫的认知，写一篇《大历年间的杜甫形象》的小论文或随笔，不少于2000字。择其佳者展示交流；撰写序言，装帧设计，结集付印。 2. 请为大历年间的杜甫画像，或者设计雕塑（可用文字描述）。 3. 探寻杜甫在长沙的踪迹，以《漂泊潭州》为题，写一篇散文或随笔。不少于1500字。择其佳者展示交流，推荐发表；撰写序言，装帧设计，结集付印。
附录一：杜甫长沙踪迹及诗歌	略
附录二：文献资料	1. 樊维纲. 南客潇湘外，江湖行路难——杜甫在湖南的行踪、境遇 [J]. 湖南师院学报：哲学社会科学版，1981（1）. 2. 樊维纲. "斯文忧患余，圣哲垂豪系"——杜甫在湖南的诗歌创作 [J]. 杭州师院学报：社会科学版，1984（4）. 3. 文正义. 杜甫湘行踪迹及其死葬考 [J]. 杜甫研究学刊，1997（3）.

二、案例评析：天意君须会，人间要好诗

"杜甫一生关心政治，也一生锻炼诗篇。"❶ 大历年间的杜甫陷入家国

---

❶ 冯至. 杜甫传 [M]. 天津：百花文艺出版社，2007：226.

乱离、政治理想无法实现的潦倒之中，诗歌创作却漫兴成句，浑然天成。但诗境并未缓解心灵的焦灼，晚年的杜甫外苦内悲。一方面"仍逢苦乱离"使晚年诗作无工而妙；另一方面诗人一生志不在此却至死也无力回天，无望、无奈、无力，是诗人的晚景之悲。个人逼仄的处境折射出时代的困窘，杜甫晚年的诗篇充溢着个人和时代的血泪，产生了巨大的感人力量。白居易在《读李杜诗集因题卷后》中写道："天意君须会，人间要好诗"，这是对杜甫一生经历的最好总结。文章憎命达，也许一切都是"天意"，"好诗"是上天赋予多难杜甫的神圣使命，也是岁月对杜甫最好的馈赠。厉老师的课运用专题教学理念引导学生领悟了这旷世悲慨。什么是专题教学？目前语文理论界和实践界尚无定论，但达成了一定的共识。"专题教学更类似于以解决问题为目标的语文学习项目，具有项目式学习（Project–based Learning）的某些特征"，"从教学目标、教学内容到教与学的方式等方面都体现出鲜明的整体性特征"。❶专题教学具有"项目性"和"整体性"，厉老师正是抓住这两大本质特征，运用整合教学策略，实现了项目学习的整体目标。

（一）主题整合，体验生命之悲

学生学习内容的整合是学习任务群的重要特点，也是改变过去单篇教学分点训练、一课一得的创新之处。用"整合"策略实施"主题"教学，鲜明体现了"课程实施的整合"特质，能有效落实新课标学习任务群要求整合学习内容、资源、情境、方法的理念，实现由单篇课文和"散点课堂"到集群阅读、综合实践、"结构课堂"以及课内外联动和一体化的"任务驱动"教学。厉老师以语文选修教材《中国古代诗歌散文欣赏》中的《阁夜》为重点，指导学生通过深情、顿挫的诵读，读出杜诗中对仗工整之美、音节整齐之美；然后因声求气，反复体味此诗蕴含的悲凉、悲壮、悲抑、悲慨之情，感受杜甫晚年的多重悲叹；最后结合大历年间杜甫的遭遇及创作，走进杜甫的生命之秋，深刻理解杜甫在行终黄土却百事寂寥的生命之叹。大历年间，杜甫的内心是怎样的一种状态呢？长期颠沛流离的生活使得杜甫"暮年渐激昂"，"心境经常处于一种激愤状态，发而为

❶ 郑国民，李煜辉. 高中专题教学实践研究探析［J］. 教育学报，2017（10）：46–51.

诗，常常冲破圆融的意境，表现出奇崛顿挫的风格"。❶ 他的诗记录了社会的变迁，也是个人的心灵史。这样的主题整合实现了由"课文、课堂"教学向"主题、学科"教学的超越，从而使教学活动提升到了课程育人的层面，有效地促成了学生知识与能力、学习方法与思维品质、情感态度和价值观的综合发展，促进了学生语文核心素养的生成、提升和发展。厉老师的设计在课程观上是以落实学科核心素养为纲，以老教材的单篇课文为点，以课文所关联的杜甫同时期其他作品为面，结合作者的生平史料，建构了具有开放性的课程内容，具有选择性必修所要求的"面"的广度。

（二）活动整合，探究人事之悲

厉老师设计的教学过程是以语文实践活动为主线，课内课外交融的学习过程。这里的实践活动有两层意思：一是重视学生的语文本体学习实践活动，把课文阅读与原典研读、文献查阅、试写评论等读写活动纳入教学过程。读杜甫其他晚年作品和冯至的《杜甫传》，是理解《阁夜》的基础，也是开启大历年间杜甫心灵世界的钥匙，避免了以往课堂教学中颇为单纯与单调的创作背景知识介绍和作者生平介绍，把枯燥的语文知识通过语文活动转化为审美的体验。学生从阅读活动中了解了杜甫的政治追求和宦海沉浮，能更准确解读杜甫诗歌中悲慨之深。二是与学生的周围世界和生活实际紧密联系，把实地参观、考察、调查等实践活动纳入教学过程。杜甫江阁是杜甫旅居长沙的栖身之地，也是写作《阁夜》的具体地点，目前是长沙市的著名景点；杜甫的晚年诗歌《登岳阳楼》由毛泽东亲笔书写悬挂在岳阳楼上；杜甫晚年诗中提到的贾谊故居也保存完好。要求学生去实地考察这些景点，探寻杜甫遗迹等活动，既是学习之旅，又是文化之旅，可提升学生的实践能力和综合能力。同时学生在沿着杜甫的足迹、重走杜甫之路的过程中，内心一定有更多的触动和发现，能更好地理解杜甫当年写作的情境与心境，更深地理解杜甫的人事之叹。在生命之秋，回望过往岁月，杜甫对自己的宦海挫败耿耿于怀，对一生孜孜以求的报国之志无从施展痛心疾首。《旅夜书怀》中"名岂文章著，官应老病休"直接表达了这份激愤。"致君尧舜上，再使风俗淳"之政治理想的破灭，既是一己人事之悲，更是乱世一国之悲。

---

❶ 吴相洲. 杜诗"沉郁顿挫"风格含义辨析［J］. 陕西师范大学学报：哲学社会科学版，2007（5）：104－108.

（三）项目整合，理解家国之悲

学习任务群以任务为导向，以"学习项目"为载体，要完成这个学习项目，比学习单篇课文要困难得多，项目整合也是一个崭新的课题。以专题的评价方式为例，厉老师借鉴了科学研究的项目结题形式，主要采用表现性评价方式，以塑造杜甫形象为中心，以加深学生对杜甫家国之悲的认知和理解为目标。学习成果的呈现方式有三类。第一类是阅读成果：课外阅读《秋兴八首》《咏怀古迹》等杜甫晚年作品和冯至的《杜甫传》，加深对大历年间杜甫的认知，领悟杜甫的人生境遇和心胸情怀，理解杜甫的家国之叹。第二类是写作成果：以《大历年间的杜甫形象》《漂泊潭州》为题写作小论文和随笔，以审美创作活动凸显学生对杜甫的个性解读和评价。第三类是活动成果：大历年间的杜甫画像；完成一本原创作品集出版任务，涉及策划、选稿、装帧、结集、付印等全过程。把杜甫形象用其他艺术形式再现，深化了对杜甫的认知，开发与推广了杜甫的作品。每一项任务的完成都离不开对杜甫精神内核的全面把握：处困顿之境而无厌世之想，以饥寒之身而怀济世之心。这样的评价方式突破了以往纸笔测试单一的评价功能，指向语文学习活动的全领域和全过程，凸显了对学生的激励功能，具有促进学生不断改进和优化学习方案、策略的作用。

"每一个专题学习结束后，在该专题上应该有系统、条理、立体、深刻的体验，这正是专题学习不同于'单篇教学'的价值所在。"❶ 厉老师的课正是给人以多样立体的感受，学生的收获也是全方位的。学生通过对重点课文的诵读，对语境中关键词语的赏析，把握了诗中杜甫的形象，再通过群诗和其他学习资料的阅读，实地考察，走进晚年杜甫的心灵世界，体悟到杜甫的家国情怀。同时也通过学习运用"因声求气"的鉴赏方法，探寻了鉴赏诗歌的专业路径，体会到研究性学习的特点，从而提升了语文综合素养，为后续的学习积累了经验。

当然，学习任务群的复杂性也必然决定了学习方式和教学方式的复杂性。从厉老师的教学设计看，本专题教学适合借鉴混合式教学方式。"混合式学习侧重的是学生学习活动的混合"，"主要是指线上线下学习活动的

---

❶ 褚树荣. 从实验室到田野：学习任务群视域中的专题学习［J］. 语文学习，2018（2）：40－48.

第五章　基于学习任务群的语文『选择性必修』教学案例及评析

混合"。❶ 混合式教学把传统线下教学的优势和网络线上教学的优势结合起来，在发挥教师的主导作用的同时，增强学生学习的积极主动性。这个专题教学如果只是运用传统教学方式呈现与杜甫大历年间的生平经历和遭遇有关的文字资料，学生可能会觉得枯燥，应推荐有关的纪录片或影视片段，增加学习资料的多元性和趣味性。

"新课标""老教材"，在新课标已经出台而新教材却未跟上的特殊过渡时期，语文选修课程该怎样教？据笔者访谈了解，一些学校和教师还是一片茫然，在等新教材，在等教育行政主管部门和学校的培训，没有新的思路和方案设计。湖南师范大学附属中学在落实新课标理念方面走在前列，教学团队以教研组为核心，利用教学共同体的合力，积极探索以老教材落实新课标理念的整合策略，有利于达成语文核心素养。上述主题教学的设计较好地展现了这一探索的成果。

第二节　"中国革命传统作品研习"
学习任务群教学案例及评析

本节主要探讨新课标中"学习任务群9：中国革命传统作品研讨"的设计与教学。本任务群"旨在阅读和研讨语言典范、论辩深刻、时代精神突出的革命传统作品，深入体会革命志士以及广大群众为民族解放事业英勇奋斗、百折不挠的革命精神和革命人格；学习在建设中国特色社会主义过程中涌现的英雄事迹，感受其无私无畏的爱国精神；进一步发展语言运用能力、思维能力和审美鉴赏能力；陶冶性情，坚定志向，形成正确的世界观、人生观和价值观"。本任务群的学习贯串必修、选择性必修和选修三个阶段。本任务群为0.5学分，9课时。湖南广益实验中学语文组从"毛泽东诗词鉴赏"的角度，选取毛泽东的代表性诗作，探讨毛泽东诗词中崇高的革命情怀和浪漫主义的艺术风格，以期传承革命精神，获得审美体验。本教学案例共9课时，其中包含2课时课堂详案。执教老师是语文组组长戴红梅老师。

本专题教学选题的依据是把作品研习与当地文化资源有机结合。毛泽东是土生土长的湖南人，湖湘文化在塑造毛泽东思想与人格的同时，也造就了毛泽东诗词。毛泽东诗词中所表现的心忧天下的爱国主义情操、激情

---

❶ 于歆杰. 论混合式教学的六大关系 [J]. 中国大学教学，2019 (5)：14 - 18, 28.

澎湃的浪漫主义格调以及经世致用的现实主义情怀，都从不同角度折射出革命传统作品的精神风貌与价值追求。新课标鼓励各个地方的学校结合自己的实际开发有各地特色的选修课，以毛泽东诗词为载体的选修课程，有利于培养学生核心价值观，丰富学生的人文素养和家国情怀，提升学生的综合素养。让学生领略到毛主席关心国家命运、以天下为己任的、坦荡从容、英勇奋斗、乐观豪放的伟人精神。

一、案例呈现：《毛泽东诗词鉴赏》

（一）学习项目

毛泽东诗词鉴赏

（二）学习目标

（1）通过讲解、讨论、走访以及自主学习等方式，提高学生的诗词鉴赏能力，提高学生的审美品位；

（2）通过教师的讲解与学生的讨论，课堂讲解与课下活动结合，掌握诗词学习的基本方法，进行多维度的解释和理解；

（3）借助语言文字，体会湖湘文化乃至中华文化的精髓，树立积极向上的人生理想，增强为民族振兴而努力的使命感和社会责任感。课程内容共 9 课时。

（三）任务与教学活动

1. 第一阶段：探寻实践（3 课时）

学生课外探访湖南第一师范及新民学社遗址，了解青年毛泽东的活动踪迹。组织学生观看电影《毛泽东在1925》（2 课时）；组织学生阅读 2007 年中央文献出版社出版的杨华方的《毛泽东在一九二五年》（1 课时）。

2. 第二阶段：鉴赏分析（3 课时）

组织学生阅读《毛泽东诗词选》，并引导学生给毛泽东诗词划分类型。以《忆秦娥·娄山关》《清平乐·六盘山》为例，赏析毛泽东诗词中的阔大境界和革命形势（2 课时）；以《七绝·贾谊》《七绝·屈原》为例，探究毛泽东思想中的湖湘精神（1课时）。

3. 第三阶段：拓展延伸（3课时）

组织学生收集整理湖湘文化代表人物及其思想，并以小组为单位进行展示介绍（1课时）；组织学生撰写读书笔记，整理采访记录，撰写学习体会和感想，以加深对革命活动背景和英雄人物思想境界的深刻理解（1课时）；组织毛泽东诗词书法大赛（1课时）。

（四）评价形式

采用课堂提问和课堂作业、参加社会实践活动情况相结合的方式进行综合评价。评价内容：总分100分，课堂参与情况40分，作业30分，社会实践20分，出勤10分。经考核合格，可获0.5个学分。

表5-2　案例呈现：《毛泽东诗词鉴赏》

学习任务群	中国革命传统作品研习
学习项目	毛泽东诗词鉴赏（2课时）
教学目标	1. 赏析革命先辈毛泽东的名篇诗作，品味意象和语言，感悟词的阔大境界，获得审美体验； 2. 结合时代背景，把握作品内涵，感受作品中革命志士和英雄人物的艺术形象； 3. 通过群文阅读，探究"湖湘精神"的特点，并感悟湖湘文化对毛泽东人格思想的塑造和影响。
课堂教学流程及活动	一、重走湖湘路，知人论世 　1. 情境导入。 　毛泽东，新中国的缔造者，伟大的政治家、思想家、军事家，无产阶级革命事业的卓越领导人，同时，他又是一位伟大的诗人。我们学过他的哪些诗作呢？学生齐背《沁园春·长沙》《沁园春·雪》。 　2. 勾勒出毛泽东与湖南有关的活动轮廓，了解毛泽东的革命成长轨迹。 　"山川资俊杰，时势造英雄"，湖湘境内千山万壑、江河纵横。青年毛泽东在这里完成了他最初的人格塑造，后来又在艰难曲折的革命事业中不断磨砺不断丰富。今天我们就来学习毛泽东的另外两首词——《忆秦娥·娄山关》《清平乐·六盘山》。 二、品读经典诗，感知体悟 　1. 初读感知。 　　　　忆秦娥·娄山关（1935年） 　　　　西风烈，长空雁叫霜晨月。

课堂教学流程及活动	霜晨月，马蹄声碎，喇叭声咽。 雄关漫道真如铁，而今迈步从头越。 从头越，苍山如海，残阳如血。 清平乐·六盘山（1935 年） 天高云淡，望断南飞雁。 不到长城非好汉，屈指行程二万。 六盘山上高峰，红旗漫卷西风。 今日长缨在手，何时缚住苍龙？ ①学生自读。 ②代表范读，师生点评。 ③老师提问：要读出一种什么样的情感？ 这种情感是从开始一直持续到结束，还是有变化？ 两首诗歌都一样吗？请说明理由。 学生自由尝试并小组探讨。 【点拨】可以运用“知人论世”“意象赏析”“炼字”等多种方法来探究。 【背景简介】（略） 2. 研读体悟。 ①老师提问：两首作品中所表现出来的主人公形象是什么样的？你是怎么看出来的？ 研讨探究得出一位关心国家命运、以天下为己任的、坦荡从容、英勇奋斗、乐观豪放的伟人形象。 ②作者是怎么表现出来的？ 【点拨】意象、对比、修辞、衬托、象征、情景交融、反问等手法。 ③学生自读，代表范读。 3. 再读品味。 ①总结两首诗歌的主旨。 【点拨】表现了红军将士不畏艰难，不怕牺牲，敢于战胜一切困难、压倒一切敌人的革命英雄主义和必胜的革命信念。 ②请比较两首诗歌在内容、情感、手法上的异同。 三、体悟革命情，拓展延伸 请在毛泽东诗词中任意挑选一首诗词，与上述两首词组成一组阅读材料，用简洁的语言阐述你选择这首诗词的理由。
	四、课外研读 1. 毛泽东其他诗词类比阅读； 2. 毛泽东诗词中的湖南元素； 3. 毛泽东对湖湘文化代表人物的评价； 4. 阅读杨华方的《毛泽东在一九二五年》（中央文献出版社，2007 年）。 本书以人性化的视角透视平民的毛泽东，讲述了 1925 年毛泽东的事迹。帮助学生直观形象地了解波澜壮阔的时代背景，深入理解革命志士以及广大群众为民族解放事业英勇奋斗、百折不挠的革命精神和革命人格。

续表

作业布置 及课外 实践	1. 探访湖南第一师范及新民学社遗址，了解青年毛泽东的活动踪迹； 2. 观看电视剧《恰同学少年》、电影《毛泽东在1925》； 3. 撰写读书笔记，整理采访记录，撰写学习体会和感想，以加深对革命活动背景和英雄人物思想境界的深刻理解。
附录一： 毛泽东长沙 活动踪迹及 相关作品	长沙是毛泽东人格形成的地方，也是中国农村革命的发源地，是毛泽东初期革命活动的中心。毛泽东的生平事迹大事年表。（略） 1893—1910年；1911—1920年；1921—1930年；1931—1940年。
附录二： 相关文献 及参考 资料	1. 付建舟. 毛泽东诗词全集详注［M］. 伊犁：伊犁人民出版社，1999. 2. 龙剑宇，胡国强. 毛泽东的诗词人生［M］. 北京：中央文献出版社，2011. 3. 崔学勤. 毛泽东诗词在当下的美育价值［J］. 郑州航空工业管理学院学报：社会科学版，2015.
教学反思	本任务群的学习，长沙的学生有得天独厚的条件，本课在学习之前，先将相关诗文以及写作的时代背景资料以课外阅读材料的形式印发给学生，要求学生仔细阅读，深入研讨，并要求课外利用网络查找相关资料，解决研讨过程中的疑难问题；在课文教学过程中，因为有了这些阅读基础，学生学习的兴趣很浓，积极性很高，能够联系相关材料进行联想，很快融入文章情境中去，通过对意象和语言的品味，感悟到了词的阔大境界，获得审美体验；再结合毛泽东其他诗词的研读，学生对作品中英雄人物的艺术形象和湖湘文化的特点，以及广大群众为民族解放事业英勇奋斗、百折不挠的革命精神和革命人格有了更深入的认识。课堂目标按预期达成，教学效果良好。

二、案例评析：雄关漫道真如铁，而今迈步从头越

　　毛泽东诗词以其前无古人的崇高优美的革命感情、遒劲伟美的创造力量、超越奇美的艺术思想、豪华精美的韵调辞采，形成了中国悠久的诗史上风格绝殊的新形态的诗美，这种瑰奇的诗美熔铸了毛泽东的思想和实践、人格和个性。他的诗词往往在看似不经意的轻描淡写间，展示纵横万里的境界，发出吞吐山河、雷霆万钧的气势。《忆秦娥·娄山关》（1935年）和《清平乐·六盘山》（1935年）写于长征途中，中国革命遭遇了巨大的挫折，走到了生死存亡的关口。面对如此严峻的形势，毛泽东的革命意志毫不动摇，表现出敢于克服一切困难的大无畏勇气和革命精神，塑造出一代伟人的形象。这样的革命人格的形成，与其青年时期的教育密切相关，戴老师的课追寻毛泽东在长沙的足迹，探讨湖湘文化对毛泽东的人格

的影响，重点突出了毛主席在挫折面前迎难而上、勇往直前的伟人精神。戴老师的课在内容挖掘上体现了层次性。

（一）选修与必修贯通，探源伟人精神

毛泽东是中国人民的伟大领袖，是伟大的革命家、政治家、军事家、理论家和杰出的文学家。为什么在长征时期他的诗词中仍然充满了革命豪情和乐观主义精神？这是解读长征组诗需要解决的一个精神源头问题。课堂导入从学生必修已经学过的《沁园春·长沙》等入手引入课题，非常恰切。《沁园春·长沙》作于1925年秋，革命运动正蓬勃发展，当时作者32岁，离开故乡韶山，去广州主持农民运动讲习所，途经长沙，重游橘子洲，感慨万千，于是写下这首词。这首词充满着青春的理想，意象纷呈，意境深远，情景交融。选择朗诵《沁园春·长沙》和梳理毛泽东的青年革命生涯轨迹导入，优势有二：一是诗作的地点是长沙，且有橘子洲景区等物质文化，学生关于诗歌及其创作背景、影响等均有一定的感性体验。二是《沁园春·长沙》中"问苍茫大地，谁主沉浮"表达了毛泽东青年时代改造中国和改造世界的伟大理想，但又不限于此，可以说是概括了毛泽东一生的求索追问。纵观毛泽东的人生，不管在任何时候，他从来都没有忘记自己的使命和担当，一切革命行动"无非一念救苍生"。而青年毛泽东在长沙的成长，为他一生的伟大抱负和革命情怀奠定了最坚实的基础。

（二）理论与实践一体，缅怀伟人精神

细读文本与实地体验是本课的突出特点。戴老师充分利用实景体验式教学的手段，教学形式新颖。如带领学生来到橘子洲头学习毛泽东著名诗篇；在课后作业中，组织学生课余探访湖南第一师范及新民学社遗址，了解青年毛泽东的活动踪迹；观看电视剧《恰同学少年》、电影《毛泽东在1925》，阅读《毛泽东在一九二五年》。这些活动打通课内外，做到了理论实践的结合。评价方式也体现了这种综合性，如撰写读书笔记，整理采访记录，撰写学习体会和感想，以加深对革命活动背景和英雄人物思想境界的深刻理解。这些多样化的活动方式，让学生更加直观地了解了波澜壮阔的时代背景，能帮助学生深入理解毛泽东诗词里革命志士以及广大群众为民族解放事业英勇奋斗、百折不挠的革命精神和革命人格，更进一步感受到伟人年青时的爱国情怀、无私无畏的革命精神。学生在综合实践活动中

陶冶了性情，不知不觉中受到了伟人精神的感染。

（三）经典与文化关联，传承伟人精神

湖湘文化滋养了毛泽东，毛泽东丰富了湖湘文化。学习毛泽东诗词，一个重要的目标是正确理解湖湘文化与毛泽东诗词的血肉关系，传承伟人精神。毛泽东的诗词中的湖南元素是非常鲜明的。诗歌中涉及湖南相关的人物、地点、事件较多，文章中也对曾国藩、左宗棠、黄兴、蔡锷等人的历史地位和功勋赞赏有加。在学习本课之前，先将分析课文要用到的相关诗文以及写作的时代背景资料以学习材料的形式印发给学生，要求学生仔细阅读，广泛了解，并要求课外利用网络查找相关资料，解决学习过程中的疑难问题。这为学生自主学习提供了支架，有效地引导了学生的自主学习。在课文教学过程中，因为有了这些阅读基础，又加上新颖的教学方式，学生学习的积极性较高，教师通过实地诵读、合作探究、主题阅读等形式，引导学生深入研讨毛泽东诗词与湖湘文化相互成就的关系。如充分利用实景体验式教学的手段，带领学生来到橘子洲头集体诵读，再现伟人当年写诗的意境，亲身感受伟人的革命豪情，以及毛泽东的伟人精神对湖湘文化的反哺与滋养，传承关心国家命运、敢于担当、乐观奋斗、敢为人先的湖湘精神。这样的语文活动把文化传承与诗词学习融合在一起，通过活动促进学生的精神成长。

戴老师在课堂教学中，始终运用了点拨法，关注学生学习自主性的培养，也提到了"意象分析""炼字"等诗歌鉴赏方法，但就这堂课来说，对两首诗歌的解读指导有待完善：一是整体上的指导可更关注风格的品鉴。教师指出了诗歌运用了意象、对比、修辞、衬托、象征、情景交融、反问等手法来表现主旨，但带有较为明显的理性分析色彩，如果能引导学生品鉴关键之处，让学生不仅知道用了什么艺术手法，而且真正体悟到运用这些艺术手法的精妙之处，那就可以更好地凸显诗词的审美价值。二是具体指导可更突出词语的品析。意象分析，重点提到了，但教学中的示例分析几乎没有，关键意象品析欠缺。如"雄关漫道真如铁，而今迈步从头越"，情理结合，雄关的坚固，前路的艰难，一个"越"字表达出不畏一切艰难险阻的坚定决心。为表现在绝境中的奋斗精神，作者赋予环境以独特的寓意。"苍山如海，残阳如血"，写景奇特，画面清绝，景色如此苍凉，心情何等悲壮，情景交融，让人在凄美中看到的不是触目惊心的现实场景，而是悲痛中展望未来的壮阔气象，"苍山""残阳"用词传神，意象

修饰语"苍""残"为天地蒙上了一层无法从心头抹去的苍凉。这些意象体现了这首诗歌独有的悲壮审美风格，与毛泽东其他诗歌的浪漫乐观基调形成鲜明的对照。

第三节 "中国现当代作家作品研习"学习任务群教学案例及评析

本节主要探讨新课标中"学习任务群10：中国现当代作家作品研习"的设计与教学。本任务群主要研习中国现当代有代表性的作家作品，包括反映改革开放以来社会主义先进文化的作品。"旨在大体了解现当代作家作品概貌，培养阅读现当代文学作品的兴趣，以正确的价值观鉴赏文学作品，进一步提高文学阅读和写作能力，把握中国现当代文学作品思想性、艺术性、观赏性有机统一的价值取向。"本任务群为0.5学分，9课时。以下是湖南省地质中学语文选修课的案例《百年杨绛的人生哲学》，执教老师是特级教师黄尚喜老师和文奇老师。

"百年杨绛的人生哲学"专题是语文组设计的"中国现当代作家作品研习"任务群中的一个专题，安排9课时。本专题研习杨绛先生其人其文，特别是了解杨绛先生的人生哲学。通过前期对学生阅读兴趣、审美趣味、人生价值观等的调查，我们选择以杨绛先生的人生哲学为切入点进行文化心态研究，这样既符合学生的学习期待，又符合新课标理念，也兼顾学术界研究的最新成果。"隐身"哲学的语言文字鉴赏，"不争"哲学的文学探究，"爱"的哲学的文化解读，"杨绛研究热"的文化传播与接受，每一个环节的设计都试图努力促进学生理性思辨，特别是"从文化传播学与文学接受的角度评论新闻"等设计，意图更加明显。通过专题学习激发阅读杨绛原著及其他现当代文学作品的兴趣，以正确的价值观鉴赏文学作品，进一步提高文学阅读和写作能力，把握中国现当代文学作品思想性、艺术性有机统一的价值取向，帮助自己形成科学的人生观、价值观。

一、案例呈现：《百年杨绛的人生哲学》

（一）学习项目

百年杨绛的人生哲学

（二）学习目标

（1）通过音频与文本学习，整体把握作家作品的文学常识。

（2）精读选文，理解杨绛人生哲学三个维度的内涵。鉴赏"隐身"哲学的语言文字艺术；从中外比较文学的角度探究"不争"哲学，提高辩证思维；通过对比阅读"爱"的哲学，传承鉴赏不同的"爱"的哲学文化，提高阐释与归纳的思维能力。

（3）培养文化热点与情境意识，学习文学批评的科学方法，提高理性审视文化热点现象的能力，培养独立思考的能力与人格。

（三）学习内容

（1）观看《纪念杨绛》视频，辅之适量笔记，粗略建立杨绛的文学常识框架。通过第1课时的6篇选文，初步感知杨绛人生哲学的三个维度。

（2）精读《隐身衣》，归纳"隐身衣"的比喻内涵；结合《走在人生边上——百岁问答》探讨"隐身"哲学的内涵和本质。泛读《隐身衣》《百岁问答》（节选）、《我与谁也不争》《有感于杨绛的"争"与"不争"》《我们仨》（节选1）和《我们仨》（节选2）鉴赏分析"隐身"哲学的两个语言艺术，即"隐身"视角——退隐静观式写作和"隐身"对话——梦境书写。

（3）通过兰德的诗句的不同译文版本的对比，深入探究"不争"哲学的文化实质。通过相关诗句的分享，拓展阅读面，提高阅读的质量，培养发散思维。将"争"与"不争"引入现实社会生活和写作情景中，学习辩证统一思维，提高思维的严谨程度，进而提高思维的质量。

（4）跳读与细读结合，认识杨绛"爱"的哲学在作品中的表现，提高感知"爱"的能力。通过与冰心的"爱"的哲学对比，在理性层面认识"爱"的哲学。传承中外"爱"的哲学文化，运用到自己的生活实践中，治愈自己，提高幸福能力，建立积极的人生观。

（5）通过近期文化热点现象，提高文化热点与情境意识。通过学术论文的学习，建立文学批评的科学方法，提高理性审视文化热点现象的能力，培养独立思考的能力与人格。

（四）情境与任务

教学共分9课时完成，具体任务设计如下：

1. 第一阶段：走近杨绛及其人生哲学（2课时）

（1）比一比：小组合作，把你们了解到的杨绛，整理成口头清单，与同学分享。

观看视频《纪念杨绛》，了解作家作品。

（2）分一分：速读《隐身衣》《百岁问答》（节选）、《我与谁也不争》《有感于杨绛的"争"与"不争"》《我们仨》（节选1）和《我们仨》（节选2），快速分组，并陈述分组理由。

点拨归纳：

第一组（"隐身"哲学）：《隐身衣》《百岁问答》（节选）

第二组（"不争"哲学）：《我与谁也不争》《有感于杨绛的"争"与"不争"》

第三组（"爱"的哲学）：《我们仨》（节选1）和《我们仨》（节选2）

（3）课堂小结。

2. 第二阶段："隐身"哲学的语言文字鉴赏（2课时）

（1）精读《隐身衣》，分析"隐身衣"的含义。

理解：隐身衣比喻作者自己所推崇、所选择的生活位置和人生态度；甘愿居于卑微，不受人关注，拥有自由的生活和率真的个性，可以冷静地观察世态人情的真相；同时努力向上，不自暴自弃，做出自己的成就。

（2）学生表演性范读《百岁问答》（节选），结合你所了解的杨绛，谈谈你对"隐身"哲学的理解，探究"隐身"哲学的本质。

理解：杨绛认为，"一个人不想高攀就不怕下跌，也不用倾轧排挤，可以保其天真，成其自然，潜心一致完成自己能做的事"。她的隐身哲学不是自认渺小，自甘落后，无所作为，得过且过。而是知天知地，知己知彼，脚踏实地，认准目标，排除干扰，保其天真，成其自然，孜孜以求，"潜心一致完成自己能做的事"的一种生活哲学。用"眼藏心解"的方式看待世界，即通过"眼藏"大千世界再进行"心解"。对整个世界的阅读和认知都表现得极其冷静，这种"稳定性"架构了她在文学创作上的从容淡定之美。（言之有理即可）

本质：知识分子的理想人格。

（3）泛读《孟婆茶》和《我们仨》（节选3）、《干校六记》之《下学记别》（节选）和《回忆我的姑母》（节选），注意画线部分，总结杨绛"隐身化"文学创作的艺术风格。

参考观点：

①"隐身"视角——退隐静观式写作。杨绛的创作观念在于，作者所创造的文学世界是呈现给读者的，没有必要将作者自我的情绪暴露在读者面前。这种退隐静观式的创作方法既可以让作者把握和掌控自己的情绪发泄，又可以以全知的视角置身在外，理性地看待世界。②"隐身"对话——梦境书写。古人常用梦的手法描述幻境，以抒情念故。在《我们仨》（节选3）里，年近93岁的杨绛也用她的这个"万里长梦"来表达女儿和丈夫离世后自己情感受到重创，在心痛难忍中亦幻亦真的状态。《孟婆茶》里面，以梦阐述"生与死"的思考。从创作角度来看，以梦入书贯穿全文，有助于主观意识的敞开，同时也更能调动读者共情。似梦非梦，亦实亦虚，有如庄周梦蝶，给人主体的隐身之感。

（4）课堂小结。

3. 第三阶段："不争"哲学的文学探究（2课时）

（1）比较阅读：英国诗人 Walter Savage Landor 的《生与死》有几个版本的译文，说说你更喜欢哪个？并讲述原因。原文如下：

On His Seventy – fifth Birthday

　Walter Savage Landor

I strove with none，

for none was worth my strife；

Nature I loved，

and next to Nature，Art；

I warmed both hands before the fire of life；

It sinks，and I am ready to depart.

译文1（杨绛译）：我和谁都不争，和谁争我都不屑；我爱大自然，其次就是艺术；我双手烤着生命之火取暖；火萎了，我也准备走了。

译文2（李霁野译）：我不和人斗争，因为没有人值得我争斗/我爱自然，其次就是艺术/我在生命的火前，温暖我的双手/一旦生命之火消沉，我愿悄然长逝。

译文3（散宜生译）：本无才俊可相难，自爱斯文更爱天/真火曾撩双手暖，火衰我亦辞人间。（《题七十五岁生日》）

参考观点：这首小诗表现了杨绛一种通达从容、积极乐观的人生态度和宁静淡泊、铅华洗尽的人生境界。其沉定简洁的语言，看起来平平淡淡，无阴无晴，然而平淡不是贫乏，阴晴隐于其中，经过漂洗的、苦心经营的朴素中，有着本色的绚烂华丽，干净明晰的语言在杨绛笔下变得有巨大的表现力。（言之有理即可）

（2）主题阅读：分享你喜欢的《我和谁都不争》相似的诗句。

4. 第四阶段："爱"的哲学之文化解读（2课时）

（1）梁漱溟说过，人的一生一直在处理三种关系：人与物之间的关系；人与人之间的关系；人与自己内心的关系。

（2）跳读《我们仨》（节选1～4）、《走在人生边上——自问自答》《回忆我的父亲》《读书苦乐》《我与谁都不争》和《干校六记》之《小趋记情》（节选）等文章，从杨绛"爱"的哲学的三个维度，就具体语句结合实际生活谈谈你的感受与理解。（言之有理即可）

（3）对比鉴赏：冰心与杨绛"爱"的哲学的区别。

参考答案：见表5-3。

表5-3 冰心与杨绛"爱"的哲学的区别

作家	核心	表达方式	文体	文化渊源
冰心	仁爱	诗性	冰心体	基督教、泰戈尔"泛神论"
杨绛	智慧	智性	戏谑体	中国的庄禅思想、西方的理性气息

（4）达成共识：梵高说过，"爱之花开放的地方，生命便能欣欣向荣"。心中有爱，便不惧薄凉！

5. 第五阶段："杨绛研究热"的文化传播与接受（1课时）

（1）视频导入：《每日文娱播报20160526"百岁感言"并非杨绛所写》

（2）阅读讹传的《百岁感言》，梳理事件经过，从文化传播学与文学接受的角度评论该新闻。

（3）阅读《试论网络谣言的传播机制——以"杨绛百岁感言"为例》和《反噬与错位：自媒体网文对杨绛及其作品的推介》，总结新闻评论的方法。

（4）小试牛刀：运用以上方法，自选角度，评论网红教授戴建业和陈果及于丹事件、余秋雨热等文化热点现象。

（5）书目推荐：柴静《看见》、尼尔·波兹曼《娱乐至死》。

（五）学习资源

杨绛作品选文资源：①《我们仨》（节选）：钱瑗；生离与死别；长达万里的梦；不要紧等。②《隐身衣》。③《走在人生边上——百岁问答》。④《孟婆茶》。⑤《干校六记》之《下乡记别》（节选）；女婿去世；《小趋记情》（节选）。⑥《回忆我的姑母》（节选）；《回忆我的父亲》。⑦《读书苦乐》。

视频资源：①《纪念杨绛》；②《每日文娱播报 20160526 "百岁感言"并非杨绛所写》；③《品读》之《我们仨》；④《5分钟了解百岁传奇女子杨绛一生》；⑤《老梁讲述钱钟书妻子杨绛先生，为何女士也能称先生》；⑥《马伊琍朗读：杨绛〈我们仨〉献给所有父母》。

（六）学习评价

现将学生的学习效果根据高中语文核心素养要求，从低到高划分为如表5-4所示的四个等级：

表5-4　根据高中语文核心素养要求划分学习效果

	语言的建构与运用	思维的发展与提升	审美的鉴赏与创造	文化的传承与理解
A级	感受真实的情感与选材、细腻的文字与表达以及朴实无华的文风。	发展对比思维：能比较不同版本的《生与死》的优劣。	品文识人，能感受杨绛作品的美与智慧。	以杨绛先生其文其人为切入点，了解中西文化的交融。
B级	泛读选文，能够鉴赏"隐身视角"和"隐身"对话的语言艺术。	发展对比与归纳思维：冰心与杨绛"爱"的哲学的区别；精读选文，分析归纳，把握"隐身衣"的含义。	品文知美，能够鉴赏作品中的语言艺术。	理解和认识中国的"隐士"文学；能够理解"爱"的文化渊源。

	语言的建构与运用	思维的发展与提升	审美的鉴赏与创造	文化的传承与理解
C级	完成"争"与"不争"的辩证关系写作训练。	发展辩证思维：探讨"争"与"不争"的辩证关系。	品文鉴人，能够鉴赏"隐身"的人生哲学。	领悟作品中的"智性"表达，感受中西融合的理性精神。
D级	能够运用"隐身视角"和"隐身"对话的语言艺术进行文学创作。	能够透过文化热点现象，发现本质，培养批判性思维。	能够运用某种人生哲学认识世界，指导创作，提高审美能力。	能理性认识文化现象，传承中外优秀文化。

二、案例评析：回首向来萧瑟处，也无风雨也无晴

杨绛是一个传奇，她的浩瀚一生都可以在文字中找到依据。本专题通过引导学生自主阅读她精致典雅的散文，了解作者的生平与人生故事，探寻作品的美学风格，把握创造背后的人生哲学，教学设计有一定的难度和深度。杨绛的人生哲学对她的创作影响是全方位的，从叙事角度、语言风格到意蕴追求，印痕至深。抓住"人生哲学"这个纲，对于杨绛散文的研读能起到统领作用。

（一）隐退视角

一般而言，人称是区分叙述角度是"局内"还是"局外"的重要依据。采用第一人称叙述，叙述者就是事件中的人物，属于"局内人"；采用第三人称叙述，叙述者则是以"局外人"的身份旁观事件。带有自传性质的散文，多数以第一人称叙事，叙述人以参与者的角度讲述，主观感情色彩较浓。与大多传记散文不同的是，杨绛的散文虽也采用第一人称记事，但多以"局外人"视角客观叙述，站在故事外部静观故事。专题教学从写作学的角度，聚焦散文的写作视角："隐退"视角，分析了杨绛退隐静观式写作的特色，找准了杨绛散文的主脉。杨绛的作品往往以"局外人"视角叙述，冷静地看待世界，表现出一种置身于外的淡然，彰显一种东方文学少有的理性精神。不了解这一点，学生很难读懂其表现情感的特殊手法和技巧。教师在指导学生阅读《回忆我的父亲》《回忆我的姑母》等篇章时，要求学生理解作者运用的隐身叙述，从这

第五章　基于学习任务群的语文"选择性必修"教学案例及评析

个视角切入分析，起到了很好的点拨作用。杨绛采取这样的视角原因有二：一是文体要求。这不是两篇一般的对家庭亲人往事的回忆性文章，而是为社会提供历史人物的文献资料。《回忆我的父亲》本是应邀为作为"清末革命团体会员"的历史人物的父亲提供生平资料，具有历史传记意义，客观、公正的叙述视角是文体的内在要求。《回忆我的姑母》同样是从历史传记的角度回忆亲人。初读文章，学生可能会感觉到叙述者立场的错位：这似乎不是一个亲侄女在回忆亲姑母，而是一个专业的传记作者在客观地讲述和介绍事实。但这样的视角选择相对于写作目的来说，则恰到好处。以他者的角度还原一个在历史上颇有争议的亲人原貌，表现历史人物的真实性和多面性，是对历史的尊重，也是对亲人最好的祭奠。二是审美风格影响。杨绛的创作深受中国传统"温柔敦厚"和西方"不到顶点"的美学原则影响。对于亲身经历的人和事，也愿以旁观者超然的态度静观，把感情寄寓在客观真实的人物形象之中。因为形象的真实，那份潜藏在沧桑岁月里血浓于水的深情则在不动声色的字里行间缓缓流淌。"在杨绛的传记体散文中，'力求客观'记录人物生平经历的记传意识，与表现人物性格心理的艺术手法，是互为羽翼的。这也正是杨绛传记体散文的文学价值与历史意义所在。"❶ 客观记录和中和美学的完美结合，使杨绛的散文视角独特，冷峻深情。

（二）隐忍情感

专题教学对杨绛的创作观念进行了较好的阐释。从文学批评的角度看，学界对杨绛的研究主要集中在她的创作论和文化心态研究。杨绛认为，作者所创造的文学世界是呈现给读者的，没有必要将作者自我的情绪抛露在读者面前。"我穿了'隐身衣'，别人看不见我，我却看得见别人，我甘心当个'零'，人家不把我当东西，我正好可以把看不起我的人看个透。"基于这样的创作理念，杨绛的小说也好，散文也好，笔法冷峻，言辞清丽，杨绛把自己的感情深埋于作品之中。如小说《洗澡》，解放后大运动中的知识分子改造题材，可以写得平淡中有些唯美，散文《回忆我的姑母》，传主是鲁迅指名批判的北女师大校长杨荫榆，杨绛在详细追忆中

❶ 吕约. 记·纪·忆：杨绛记忆书写的三种形式［J］. 中国现代文学研究丛刊，2019（7）：187－206.

尽显克制。这种近乎零度叙事的创作方法使杨绛的作品静水深流，波澜不惊。杨绛的散文，以记叙为主，抒情、议论很少，但却写得无比深情。在《我们仨》里，年近93岁的杨绛用她的"万里长梦"表达对女儿和丈夫离世后无休无止的思念。在梦境的叙述里，你甚至感觉不到一家人的分离，亦幻亦真的状态一如平常，作者依然在亲情的怀抱里，享受天伦之乐。读到最后，当梦醒来时，读者却和作者一样陷入"梦里不知身是客，一晌贪欢"的情感跌落之中。文章的结尾很短，纯粹记事，"一九九七年早春，阿瑗去世。一九九八年年末，锺书去世。我们三人就此失散了"。平静的语气中蕴含着无比寂寥的深情。专题教学还抓住杨绛的语言特点分析其理性之美，富有特色。如引导学生比较三首译诗，要求体悟杨绛的语言风格。通过前面杨绛作品的研习，学生已经整体把握了杨绛的语言既有表层的简洁朴素，又有深层的哲学意蕴，具有语言张力。而比较阅读的安排既是一个印证样例，也是一种拓展学习。

（三）隐世哲学

专题教学充分重视学情，选题之前，教师对学生的学习需求进行了调研。据调查，在杨绛作品研习中，学生最感兴趣的话题排第一位的是杨绛先生的人生哲学，其次是与钱锺书的爱情故事，紧接其后的有作品文风、生平故事等。本专题根据学生的需求，选择了"百年杨绛的隐身哲学"，旨在通过知人论世的方法，更好地理解杨绛作品的深邃哲学思想及其对创作的影响。杨绛人生哲学的形成与她独特的生活经历有关。一般而言，那些人生境遇太好的人，是难以知道世间的真相的，只有处于社会不利地位的人才能看清真相。鲁迅在《呐喊》自述里写道："有谁从小康人家而坠入困顿的么，我以为在这途路中，大概可以看见世人的真面目。"因为能洞察人间真相，所以他们是幸运的人。有幸比别人站得高远，更为睿智和犀利。但也正因为他们能看清世间真相，所以他们也是最不幸的人。依赖先天禀赋、后天努力，他们或许可以拥有财富、地位或权力，获得世人的艳羡或崇敬，但他们不会幸福。作家茨威格在《列夫·托尔斯泰》中如此评价托尔斯泰："具有这种犀利眼光，能够看清真相的人，可以任意支配整个世界及其知识财富。作为一个始终具有善于观察并能看透事物本质的眼光的人，他肯定缺失一样东西，那就是属于自己的那一份幸福。"托尔斯泰如此，鲁迅也是如此，但杨绛却是个例外。杨绛解放前的职业并不稳定，解放后进入体制内入职中国社会科学院，但社会境遇却并不顺利。在《干校六记》《丙午丁未年纪事》中我们可以看到中年杨绛的种种磨难，陪斗、扫厕所、剃阴阳头、下放、失婿等人生打击接踵而来。这些人生经历使杨绛的创作带有天然的平民视角，"杨绛并不将自己放在比世人更高的位置"。❶ 她像弱者那样感受世界，在自甘卑微中洞察世界，但却保持着知识分子的独立判断和人文情怀。这样她的创作观有别于托尔斯泰、鲁迅那样的知识分子精英立场，没有启蒙改造的急迫，而有接纳静观的从容。她能看破但不说破，置身于事而隐身于情，传承了中国传统儒道合一的哲学观，以出世的态度做入世的事业。在隐身哲学的影响下，形成了独具悲悯情怀的冲淡平和的审美风格。

另外，专题教学除在学术上拓展较深以外，活动设计也具有一定的挑战性。如多元阅读活动，通过观看视频《纪念杨绛》，对杨绛的经典散文进行精读、泛读、表演性范读、拓展性阅读、比较阅读等多种形式的阅读，丰富了学生的阅读体验；合作研讨活动，通过交流阅读和写作的体会与感悟，促进了学生审美能力的提升和价值观的形成；真实性评估活动，通过对准核心素养设计评价方式，提高测试标准，使之与高标准的学习要求匹配。"真实性评估是基于真实任务情境的评估。它要求学生应用必需的知识和技能去完成真实情境或模拟情境中的某项任务，通过对学生完成任务状况的考查而达到培养学生思考问题、反思实践、提高研究技巧的目标。"❷ 这些个性化的语文活动及评价，有一定的挑战性，有利于提高学生的研究性学习能力。

第四节　"外国作家作品研习"
学习任务群教学案例及评析

本节主要探讨新课标中"学习任务群11：外国作家作品研习"的设计与教学。本任务群"旨在引导学生研习外国文学名著名篇，了解若干国家和民族不同时期的社会文化面貌，感受人类精神世界的丰富，培养阅读外国经典作品的兴趣和开放的文化心态"。本任务群为1学分，18课时。我

---

❶ 陈浩文. 论杨绛小说艺术的中和之美 [J]. 当代作家评论，2019（3）：152-158.

❷ 祝新华. 促进学习的语文评估：基本理念与策略 [M]. 北京：人民教育出版社，2014：119.

们选择法国十九世纪作家梅里美的中短篇小说进行专题研究，重点探讨梅里美小说中独特的审美趣味，计划 7 课时完成。

一、案例呈现：《梅里美中短篇小说的距离美》

（一）学习主题

梅里美中短篇小说的距离美

（二）学习目标与内容

（1）阅读梅里美中短篇小说，体验梅里美小说审美的独特趣味。

（2）撰写阅读笔记，写出内容提要和阅读感受，了解其在世界文学史上的地位。

（3）尝试运用文学理论，分析梅里美小说"陌生化"艺术技巧及审美作用。

（4）观看电影《卡门》或者欣赏歌剧《卡门》选段，理解多样艺术表现方式。

（三）任务与教学活动

1. 第一阶段：整体通读（2课时）

（1）指导阅读《塔芒戈》《费德里哥》《一场赌博》《伊勒的维纳斯像》，整体感知梅里美小说的题材、主题、人物形象、语言风格等方面的独特性。

（2）比较阅读《双重误》与莫泊桑的《项链》，分析人物形象。

2. 第二阶段：重点鉴赏（2课时）

（1）指导阅读《卡门》，了解梅里美的创作风格，熟悉作品所反映的社会生活，分析卡门形象。

（2）课外观看歌剧《卡门》或歌剧选段《卡门》，班级交流观后感。

（3）指导阅读《卡门》相关研究资料，理解梅里美的生平经历、创作思想及美学风格。

3. 第三阶段：合作研讨（2 课时）

梅里美的小说，叙述冷峻，作者刻意与人物及读者保持一定的距离，从而使读者对他讲述的故事产生了一种"陌生感"，达到出其不意的审美效果。专题研讨活动以梅里美小说的"陌生化"为主题，班级交流对作品的理解、感受和评价。

（1）交流与分析梅里美小说主题的"陌生化"。

（2）交流与分析梅里美小说人物的"陌生化"。

（3）交流与归纳梅里美小说语言的"陌生化"。

（4）总结梅里美小说的距离美。

4. 第四阶段：拓展学习（1 课时）

整理阅读笔记和专题研讨的成果，结合具体作品，另选角度，写作小论文。

（1）参阅知网有关梅里美小说的文献，另选角度，写作 1 篇小论文。

（2）学习整理研究资料的方法，做好读书笔记和摘要，交流读书方法。

（3）成果发布。择优将学习成果公布，展示在班级微信群及班级的公共区域，分享研究成果。

（4）总结反馈。对本次教学设计和实施过程进行教学反思，提出意见和建议。

（四）学习资源

（1）梅里美 . 梅里美短篇小说精选［C］. 王丽萍，译 . 哈尔滨：哈尔滨出版社，2003.

（2）周红兴 . 外国小说名篇选读［C］. 北京：作家出版社，1988.

（3）阿诺德·柏林特 . 美学再思考：激进的美学与艺术学论文［M］. 肖双荣，译 . 武汉：武汉大学出版社，2010.

（五）评价建议

评价计分标准如表 5 - 5 所示：

表 5 – 5　评价计分标准

学习任务	评价标准	学业质量水平	评分
整体通读	快速阅读，整体感知	整体把握情感基调和思想内涵	20
重点鉴赏	深入阅读，自主体验	理解外国作品中的社会生活和心灵世界	30
合作研讨	参阅研究资料，讨论文本	评价主题、人物、情节与语言的"陌生化"	30
拓展学习	交流读书方法、自选角度研究	运用方法，学会评论	20
合计：100 分。分数达到 60 分及以上可获得全部学分			

（六）参考文献

［1］章辉．近二十年梅里美研究评议［J］．外国文学研究，2001
（3）：133 – 136.

［2］游容华．莫泊桑《项链》与梅里美《双重误》比较研究［J］．
长春师范大学学报：人文社会科学版，2014（5）：120 – 122.

［3］钟妮．戴凤莲与卡门人物形象比较［J］．艺术科技，2016（8）：
100，136.

［4］田婧．现实主义的花中花——《卡门》歌剧与小说之比较研究
［J］．黄河之声，2016（13）：78 – 79.

［5］罗治荣．《高龙巴》叙事语篇的叙述语力与修辞语力［J］．湖南
社会科学，2016（4）：182 – 186.

［6］张伟．小说教学的核心价值与内容选择——从现代小说观和语文
核心素养看小说教什么［J］．语文建设，2016（1）：20 – 23.

［7］黄厚江．预防任务群教学"跑偏"的策略性建议［J］．中学语文
教学，2018（8）：16 – 19.

二、案例评析：试用文学理论，鉴赏审美风格

"读者如果想了解法国文学的独特风情，可以先不去读巴尔扎克和雨
果，完全可以从梅里美开始，通过梅里美的《卡门》《费德里哥》《双重
误会》等故事，就可以真切地体会法国文学所特有的纯正和雅致。"❶梅里
美的小说，手法是巴尔扎克式的现实主义，内核是雨果式的浪漫主义。为

---

❶　梅里美．梅里美短篇小说精选［C］．王丽萍，译．哈尔滨：哈尔滨出版社，2003：2.

什么会给人这种兼具现实主义和浪漫主义特征的感觉，是因为梅里美自觉运用了文学创作中"陌生化"的表现方式，让审美主体（读者）对审美客体（文本所描绘的现实）产生了距离感，欣赏到一种别样的风情。"陌生化"由俄国形式主义批评理论家提出，原本指文学语言的"陌生化"，能起到唤醒审美意识的作用。"通过'陌生化'，读者在日常生活中形成的感觉方式被'创造性地损坏'了，熟悉的东西'陌生化'了，这样就能唤起人们的审美注意和审美情感，而不是习以为常地不置一顾。"❶ "陌生化"不但符合梅里美对于语言的处理，也同样适用于他对于题材、主题、人物的处理。本设计的切入点是梅里美的审美趣味，主要探究其独特的现实主义创作原则及"陌生化"方法。

（一）主题的陌生化

普罗斯佩·梅里美（Prosper Merimee，1803—1870），法国现实主义作家，剧作家，历史学家。梅里美出生于法国巴黎的一个知识分子家庭，巴黎大学毕业后在商业部任职，后来又担任了历史文物总督察官，有机会游历各国及不同地区，考察文物和民俗，积累写作素材。这些生平经历使得梅里美的创作呈现出文化精英、历史学者的写作立场。作为一个严肃的学者，梅里美对资本主义文明的深层次矛盾有充分的了解与认识，对现代文明所造成的人性的沉沦与异化有深重的痛心与担忧。对这种矛盾的揭示，梅里美既没有像司汤达、巴尔扎克那样，直接以法国现实生活为题材，客观反映社会各阶层的社会问题和众生百态，进行社会批判；也没有像雨果那样，把浓烈的激情投射到作品中去，借助法国巴黎等场景表达鲜明的爱憎倾向，如《巴黎圣母院》。梅里美把对现实的失望转化为对异国和地方题材的关注。他的小说很少涉猎法国的上流社会，多数在异国他乡的环境中展开，他真实地描述科西嘉岛、西班牙安达卢西亚等地的民间风俗和人情，在特定历史文化情境中表达主题。这样的题材选择有何深意呢？这是教学中应该引导学生探究的首要问题。从表层作用看，"陌生化"的异域风情为生活在法国上层社会的读者吹来了一股清新之风，能唤起审美好奇心。从深层作用看，作者寓意明显，资本主义文明造成人性的失落，而未经文明玷污的"化外之境"，也许正以奇特的古风民俗完好保存着人性。

---

❶ 樊篱. 文学理论教程［M］. 长沙：湖南师范大学出版社，1997.

向远古索求答案，正是中外文人惯用的思考路径。异域对于梅里美，一如桃花源对于陶渊明，是他构建的心灵家园。但他又不同于陶渊明，异域不是他的理想之境，他反对现代文明和工具理性的人文理想，虽然暂可在那里歇脚，却不可栖息，他对化外之境的理性认识从未在描述真相时缺席。

（二）人物的陌生化

人物形象是小说最重要的元素，人物形象塑造是否成功标志着小说是否成熟。梅里美的小说，受到司汤达的影响，目光转向复杂的现实生活，关注个性鲜明的小人物、失败者及普通民众，成功地塑造了特定环境下的典型人物。但这些"典型"有违法国文学传统，到处流浪的吉普赛人，非洲的黑人，科西嘉岛上的山民，等等，几乎全是远离现代文明的"化外之民"，给现代社会的读者以"陌生化"的冲击。经典人物卡门，以西方文明人的标准去看，她是一个极度野蛮的人。她无视法律，从事偷窃、抢劫、走私等非法职业；她无视道德，干着欺凌、色诱、背叛等勾当；以男女性别标准去看，她根本就不是传统意义上的女人，除了外在的美貌，她的内心一片荒芜。她颠倒秩序，践踏规则，过着冒险、放纵的生活，母性的光辉在她的身上难觅踪影。但她却活得无比真实且生机勃勃，人的原欲没有被文明所压抑，真实的人性没有被物欲所遮蔽，自由值得用生命去争取和捍卫。卡门以她的野蛮生长践行着西方文明所标榜的平等与自由秩序，一个卑微者所发出的"不自由，毋宁死"的呼声胜过任何法典。所以，法国伟大的作曲家比才被小说的"陌生化"特点所吸引，以巨大的勇气和创作热情把《卡门》改编成歌剧。当时剧院的负责人勒文反对上演，认为题材与面向上流社会的歌剧院传统格格不入。"两名剧本作家不得不做出让步，使卡门这个人物性格、言辞变得更温和。这种妥协的方式，并不能从根本上避免当时观看歌剧的上流社会人士与剧中人物的阶级性对立。"❶ 首演失败，负评如潮，比才抱憾辞世。《卡门》的遭遇是一个很有研究价值的文艺现象，文学形象的"陌生化"具有双面效应。陌生化的形象一方面可以被视为大胆创新的尤物，受到青睐和追捧；另一方面也可能被视为背叛传统的毒瘤，受到诋毁和压制。能否在艺术的长廊里最终熠熠生辉，是艺术和时间博弈

---

❶ 田婧. 现实主义的花中花——《卡门》歌剧与小说之比较研究［J］. 黄河之声，2016（13）：78 − 79.

的结果。《卡门》歌剧在现代的流行，进一步彰显了小说中这一陌生人物的永恒力量。

（三）语言的陌生化

小说语言分为人物语言和叙述语言。梅里美小说中人物语言符合身份、个性鲜明。叙述语言独树一帜，叙述人也是故事里的人物，但他的作用主要是故事的讲述者、转述者或亲历者、旁观者。梅里美始终把他安排为一个"局外人"，刻意与小说中的其他人物保持一定的距离。与绝大多数作家不同的是，梅里美是一个学者型作家，他的叙述语言带有浓厚的学者语言倾向，给人一种"陌生感"。以学者语言叙述小说，给人带来一种颇为奇特的艺术感受。其语言特点有三：第一，专业知识入小说。如《卡门》以第一人称叙述，叙述者是一个考古学家，与作者的真实身份一致，暗示叙述者就是隐含的作者。小说共四节，第一节以一个学术问题开头，从地理学家关于古西班牙城市门达的古战场的地理位置的考证开始，表明自己综合研究资料得出的不同学术观点。"1830年初秋，我恰好在安达卢西亚，于是就做了一次相当长距离的远足，以便把剩下的疑点搞清楚"，旅行最先以解决学术疑点为目标，希望发表论文把考古学家的"任何疑团一扫而光"。第四节则是一篇关于种族学的论文，表达对西班牙散布欧洲的流浪民族——波西米亚人、吉达诺人、吉普赛人的理性分析，指出他们的生活悲剧和行为方式与欧洲文明中心对他们的歧视和排斥不无关系。第二，科学态度入小说。"梅里美要求叙述排除一切主观抒情，让事实展现作者。"❶ 客观、冷静、理性是梅里美中短篇小说叙述语言的共同特点。在《高龙巴》里，科西嘉岛山民家族世世代代的复仇故事充满了血腥和激情，但作者只是平静地叙述故事，描写现象，再现真实的生活。叙述者不倾注主观感情，对高龙巴的行为和感情也不置评价，让事实说明，不解释、不评判生活。第三，科学方法入小说。科学追求效率，讲究言简意赅，以少胜多。在《双重误会》的开头有一段引子："姑娘，你是如花美眷，你有金发、碧眼、白皮肤；如果你决心葬身爱情，你就沉沦吧，因为你会毁掉自己。"这与其说是小说的一部分，还不如说是独立于小说之外的一则阅

---

❶ 罗治荣.《高龙巴》叙事语篇的叙述语力与修辞语力［J］. 湖南社会科学，2016（4）：182-186.

读提示，它对小说的人物特点进行了归纳，对小说的主题、故事的结局进行了总括。梅里美的小说，以学者型严肃的态度，反映重大的社会问题和深刻的阶级矛盾，语言精致而意蕴深厚。

梅里美以十几部小说（且多是中短篇），在法国文坛上与司汤达、巴尔扎克、雨果齐名，是法国文坛上的一个奇迹。在随后的一百多年，他的小说先后被翻译成几十种文字，被改编成歌剧和电影，也是世界文坛的一个传奇。朱光潜曾在他的美学论著里多次探讨"审美距离说"，审美主体与审美客体保持"不即不离"的距离为最佳。梅里美的小说正是运用"陌生化"的艺术技巧使读者和文本之间保持了最佳距离，从而彰显出作品的唯美倾向，体现出巨大的艺术感染力。

第五节 "科学与文化论著研习"
学习任务群教学案例及评析

本节主要探讨新课标中"学习任务群12：科学与文化论著研习"的设计与教学。本任务群主要研习自然科学和社会科学论文、著作，"旨在引导学生体会和把握科学与文化论著表达的特点，提高阅读、理解科学与文化论著的能力，开阔视野，培养求真求实的科学态度和勇于探索创新的精神"。本任务群为1学分，18课时。以下是长沙市长郡中学语文选修课的案例，执教老师是语文组组长秦洁老师。

一、案例呈现：《学术论文：以严谨的逻辑彰显思想的力量》

（一）学习项目

学术论文：以严谨的逻辑彰显思想的力量

（二）学习目标

（1）理解文中重要概念的含义，理解文中重要句子的含义。

（2）筛选并整合文中的信息，分析文章结构，把握文章思路。

（3）归纳内容要点，概括中心意思。

（4）分析概括作者在文中的观点及论证范式。

（三）任务与教学活动

第一部分　主题阅读

【主题解说】2018 年 10 月 30 日，一代武侠小说泰斗金庸先生去世，享年 94 岁。"飞雪连天射白鹿，笑书神侠倚碧鸳"，金庸先生创作的多部脍炙人口的武侠小说是无数人的精神食粮，也是当代文学评论的重要财富。他的作品有哪些价值？请看下面两篇评论，或许能帮你进一步认识金庸及其作品。

一、阅读下面的文字，完成文后题目。

优秀通俗文艺可成经典

李云雷

①前不久，《射雕英雄传》三部曲英文版第一卷面向全球出版发行，年届 94 岁的金庸又一次引发关注。经过这么多年，金庸作品在赢得几代人捧读的同时，在国外亦有众多读者，其原因值得我们深思。特别是对方兴未艾的以网络文学为代表的通俗文艺来说，金庸作品经久不衰的生命力具有重要启示。

②传统武侠小说大多篇幅短小，即使有长篇如《水浒传》《三侠五义》等，某种程度上也是短篇故事的连缀，在结构上不是很讲究。但从近代开始，武侠小说开始注重布局、结构与线索，这在金庸小说中达到一个高峰。我们读《射雕英雄传》《神雕侠侣》《笑傲江湖》《天龙八部》，会进入一个层峦叠嶂的武侠世界，其构思之精巧、线索之众多、布局之严密，令人叹为观止。金庸不仅在形式上对武侠小说进行革新，也在小说主题上融入很多现代观念。传统武侠小说主题限于武侠精神、"替天行道"、江湖与庙堂等，但在金庸小说中出现了现代个人观念（如郭靖的成长）、现代爱情观念（如杨过小龙女之恋）以及现代民族国家意识（如乔峰的家国意识），对于武侠精神，金庸也将之从个人武力、侠义拓展到"侠之大者，为国为民"，做出新的理解与诠释。正是这种面对既有文学类型汲取所长，敢破敢立，其作品自成传统，在武侠小说史上奇峰突起。

③类型的"集大成"之外，金庸创作另一经验体现在锻造通俗文学的历史厚度上。虽然当下有不少网络文学写作者奉金庸为"祖师爷"，但他们或者一味架空历史、缥缈于九霄云外，或者打着虚构名义随意编造，恐怕不会为金庸所认同。与古龙的浪漫化叙述相比，金庸的小说更具现实感

与历史感。无论是郭靖、杨过，还是乔峰、韦小宝，都生活在具体的历史时空中，具有触手可及的真实感，他们的身世遭际也更能牵动读者。金庸调动起历史，同时不拘泥于历史真实，而是在历史素材基础上开拓出一片江湖天地，融入浪漫瑰丽的想象，创造出一个独属于他的武侠世界。可以说，在历史与想象之间，在形式与内容之间，在技术与艺术之间，金庸走的是一条中间道路。这条艰难的道路，金庸将之走成了通向经典之路，他那厚重而轻盈、现实而浪漫的艺术世界不因时间流逝而褪色。

④通俗文艺之所以吸引人，就在于它契合或唤起了人们的潜在欲求。人的欲求有高下之别，通俗文艺也有高下之别。武侠小说中不乏渲染暴力、血腥、色情之作，金庸小说之所以成为经典，就在于他超越了低层次的博人眼球之举，唤起并且提升读者心中的精神向往，因而雅俗共赏，赢得广大读者——金庸小说受到几代读者欢迎，这种欢迎不仅是文学意义上的，也是文化意义上的，他小说中的精神文化气质深深吸引并且滋养着读者。比如侠义是中国人的理想人格之一，金庸小说就彰显这种侠义精神，并将这一民族无意识以现代方式呈现出来，塑造出众多风采各异的大侠，成为读者雅俗共赏、心向往之的文学符号。这种对精神价值的高扬、对文化意义的追求或许是金庸小说对当前通俗文艺的最大启迪。

⑤金庸作品在不断地向今天的通俗文艺创作者昭示：通俗不是借口，通俗一样可以成为经典。（选自《人民日报》2018 年 7 月 24 日第 23 版）

1. 金庸作品强大的影响力表现在哪些方面？〔来源：学科网 ZXXK〕
2. 请简要归纳第③段的论述层次。
3. 金庸的创作经验有哪些？请简要分析。

二、阅读下面的文字，完成文后题目。

舍与得：境界的呈现与价值的多元

张宏生

在金庸看来，舍与得是人生中的一个大问题，他在刻画人生境界时，有意无意地突出了这一哲理的重要性，甚至把释迦牟尼出家的故事加以变化，用在书中，体现出一种追求真理的决绝。

但是，舍与得，在具体实践过程中，有无心与有心之分。无心之舍，能体现出一种高深的境界。《天龙八部》中苏星河派人邀请天下围棋高手前往破解"珍珑"，段誉虽然"棋思精密"，也功败垂成。虚竹随便放子，杀死了自己的一片棋子，反而使得整局棋都活了。原来"珍珑"的秘奥正于此。有心之舍，则是按照有舍才有得的原则行事，从而取得成功。《倚天屠龙记》中写张三丰现场教授张无忌太极剑。"传给他的乃是'剑意'，而非'剑招'，要他将所见到的剑招忘得半点不剩，才能得其神髓，临敌时以意驭剑，千变万化，无穷无尽。"这种舍，不仅指出一种高妙的境界，也隐然指向技术的层面，这是一种可以操作的境界，并不单纯停留在玄虚的层面。这样，也就能从不同角度，体会人生的哲理和境界。

不过，如果仅仅如此的话，虽然有着精彩的故事情节和人物形象，其中所反映的理念仍然比较明显，也就很容易地引导人们直接做出价值判断。金庸的武侠小说超越旧武侠小说的一个重要方面，是反映出生活的真实和人生的复杂，突破了正邪的二元对立。这原本也是人性的常态，但小说的线索不能太零散，因此将这些表现出来有相当的难度。金庸以其对生活的深刻体察和出色的艺术表现力，将这一点写得非常深入。特别值得指出的是，金庸不仅在描写人物时能够写出生活的多元，而且在传达理念时，也能让读者看到不同的角度所带来的不同理解，因而能做出不同的判断。

在《笑傲江湖》中，辟邪剑法有种种违碍，但这似乎并不能阻止人们对这种武功的向往。东方不败研习《葵花宝典》，虽然在本质上是受到了任我行的算计，但他对这门功夫的热爱与痴迷却是发自内心的。岳不群和林平之则不同，他们一开始就是主动的。关于岳不群修习辟邪剑谱的过程，书中着墨不多，不少细节都可以从林平之的经历补充出来。金庸在叙述诸人对《葵花宝典》的痴迷时，显然是带有价值判断的，即《葵花宝典》能够使人乱性，不走正道。但这个逻辑实有其脆弱性，因为武功本身并无所谓好坏，掌握了辟邪剑法的渡元法师，行侠仗义，完全是一个正面形象。而达到那一武功境界，作为前提必须要放弃一些在世俗看来非常重要的东西，这似乎并不存在什么问题。

于是我们看到，尽管舍与得这一对范畴，作为理念，并不一定要做什么切割，但具体实行起来，仍有其价值标准。在金庸看来，这种理念的规定性必须是人性之正、人性之常，是趋向正面的东西，否则，做坏事也可以在舍与得这一对范畴中做文章。同样的思路也可以用来理解《侠客行》。当中原各位武林高手来到侠客岛上参详武功时，他们抛弃了家人、徒弟和事业，舍弃的目的是能够参得高明的武功。可是他们太过执着，所以没有一个人能够成功。可见，在金庸看来，这样也是不当之舍，是不应该提倡

的。（有删改）

4. 具体实践中的"珍珑"秘奥与太极"剑意"有什么异同？

5. "金庸的武侠小说超越旧武侠小说"体现在哪些方面？

6. 金庸是如何认识"舍与得"的大问题的？根据文本简要概括。

答案精析：

1. ①受到几代读者欢迎；②英文版面向全球出版发行；③被许多写作者尊奉、效法。

2. 首先，明确"金庸创作注重锻造通俗文学的历史厚度"的观点；其次，通过与网络作者、古龙的创作对比，论证金庸作品的历史真实感；最后，进一步论述金庸创造出了现实而浪漫的经典。

3. ①在武侠小说类型方面集大成：结构讲究，主题融入现代观念。②锻造通俗文学的历史厚度：在历史素材基础上融入浪漫瑰丽的想象。③提升了武侠小说的层次品位：高扬精神价值，追求文化意义。

4. 相同：都是先"舍"后"得"，都是高境界。

不同："珍珑"秘奥是无心之舍，更为玄虚；太极"剑意"是有心之舍，指向技术层面，可以操作。

5. ①反映出生活的真实和人生的复杂，突破了正邪的二元对立；②对生活有深刻体察和出色的艺术表现力，写得非常深入；③传达理念时能让读者看到不同的角度所带来的不同理解，因而能作出不同的判断。

6. 肯定对于"得"的追求；认识到"得"的前提是先有"舍"；执行的价值标准在于必须趋向正面的东西，不可过于执着。

第二部分　阅读之道

1. 整体阅读

论述类文本阅读的本质就是能够把握论点、论据和论证，这种题型就是针对这一本质来考查的。因此，它比往常任何时候更需要整体阅读。学生首先需要把文本整体阅读一两遍，弄清楚文章的观点是什么、段落结构是怎样的、文章的重点概念有哪些、哪些是事实性知识、运用了哪些论据、文章是如何论证的。当然，这种整体阅读也是有路径可循的，只要边读边画，把段落的中心句、结论句、段落间的过渡句及文眼句等重要句子勾画出来，稍加概括、思考，全文的论点、论证思路及主要论据和论证方法也就大体出来了。这是解答这一题型的最重要前提。

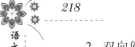

2. 双向阅读

"双向阅读"指的是既要阅读选项、理解选项的意思，又要阅读选项涉及的文本内容，重点在后者。后者的阅读要做到关联处"瞻前顾后"，细节处"仔细咀嚼"。在句子关联处"瞻前顾后"，明白句子之间的逻辑关系、结构关系，进而明确句子的层次，最后明白作者的说理思路。在细节处"仔细咀嚼"，就是在重要句子的含意、长句子的结构、文中事实论据的完整意思及其论证的观点等细节处进行咀嚼、揣摩，这些细节部位关乎对选项的正确判断，不可忽视。

3. 切分阅读

如何准确把握论述思路呢？研读文本是准确把握论述思路的前提，切分层次是理清论述思路的有效途径。

（1）根据文本特征切分层次

就全文而言，论述类文本阅读虽然具有极强的专业性，但是它具有层次清晰、逻辑严密的文体特征。一般情况下，论述类文本阅读是按照"引论—本论—结论"顺序安排论述思路的。学生可以根据这一特点和段落之间的关系划分层次。

（2）根据段落结构切分层次

就段落而言，不同的段落具有不同的结构特点，如总分式、分总式、照应式等。根据段落结构，可以切分段内层次。如果是总分式段落，第一层则划在始发句与后续句之间；如果是分总式段落，第一层则划在终止句前面；如果是照应式段落，第一层划在始发句后，第二层划在终止句前。

（3）根据标志性词句切分层次

文章中常用一些标志性词句，表示段与段之间、句与句之间的层次关系。如过渡句、关联词、顺序词等，都是分析文章层次的有力抓手。

4. 系统阅读

如何把握论证要素的关系进行系统阅读，是理解学术论文论证方式的关键。

（1）把握论点与论据的关系

首先，看论据是证明什么论点的，这是答题的基础和根本。其次，看论据是如何证明论点的，即从哪些角度证明的。常见的论证角度有正反、因果、条件、结论等。

（2）把握论据与论据的关系

首先，看论据特点，是事实论据还是理论论据。其次，看论据间不同的关系。常见的论据关系有正反、古今、中外、递进、点面等。

既然是对文本论证的专项考查，那么考查点就放在了论证的分析上，其敏感点（设误点）不外乎三点：论点、论证与论据。具体说来，要抓住选项的几处敏感点：

1）论证的论点（重点），尤其是论据要证明的观点是否准确。

2）论证的思路与层次（既有全文的论证思路，又有段内的论证层次和角度）。

3）论证方法的使用，如例证法、引证法、喻证法、对比论证法和因果论证法等，要判断它们是否在论证中使用到了。

第三部分　阅读拓展

【题型透视】论证分析题是一个命题角度灵活、涉及面广的题型，它既着眼于学生对论述思路的把握，又注重对论点、论据、论证方式三者关系的分析。因此，论证分析题能够有效地考查学生的逻辑思维能力。论证分析题作为近两年的新题型，成了一个热门考点。学生在答题过程中往往出现信息混乱、顾此失彼的问题，因此，学生应该增强研读文本的意识，提高把握论证要素之间关系的能力。

一、阅读下面的文字，完成文后题目。

①比较文明是个新课题。之所以新，是因为我们刚开始习惯以世界为关心对象。

②比较文明的目的是理解文明。个体研究固然有其合理性，然而无视整体的结果一定是盲人摸象。比较研究是整体下的个体与个体的比较，或个体与整体关系的钩沉。从中国的视角来看世界以及从世界的维度来理解中国，是出和入、间离和沉浸的关系，是辩证发展的关系，是螺旋上升的关系。有了"从周边看中国"，对中国的认识才会更完整，更接近真实。

③比较文明研究是有伦理的。有些比较无益甚或有害，伦理就是约束。比如"汤显祖"和"莎士比亚"，比人生轨迹，没什么好比的，但在创造文学形象的维度下比较，不但有益而且必需。有些比较无意义，并非学术前提出了问题，而是回答不了"然后呢"这个问题。

④比较文明是有方法的。文明离不开人，物作为文明的见证，也很重要。物是实实在在的，罐就是罐，盆就是盆。当年瑞典人安特生在西北见

到彩陶就一眼看出它和世界各地彩陶文化的联系，后来我们批判"中国文明西来说"，把世界维度下的中国彩陶变成了中国自己的彩陶。彩陶西来与否和中国的正当性其实毫无关系。

⑤文明比较有宏观和微观两个层面。制度比较属于宏观的文明比较。因为有文献，制度很容易比较，但也有缺陷，一是文献资料有太多不可信的成分；二是制度大概未必属于文明的范畴，它更像是文明的副产品，其本质是制度的制定者对受制度约束的人实践优势的工具。如今的民主制度在柏拉图那里未必多么理想，同理，当年的"君臣父子"也未必全然"反动"。

⑥微观的文明比较主要在这两个范畴：从具体的物到生活方式、思维方式，从核心价值观念到具体的物。前者受时空约束，它是已然的，找出异同作出解释，能改变的很有限。后者则有超越时空的启发和引领意义：罗马人的沃伦杯与两千年后的中国电影《霸王别姬》同样在叙述欲望与爱的故事；静穆而伟大的希腊石头与北齐佛造像都是人类最伟大的气质与精神的外化，存在于所有不朽的艺术品之中；敦煌的鹿王本生与圣艾格尼斯杯主题都是牺牲……

⑦文明的比较，核心在于解释文明的演进，以达成文化认同与自信。有个就叫"文明"的游戏，选哪个来玩都可以，结果只和操作有关，真实的文明也是。现在讲多元，不是否认进步与落后，而是相信比之于可以弥合的差距而言，基因更重要，我们需要一个色调丰富的文明体系。

（郭青生《比较文明的目的、伦理和方法》，有删改）

题目（略）

二、案例评析：多元组织阅读，对照标准教学

在关于语文选修课程实施的调查中，一线教师反映得最多的是高考与选修课教学的矛盾，因此在现有条件下，如何协调选修课教学与高考的关系是事关选修课改革成败的核心问题。新课标对高考命题提出了指导性建议，要求高考要反映出学生的语文学科核心素养水平，能引领高中语文教学改革方向。秦洁老师的教学落实了新课标精神，具有示范价值。

（一）对标理念

秦老师的教学理念明确：对标教学，达成素养。从教学设计看，他认

为高考与选修课教学并不矛盾，选修课对照课程标准进行教学并不就是应试。科学的考试评价体系指向学生的综合素养，有效教学也指向学生的综合素养，目标是完全一致的，《考试说明》是对学习结果的描述，对标教学，可以使得教学更加具有针对性。而应试能力是学习的副产品。教学设计分三个部分：主题阅读、阅读之道、阅读拓展。选题有新意，符合学生学习心理，能激发学生进一步探究的兴趣。设计以群文通练的形式，选择两篇对金庸武侠小说的文学评论较为恰切。学生普遍对金庸的作品有一定的了解，基于学生阅读实践经验的评论能引起学生的共鸣；同时 2018 年一代武侠小说泰斗金庸去世，在网络上迅速形成一个文化热点，学生在课外有不同程度的关注，选择学习两篇评论，能满足学生的好奇心和求知欲，能进一步引导学生理性认识金庸及其作品的价值。群文通练的形式，也符合学术论文阅读的要求，对作家作品价值的认识，尤其是流行文化领域，向来读者见仁见智，难成共识。搜集研究资料，归纳和整理不同的学术观点，并在文献评述的基础上形成自己的观点，符合研究性学习的特征，也符合高考的要求。

（二）对标策略

在语文课程改革中，教师对学习过程与方法的重视程度大大提高，几乎人人都知道"授之以鱼不如授之以渔"的道理，但如何"授之以渔"则是一个世界难题。秦老师的阅读教学重在传授"阅读之道"，这些策略具有多元功能，而且符合语文学习规律，能更好地促进学生掌握语文学习的特点。整个教学重点放在"阅读之道"，强调多元阅读方法，但始终以"语言的建构与运用"为基础，要求通过对语词、语句及其关系的精准理解把握学术观点，厘清学术概念，理顺行文思路。字词句篇对标落实，在语言训练中培养学生的逻辑思维能力。教学中采用了整体阅读、双向阅读、切分阅读、系统阅读等多元阅读方法，引导学生从考试题型入手，比较学术论文与一般议论文的异同，把握学术论文的论证方式。学术论文与一般议论文相比，对观点创新性和方法的科学性要求更高，阅读学术论文要掌握其以严谨的逻辑彰显思想力量的特点，秦老师对阅读方法的点拨非常到位。要求学生边读边画，把段落的中心句、结论句、段落间的过渡句及文眼句等重要句子勾画出来，归纳和概括全文的论点、论证思路、论据和论证方法。这样的整体阅读法符合语文学习的特点，能训练学生的整体思维。另外，双向阅读法涉及阅读技巧，不只是应试需要，也同样适用其他阅读；切分阅读和系统阅读法，是把握学术论文行文思路、论证结构和论据选择的重要手段，恰当运用可帮助学生理清论证的逻辑规律。

（三）对标实效

秦老师的教学不是为讲策略而讲策略，他很重视把阅读教学中归纳出来的学习策略运用到实践中去检验。阅读拓展部分，主要训练学生运用所学策略解决实际问题的能力，虽指向考试所要求的能力，但又不囿于考试。如强调论述类文本学习中把握论点、论据和论证的重要性，也告知学生论证分析题型就是针对这一本质来考查的。但训练的目的是引导学生运用所学策略，在切分层次、把握关系中学会分析学术论文的论证方式。可以想见，学生在经过系统训练后，不但掌握了阅读学术论文的方法，而且提升了逻辑思维能力。这样的专题教学较好地发挥了高考指挥棒的积极作用，在目前选修课既要培养学生语文核心素养又要兼顾应对高考的现实教学中具有示范价值。

当然，不是所有的"科学和文化论著研习"都需要采用这种形式的教学，对标教学也要看具体情形。按照《考试说明》的规定，"论述类文本阅读"在新课标卷中是"必考内容"。"论述类文本阅读"的出题文本主要指论文、杂文、评论等。论文主要指比较浅显的学术类论文，杂文则可以指针对时事、热点话题的杂感文章，评论主要可能涉及影评、书评等，从大类讲，都属于学术性文章。学术性论文的阅读正好适合对照《考试说明》中的一些题型教学，这样教效果更好，何乐而不为呢？至于科学与文化专著阅读，则宜与整本书阅读结合，最好与高考形成一种更为宽泛的呼应。

第六章　基于学习任务群的
语文"选修"教学案例及评析

　　语文"选择性必修"的要求是"研习","选修"要求的是"研讨"。"研习"和"研讨"的区别主要在于：前者重视具体作品的研究性学习，侧重原典的阅读与鉴赏，突出读经典中的研究；后者重视在阅读原典的基础上对作品在历史语境和现实语境中的地位和影响等的宏观把控，突出用经典中的商讨。以往我们多把"讨论和辩论"看作课堂教学中的一种辅助学习方法，专题的设置使得它本身成了一项重要的学习内容和必备的关键能力。"讨论与辩论不仅仅是一项学习内容，更是训练学生理性、有条理地表达观点的能力。"❶

第一节　"汉字汉语专题研讨"学习任务群的
教学案例及评析

　　本节主要探讨新课标中"学习任务群13：汉字汉语专题研讨"的设计与教学。本任务群是在"学习任务群4：语言积累、梳理与探究"的基础上设置的。本任务群设置的意义在于引导学生"就汉字或汉语的某一问题，加以归纳、梳理，训练学生从应用中观察语言文字现象和总结规律的综合分析能力，旨在加深学生对汉字、汉语的理性认识"。本学习任务群为2学分，36课时。新课标建议设置4～6个专题，每个专题6～9课时。

　　根据新课标的教学提示，我们设计了《湘菜命名的语言艺术》，安排6课时。

---

　　❶　陆志平，张克中."思辨性阅读与表达"任务群的理解与实施［J］.语文建设，2019（2）：4－8.

第六章　基于学习任务群的语文「选修」教学案例及评析

223

一、案例呈现：《湘菜命名的语言艺术》

（一）学习项目

湘菜命名的语言艺术

（二）学习目标与内容

（1）通过查阅菜单和资料，收集 100 个以上的湘菜菜名，分类整理命名特点，归纳命名规律。

（2）走访当地湘菜研究机构，了解湘菜文化及命名演变发展历史。

（3）就湘菜的命名艺术采访当地的一位湘菜大师，分析湘菜命名的发展趋势。

（4）学做和推荐一道湘菜，取一个有创意的名字，并说明命名依据。

（三）任务与教学活动

1. 第一阶段：搜集整理湘菜菜名（1 课时）

（1）走进湘菜馆。从身边湘菜馆的菜单上搜集正在使用的菜名，初步分类梳理，择定重点探究的湘菜菜名。

（2）查阅资料。了解湘菜中著名的菜肴名称，列出准备向班级推荐的湘菜菜单。

2. 第二阶段：实地考察采访（2 课时）

（1）走访当地湘菜研究机构，如湖南省湘菜研究所，了解湘菜命名的历史与发展。

（2）在实地或媒介上观看湘菜大赛及有关湘菜介绍的饮食文化节目，了解命名趋势。

（3）走访身边的湘菜大师，了解湘菜命名的问题及困难，思考改进策略。

3. 第三阶段：问题探究活动（2 课时）

组织专题研讨活动，就《湘菜命名的语言艺术》所涉及的基本问题进行专题探讨，总结命名规律和发展趋势。

（1）理论探讨。教师根据学生的实践调查情况，与学生商讨，共同筛选出探讨专题，如湘菜的命名类型及特点有哪些？如何根据命名规律进行创意命名？你对湘菜命名有什么样的建议？组织班级内交流讨论，教师相机点拨。

（2）实践操作。有条件的学校可以与游学活动结合起来，组织湘菜烹饪和创意命名比赛；也可以要求学生在家自主制作一道湘菜，为之命名，并说明命名理由。

（3）写作1篇关于湘菜命名建议的小论文，向《湘菜研究》等相关杂志投稿。

4. 第四阶段：成果展示（1课时）

（1）撰写心得。全班每位同学在参与专题探讨的基础上，独立完成1篇研究心得，可以是小论文、调查报告、采访录等。

（2）班级交流。小组成果经过自评、互评和师评等评价方式，推选出最佳成果，由小组代表，发布小组研究成果。

（3）成果共享。全班分享研究成果。课后将每组的成果公布，展示在班级微信群或班级公共区域，供借鉴学习。

（4）总结反思。师生对本次教学设计和实施过程进行反思，提出改进意见和建议。

（四）学习资源

（1）湖南省委接待工作办公室主办，湖南省湘菜研究所承办的杂志《湘菜研究》。

（2）《2018年湘菜发展研究报告》，网址为 https：//wenku. baidu. com/view/93 b9e1839f3143323968011ca30。

（3）视频资料：中央电视台《舌尖上的中国》《消费主张》等有关湘菜的饮食文化节目。

（五）评价建议

评价计分标准如表6-1所示：

表 6 – 1　评价计分标准

学习任务	评价标准	学业质量水平	评分
搜集整理菜名	全面收集、分类整理	分析命名特点	20
实地考察走访	从应用中观察语言文字现象	归纳命名规律	30
问题探究活动	自制湘菜，创意命名	创意命名	30
研究成果共享	发表与交流研究结论	建言献策，表达创见	20

合计：100 分。分数达到 60 分及以上可获得全部学分。

　　以下是笔者和所带研究生谢玲所做的 2 课时的教学设计，重在归纳与梳理湘菜的命名特点与命名规律，以期更好地把握湘菜的命名趋势，为湘菜命名提出合理化的建议。

（六）教学设计示例

表 6 – 2　案例呈现：《湘菜命名的语言艺术》

学习 任务群	汉字汉语专题研讨
学习项目	湘菜命名的语言艺术
教学 目标	1. 网上搜寻资料，走进湘菜馆，发现和梳理湘菜命名特点。 2. 归纳和总结湘菜命名的规律，提高对语言现象的理性认识。 3. 撰写读书报告，提出湘菜命名建议，学会在实际生活中运用语言。
课堂 教学 流程 及活动	**情境导入** 　　播放《还珠格格》视频：紫薇在野餐时，为了讨喜皇上，逗趣大家，为菜一一取了名字，如：燕草如碧丝（普通青菜）、秦桑低绿枝（普通青菜）、凤凰台上凤凰游（烤鸭）、在天愿作比翼鸟（烤鸡）、漠漠水田飞白鹭（青菜配豆腐）、阴阴夏木啭黄鹂（青菜配鸡蛋）、红嘴绿鹦哥（菠菜）。这些其实都是我们平日所见的家常菜，但是一经紫薇的取名顿时充满诗情画意。小燕子也不示弱，在一次饭局上也给菜取了各种各样的名，如"开肠破肚""大卸八块""草吃牛"等，惹得大家哈哈大笑。可见，菜名对人们有很大的影响。湘菜，是全国八大菜系之一，那么湘菜命名有何独特之处呢？ **任务一：回忆菜名，初识命名特点** 　　1. 你说我猜，菜名接龙 　　菜名是人们进入餐馆的第一所见，一个好的菜名既是对厨师劳动成果的尊重，也是饮食的一种仪式感的表现。湖南有著名的湘菜菜系，我们平常吃得最多的也就是火辣辣的湘菜，那么我们生活中有哪些湘菜菜名让你印象深刻呢？一个同学说出令自己印象深刻的菜名，另一个同学尝试猜出。 　　［示例1］生1：这是湖南湘潭一带的一道传统名菜，它是由"味鲜"的鱼头和火红的剁辣椒组合而成。菜品是色泽红亮、味浓，剁辣椒的味道恰到好处地渗透到鲜香的鱼肉之中，令人垂涎欲滴。

课堂教学流程及活动	生2：……

生2：……

生1：剁椒鱼头，对，也不对，它还叫"鸿运当头"和"开门红"。很多升学宴和升迁宴都会有这道菜，寓意着好运气和希望。

［示例二］生3：这个菜名由七个字组成，它的主要食材是西红柿。它的主要模样是西红柿上挂着蛋黄条，菜品颜色是红白分明，味道酸酸甜甜。

生4：……

生3：西红柿炒鸡蛋？它又叫"大红灯笼高高挂"，它是由西红柿和鸡蛋制作而成，但是"大红灯笼高高挂"寓意是希望人们的生活像西红柿般红红火火。

［示例三］生5：这个菜名一般出现在春节年夜饭的桌上，由四个字组成，是一个成语的谐音体，主要食材有猪肚、猪腿肉、鸡腿肉和羊肉。肉质细嫩，汤汁鲜美，暖心养胃。

生6：……

生5：三阳开泰。年夜饭上经常有这道菜。是吉祥如意的意思，寓意新的一年大家都万事顺利。

2. 湘菜菜名的用词特点

（1）简单易记。湘菜菜名为了方便人们口耳相传，非常顺口好记。如梅菜扣肉、宁乡花猪肉、辣椒炒肉、水煮活鱼等。

（2）形象生动。有很多店家为了吸引顾客，博人眼球，给一些普通的菜命"不凡"的名。如蚂蚁上树（肉末粉丝）、小鸡炖蘑菇等。

（3）寓意吉祥。中国自古以来讲究彩头，思想略重传统。即使是菜名也想图个吉利。如大红灯笼高高挂（西红柿炒蛋）、三阳开泰（炖羊肉）、鸳鸯鸽蛋等，都寓意着生活红火吉祥。

（4）新颖独创。很多厨师为了显现自己的独创性和新意感，会给自己所创造的菜品取新颖独特的名字。如霸王猪脸、透明珍珠丸、鹿鸣福地、连年有余等。

（5）时代性。随着时代的变迁，菜名也随之变化。随着人们生活质量的提高，人们厌倦了大鱼大肉，更倾向于健康绿色的蔬菜和口味菜，于是表现绿色理念的菜名也如雨后春笋。如大盆有机花菜、无污染时蔬、银耳鸽蛋、冰糖百合、富硒蔬菜等。

（设计依据：这一环节调动了学生脑海里关于湘菜菜名的记忆，让他们初步意识到只要我们留意生活，湘菜中有很多寓意深刻且特别的菜名。依此类推，鼓励学生根据自己对湘菜的了解，分类归纳湘菜的命名特点）

任务二：整理菜名，归纳命名规律

（学生课外收集菜名，课堂用PPT展示100个经典湘菜菜名）

寻找自己熟悉的菜名，然后以小组为单位，展开讨论并尝试归纳湘菜菜名的组成形式和取名规律。假定让你给一盘菜取名，你会用哪些方法给菜命名？

课堂教学流程及活动	

明确：湘菜菜名看似纷繁复杂，丰富多样，仔细研究会发现菜名的组成具有一定的规律。湘菜菜名和其他菜谱的菜名一样，大致可以分为写意菜名和写实菜名。写意菜名主要是没有直接反映与菜肴相关的词语，而是通过一些修辞手法或充满诗情画意的词语来表达菜品的相关信息。写意性菜名主要有以下几类：①象征吉祥类，如"百鸟朝凤"，主要食材是嫩鸡和猪肉，象征着亲友欢聚一堂。②借用典故类，如东安子鸡，这道菜源于唐朝的一个商人在湖南东安县发生的故事。③表明形色类，如前面所讲的"大红灯笼高高挂"就是根据菜品的颜色和形状而命名。与写意性菜名相对应的是写实性菜名。写实性菜名主要是指菜名以菜肴的主料、配料、烹调方法、相关人名地名等词语组合而成。写实性的湘菜菜名的命名方法一般有以下几类：①原料＋原料，如辣椒炒肉、青椒炒蛋等。②人名/地名/店名＋原料，如毛氏红烧肉、东江鱼头、永州血鸭、吉祥烤羊等。③烹饪方法＋原料，如干炸鱿鱼、红煨双鸽、清蒸鲈鱼等。④盛菜的器皿＋主料，如铁板鱿鱼、干锅牛蛙等。

（设计依据：湘菜看起来品种繁多，名称五花八门，但条分缕析，却可以找到其中的规律，引导学生根据事物的名称学习给事物分门别类，理解概念大小关系，训练发散—聚合思维）

任务三：探究菜名，传承命名文化

1. 菜名图式，文化缩影

菜品名称，不仅是食客识别、理解、记忆菜品的主要工具，也是地方文化的缩影。通过收集不同菜系的菜名，我们可以看出不同地方的菜名蕴含不同文化。湘菜菜名在某一定程度上也体现了湖湘文化。同学们可以通过对菜名的考察，探讨背后湖湘文化的特点。

2. 成果汇总，班级展示

（1）菜名的历史变迁

点拨：菜品的命名经历了从写实到写意的发展。最开始时菜名多为写实性的，人们不会刻意去给菜肴取名，一般都是以菜肴的原料直接命名，这样既方便人们识记和传播，也便于人们对菜品的识别和想象。比如醋熘土豆丝、辣椒炒肉等朴实无华的菜名。随着人们生活质量的提升，饮食逐渐成为一种文化，得到了迅速发展。人们聚餐不只是为了满足口腹之欲，更希望得到进一步的文化享受，因此一些充满艺术性的菜名应运而生。如"推纱望月""大红灯笼高高挂""三阳开泰""龙凤呈祥"等艺术类菜名。

明确：菜肴名称在不同的时期因为人们的生活观念和生活水平的不同而不同，它在某一定程度上反映了人们对美食追求的侧重点，在温饱时期，菜名只是菜品的符号代表；随着人们生活水平的不断提高，人们对菜名的定义不仅仅是菜品的代名词而是一种生活审美和生活艺术。

（2）菜名中的地域特色

点拨：湘菜作为八大菜系之一，与其他几大菜系有什么不同呢？作为湖湘本土菜系有着怎样的地域特色呢？我们可以联系湖湘的地理位置和物资的多少来进行探讨和思考。

<table>
<tr><td>课堂教学
流程及
活动</td><td>

明确：第一，菜名体现特殊的烹饪器皿。湘菜菜名有很多是根据器皿来命名，如湘菜重要菜系之一的"钵子菜"。"不愿朝中为驸马，只要炖钵炉子咕咕嘎"，它传承了一种古老的饮食文化。其独特的器皿——陶瓷土钵，炭火煨制，其味悠香，汁浓入味。在湖南常德一带，当地就有无"钵"不成席一说，有贵宾做客时必有一钵好菜招待。第二，菜名体现丰富、独特的物产。从湘菜菜名中，我们可以看出湖湘丰富、独特的物产。从"白椒香菜手撕牛肉""小炒猪蹄皮""小炒黄牛肉""麻辣田螺肉""尖椒炒鹅肠""小炒黑山羊""清蒸大腊肉""健胃开边虾""粉蒸肥肠""茶油蒸腊肠""茶油临武鸭""香煎刁子鱼"等荤菜名称，就能看出湘菜中原料十分丰盛，不仅品种齐全，鸡鸭鱼猪羊牛肉样样具备，而且同一种类有不同品种，如宁乡花猪、黑猪等。第三，菜品体现派系。派系地域特色突出。因为地域相对辽阔，根据大致地理位置，湘菜分为三大流派，分别是湘西山区风味流派、洞庭湖区风味流派、湘江流域风味流派。这三大流派各有特色，从菜名中就能够进行辨别。其一是湘西山区风味流派，在湘西山区，因为居住地理位置较为偏僻，人们主要将食物进行熏制，如湘西腊肉、湘西泡菜、糯米酸煮豆腐、湘西外婆菜等。其二是洞庭湖风味流派，此流派主要以各种鱼类为主，如全鱼席、瓦块鲤鱼等。其三是湘江流域风味流派。湘江流域覆盖面较广，菜系相对比较庞杂，如衡阳菜名，就以"素"字为代表，"素三碗"等。从菜名看，每个流派都饱含了一定的特色和风格。

（3）菜名中的人文特色

点拨：湘菜名称的来源可以由制作的厨师命名，也可以由湘菜酒楼自己的菜品策划小组命制。菜名到底体现了湖湘大地怎样的人文特色呢？各小组根据收集到的有关湖湘文化的资料一起思考和研究。

明确：反映湖湘文化的"淳朴之风"。从菜名中，可以看出湖湘人民的淳朴和平实。如"乡村煎豆腐""煎攸县香干""回锅肉""紫油姜炒鸭""青椒炒土鸡蛋""煸炒四季豆"等皆反映出湖南人的质朴。湖湘文化"兼收并蓄，博采众长"，具有开放包容的气度。从湘菜菜名中可以看出，湘菜是随着时代而不断发展变化的，如在湘菜中随着人们饮食理念的转变，出现了"首乌蒸蛋""枸杞炒蛋""百合蒸南瓜"等绿色菜品。对于外来的菜品更是借鉴融合，如"香煎牛排""蟹黄煎鸡脯""泡椒墨鱼仔"等菜品皆是湘菜将其他地方菜肴融入当地特色的代表，这也体现了湖湘饮食文化兼收并蓄的人文特征。

（设计依据：一方美食养一方人，菜名往往反映出一个地方的历史、地域、人文特色，也体现命名者的文化底蕴和美好希冀，探寻菜名背后的文化，对于湘菜的升级和推广，对于湖湘文化的传播具有重要作用。探寻的过程也是了解当地文化的过程，传承与传播当地文化的过程）

</td></tr>
</table>

续表

作业布置及课外实践	1. 为自制的湘菜命名，并说明命名理由； 2. 走进湘菜馆，探究湘菜新菜名中所蕴含的新特点； 3. 列出我国 8 大菜系各 5 道代表菜品； 4. 写 1 篇小论文，为湘菜命名提出意见与建议。 （设计依据：把语言学习与现实生活需要结合起来，增强语言学习的实用性，体现生活语文的理念，同时提高面向未来生活的生计与生活能力，培育人的核心素养）
附录：文献资料	[1] 李运富. 汉字学新论 [M]. 北京：北京师范大学出版社，2012：15 – 17. [2] 张钧. "汉字汉语专题研讨"任务群的教学范式 [J]. 中学语文教学，2018（9）：8 – 10. [3] 汪大昌. "汉字汉语专题研讨"学习任务群：设计与实施 [J]. 中学语文教学，2018（9）：4 – 7. [4] 杨佑文，李秦. 中餐菜名的语言文化解析 [J]. 湖北工业大学学报，2016（6）：86 – 88. [5] 时剑波. 基于任务驱动创设语用情境："汉字汉语专题研讨之姓名文化"教学设计 [J]. 中学语文教学，2019（4）：61 – 65. [6] 蔡宇华. 湘菜名称研究 [D]. 长沙：湖南师范大学，2007.

二、案例评析：湘菜芳名远，兰亭共流觞

美食文化借助《舌尖上的中国》得到迅速传统，湘菜作为全国闻名的八大菜系之一，广有影响。专题设计提到的一些著名湘菜在中央电视台《舌尖上的中国》或《消费主张》上播出过，深受美食爱好者的喜爱。菜名是饮食文化的重要组成部分，湘菜命名指向湘菜食材和烹饪方式，概括颜色、香气和味道；也指向湘菜的造型和寓意，体现湖湘文化。本专题设计旨在全面归纳和梳理湘菜的命名特点及规律，训练学生从生活应用中观察和分析语言文字现象的能力，提升学生对语言文字的理性认识。专题设计凸显了生活语文的特色。

（一）利用感性经验，积累命名知识

研究语言问题，选择学习项目很重要，选择的项目最好是生活中的现实问题。《湘菜命名的语言艺术》选题来源于学生的日常生活经验，这样真实的问题更能激起学生的探讨兴趣，也就更有探究价值，解决好

生活中的语言问题才能使语言发展更健康。对语言现象的理性认识是建立在感性经验的基础上的。作为教学系统的研讨与从语言学、文字学方面进行的科学研究有本质不同，目的是培养学生的语言文字运用能力。生活在湖南的学生，湘菜是他们的日常饮食，对湘菜的颜色、香气、味道、造型、情致有较多的亲身体验，湘菜的菜名也耳熟能详，因此对湘菜菜名的表达功能有一定的理解。研究湘菜的命名艺术，学生的日常生活中有丰富的语料。教学设计侧重引导学生围绕湘菜命名体味语言的表达运用，是在感性经验上归纳语言规律，观照了从感性认识到理性认识的认知发展规律。

（二）依据实际水平，提升文化认知

专题要符合学生的实际发展水平，弄清楚教学的起点在哪里，做到以学定教。王大昌认为，发现的问题要难度适中，切合学生要求。[1] 本设计针对学生的实际水平，充分利用优势资源，激发学生的探究兴趣，逐步提升学生对语言的理性认识水平。如走进餐馆，首先吸引我们的是菜名及图文并茂的菜品介绍。菜名是学生日常接触最多的一种语言现象，对于菜名，每一个人一定会有感性的体验和喜好，但以往的语文教学却很少把它作为一个语言问题进行系统的归纳和梳理。本专题设计的"回忆菜名，初识命名特点"的环节就是充分考虑学生对菜名的现有感性认识水平而确定的，学生熟悉菜名，但对湘菜的历史和特色则可能普遍陌生，需要认真梳理和总结。湘菜历史悠久，自汉代兴起，元明清达到全盛，至今在世界上广有影响。因此，湘菜菜名不但具有实用性特点，文化意蕴也相当浓厚。写实类的菜名主要是根据食材和烹饪方式命名，学生容易理解；写意类的菜名往往是根据艺术想象和文化传统命名，学生要经过理解文化才能懂得寓意。因此我们把"探究菜名，传承命名文化"作为重点，以弥补学生实际水平的不足，有针对性地提高理性认识语言的能力。

（三）面向未来需要，训练生活技能

"素质教育不能太空，其中也应当包含'生计能力'培养，素质教育

---

[1] 汪大昌."汉字汉语专题研讨"学习任务群选修课的几点建议 [J]. 中学语文教学，2018（9）：4-7.

是整体性的，生计、生活能力，也是素质的一种。"❶ 本专题着眼于学生未来生活的需要设计出了新的教学范式。有学者指出，"本任务群的教学范式主要包括三类：共时规律归纳范式、历时演变考察范式、中外语言比较范式"，❷ 每一类教学方式对应相应的语言问题，教学要根据学习的目的和内容，语料的特点和研究的方法，采用恰当的教学范式。本专题主要采用了"共时规律归纳范式"，以当下流行的湘菜菜名归纳其命名的特点和规律，但又不止于静态的语言知识建构，更重视语言的运用。如为自制的一道湘菜进行创意命名、为突破湘菜命名中的问题而建言献策等活动环节的设计，训练学生从运用中考察语言问题的导向更明显，培养学生的动手能力和生活技能的导向更突出。评价方式也随教学范式的转变而改变，理论考核与实践考核相结合。在理论上，以最能反映对语言现象和问题的理性认识的形式考核，如要求用采访录、语言调查报告、小论文等形式呈现学习成果，并在专题讨论会上发表自己的成果，考察学生的综合运用语言的能力。现在的学生中美食家、美食爱好者、吃货多，而能创作美食的大厨、小厨少，在实践上，要求学生亲自动手制作湘菜，用命名的方式把自己的情感投射到菜肴中去，有利于培养学生面向未来的生活技能和生活态度。

第二节 "中华传统文化专题研讨"
学习任务群的教学案例及评析

本节主要探讨新课标中"学习任务群 14：中华传统文化专题研讨"的设计与教学。本任务群是在"学习任务群 8：中华传统文化经典研习"的基础上设置的，"旨在加深对传统文化的认识和理解，增强传承、弘扬中华优秀传统文化的自信心、责任感"。本任务群为 2 学分，36 课时。可设置 3 ～ 4 个专题，每个专题 9 ～ 12 课时。我们选取的专题是"孝文化专题"，安排 12 课时。本专题由湖南省长沙市第二十一中学的熊国斌老师设计及实施教学。

---

❶ 温儒敏. 语文教育研究的困扰与前景——《温儒敏论语文教育》前记 [J]. 语文建设，2010（2）：68 – 70.

❷ 张钧. "汉字汉语专题研讨"任务群的教学范式 [J]. 中学语文教学，2018（9）：8 – 10.

一、案例呈现:《孝文化专题》

(一)学习项目

中华孝文化主题研讨

(二)学习目标

(1)熟读关于孝文化的经典篇章,理解中国孝文化的基本价值体系。
(2)认识中华民族尊老爱幼的传统,继承传统,形成孝敬品德。
(3)以实际行动行孝道,并延及社会,增强家庭和社会责任感。

(三)任务和教学活动

任务一"读孝典":阅读经典学精髓,滋养心灵做孝贤(4课时);

任务二"修孝德":树欲静而风不止,子欲养而亲不待(2课时);保全身体是孝行,珍惜生命乃美德(2课时);

任务三"行孝道":应对家庭变故,学会自强担当(2课时);帮助父母理财,减轻家庭经济压力(2课时)。探讨"孝道"的价值及实践策略,探讨传承和创新中华优秀文化的当代意义。

本案例主要呈现主题三"行孝道":应对家庭变故,学会自强担当(2课时)的课堂实录。

(四)教学示例

表6-3 案例呈现:"行孝道":应对家庭变故,学会自强担当

学习任务群	中国传统文化专题研讨
学习项目	孝文化专题之任务三"行孝道":应对家庭变故,学会自强担当
教学目标	1. 明确家庭变故与尽孝之间的关系。 2. 讲与说相结合教师讲授相关知识,学生结合经典谈感受。 3. 情感态度与价值观:培养学生的孝心爱心和责任感。
课堂教学流程及活动	一、导入 　　"月有阴晴圆缺,人有悲欢离合",没有人不祈祷自己的家庭永远生活在吉祥的光环中,但"阴晴圆缺"的自然法则有时会让家庭变故与人不期而遇。家庭变故是指家人或直系亲属伤亡事故,家庭成员患重大疾病、发生重大交通事故或医

疗事故，夫妻离异，等等。人的大本就是一个孝字，古人说"百善孝为先"，此时，家庭成员要立足各自的岗位，履行各自的义务，处理好各种关系，拿起"孝"的有利法宝应对变故的挑战。现在我们要讲的主题是：迎接家庭变故的挑战，抓住脱胎换骨的契机。

二、阐释话题

我们倡导父母给予孩子温暖民主的教养方式：父母与孩子的关系建立在人格平等的基础上，在父母的指导关爱下成长，有充分的发言权和争辩权。在讨论中学会鉴别正确与错误，逐步学会独立理解和处理问题，并培养开阔心胸和良好性情。遇到生活事件，会以理智为基础，采取有效措施应对，遇到重大疑难问题时会征求伙伴及长者意见。在集思广益的前提下，采取切合实际的应对方式，妥善处理，而不是盲目武断。培养孩子抗挫折和生活实践的能力，关键在于父母运用正确的教养方式。很多人没有意识到自己的方式是错误的，以为以后孩子长大了，处理问题会无师自通，这是错误的。

三、感悟孝敬经典，谈谈自己的感受

学生读 3 篇孝敬经典，选择自己喜欢的一篇谈感受。

[孝敬经典 1] 弃婴自强，孝敬养父

她一出生就遭遗弃，与年迈养父相依为命，稚嫩的肩膀从上小学开始就承担着繁重家务。她是家中的"顶梁柱"，一边上学一边挣生活费、学费，全心赡养瘫痪在床的养父。她就是苦命而又自强自立的小女孩王兆华。她是安徽省淮南市大通区居仁中学学生。12 岁至今 5 年来，她在逆境中自强不息、追求理想、孝敬养父的高尚情操，引发人们深切的关爱。淮南市有关部门和社会各界向王兆华伸出温暖之手，破例将她纳入低保，解决了户口问题。全国各地纷纷为她捐款，但她只接受了很小一部分钱物，其余全部退了回去。央视《讲述》栏目推出了《拒绝捐款的背后》的节目，报道了她的感人事迹。全国 30 多家新闻媒体的记者采访了她，100 多家新闻媒体刊播了她的感人事迹。2007 年，她先后被评为"安徽省第五届精神文明十佳人物""全国孝老爱亲道德模范"。

[孝敬感言] 参考

幸福的家庭是相似的，不幸的家庭各有各的不幸，然而，被抛弃，于她——是悲歌的终结，爱歌的启始。沉重苦难的人生，让她悟彻了爱的真谛。七岁偷学做生意，善持家的精算盘，更是爱学习的小天使，苦难是一所学校，在这里，王兆华挺立的永远是不屈的脊梁！

有诗赞云：

弃婴幸遇善良人，二老无儿分外亲。

养母医难辞世痛，女孩意决治家贫。

节衣缩食做生意，尽力疗瘫报父恩。

饭菜安排挤时学，全凭柔弱一孤身。

［孝敬经典2］信守承诺，改姓护家

1974年，前妻去世，他改姓为谢，把岳父母当作自己的亲生父母。30多年来，为了信守承诺，他无怨无悔地付出自己的真情，将自己的爱心、孝心和责任心一点一滴地倾注到前妻的三个亲人——瘫痪的父亲、丧失劳动能力的母亲、呆傻的弟弟身上。他的名字叫谢延信，河南省焦作煤业集团鑫珠春公司的职工。2006年入选"中原二十四孝贤"，并获得河南省"十大敬老楷模"特别奖。2007年获得"全国五一劳动奖章"、当选"感动中国的矿工十大杰出人物"、荣获"全国孝老爱亲道德模范"。

［孝敬感言］参考

既然选择了远方，我便会风雨兼程。什么是真正的责任？什么是闪光的生命？看谢延信三十年如一日的风雨兼程。信守承诺，毅然改姓，呕心沥血，孝婿撑家，延爱无限，传递孝道。他用钢铁意志，血肉之躯无怨无悔地奉献了一生。谢延信以自己的质朴和善良，支撑了一个没有血缘关系但也拆不散的家，尊老和孝道的故事还在延续。

有诗赞云：

妻亡情在重承诺，守信改姓护岳家。

千钧重担一肩挑，孝老顾弟度年华。

艰难困苦不言愁，孝诚传统铭心田。

燕赵自古多孝贤，中原矿工感华夏。

［孝敬经典3］风中雪莲，行孝廿载

20年来，她用爱心、真情悉心照顾瘫痪在床的父亲，演绎着人世间感人的亲情故事；20年来，做着常人难以坚持的事，把传统孝道体现在日常生活的一点一滴之中，谱写了一曲动听的新时代的孝老爱亲之歌。她，就是徐雪莲。她1975年出生于青海海北藏族自治州门源回族自治县，现为海北州海北宾馆餐饮部经理。先后荣获"海北州孝老爱亲模范""青海省首届十大孝亲敬老楷模"称号，获得"青海省第十届青年五四奖章""全国孝老爱亲道德模范"提名奖。

［孝敬感言］参考

她，经历了血与火的苦难，经历了炼狱般的煎熬，可是没有屈服，没有躺倒，执着、坚韧的徐雪莲用一生的付出演绎了血浓于水的亲情，给了父亲一个蔚蓝的天空。遇横祸，少女撑起半边天；尽孝道，无怨无悔舍小家；感人心，久病床前有孝女。随风潜入夜，润物细无声，这不正是她一生的写照吗？

有诗赞云：

孝心可鉴天山路，一朵雪莲香九州。

父为采煤胸骨折，女虽幼弱柔肠忧。

医疗抚弟无旁贷，"充电"勤工争上游。

廿载青春不言误，坚持侍奉爱悠悠。

第六章 基于学习任务群的语文"选修"教学案例及评析

续表

	四、总结提升经典的教育意义 　　平凡的名字，平凡的面容背后，是不平凡的坚持，不平凡的勇毅让人动容。他们或助人为乐，或见义勇为，或诚实守信，或敬业奉献，或孝老爱亲……他们是我们道德之路上的前行者，更是我们身边的平凡人，是我们的邻居、同事、同学。善行无疆，舍己为人，一诺千金，恪尽职守，大爱无声……这是评审委员给全国道德模范的致敬辞，更是亿万中国人最由衷的赞誉，最崇高的褒奖，最衷心的致敬。让我们记住这一个个名字，记住这一个个名字背后的故事，在共同构建中华民族和谐家园的道路上携手前进！ 五、孝敬建议 　　1. 明白自己的责任，落实在一言一行之中。 　　2. 顺着父母的心意并以一个顶梁柱的形象让家人有安全感。 　　3. 敢于直面种种变故，冷静处理各种关系。 六、积累关于孝敬的名言警句
教学反思	中国有着不同于其他国家的家庭养老模式，它的最大优势在于亲人之间的相互帮扶支持和关爱温暖，因此家庭责任感的培养和孝道的教育不可缺少。在进行孝敬经典的宣讲时，让学生联系自己的实际谈感受，能收到事半功倍的效果。

二、案例评析：忠孝传家久，礼仪继世长

熊国斌老师以新课标为指导，根据任务群学习的特点，在长沙市第二十一中学以校本课程形式开设的选修课程"孝文化专题研究"，经过实验探索，形成了较为成熟的教学模式，凝练出了一些亮点和特色，取得了较为显著的成效。

（一）读孝典

"孝道"是中国传统文化的重要组成部分，"百善孝为先"，在我国历史文化发展过程中，孝道无论是对个人的精神成长还是对家庭社会的和谐均起到了促进作用，可以说，孝道起到了稳定社会的作用。在今天，孝道仍然具有积极作用，正确地传承和创新孝道，是弘扬传统文化的应有之义。熊老师的"孝文化专题"，选题来自社会实践，具有理论创新意义和实践价值。选题来源于经典，又贴近生活。选读的经典有《孝经》《论语》《孟子》《三字经》《弟子规》等古代典籍，典籍体现了传统文化思想精华，对提高学生文言文阅读能力也有一定的帮助；也有来自当今主流新闻

媒体报道的孝敬故事，有的侧重社会家庭，更多的是少年励志故事，如洪战辉、张九精、谭之平、刘霆、王兆华等少年的孝敬故事，也有反面典型等。文化视野开阔，学习材料丰富。本次教学专题"应对家庭变故，学会自强担当"具有极强的现实针对性，现实生活中学生遭遇家庭变故的不在少数，如何引导他们面对打击调适心理、学会坚强，具有较强的现实意义。

（二）修孝德

每一个专题教学大致围绕中心论题分为四个模块：孝敬经典、孝敬感言、孝敬建议、孝敬名言。要求学生课外阅读孝敬经典故事，积累孝敬名言，做好读书笔记，写好孝敬感言，课内合作探讨展示探究的成果。熊老师在指导上有两个特点比较突出：一是读写有机结合。阅读经典是基础，在"孝敬经典"板块，熊教师指导学生以客观、科学、礼敬的态度直接阅读经典、文言典籍，要求学生借助工具书独立研读作品，为研讨做好充分准备。在"孝敬感言"板块，学生可以在阅读的基础上，选择一个或多个角度对"孝敬经典"讨论分析，发表评论。如读《孝经·开宗明义》"身体发肤，受之父母，不敢毁伤，孝之始也"，学生联系现实生活中不少年轻人对生命的轻贱现象，讨论生命的可贵和爱惜生命的重要价值。二是任务真实。"学习项目"中的话题涉及的都是生活中的真实问题，很多事情就发生在学生本人或亲朋好友的身上，也许一些学生正处于迷茫无计的心理困境之中，需要求助。如痛失亲人、父母离婚、家庭失和、穷困无依等家庭变故，容易导致学生怨恨亲人、自暴自弃等心理问题，需要正式课程疏导和激励。

（三）践孝行

在特定的社会文化场景中考察传统文化经典，要挖掘传统文化价值观与现代价值观的契合点，并以恰当的方式呈现出来。"孝文化专题"的新颖性体现在凸显了孝道教育的时代特征，如家庭理财问题的探讨。尽管孔子提倡"君子爱财，取之有道"，但在儒家的教学理念里，读书问道之人是应该轻视或鄙视物质财产的，孔子曰："士志于道而耻恶衣恶食者，未足与议也"（《论语·里仁》），他的学生子贡在理财经商上很成功，对孔子的物质帮助也最大，孔子却说："回也其庶乎，屡空。赐不受命，而货殖焉，臆则屡中"（《论语·先进》），从语气看，这里更多的是不解、不平而不是赞赏。司马光还特意以孔子和自身俭朴的物质观教育子孙，"平生衣取蔽寒，食取充腹""众人皆以奢靡为荣，吾心独以俭素为美"（司马光《训俭示康》），理财是古代文化典籍里涉及不多，家庭也不怎么公开讨论的话题。但在今天的家庭关系里，理财的地位变了，儿女孝敬父母，不只是体现在给父母赡养费，更多的是要能用知识为家庭开辟稳定的财源，保障父母的晚年生活。因此，学点经济学知识，学会理财应成为课程内容，在各科教学中渗透。熊老师的专题教学有实验意义。另外，熊老师用古体诗的诗歌创作形式写"孝敬感言"，融合了古典形式与现代内容，也颇有创意。新课标在核心素养中提出"审美鉴赏与创造"，这里的创造，一方面是指创造性阅读，另一方面也指文学创作，也就是说鼓励学生进行文学创作，这是新课标的一个突破，但如何引导学生创造，是一个教学难题。熊老师的文学创作起到很好的示范作用。

值得探讨的是，本任务群涉及的古代文化典籍多，但学习仅仅限于章句，可以与"学习任务群1：整本书阅读与研讨"结合起来，如重点学习《孝经》原典。《孝经》曾是我国从先秦到清末这样漫长的历史中较为稳定的教材内容，以现在的文化场景看，《孝经》的内容极为复杂，有精华也有糟粕，能够激发学生的反思。教师可以引导学生参阅相关的研究文献，把自己的探究用论文的形式呈现出来。成果展现形式可以多样化，而不一定每一个"学习项目"下都是孝敬名言积累，应有层级地呈现学习梯度。

"孝道"既是法律范畴，也是道德范畴。道德之养成，重在于行为。课程对"孝"的认知教学比较充分，也较为关注对"孝"的情感认同和意志磨砺，但对"孝"行的塑造则较为缺乏，践行孝道的语文实践活动设计还有所欠缺，对"孝"行的培育策略相对单薄，课程的实践性品格还有待进一步凸显。

孝文化专题学习与现代信息技术的融合要加强。以现代的元素讲传统的故事，以时尚的方式学习传统文化，让传统资源"活"起来，已经是传统文化传播的新趋势，新闻界的探索也取得了良好的效果。本专题可与"学习任务群3：跨媒介阅读与交流"整合起来学习，建设跨媒介学习共同体，学习运用多种媒介开展有效的阅读和表达，丰富语文学习的手段。

第三节　"中国革命传统作品专题研讨"学习任务群教学案例及评析

本节主要探讨新课标中"学习任务群15：中国革命传统作品专题研讨"的设计与教学。本任务群是在"学习任务群9：中国革命传统作品研习"的基础上设置的，要求选择反映中国革命传统的代表性作品，设置相关研究专题进行深入学习。"旨在进一步认识中国革命、建设和改革的历程，加深对中国革命传统的认识和理解，激发热爱中国共产党、热爱社会主义祖国的情感，进一步提升研究性学习的能力。"本任务群为2学分，36课时。可设置3～4个专题，每个专题9～12课时。我们以周立波的长篇小说《暴风骤雨》为主要学习任务，探讨周立波小说的主要特色。

一、案例呈现："周立波小说专题"

（一）学习主题

"周立波小说专题"研讨

（二）学习目标

（1）理解周立波小说的时代背景、思想内涵和艺术特点。

（2）深入学习周立波小说中的英雄事迹，感受英雄人物身上无私无畏的爱国精神。

（3）通过研究性学习和实践调查，提升思想认识水平和语言运用能力。

（三）学习内容

（1）精读《暴风骤雨》，理解周立波小说的特点及其在中国当代文学史上的地位和影响。

（2）参阅相关研究文献，如《周立波评传》《周立波文艺讲稿》等有关章节，深入理解《暴风骤雨》体现的新主题、新人物和新手法。

（3）结合《暴风骤雨》，选择一两个角度，撰写文学评论，探讨周立波小说的主题思想和艺术特色，了解革命现实主义创作原则。

（4）组织专题研讨会，深入理解《暴风骤雨》中的革命干部和广大群众的革命精神和革命人格，结合新时代特点，探讨传承革命文化的策略和方法。

（5）学习整理研究资料的方法，了解搜集资料的路径，学会分类整理；做读书笔记和摘要，学会正确归纳与总结观点。参观周立波故居或网上访问了解，熟悉当地文化。

（四）任务与教学活动

1. 第一阶段：原典导读（2 课时）

（1）指导阅读《暴风骤雨》，了解东北土改运动的创作背景，熟悉作品所反映的我国新民主主义革命时期的农村生活，分析新农村的特点，理解新农民形象。

（2）自主略读《山乡巨变》，了解当时农业合作化的创作背景，分析书中塑造的一批坚持走社会主义道路的干部和农民形象；自主略读《湘江一夜》，了解作品中塑造的我军老一辈无产阶级革命家的光辉艺术形象。

（3）指导阅读《周立波评传》《周立波文艺讲稿》与《暴风骤雨》相关的章节，理解周立波的生平经历及创作思想。

2. 第二阶段：重点赏读（4 课时）

（1）组建学习小组，每组重点研读《暴风骤雨》，选取感兴趣的人物，联系故事情节，分析人物形象的特点，评价其社会意义。

（2）分组准备研讨《暴风骤雨》的重点：思想主题，人物形象，故事情节，艺术技巧。

（3）观看电影《暴风骤雨》，结合小说，写一篇不少于800字的影评或文学评论。

（4）参观湖南省益阳清溪周立波故居，了解其作为当代文艺湘军奠基人的作用和影响。

3. 第三阶段：主题研读（4 课时）

组织专题研讨活动，课堂形式主要为阅读研讨，交流自己对作品的理解、感受和评价。

（1）《暴风骤雨》研讨课。分析小说的思想主题与时代变迁的关系。

（2）《暴风骤雨》研讨课。分析鉴赏主要人物形象及其社会意义。

（3）《暴风骤雨》研讨课。分析小说革命现实主义创作手法。

（4）结合《山乡巨变》《湘江一夜》，归纳"茶子花"派的语言风格。

4. 第四阶段：交流评读（2 课时）

整理阅读笔记和专题研讨的成果，结合具体作品，选择一两个角度，撰写文学评论，组织专题研讨会。

（1）参阅有关周立波小说的相关研究文献，重点理解《暴风骤雨》的时代背景、思想内涵和艺术特点。

（2）学习整理研究资料的方法，做好读书笔记和摘要，做好参观考察报告，形成小组读书报告。

（3）组织专题研讨会。就《暴风骤雨》的主题、人物、情节、艺术风格及影响展开讨论。

（4）成果发布。课堂公开交流文学评论、读书报告、考察报告等，择优将学习成果公布，展示在班级的公共区域，供观摩学习。

（5）教师引领学生总结研讨活动，学生完成活动反馈调查表，对本次教学设计和实施过程提出意见和建议。

（五）学习资源

（1）周立波 . 暴风骤雨［M］. 第 2 版 . 北京：人民文学出版社，1956.

（2）周立波 . 山乡巨变［M］. 北京：人民文学出版社，1958.

（3）胡光凡 . 周立波评传［M］. 修订版 . 长沙：湖南文艺出版社，2018.

（4）周立波 . 周立波文艺讲稿［C］. 长沙：湖南人民出版社，2017.

（5）周立波 . 周立波故乡生活短篇小说集［C］. 长沙：湖南人民出版社，2006.

（六）评价建议

评价计分标准如表 6－4 所示：

表 6－4　评价计分标准

学习任务	评价标准	学业质量水平	评分
原典导读	做好读书笔记摘要。	理解小说主要内容，把握主要人物和基本情节。	20
重点赏读	文本细读，体验鉴赏。	感受与鉴赏思想和艺术特色。	30
主题研读	参阅研究资料，讨论文本。	评价主题、人物、情节与艺术技巧。	30
交流评读	交流文学评论、读书报告、基地考察报告。	交流与讨论，形成创见。	20

合计：100 分。分数达到 60 分及以上者可获得全部学分。

（七）参考文献

［1］袁盛勇．致力于政策和艺术的结合——重读周立波经典小说《暴风骤雨》［J］．渤海大学学报，2019（1）：1－5.

［2］张均．小说《暴风骤雨》的史实考释［J］．文学评论，2012（5）：143－150.

［3］刘安海．周立波小说艺术魅力探微［J］．湖南城市学院学报，2013（4）：18－22.

［4］高建华．勇于担当，砥砺前行——"中国革命文化传统作品研习"任务群教学刍议［J］．中学语文教学参考，2018（12）：22－23.

［5］郑桂华．高中语文学习任务群的教学建议［J］．中学语文教学，2017（3）：9－11，12.

［6］褚树荣．以语文的姿态：中国革命传统作品任务群学习体会［J］．语文学习，2018（11）：38－40.

［7］王云峰，范锦荣，王锡婷，等．谈中国革命传统作品学习任务群的教学［J］．中学语文教学，2018（8）：4－8.

［8］钱冰山．让革命传统文化的基因代代相传——关于"中国革命传统作品研习"任务群的几点思考［J］．中学语文教学，2018（8）：12－15.

二、案例评析：暴风骤雨，革命洗礼

周立波的《暴风骤雨》自 1948 年发表以来，在社会上引起强烈反响，被人称为史诗般的作品，跟丁玲的《太阳照在桑干河上》一起获得 1951

年度斯大林文学奖，代表了那一时期我国长篇小说的最高成就。时至今日，依然被认为是政策与艺术的完美结合，具有文学经典的永恒价值。学习周立波的小说，理解人物的革命情感、感受作品的革命精神无疑是重点，但如何引导感受，以引起学生对解放战争时期土地改革运动的认识和认同，则是难点。本专题教学设计主要抓住一个"新"字，开展文学审美活动，解读文本，传承革命精神。

（一）新世界

1942 年毛主席《在延安文艺座谈会上的讲话》发表以后，生活是文艺创作的唯一源泉得到认同，作家们纷纷响应号召，深入工农兵的实际生活与斗争之中，体验生活，积累素材，反映生活。《暴风骤雨》是周立波1946 年在东北参加土地革命后写成的反映新农村斗争形势的力作。土改运动实际是农村重建基层政权和社会秩序的革命，意义深远。当时作家以土改为题材的作品不少，但就主题的深刻性和艺术的成熟性来看，《暴风骤雨》无疑是土改小说的典范。本书的主题与时代的变迁密切相关，主要描写了在社会巨大变革中新时代的"山乡巨变"。"东北农村封建势力的最初垮台，与农民中间的新的人物出现的复杂曲折过程，就是本书的主题。"❶主题之新表现在三个方面：第一，宣传新政权。东北地区是解放战争期间最先解放的地区，也可以说是战争的大后方。能否在解放区建立稳固的新政权事关生死存亡，土地革命是决定革命胜利的一个重要条件。"20 世纪40 年代土地改革的现实目标是重构乡村社会的权力结构和价值秩序，从而建立为中国共产党所掌握的农村基层政权。"❷ 新的农村基层政权应该是什么样？《暴风骤雨》以小说的形式，具象地呈现了新农村的权力结构。第二，重构新秩序。在旧农村社会里，维护社会稳定的是血缘宗族势力及其规范，人与人的关系靠儒家伦常维系。中国共产党以阶级论为武器，通过发动激烈的阶级斗争，重构了新农村的人伦关系和人物关系。农民与地主的矛盾是时代的主要矛盾，新秩序以共产党领导下的农民阶级推翻几千年的封建统治为标志，政治权力的重构决定了意识形态的重塑。第三，把握新动向。小说再现了轰轰烈烈、翻天覆地的土地革命的复杂性。从干部宣

❶ 袁盛勇. 致力于政策和艺术的结合——重读周立波经典小说《暴风骤雨》[J]. 渤海大学学报，2019（1）：1－5.

❷ 张均. 小说《暴风骤雨》的史实考释 [J]. 文学评论，2012（5）：143－150.

第六章 基于学习任务群的语文『选修』教学案例及评析

传政策进行"唠嗑",到农民诉苦、斗争恶霸,再到分配土地、庆祝胜利,从中可以看到土地改革运动的全过程。农民群众在旧社会所遭受的深重苦难,与地主阶级占有土地及其残酷剥削分不开,农民翻身的前提是拥有土地,作品指出了中国农民的发展道路。正如周立波在评价电影《伟大的土地革命》时所说:"它自始至终贯穿了党领导农民群众推翻封建地主的统治,又领导农民向着社会主义的明天继续地前进的这个中心的思想。"❶ 小说的主题具有鲜明的政治和历史价值。

(二) 新人物

《暴风骤雨》塑造了一批彪炳史册的文学新人。作品中的人物有 40 多个,大致分为新旧势力两大阵营。如代表中国共产党干部形象的工作队成员萧祥、王春生、刘胜;代表基层政权的农会领导赵玉林、郭全海;代表普通农民形象的白玉山、赵大嫂、老孙头、老田头;代表地主阶级的韩老六、杜善人、唐抓子。土地革命是两大阶级阵营的生死搏斗,但作者并没有把人物概念化。这些人物在生活中都可以找到原型,作者熟悉他们的思想、感情与语言,在塑造形象时并没有脸谱化和类型化,因而各类人物有血有肉,具有鲜明个性,栩栩如生。作者的艺术技巧主要体现在把人物置于真实的情境中去刻画,在具体矛盾解决中去体现人物的性格特点。如萧队长的工作方式写得很有特色,老孙头赶车,拉工作队下乡,萧队长用一路闲谈的方式,相机询问了解村里的真实情况,通过老孙头吞吞吐吐的回答,了解到农民的重重顾虑。初进村,萧队长召集农民开会的形式也很特别,不是正经八百的办公会议,而是"唠嗑会",以轻松的形式打消了农民的担心害怕。这些生动的细节塑造了一个立场坚定、讲究策略、作风朴素的共产党员形象。对农会主任赵玉林的刻画也很真实。赵玉林的原型是在土地改革斗争中成长起来的农民英雄温凤山,周立波在周家岗深入生活时了解了他的英雄事迹并参加了他的追悼大会。作者对这个英雄人物充满了朴素的阶级感情,对他的苦难遭遇和由此形成的倔强、坚韧的性格充满了同情和赞赏。作品从农会的各种活动中表现他的阶级觉悟和大公无私,有点有面,其中斗争会诉苦、光荣牺牲两个场景写得绘声绘色,画面生动,气势悲壮,烘托出了赵玉林一心为群众，"把命搭上"也要革命到底的高贵品质。郭全海也是周立波着力刻画的农村新人形象，他是继赵玉林之后的农会主任，体现出农民积极分子在土改中的成长与成熟，他出身贫苦，革命意志坚定，在土地革命中逐步成长为熟悉党的政策、讲究策略斗争的农村基层政权的领导者，在"分衣被""分马""参军"等事件中，表现出大公无私的共产主义风格，树立了基层共产党员的光辉形象。作品中其他一些次要人物也写得非常生动，如赵大嫂、白大嫂子、刘桂兰等劳动妇女群像，具有农村新人特点。土地革命使统治农村几千年的封建宗法制度和道德秩序土崩瓦解，妇女的个人命运与革命事业紧密地联系在一起，在土地革命中，刘桂兰实现了婚姻自主，赵大嫂子、白大嫂子积极参加农会活动，大公无私，贡献力量，体现出新时代男女平等的关系。老孙头的世故，老田头的老实等都真实可信、个性鲜明。总之，《暴风骤雨》为新时代的新人物塑像，展现出翻身农民崭新的精神风貌。

（三）新手法

周立波自觉运用革命现实主义手法进行写作，他在《〈暴风骤雨〉的写作经过》中说："人民文艺工作者必须有无产阶级的立场和观点，有马克思列宁主义和毛泽东思想的修养，必须参加群众的火热斗争，体验群众的丰富的生活，才能从事创作。"❶《暴风骤雨》自觉按照党的文学创作观表现主题、塑造形象和运用语言，具有文艺为工农兵服务的创作思想，在创作上努力探求民族化、大众化的道路，形成了独特的新风格。在这种新形式中，他既继承了中国传统小说注重故事完整性、人物典型性、语言口语化等特点，也借鉴了苏联社会主义现实主义要求文艺要忠实地表现劳动人民的战斗和生活等成功经验，形成了独特的艺术风格。以语言为例，周立波多次谈到向群众学习语言的重要性，认为农民的语言具有形象化、简练、对称、有节奏等特点，应用农民的语言反映农民的生活。《暴风骤雨》中成功运用东北方言土语，《山乡巨变》中熟练运用益阳方言土语，叙述语言的口语化和人物语言的个性化，增加了作品的生活气息和艺术感染力，也使群众更加喜闻乐见。在人物创作方面，自觉采用了马列主义美学观中"真实地再现典型环境中的典型人物"的手法，凸显人物的鲜明个

---

❶ 周立波．周立波文艺讲稿［C］．长沙：湖南人民出版社，2017：11.

第六章 基于学习任务群的语文「选修」教学案例及评析

性。"作家要刻画一个人物，必须要把很多同一类型的人物的特点，加以仔细观察和研究，然后集中写成一个典型，像曹雪芹写林黛玉，施耐庵写鲁智深，鲁迅写阿Q一样。"❶ 典型化的艺术技巧是联系生活与文学的桥梁。生活是文学创作的唯一源泉，作者把在深入生活中的观察、体验、分析和研究的素材，通过运用典型化的创作方法塑造形象，表达对现实斗争生活的认识。

《暴风骤雨》以重大的题材内容、鲜明的历史主题、具有中国作风和中国气派的艺术风格赢得了巨大成功，是革命现实主义的典范制作，荣获1951年度斯大林文学奖三等奖。它在反映生活、概括时代方面的成就具有划时代的意义。但也应该看到"小说所具有的较为清晰的阶级论线条和叙述构架，还是那样局促地限制和约束了作家更为宽广的人文情怀的流露和敞开"❷ "他对农村中无比错综复杂的阶级关系和阶级斗争，对农民群众打破几千年的封建枷锁而谋求解放的艰苦历程——特别是心灵的历程，却往往观察欠深，因而也未能作更充分的表现"❸。艺术不是生活的一面镜子，应具有更高程度的真实。作者在某些方面对土改革命中复杂的矛盾作了相对简单化的处理，小说主题的鲜明性，体现了作者理想主义的情怀和乐观主义精神，但在一定程度上限制了更为丰富、深刻的思想展现。

第四节 "中国现当代作家作品专题研讨"学习任务群教学案例及评析

本节主要探讨新课标中"学习任务群16：中国现当代作家作品专题研讨"。本任务群是在"学习任务群10：中国现当代作家作品研习"的基础上设置的，就我国现当代作家作品的若干专题深入研讨。旨在"进一步培养理性思维与探究能力，提高学生对现当代文学的理解和认识，提升鉴赏品位，把握时代精神和时代走向"。本任务群为2学分，36课时。可设置3～4个专题，每个专题9～12课时。我们拟从"鲁迅小说

---

❶ 周立波. 周立波文艺讲稿 [C]. 长沙：湖南人民出版社，2017：13.

❷ 袁盛勇. 致力于政策和艺术的结合——重读周立波经典小说《暴风骤雨》[J]. 渤海大学学报，2019（1）：1-5.

❸ 胡光凡. 周立波评传 [M]. 修订版. 长沙：湖南文艺出版社，2018：181.

中国民性批判主题专题研讨"的角度，探讨此学习任务群的设计与实施。"呐喊与彷徨"是我们设计的"中国现当代作家作品专题研讨"任务群中的一个专题。它基于引领学生深度阅读现代文学大师鲁迅的《呐喊》与《彷徨》两部小说集，唤醒学生深入探究鲁迅小说中国民性批判主题的意识，形成其开展文学专题研讨的经验，帮助学生在阅读、梳理、发现、探究、表达交流的研讨过程中，培养理性思维、探究能力与批判精神，提升鉴赏品味，把握五四时代精神。该专题设计为12课时，以鲁迅小说为载体，在学生初步了解了中国五四时期文学作品发展概貌的基础上提出更高要求，强调加深学生对小说中表现出来的五四时期国民性及作者批判态度的理性思考。本专题由湖南省地质中学李靓老师设计及实施教学。

一、案例呈现：《鲁迅小说中国民性批判专题》

表 6-5　案例呈现：《鲁迅小说中国民性批判专题》

学习任务群	中国现当代作家作品专题研讨
学习项目	鲁迅小说中国民性批判专题研讨（12 课时）
学习目标	1. 阅读鲁迅小说集《呐喊》《彷徨》，理解各篇作品的思想内涵。 2. 通过《〈呐喊〉自序》，了解时代背景，梳理出鲁迅的人生经历和思想发展过程，并理解《呐喊》的创作意图。 3. 分析小说人物群像类型，概括国民性内涵，理解作者对此的批判态度，培养理性思维与批判精神。 4. 将作家作品与时代背景、作者人生经历关联，揭示作家与时代的关系。 5. 探讨当代文学对新时期国民性主题的继承与发展，在把握五四时代精神的基础上，提升当代知识分子的责任感。
学习任务	1. 依据阅读篇目，制订阅读计划，并按计划开展阅读，同时记录阅读心得。 2. 在初步阅读的基础上，确定研讨专题及对专题进行深入探究的重点和方式。 3. 精读文本，围绕专题内容以小组为单位合作探究，形成有价值的探究成果，以小组课题展示和小论文等形式展示交流。 4. 对专题研讨过程进行评价、反思和总结，积累专题研讨的经验。
学习资源	学习书目：《呐喊》《彷徨》 参阅书目：《铁屋中的呐喊》（李欧梵）、《当代文学与国民性研究》（樊星新）、《一地鸡毛》（刘震云）

实施过程	第一阶段：初读阶段——该阶段放在课外进行 1. 学生依据自身实际情况制订阅读计划； 2. 按计划对鲁迅的《呐喊》和《彷徨》两部短篇小说集展开阅读，同时以圈点、摘录、批注等方式实时记录阅读心得。 第二阶段：发现阶段（1课时） 1. 学生在初步阅读的基础上，相互交流阅读感受，发现文本意义，从而确定了以"鲁迅小说中国民性批判主题"作为研讨专题； 2. 通过进一步讨论，学生发现了人物群像这一探究突破口，形成了"小说人物群像—国民性—批判态度"这一"入乎其内"的研讨思路和"作品—作家—时代"这一"出乎其外"的研讨思路。 第三阶段：探究阶段（6课时） 1. 精读《阿Q正传》《故乡》《药》《风波》《明天》《祝福》《示众》等篇目，概括小说中底层人物的生存处境，并分析造成这种处境的客观原因和主观原因，探究小说中底层人物群像。 在这个过程中，同学们首先找出了小说中塑造的阿Q、闰土、华老栓、九斤老太、单四嫂子、祥林嫂、看客等底层人物形象。然后从文本中筛选出反映这些人在政治地位和经济状况方面的信息，并通过表格梳理信息，发现其政治地位低下、经济状况贫困的特点。接着紧扣文本，分析导致其生存现状的原因：从客观上看，是封建地主阶级的残酷剥削和压迫；而从主观上看，则与他们自身忍辱屈从、胆小懦弱、自欺欺人、妄自尊大、麻木健忘、安于现状、愚昧无知、迷信落后、狭隘保守、排斥异端、自轻自贱、畏惧权贵、欺软怕硬、圆滑无赖等性格因素有关，而这些正是鲁迅要批判的底层人物身上的国民性。最后，同学们联系现实，谈了这些国民性在当代社会的存在形式及我们应该采取的应对态度。 2. 精读《阿Q正传》《孔乙己》《端午节》《头发的故事》《药》《在酒楼上》《孤独者》等篇目，归纳小说中新、旧知识分子的不同类型，概括其不同的生存处境，分析其各自的思想特点及形成原因，探究小说中知识分子群像。 在这个过程中，同学们首先找出了小说中塑造的孔乙己、陈士成、赵太爷、钱太爷、赵七爷、举人老爷、鲁四老爷、狂人、方玄绰、N先生、夏瑜、假洋鬼子、魏连殳、吕纬甫等知识分子形象，然后通过其有无辫子进行归类，发现了他们作为旧式封建地主阶级知识分子和新式资产阶级知识分子的本质区别，然后分类探究：①关于旧式知识分子，同学们从文本中筛选出反映这些人在政治地位和经济状况方面的信息，并通过表格梳理信息，发现他们分为两类，以孔乙己、陈士成为代表的一类人经济困窘，政治地位卑微；以赵太爷、鲁四老爷为代表的一类人家财富足、受人尊敬，而造成其生存处境差异的一个重要原因则是科举制度。无论是作为科举制度的受益者还是牺牲者，这些人都表现出思想保守、视野

狭隘、奴性十足的特点。②关于新式知识分子，同学们从文本中筛选出反映这些人对待新旧事物的不同态度的信息，并通过表格梳理信息，发现他们分为三类，一类是以假洋鬼子——方玄绰为代表的表面进步、实则落后的伪装者，另一类是以 N 先生、魏连殳、吕纬甫为代表的从进步走向落后的妥协者，还有一类是以狂人和夏瑜为代表的坚决反抗的革命者。然后结合文本探究妥协者妥协、革命者失败的原因，分析得出旧思想、旧制度顽固的客观原因和自身自私、气馁、畏惧、脱离群众等主观原因，进而总结出知识分子群像身上体现的国民性：旧式知识分子思想保守，视野狭隘，奴性十足；新式知识分子思想受到启蒙，具有反抗性，但一部分人具有软弱性和妥协性；认识到鲁迅对这两者都是采取批判的态度。最后，同学们联系现实，讨论了青年学生作为新时代的知识分子应该承担怎样的社会责任的问题。

3. 精读《明天》《祝福》《伤逝》等篇目，归纳小说中女性形象的不同类型，概括其生存处境，分析其悲剧形成原因，探究小说中女性人物群像。

在这个过程中，同学们首先找出了小说中塑造的单四嫂子、祥林嫂、子君等女性形象，然后从文本中筛选出其对待婚姻、家庭和自身生活态度的信息，通过表格梳理信息，发现她们分别是缺乏反抗意识、不自觉反抗和自觉反抗的三类女性形象；然后结合文本探究这三类女性形象悲剧命运的原因，客观上源于封建社会制度和礼教思想，主观上源于个人的麻木、愚昧和软弱，这些内在特征构成了女性群像中体现的国民性。最后，同学们联系现实，讨论了新时代女性应有的姿态。

4. 从小说中塑造的底层人物、知识分子及女性人物群像入手，总结鲁迅小说中表现出来的国民性的具体特征，分析产生这种国民性的社会根源。

在这个过程中，同学们通过整合前三个课时的内容，分析得出国民性的具体内容，包括麻木不仁、愚昧落后、自私自利、冷漠无知、保守封闭、逆来顺受、性格软弱等，并发现这种国民性源于数千年以来封建统治制度及其伦理道德体系造成的政治压迫、经济剥削、精神统治下个体独立、自由、民主等现代精神的缺失。

5. 精读《〈呐喊〉自序》，了解时代背景，梳理鲁迅的人生经历和思想发展过程，理解鲁迅对国民性的态度，并从个人和时代两方面探究鲁迅从《呐喊》到《彷徨》的思想态度变化原因，进而揭示作家与时代的关系。

在这个过程中，同学们借助表格，以时间为序，梳理出鲁迅的人生经历和思想发展过程，并结合历史时代背景及"我在年青时候也曾经做过许多梦……""假如一间铁屋子……"等关键语句，理解了鲁迅创作小说的目的和意义，及其对国民性"怒其不争"的批判态度。再在比较《呐喊》与《彷徨》两部小说集中人物形象不同之处的基础上，发现鲁迅从"听将令"的呐喊到"上下而求索"的彷徨、从对人的精神困扰的忧愤到对改造社会的迷茫等一系列思想态度变化，并分析产生这种变化的时代原因，看到从五四运动到国内革命战争的时代精神变化，从而揭示出作家与时代的关系：作家受时代影响，又承担着改造时代的责任。

实施过程

续表

	6. 选读《李顺大造屋》（高晓声）、《陈焕生进城》（高晓声）、《班主任》（刘心武）、《一地鸡毛》（刘震云）等作品，探究当代文学作家作品中对新时期国民性主题的继承与发展。
	在这个过程中，同学们通过阅读相关篇目，分析李顺大、陈焕生等农民和张俊石、小林等知识分子形象，从而发现当代人在新时期表现出的自私自利、自轻自贱、逆来顺受、缺乏独立自由思想等国民性，感受到了新时期知识分子对社会问题的思考、对社会承担的责任感。最后探讨了如何对待新时期国民性的问题。
	第四阶段：创作与展示交流阶段（4 课时）
	1. 以"鲁迅小说人物群像类型分析"为题，制作 PPT，分组进行课题展示与交流。
	2. 以"当代文学对新时期国民性主题的继承与发展"为主题，写作小论文，并进行展示与交流。
	第五阶段：评价反思阶段（1 课时）
实施过程	学生回顾此次专题研讨的学习过程，从研讨参与度、计划完成度、阅读心得、课题展示、小论文质量等多方面对此次专题研讨的过程和结果进行反思和自我评价，撰写研讨心得，积累专题研讨学习经验。
	评价建议：
	1. 在初读阶段，因时代、语言、思想的隔膜，学生理解鲁迅小说的难度比较大，形成的认知往往趋于零散和肤浅，甚至错误。此时，教师可以从人物形象、情节设置、环境特征、创作手法、小说主旨等方面设计一系列问题，用以引导学生的思考方向，帮助学生加深对文本的准确理解。
	2. 分析人物群像时，可以指导学生设计各种表格，用以进行信息的筛选、梳理和比较。
	3. 探究当代文学作家作品中对新时期国民性主题的继承与发展是一个比较大的话题，学生在缺乏丰富阅读的情况下，很难有全面、深刻的认识，所以对这一项的评价要求不能过高，只要学生能够在选读作品的基础上联系生活实际有所感悟就行。
教学反思	对于任务群学习完成的质量，教师引导学生从研讨参与度、计划完成度、阅读心得、课题展示、小论文质量等多方面进行了自我反思和评价，从专题研讨学习心得来看，成效还是非常明显的。同时，还发现了一些值得进一步探讨的问题，并找到了初步解决问题的途径。比如：在初读阶段，因时代、语言、思想的隔膜，学生理解鲁迅小说的难度比较大，形成的认知往往趋于零散和肤浅，甚至错误；探究当代文学作家作品中对新时期国民性主题的继承与发展是一个比较大的话题，学生在缺乏丰富阅读的情况下，很难有全面、深刻的认识。对于这些问题，教师可以从人物形象、情节设置、环境特征、创作手法、小说主旨等方面设计一系列问题，用以引导学生思考探究，帮助学生加深对文本的准确理解；分析人物群像时，可以指导学生设计各种表格，用以进行信息的筛选、梳理和比较。

二、案例评析：寄意寒星荃不察，我以我血荐轩辕

《呐喊》和《彷徨》是鲁迅最重要的两部小说集，其中的人物，不管是知识分子还是底层人物，不管是男性还是女性，人物群像均带有浓厚的国民性。大家都知道，鲁迅对他笔下的人物的态度是"哀其不幸，怒其不争"；大家不知道的是，鲁迅对他笔下的人物还有一种隐藏在"哀"和"怒"背后的深切悲悯和同情。正是因为这种深沉的爱，使他作品中的人物形象熠熠生辉，读懂和揭示背后的爱，是深刻把握鲁迅小说中人物群像的基础。"他之揭露国民性的劣点，并非贬抑中华民族的伟大，实在是因为太爱这个民族了"❶。李老师的专题从"人物群像"角度入手，探讨国民性的特点，揭示了作者对国民性劣点的批判态度中所蕴含的悲悯情怀。

（一）忧患之爱

李老师首先要学生在初步阅读《呐喊》《彷徨》之后，相互交流阅读感受，通过研讨确定以"鲁迅小说中国民性批判主题"作为研讨专题。在教学中，教师没有直接分析小说写作者的心态，而是通过引导学生正确认知小说中鲜活的人物形象，把握人物形象的特点。以小说中的底层人物为例，尽管不幸的人各有各的不幸，但祥林嫂、阿Q等人作为群像汇聚在一起，共性非常突出，他们是社会弱势群体：经济上极度贫困，政治上毫无地位可言，生存毫无保障，一生艰难挣扎在死亡线上。造成其生存现状的原因有客观和主观两个方面，从客观上看，是封建地主阶级的残酷剥削和压迫；从主观上看，则与他们自身的性格密切相关。作者刻画人物的重点，放了对人物自身因素的挖掘上，客观境遇也是透过主观命运去折射。引导学生认识这样的叙事角度，能更好地把握人物的特征以及作者寄寓在人物身上的深沉的情感，从而能穿透鲁迅的犀利外表看到火热的内心波澜。鲁迅小说中的人物形象非常鲜明，祥林嫂的忍辱屈从、懦弱恐惧；阿Q的自欺欺人、妄自尊大；闰土的麻木迷信、安于现状；华老栓的愚昧无知、自私落后；九斤老太的陈旧腐朽、狭隘保守；看客的驯服残忍、麻木冷血；单四嫂子的坚忍苟活、封建顺从等性格，给读者留下

❶ 鲁迅 . 鲁迅作品里的教育［M］. 顾明远，解读 . 福州：福建教育出版社，2013：3.

第六章　基于学习任务群的语文「选修」教学案例及评析

了深刻的影响。作者细致入微地挖掘底层人物身上的性格缺陷，不是为了嘲笑和讽刺，而是作者洞察了人世间的所有真相，深刻地意识到正是这些致命的性格特征妨碍了弱者的生存。如作品中对单四嫂子"明天"的焦虑，对祥林嫂"灵魂"问题的踌躇，对孔乙己的"读书人"身份的善意嘲讽，对子君"生计"问题的着急，无不暗藏作者埋在心底的最痛彻心扉的同情与关爱。

（二）理性之爱

专题教学通过分析三种人物类型整体呈现国民性格。教学中人物群像分类标准不统一，底层人物、知识分子和女性形象这三大群像类型在逻辑分类上是不严谨的，外延上有重复，但这三类的确是鲁迅小说中的最典型形象，他们有一个共同的名字——弱者。封建社会里，在男性与女性之间，女性是弱者；在上流人物与底层人物之间，底层是弱者；在官吏与读书人之间，读书人是弱者。这样分类使得我们更清晰地看到社会被压迫、被损害与被侮辱者的真实生存状态和精神面貌。在一个秩序崩塌、上流社会荒淫无度的黑暗社会里，来自底层的弱者的抗争或者哀号不但根本激不起任何声响，而且换来的必定是更为冷酷的钳制与践踏。如单四嫂子与祥林嫂，在封建礼教社会，无论是守节还是被迫失节，妇女的悲惨命运同样不可逆转。读书人也是这样，只要没有成功跻身于封建官吏之列，无论是选择入世还是出世，读书人的尴尬处境同样不可逆转。如此不堪的人生际遇投射在性格里，形成了扭曲人格。当这些性格组合在一起，就成了一个民族的集体人格。整体的力量大于部分之和，这样的民族性格缺点就会阻碍社会的进步和国家的崛起。鲁迅的爱是建立在对社会各阶层深刻洞察的理性之上，超越阶级、超越世俗，关爱和同情弱者，体现出超越一己之利的人类最高尚的悲悯情怀。

（三）启蒙之爱

认识到中国民族性的缺点，从文化的角度加以批判，以引起疗救的注意，是"五四文学"鲜明的时代特色。鲁迅对人的精神因素的重视，是同时代的其他作家难以企及的。他相信并希望能够通过改变各阶层的国民精神面貌和思想觉悟来挽救中国。教学中引导学生认识新时代的知识分子的形象，让人在暗色中看到希望，又在希望之中陷入失望，甚至绝望，则是体悟理解鲁迅的启蒙之爱及其艰难的有效方法。如专题教学中引导学生分析以狂人、夏瑜、子君等为代表的黑暗社会的坚决反抗者，结合文本探究人生失败的原因，分析得出新旧制度交替中，社会秩序反叛者自身的痼疾，进而总结出革新者群像身上体现的民族性缺点，找出病根，减重前行。与沈从文笔下田园牧歌式的农村相比，鲁迅笔下的农村是病态而真实的，生活在其中的各色人等被打下了封建文化的负面印记，集中了民族劣根性。鲁迅希望通过改造国民性，培养新时代的新人，进而改造整个社会。"在鲁迅'改造劣根性'或思想启蒙的计划中，'立人'思想是最早形成的，也是最为重要的。""如果说王国维接受与阐释尼采思想的目标是'自救'，那么鲁迅接受与阐释尼采思想的目的则是'救世'。按照康德对'启蒙'的界定，鲁迅借助尼采思想致力于'探索中国向何处去的问题'以及'救世'的做法，乃是一种启蒙他人、启蒙社会之举。"❶ 经过了旧民主主义革命、新民主主义革命和社会主义建设后的今天，有些中国人身上的一些民族性缺点仍有疗救的必要。这堂课李教师引导学生选读了《李顺大造屋》（高晓声）、《陈焕生进城》（高晓声）、《班主任》（刘心武）、《一地鸡毛》（刘震云）等作品，拓展探究当代作家对鲁迅精神的继承，分析李顺大、陈焕生等农民和张俊石、小林等知识分子形象，从而发现有些当代人表现出的自私自利、自轻自贱、逆来顺受、缺乏独立自由思想等劣根性，感受国民劣根性疗救的不易，警惕自身的国民性，从而凸显了鲁迅小说的启蒙价值和当代意义。

第五节 "跨文化专题研讨"学习任务群教学案例及评析

本节主要探讨新课标中"学习任务群17：跨文化专题研讨"的设计与实施。本任务群是在"学习任务群11：外国作家作品研习"的基础上设置的，主要探讨外国文学名著和文化经典。"旨在引导学生思考丰富多样的人类文化，汲取人类思想精华，培养开放的文化心态，发展批判性思维，增强文化理解力。"本任务群为2学分，36课时。可设置4～6个专题，每个专题6～9课时。"中西生死观比较"是我们设计的"跨文化研究"

❶ 黄怀军. 现代中国的尼采阐释与思想启蒙［M］. 北京：知识产权出版社，2011：43.

任务群的一个学习专题。这个专题会给学生推荐中西不同时期、不同作家的经典作品，精读一篇论文、两部小说、四首诗歌。希望学生通过阅读这些作品，体会蕴藏在文字背后的对于生命和死亡的不同态度，分析中西生死观的异同，辩证看待这些异同，并能通过网络查找相关资料，思考促使不同生死观产生的社会历史及文化因素，从而形成科学的生命观。本专题由湖南师大附中梅溪湖中学语文教研组组长李泉老师设计及实施教学。

一、案例呈现：中西经典里的生死观比较

（一）学习项目

中西经典里的生死观比较

（二）学习目标

（1）阅读邓晓芒《中西方文化比较十一讲》的第八章《中西生死观比较》，梳理该文所阐述的中西生死观的异同。

（2）结合邓晓芒的观点，研读几组经典文学作品，分析比较其蕴含的对待生死的态度。

（3）辨析不同生死观产生的原因，及其对于我们当下生活的意义，形成科学的生命观。

（4）理解世界文化的多样性，深化对中华传统文化的理解，增强文化自信。

（三）学习任务

教学共分9个课时完成，具体任务设计如下：

1. 第一阶段：中西诗歌里的生死观（2课时）

精读中西四首诗歌，通过景语和情语，把握情感，分析其中蕴含的生死观。

（1）通过抓景语和情语，把握四首诗情感基调，并有感情地朗读这四首诗歌：匈牙利诗人裴多菲《自由与爱情》、英国诗人丁尼生《渡过沙洲》、文天祥《过零丁洋》、于谦《石灰吟》。

（2）从中西这四首关于生死主题的诗歌管窥中西生死观的异同。同：

对待死亡都不畏惧。异：文天祥和于谦不畏惧是因为他们认为为国为民，死得其所，诗作有种悲壮之感；裴多菲认为爱情与自由比生命更可贵，丁尼生诗则显得怡然安宁，认为死亡不过是"渡过沙洲"，把自己引向另一世界。

（3）结合诗人所处时代的社会文化背景，辨析不同生死观产生的原因。

课外阅读推荐：《论语》《孟子》关于生死讨论的相关章节。（略）

2. 第二阶段：中西小说里的生死观（3课时）

精读中外两部经典长篇小说：中国作家余华的《活着》、英国作家毛姆的《月亮与六便士》，理解福贵和斯特里克兰德的生存状态及价值选择。

（1）阅读起始课

作者介绍、写作背景介绍、书评、电影片段欣赏。布置课外读完两本小说（大概两个星期）。阅读任务如下：

①梳理福贵和斯特里克兰德的主要人生经历，并划分为几个阶段，理清人物关系。

②摘抄最能触动你的语句，并写阅读感悟。

（2）课堂聚焦1

①用思维导图呈现福贵和斯特里克兰德的主要人生经历，引导学生从整体上把握文本框架结构及主要情节。

②谈谈对两本书标题的理解，尝试另取一个标题，并说明理由，引导学生对作品的主题进行思考。

（3）课堂聚焦2

①怎样看待福贵与斯特里克兰德的生存状态和价值选择——采用名人访谈的方式，引导学生细读文本，在文本的基础上，对两人的生命观形成自己的思考。

②思考中西这两部经典小说的主人公对于生命的价值选择为什么会不一样，你更欣赏哪种"活法"？

课外推荐阅读：《庄子》内七篇、海德格尔《存在与时间》第二编讨论生死的章节。（略）

3. 第三阶段：中西生死观比较（2课时）

阅读邓晓芒《中西方文化比较十一讲》的第八章《中西生死观比较》，

从整体上把握中西生死观的异同。

（1）分享影响自己生死观的文学或影视作品，并说说理由。

（2）阅读邓晓芒《中西生死观比较》，绘制思维导图，并分享。

4. 第四阶段：探究与总结（2课时）

结合研读的中外经典作品，总结中西生死观的异同及产生原因，形成科学的生命观。

（1）联系高中教材中的《短歌行》《赤壁赋》《兰亭集序》《归去来兮辞》等作品，结合本单元研读的文学作品及论文，总结在中国文化中对待生死有哪些典型的观念。

（2）联系高中教材中的《热爱生命》《人是一根能思想的苇草》等作品，结合本单元研读的论文及文学作品，总结西方生死观的特点。

（3）探究促使不同生死观产生的社会历史及文化因素。

（4）通过本单元的学习讨论，你对生死有何新的看法——我们该怎样度过一生，又该以什么姿态面对必将到来的死亡？请联系至少两篇作品，写一篇小论文，谈谈你的思考。

课外推荐阅读：史铁生《我与地坛》《病隙碎笔》；司马迁《报任安书》；杰克伦敦《热爱生命》。

"第四阶段：探究与总结"的教学案例，安排2课时，教学设计的重点是怎样从中西经典中领悟生命的意义，树立科学的生命观，见表6-6。

表6-6 案例呈现：《中西经典里的生死观比较》

学习任务群	跨文化专题研讨
学习项目	向死而生——我们的生存状态及价值选择（2课时）
学习目标	1. 联系整合教材中的相关篇目，结合本单元研读的作品，分析中外生死观的异同。 2. 探究促使不同生死观产生的社会历史文化因素。 3. 汲取中西智慧，形成科学的生死观。 4. 理解世界文化的多样性，深化对中华传统文化的理解，增强文化自信。
教学流程及活动	一、问题导入 　　"死是必然会降临的节日""当牵牛花初开的时节，葬礼的号角就已吹响"，我们该以怎样的姿态面对这必将到来的"节日"，这有且仅有一次的、无法预演、无法重复的生命我们该怎么度过？生死，是中西方文化和哲学绕不开的问题之一，也是中西文学作品中的重要主题。中西方对于生死的态度有何异同，本节课

教学流程
及活动
	我们将整合联系教材中的相关篇目，结合本单元研读的作品，一起来探讨。
	
	二、透过文学作品，比较中西生死观
	
	  1. 联系整合教材中的相关篇目，探讨其蕴含的生死观。（印发资料，学生课堂讨论，教师点拨明确）
	
	       "对酒当歌，人生几何！譬如朝露，去日苦多。"
	
	       "山不厌高，海不厌深。周公吐哺，天下归心。"
	
	                        ——曹操《短歌行》
	
	  （人生短暂，应用有限的生命成就一番功业。典型的儒家立功思想）
	
	       "况修短随化，终期于尽！"
	
	       "固知一死生为虚诞，齐彭殇为妄作。"
	
	                       ——王羲之《兰亭集序》
	
	  （死生是不由自我的大事，不可等量齐观。在道家思想盛行的东晋，暗含不虚度此生，用"立言"的方式来让后世"有感"的儒家思想）
	
	  "方其破荆州，下江陵，顺流而东也，轴舻千里，旌旗蔽空，酾酒临江，横槊赋诗，固一世之雄也，而今安在哉？"
	
	  "寄蜉蝣于天地，渺沧海之一粟。哀吾生之须臾，羡长江之无穷。"
	
	  "客亦知夫水与月乎？逝者如斯，而未尝往也；盈虚者如彼，而卒莫消长也。
	
	  盖将自其变者而观之，则天地曾不能以一瞬；自其不变者而观之，则物与我皆无尽也，而又何羡乎！且夫天地之间，物各有主，苟非吾之所有，虽一毫而莫取。惟江上之清风，与山间之明月，耳得之而为声，目遇之而成色，取之无禁，用之不竭，是造物者之无尽藏也，而吾与子之所共适。"
	
	                       ——苏轼《赤壁赋》
	
	  （因建功立业未成而茫然，因人生短暂、生命渺小而悲切，又因物我同一而释然，儒道思想在苏轼处自然糅合）
	
	  "已矣乎！寓形宇内复几时？曷不委心任去留？胡为乎遑遑欲何之？富贵非吾愿，帝乡不可期。怀良辰以孤往，或植杖而耘耔。登东皋以舒啸，临清流而赋诗。聊乘化以归尽，乐夫天命复奚疑！"
	
	                       ——陶渊明《归去来兮辞》
	
	  （乐生，顺应自然，逍遥自在，不惧死，典型的道家思想）
	
	  "我却随时准备告别人生，毫不惋惜。"
	
	  "生之本质在于死。因此只有乐于生的人才能真正不感到死之苦恼。"
	
	  "我眼看生命的时光无多，我就愈想增加生命的分量……剩下的生命愈是短暂，我愈要使之过得丰盈饱满。"
	
	                       ——蒙田《热爱生命》
	
	  （生命有限，乐生，不惧死，让有限的生命有价值）

第六章　基于学习任务群的语文"选修"教学案例及评析

	"人只不过是一根苇草，是自然界最脆弱的东西，但他是一根能思想的苇草。" ——帕斯卡尔《人是一根能思想的苇草》 （生命渺小、脆弱，思想成就人生命的伟大） 三、联系本单元研读的作品，比较中西生死观的异同 （学生在讨论回答时都需联系具体的作品，不能空谈） 同：①重生敬死，但不惧死； ②生命应该有价值，不能虚度。 异：主流思想对价值的评判标准有区别。 ①中：生命的价值体现在立功、立德、立言； 西：生命的价值在于自我实现。 ②中：生命的价值体现在对群体有意义； 西：生命的价值主要体现在对自我有意义。 四、探究中西生死观形成的历史文化社会因素 1. 学生课前上网查阅相关资料，形成文字，课上交流分享。 2. 教师观点供学生参考： 中华文化主要受儒家影响，其倡导"立德、立言、立功"的生死观，将重点放在"生"上，强调积极入世的有为人生、仁义人生、实践人生。儒家的生死观是积极的、乐观的，这种生死观激励了一代又一代人，成为中华民族精神的重要组成部分；道家思想作为中华文化不可或缺的一部分，它齐生死、逍遥游的观点也深深地影响了中国人，当文人遭受挫折时，常常到道家寻求抚慰伤口的解药。 西方文化源于两希文化，同时受基督教的影响，把死看作物质生命的精神升华，是达到新生命的途径。西方人所重视的生命价值，是个体幸福的广度和深度。 五、意义探寻——向死而生 1. 中西传统的生死观对于当下有何意义，学生讨论并发言。 2. 师总结：向死而生，包含三重意思。①死是无可逃避的。②坦然面对死亡。③实现生命的价值，让自我价值在集体利益中得以实现。 六、课后作业 写一篇小论文，要求联系至少两篇作品，谈谈对于生死的思考。
教学流程 及活动	
教学反思	学生对待生死的态度因为个体经历与阅读经验的不同而有差异，有的学生对此进行过认真的思考，有的学生则较少甚至从未思考这一命题。通过本专题学习，学生懂得了生命的价值与意义，理解了生命的个体意义与群体意义之差别。不惧死与珍惜生命是一体两面，处理好两者的关系是树立科学生命观的关键。

二、案例评析：人事有代谢，往来成古今

跟处于花季的少年谈生死，是一个沉重的话题，也是一个庄重的话题。怎样引导学生从中西文学经典中认识生命的价值与意义，培养科学生命观，教学设计角度很重要。李泉老师的专题教学视角新颖，内容丰富，效果良好。她引导学生从认识人的三种生命开始，帮助学生认识生命的三种境界。

（一）自然生命

生死是中西文学经典中绕不开的存在，也是构成中西文学作品中的重要母题。李老师整合联系教材中的相关篇目，推荐学习资料，与学生共同探讨中西方对于生死的态度。在文学经典里，中西对于人的自然生命的认识基本趋同：人是世间的匆忙过客，死亡是生命的必然过程和自然规律。丁尼生在《渡过沙洲》里，认识到死亡不过是"渡过沙洲"，到达有上帝存在的美好彼岸。《论语·子罕》："子在川上，曰：'逝者如斯夫！不舍昼夜。'"南梁皇侃在《论语义疏》解读："孔子在川水之上，见川流迅迈，未尝停止，故叹人年往去，亦复如此。"按照皇侃的意思，"川流"的"不舍昼夜"对孔子而言本无可叹之处，所叹者应该是生命的"往去"不返，其中隐含着孔子对死亡之必然性的深沉关切。死亡为什么会必然发生？在河水的流动中，孔子首先想到了时间流逝的"不舍昼夜"，而以反思时间流逝为前提，他又很自然地联想到了生命消逝（死亡）的不可抗拒性。余华的《活着》则以小说的形式显示了生命消亡的必然性。既然人的生命只有一次，而且又如此匆匆，顺应生命的自然，珍惜生命，应该是生命观的第一层境界。贵生是中国对待自然生命的传统。中国古代经典《孝经》之《开宗明义章》有："身体发肤，受之父母，不敢毁伤，孝之始也。"对肉体生命的珍惜，被赋予伦理正义。余华在《活着》韩文版自序里写道："讲述了绝望的不存在；讲述了人是为了活着本身而活着，而不是为了活着之外的任何事物而活着。"《活着》以"一个人与他的命运之间的友情"诠释了"好死不如赖活"的民间生命哲学。

（二）精神生命

中西文学对生命的关注点几乎不约而同地指向了人的精神生命。珍惜生命，并不只是为了保全身体，更重要的是要实现精神生命的成长，这是

生命的第二境界。在肉体生命与精神生命的对立中，性命往往并不足惜。李老师选择的中西四首诗歌具有代表性，四首诗歌都表达了自然生命的可贵，但与个体的追求相比，在必要的时候舍弃自然生命并不可惜，而为什么舍命则能说明中西生死观的本质区别。匈牙利诗人裴多菲《自由与爱情》表达了个体精神自由高于一切，在自由面前，可贵的生命、美好的爱情均可抛弃。英国诗人丁尼生《渡过沙洲》表达了宗教信仰高于一切，自由意味着上帝的光辉和彼岸的幸福，"渡过沙洲"正好可以缓解尘世的苦难，死有何惧。忽视自然生命，强调个体精神生命的自由，是西方文学的传统。1912 年英国作家毛姆的《月亮和六便士》发表了，小说最大的魅力在于对个体精神自由的舍命追求。主人公斯特里克兰德本是证券经纪人，家庭殷实幸福，是世俗眼里的中产阶级成功人士。但他却为艺术而陷于精神空虚之中，最后在"神谕"的召唤下，冲破世俗，离家出走，走向了困窘的艺术之旅。尽管肉体生命经受了贫穷、病痛和困顿，但在生命的最后却实现了灵魂的自由。对个体精神自由的礼赞，最典型的还数法国作家梅里美于 1845 年发表的小说《卡门》，女主角卡门是一个游离于西班牙正统社会之外的追求真正自由的流浪者，她的人生信条是"不自由，毋宁死"，当她的爱人想以生命为条件，让她回到正道并只爱自己一人时，她用鲜血捍卫了生命的自由，"不！不！不！"❶ 是她留在世上最后的声音。《卡门》在西方深受欢迎，具有永恒的魅力，与西方的文化传统有关。西方文化以个体为本位，重视生命个体价值与意义的实现。为了捍卫个体精神生命的尊严而舍弃肉体生命的行为往往被赞赏和推崇，诸如决斗等行为，既写进文化作品里，也被作家文人践行。与西方对待个体自然生命与精神生命的二元对立思维不同，中国文化更讲究中庸调和，主张不拘泥于形的精神自由，重视在保全性命的前提下，实行个体的精神自由。如道家庄子的"逍遥游"，儒家的隐逸文化，当个体遭受挫折时，常常向内求静、自我消化，体现出一种罕见的生命坚忍态度，正如余华所说，活着就是忍受。"这部作品的题目叫《活着》，作为一个词语，'活着'在我们中国的语言里充满了力量，它的力量不是来自喊叫，也不是来自于进攻，而是忍受，去忍受生命赋予我们的责任，去忍受现实给予我们的幸福和苦难、无聊和平庸。"❷ 这

---

❶ 梅里美．梅里美短篇小说精选［C］．王丽萍，译．哈尔滨：哈尔滨出版社，2003：60.

❷ 余华．活着［M］．海口：南海出版公司，1998：3.

种中国式的"活法"，只有当面临巨大的国家、民族、社会危机时，才会被打破。

（三）社会生命

李老师的课在比较中分析了中国生死观的社会本位特点，也肯定了其在社会发展与进步中的重要价值。中国的生死观主要受儒家影响，强调积极入世的有为人生、仁义人生、实践人生，成为中华民族精神的重要组成部分。与西方经典中过分强调个体精神生命的自由不同，中国经典中更重视社会生命的实现，这是生命的第三境界。《孟子·告子上》："生，亦我所欲也；义，亦我所欲也。二者不可得兼，舍生而取义者也。生亦我所欲，所欲有甚于生者，故不为苟得也。死亦我所恶，所恶有甚于死者，故患有所不辟也。"课堂中补充这些学习资料，有助于学生理解中国生死观中的家国情怀和民族大义。当自然生命与社会生命发生冲突时，"舍生取义"是中国人的不二选择。选择文天祥的《过零丁洋》和于谦的《石灰吟》来阐释中国的生命观很有代表性，前者写于个人与民族遭遇灭顶之灾的特殊时期，诗中既有个人命运之叹，也有民族家国之恨，在个人生死与国家命运之间，作者用"人生自古谁无死，留取丹心照汗青"表达了死不足惜、舍生报国的生死观。如果说《过零丁洋》表现的是仁人志士在国家民族危亡之际大义凛然、视死如归的民族气节，那么于谦的《石灰吟》则表达的是在国家稳定发展时期文人的人生追求。诗歌运用托物言志的手法，以"石灰"为喻，用"粉身碎骨浑不怕，要留清白在人间"表达不怕牺牲、效忠国家的人生理想。正是这种不管在什么时期，中国人都把个体生命与国家的命运紧紧联系在一起，随时准备为国家而献身的精神，构成了具有中国特色的生命文化。

孟浩然在《与诸子登岘山》中感叹："人事有代谢，往来成古今。"人世间时序更替，人来人往，在历史的长河中，每个人都是匆匆过客。正因为如此，所以生或者死，绝对是一个值得探讨的哲学命题。

第六节　"学术论著专题研讨"学习任务群教学案例及评析

本节主要探讨新课标中"学习任务群18：学术论著专题研讨"的设计

与教学。本任务群是在"学习任务群12：科学与文化论著研习"的基础上设置的，"旨在引导有这方面追求的学生阅读学术论著，体验学者发现问题、探索解决问题的路径，以及陈述学术见解的思维过程和表述方式，尝试写作小论文"。本任务群为2学分，36课时。新课标建议学术著作选读22课时，学术专题研讨为8课时，学术性小论文写作为6课时，应结合"整本书阅读与研讨"进行，以学生的自主研读为主。我们拟从"美学著作研讨"的角度，选取3本专著，探讨学术著作阐释学术观点的思维路径及逻辑框架，了解学术语言的规范严谨性，尝试运用学术语言写作小论文，阐明自己的学术主张。

新课标提出了"审美鉴赏与创造"的素养目标，要求学生通过审美体验、评价等活动形成正确的审美意识、健康向上的审美情趣与鉴赏品位，并在此过程中逐步掌握表现美、创造美的方法。"美学著作研讨"旨在引导学生阅读美学著作，组织课堂研讨、读书报告会、专题演讲、小论文写作等活动，要求学生在自主阅读的基础上，尝试评价作品中不同的美学观点，结合实际，表达自己的审美见解，提高鉴赏品位，形成正确的审美意识、健康向上的审美情趣，提升审美修养。本任务群设计3个专题，每个专题12课时，其中选读6～8课时，专题研讨2～4课时，论文写作2课时。三个专题为"朱光潜美学著作研讨""宗白华美学著作研讨""李泽厚美学著作研讨"，研读三本著作为：朱光潜的《谈美书简》、宗白华的《美学散步》、李泽厚的《美的历程》。本专题教学的主题设定为"朱光潜美学著作研讨"，选读的美学著作为课标推荐篇目：朱光潜的《谈美书简》，要求理解并评价朱光潜的美学思想及当代意义。具体安排是原典研读6课时，专题研讨4课时，论文写作2课时。

《谈美书简》的作者是学识渊博的大美学家，但这本专著却并没有"掉书袋"，而是以书信体向读者介绍美学基本知识，犹如一位平易近人的师长，在与人谈心中解惑点拨。这本书是谈美学，涉及阅读文学性小说、写作甚至跟美学有关的创作的方方面面。作者就一些美学上的争论点提出了自己的见解，不仅让人一窥美学的究竟，也启迪读者发现美学原来与生活息息相关，美学就在我们身边。同时作者还提出了提升美学修养的方法，并强调要做学问要创作都是需要下苦功夫的，甚至灵感也是积累通过偶然才迸发的。

一、案例呈现：《〈谈美书简〉专题》

（一）学习项目

《谈美书简》专题研讨

（二）学习目标

（1）通读全书，整体理解书中的美学观点和作者的审美倾向。

（2）运用教读、自读和课外阅读"三位一体"的阅读方式研读专著。自读《谈美书简》，整体把握全书的思想内容和写作特点；教读其中的重要章节，剖析学术专著的观点提出与论证方式，研讨学术语言的特点；指导课外阅读，拓展美学视野，结合《悲剧心理学》《文艺心理学》《诗论》有关章节，总结朱光潜的美学观点。

（3）能充分理解美与美感、美的规律、美的范畴、文学创作的规律等一系列美学知识，能就审美问题发表看法，深入探讨，初步建构审美认知结构。

（4）学习书信体的学术论文的写法，增强写作的任务意识，在语言文字运用中发展思维能力和审美鉴赏能力，形成正确的审美观。

（三）学习内容

（1）全文通读《谈美书简》，了解13封书信中所涉及的美学问题。

（2）分组重点研读，每个组研究几封信，探讨作者表达的美学主张及对自己的启迪，交流原有的美学认知在读后有无改变的情况。

（3）课后阅读《悲剧心理学》《诗论》有关章节，梳理和整合作家的美学思想。

（4）品析朱光潜"行云流水"式的"亲切有味"的学术语言。

（四）任务与教学活动

1. 第一阶段：研读原典（6课时）

（1）了解朱光潜美学的基本思想。

研读《谈美书简》，理解13封信的内容，梳理美学的几大基本问题，探究美学的基本知识结构。

（2）交流读书感受，对美和美感、美的规律、美的范畴等一系列美学知识提出问题；对文学的审美特征、文学的创作规律及特点发表看法。

2. 第二阶段：分组合作（2课时）

（1）通读全书，确定要探讨的美学基本问题。从13封书信中，选择自己感兴趣的美学话题，展开讨论，并简单说说自己的美学看法。

美学问题探讨，结合书信内容，谈谈对美的认识。可以从2～7封书信中确定一个核心的学习目标。如你认为美是什么？美学研究的对象是什么？

文学的审美问题探讨，结合书信内容，谈谈对文学创作规律及特点的认识。可以从8～12封书信中确定一个核心学习目标。如"浪漫主义"与"现实主义"的区别何在？结合作品谈谈审美范畴中的悲剧性和戏剧性的特点是什么？

（2）梳理学术观点及论证观点的思路。理解基本的学术观点；理清行文的思路及逻辑框架；了解学术见解的论证过程及学术表达方式。

（3）指导学生根据所选美学话题组建学习小组，异质分组，分工合作，统筹安排。

3. 第三阶段：研讨探究（2课时）

组织专题研讨活动，就《谈美书简》中的美学基本问题进行专题探讨。如《谈美书简》中实践美学学术观点梳理：美来源于生活实践；移情在审美中具有重要价值；文学用语言塑造形象，更具朦胧"诗意"和想象"魅力"；"典型环境中的典型人物是现实主义文学理论的经典命题"；崇高与秀美、悲剧与喜剧是两对重要的美学范畴。可以就这些学术观点形成讨论话题。《谈美书简》的论证方式探讨：作为学术论著，观点的提出要有依据，包括理论推导、事实论据、数据支撑和权威意见。就论证是否严谨，举例是否恰当等方面可以形成问题点。《谈美书简》的语言风格探讨：用"行云流水式的亲切有味"来评述朱光潜作品的语言风格合适吗？准确通俗，典雅生动体现在哪些地方？可以就这些问题引导学生回到文本，细读文本，总结语言运用规律。

（1）发现问题。分组将研读中生成的关注点、问题点、质疑点进行整理，形成讨论中心话题。

（2）探索解决问题。教师在学生提出问题的基础上，筛选出最有价值的主问题，组织班级内交流讨论，答疑解惑。引导学生采用查找文献资料和向专家求教等方式，探寻解决学术问题的路径。

（3）解决方式。研讨活动全程做好记录，交流讨论完成后，做好讨论纪要。学生在研讨中学会表达学术观点的方式以及批驳对方学术见解的方式和态度。

4. 第四阶段：成果展示（2 课时）

整理专著研读笔记和专题研讨的成果，借鉴专业学术论文的形式写出学术小论文，相互交流。

（1）撰写读书笔记。全班每位同学在通读全书和参与专题探讨的基础上，独立完成 1 篇读书笔记。

（2）组织报告会。小组成果经过自评、互评和师评等评价方式，推选出最佳成果，由小组代表，发布小组学术成果，在全班宣读小论文。

（3）成果公布。论文宣读后，全班交流讨论论文。课后将每组的成果公布，展示在班级的公共区域，供观摩学习。

（4）教师引领学生总结研讨活动，学生完成活动反馈调查表，对本次教学设计和实施过程提出意见和建议。

（五）学习资源

（1）朱光潜．谈美书简［M］．延吉：延边人民出版社，2003.

（2）朱光潜．诗论［M］．长沙：岳麓书社，2010.

（3）朱光潜．悲剧心理学——各种悲剧快感理论的批判研究［M］．南京：凤凰出版传媒集团，江苏文艺出版社，2009.

（六）评价建议

评价计分标准如表 6 - 7 所示：

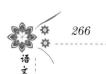

表 6 - 7　评价计分标准

学习任务	评价标准	学业质量水平	评分
原典自读	运用批注式读书方法，做好读书笔记。	筛选信息，分析推论，作出判断。	20
小组合作	分工明确，集体推进。	多方面获取信息，分类整理资料。	10
专题研讨	主动参与，确定核心话题，组织专题讨论。	多角度理解，推断整合解决策略。	30
学术报告	宣读学术小论文，讨论。	倾听与交流，有独到的理解和见解。	20
成果发布	张贴优秀学术小论文，撰写学习心得。	总结规律，积累经验，成果共享。	20

合计：100 分。分数达到 60 分及以上者可获得全部学分。

二、案例评析：建构审美知识，训练学术表达

朱光潜是中国著名的美学大师，是中国实践美学的代表人物。《谈美书简》是一部深入浅出的美学专著和学术专著。根据学习任务群的要求，教师既要引导学生系统学习美学知识，形成基本的美学知识结构，又要指导学生领悟学术观点的呈现和论证方式、学术语言的风格，学习学术表达。本设计符合任务群的要求，有一定的创意。

（一）初建美学知识结构

教师在指导学生研读原典的基础上，组织学生研讨《谈美书简》，学生通过研讨活动，可加深对美学基本问题的认识，形成系统的美学知识结构，并掌握一定的学习美学的方法。如美学知识结构包括：在美与生活的关系上，认识到美来源于生活实践；移情在审美中具有重要价值；文学用语言塑造形象，更具朦胧"诗意"和想象"魅力"；"典型环境中的典型人物是现实主义文学理论的经典命题"；崇高与秀美、悲剧与喜剧是两对重要的美学范畴等。青年应该怎样学美学呢？教师也可以引导学生从书中找到方法。朱光潜以自己几十年研究美学的经历，给出了十分中肯的意见。如在《代前言：怎样学美学？》中提出："研究美学的人如果不学一点文学、艺术、心理学、历史和哲学，那会是一个更大的欠缺。"作者早在1936 年《文艺心理学》中提出，美学的学习以文学、心理学、哲学的学习为基础，时隔四五十年为什么还要在 1977 年重新补充这一点呢？"因为近

几十年我碰见过不少的不学文学、艺术、心理学、历史和哲学，也并没有认真搞过美学的文艺理论'专家'，这些'专家'的'理论'既没有文艺创作和欣赏的基础，又没有心理学、历史和哲学的基础，那就难免要套公式，玩弄抽象概念，你抄我的，我抄你的，以讹传讹。"它指出了美学跟语文一样包罗万象，具有跨学科性特点，学美学一定要运用综合性、实践性的学习方式。本设计立足原典，通过阐释和研讨，可帮助学生形成审美认知结构。

（二）学习学术严谨表达

　　本论著由 13 封信组成，13 封信是 13 篇相对独立的论文，但它们又有内在的逻辑性，从不同的侧面探讨了美学的基本问题，共同组成美学知识系统，为初涉美学者提供美学的基本结构。学术论文跟一般的议论文不同，观点需要理论和事实支撑，需要科学严谨的论证。我们以《审美范畴中的悲剧性和喜剧性》为例来说明学术观点的论证方式。如作者在文中提出观点"从西方戏剧发展史来看，我感到把悲剧和喜剧截然分开在今天已不妥当"，接着运用理由论证和事实论证，理由论证是希腊罗马时代把悲剧和喜剧的界限划得很严；到文艺复兴时期，悲剧和喜剧的严格划分站不住了；到了启蒙运动时期，很少有人写古典型的悲剧了，狄德罗主张用"严肃剧"来代替悲剧；愈到近代，科学和理智日渐占上风，戏剧要解决现实世界的问题，"问题剧"应运而生，现代更是喜中有悲，悲中有喜，很难区分为悲喜两种类型。行文思路非常严谨，承前从西方戏剧发展各阶段的特点展开，梳理了西方戏剧从古希腊、文艺复兴运动、启蒙运动、近代到现代的发展脉络，归纳出戏剧发展从悲剧喜剧严格区分到逐步混杂到相互融合的特点。事实论据选用了文艺复兴时期莎士比亚、瓜里尼、塞万提斯等创造出了悲喜混杂剧；启蒙时期在文艺评论家狄德罗和莱辛的影响下，创作出了"市民剧"和"严肃剧"；近代易卜生和萧伯纳等创作出社会"问题剧"；现代卓别林创作出了"带泪的笑"的喜剧。这些创作实例与上述的理由论据相辅相成，共同证明所提观点的科学正确性。最后，很自然地得出"因此，我觉得现在大可不必从概念上来计较悲剧的定义和区别"，结论令人信服。教学设计中要求学生尝试写作学术小论文，这样，理论与实践就勾连起来，学生可以把从课堂上学得的论文写作思路和方法运用到实践中，既巩固了所学专门知识，又提升了写作能力。《谈美书简》

的语言风格探讨环节设计较好。叶圣陶用"行云流水式的亲切有味"来评述朱光潜作品的语言特点，专题设计据此引导学生形成讨论，探讨学术语言的不同风格及其作用，能更好地帮助学生理解学术语言的准确性和规范性，从而在小论文的写作中正确运用。

（三）养成科学研究态度

教学设计中的专题研讨、学术报告会、成果发布等环节较有创意。在智能化的社会里，不久的将来，科研工作将不再是少数人的专利，而可能成为普通大众工作的一部分。科研工作是一项实事求是、寂寞艰苦的工作。学术报告会等形式对养成学生的科学研究态度有重要作用。第一，敢于探索的勇气。现实世界的矛盾复杂交错，解决现实生活中的问题要有迎难而上，排除障碍的勇气和决心。如初学美学，学科概念又多又深奥，知识储备不够，美学专著都读不懂，怎样用美学原则去分析具体的文学作品或现实中的艺术作品呢？任务群的学习任务均具有一定的难度和挑战性，教师应引导学生首先克服"怕"的心理，可以现炒现卖，根据自己的经验和理解，尝试运用所学的理论鉴赏作品，发现自己原有认知的局限性。大胆与人交流，以严肃的态度和隆重的仪式感切磋学术见解。第二，自主与合作精神。本设计重视合作探究，但强调是在自主探究的基础上进行。自主是指初步具有独立从事科学研究的能力。能对文学世界和现实世界的问题和现象，有自己的独立思考。如能用现代的眼光审视改革开放初期朱光潜美学观点的优势和局限，能用从《谈美书简》中所学的现实主义与浪漫主义文学理论去分析《红楼梦》和《庄子》等。在当今时代，任何创新单靠自主不可能完成，合作是必然的选择。任务群的学习，尤其需要合作。如在课时有限的专题教学中，每一组学生能够系统地研究一个美学问题就相当不错了，分组合作则可以同时解决多个美学问题，还可通过交流在研究中遇到的挑战及解决的办法，提升解决问题的能力。第三，学术综合能力。如本任务群任务之一是写作学术小论文。探讨学术问题，首先要善于选题，选题要有一定的理论意义和实践价值，题目规模适当，难易度适中；其次要有独立查阅相关文献资料的能力，能全面收集和整理相关的研究成果，并能恰当评述和引用；再次要有研究方案的设计能力，能设计出整体思路清晰、合理可行的研究方案，熟悉相应的研究方法和手段，能运用恰当的研究方法进行试验和实践并加工处理、总结信息；最后要有良好的学术表达能力。如叶圣陶在考证《史记》的书名时，论证十分严谨。司马迁所著的书（《太史公书》），他自己并不称为"史记"。原来"史记"这个名词，在古代是记事之史的通称。这在司马迁书里，就有很多证据。……班固撰《汉书》，其《艺文志》承沿着刘歆的《七略》，称司马迁书为"太史公百三十篇"，没有"书"字。他的父亲班彪论史家著述，将《太史公书》与《左氏》《国语》《世本》《战国策》《楚汉春秋》并举（见《后汉书·班彪传》）。可见在班氏父子当时，还没有把司马迁书称为"史记"；但范晔《后汉书·班彪传》的叙述语中，却有"司马迁著《史记》"的话。据此推测，"史记"成为司马迁书的专名，该是起于班范之间，从后汉到晋宋的时代。❶ 论点鲜明、论据充分、条理清晰、语言流畅，格式符合规范，是学术论文的写作要求。"成果发布"评选出来的优秀论文应该符合上述规定，学生可从这些具体范例中学习学术论文的写作。

---

❶ 叶圣陶，朱自清．略读指导举隅［M］．北京：中华书局，2013：45－46．

第七章　核心素养视野下的语文教师专业发展

语文选修课程对教师的专业素养提出了更高的要求。"找到一个好的选题，编写一本好的教材，开设一门好的课程——这也许是对中学教师开设选修课的基本要求。做到这三点，实属不易。"❶ 为了提高学生的核心素养，语文教师必须树立终身学习理念，不断成长，提高自身学科核心素养，实现专业发展。

第一节　聚焦核心素养，实现专业发展

2014 年习近平总书记在同北京师范大学师生代表座谈时提出："一个人遇到好老师是人生的幸运，一个学校拥有好老师是学校的光荣，一个民族源源不断涌现出一批又一批好老师则是民族的希望。"可见，教师的质量关系到学生的终身发展、学校的荣辱以及国家与民族的前途。那么，什么样的教师才是好老师呢？习近平主席强调，好教师没有统一的模式，可以各有千秋、各显身手，但应有一些共同的、必不可少的特质：一要有理想信念；二要有道德情操；三要有扎实学识；四要有仁爱之心。这一概括既有对传统优秀教师特质的理性总结，也有对新时代教师专业发展方向的正确指引，"四有教师"成了新课程改革背景下语文教师专业发展的目标。《国家中长期教育改革和发展规划纲要（2010—2020 年）》指出："教育大计，教师为本。有好的教师，才有好的教育。提高教师地位，维护教师权益，改善教师待遇，使教师成为受人尊敬的职业。严格教师资质，提升教师素质，努力造就一支师德高尚、业务精湛、结构合理、充满活力的高素质专业化教师队伍。"它首次明确了"建设高素质教师队伍"的具体要求，确定了我国教师队伍建设的总体目标和战略部署。

---

❶ 邱道学. 高中语文选修课典型案例研究［M］. 北京：清华大学出版社，2010：228.

一、核心素养对语文教师提出新要求

"学习任务群的目的就是发现问题、概括认识规律，这就更需要教师有开阔的眼界，能够选取合适的题目带入课程。"❶ 教学范式的转型关键在教师。基于学习任务群的语文选修课程对教师的专业化水平提出了更高的要求，包括教师的学历层次、学科素养和拓展能力等。以现有的师资状况看，教师的专业化程度与任务群教学的要求还有较大差距。以高中教师的学历为例，研究生学历的教师占比偏低。据教育部公布的《2016 年全国教育事业发展统计公报》：高中专任教师 173.35 万人，专任教师学历合格率97.91%。高中教师中本科学历尚未完全达标，研究生层次的人才更为稀缺。虽然学历不等于能力，但研究生阶段所经受的学术训练对于学习任务群的设计与实施具有重要作用。学习任务群要求教师能自主开发课程资源、高度整合教学资源和创造性地构建教学模式，这些都与教师的科研能力密切相关。因此，改善教师队伍结构，提升人才培养层次势在必行。一是提高高中教师队伍中研究生学历的占比。今后的教师教育，应该控制本科生招生规模，扩大研究生的规模。如华东师范大学成立教师教育学院，逐步缩减师范类本科招生，师资培养将统一纳入教师教育学院的研究生教学，这就是很好的尝试。二是加强在职教师继续教育培训。国家组织的教师培训项目"国培计划"开展以来，取得了良好的成效。下一阶段应进一步把国培和省培、校培、自培结合起来，使教师的专业学习常态化、自觉化。我国在进行新课程改革中，高中阶段的课程改革力度较大，2003 年修订的实验版课标提出了全新的语文课程理念与目标，2018 年出台的新课标进一步调整理念与目标，提出了学科核心素养概念和经由学习任务群实现的路径，要想实现语文课程改革的目标，除了课标、教材和教学层面的改革外，发挥语文教师的作用是关键，语文选修课程对教师的专业化水平提出了更高的要求。在语文课程改革中，如何促进语文教师更新教育理念、提高专业修养、实现专业成长是新时代赋予的重要任务。

"进入 21 世纪，教师教育标准化、教师发展专业化、教师资格制度化

❶ 汪大昌．"汉字汉语专题研讨"学习任务群选修课的几点建议［J］．中学语文教学，2018（9）：4－7.

第七章 核心素养视野下的语文教师专业发展

成为世界各国教师发展的共同趋势。"❶ 语文选修课程对教师的专业化程度要求更高，教师的综合素养、课程开发能力、教学实践能力和研究能力是选修课程顺利完成的核心。从个体角度讲，熟手型的教师才能胜任，专家型的教师才能创造性地完成教学工作。目前教师的专业化程度与选修课程的要求还有较大的差距，因此，促进语文教师的专业发展是当务之急。

二、专业发展对语文选修课实施的意义

（一）教师专业发展的进程

教师的专业成长是新课程改革中的重要课题。教师是否是一种像医生、律师那样的专门职业，人们的认识经历了一个漫长的发展过程。如果从现代教学形式——班级授课制的建立，教师开始成为一种专门职业算起，教师专业化已经走过了 300 多年的历史。20 世纪以后，世界上发达国家和地区的教师教育，先后经历了从中等教育水平的师范学校教育到高等教育程度的师范学院教育，从师范学院的独立培养到综合性大学的本科教育加大学后专门的教育课程训练的转变，并逐步形成了教育学士、教育硕士、教育博士的教师教育体制。这一转变的实质，既是教师教育的质量升级，也是教师专业水平的规格提高。

1966 年，联合国教科文组织和国际劳工组织提出《关于教师地位的建议》，首次以官方文件形式对教师专业化做出了明确说明。它指出"应把教育工作视为专门的职业，这种职业要求教师经过严格的、持续的学习，获得并保持专门的知识和特别的技术"。这一要求强调教学应被视为专业，教师职业具有专业性质。1996 年，联合国教科文组织在日内瓦召开的第 45 届国际教育大会通过了九项建议，其中第七项建议就是"专业化：作为一种改善教师地位和工作条件的策略"。1998 年在北京师范大学召开的"面向 21 世纪师范教育国际研讨会"明确了"当前师范教育改革的核心是教师专业化问题"。随着全民教育、终身教育等理念深入人心，为提高教师素质，许多先进国家先后明确教师教育专业标准，加快推进教师专业化进程。我国也从法律层面明确了教师职业的专门化。1985 年，我国设立第一

❶ 《教育规划纲要》工作小组办公室. 教育规划纲要辅导读本 ［M］. 北京：教育科学出版社，2010：173.

个"教师节"，在全社会倡导尊师重教的风气，为教师的专业化提供社会氛围和舆论支持。我国1994年开始实施的《教师法》规定："教师是履行教育教学职责的专业人员"，第一次从法律角度确认了教师的专业地位。1995年国务院颁布《教师资格条例》，2000年教育部颁布《教师资格条例实施办法》，教师资格制度在我国开始全面实施。2000年我国出版的第一部对职业进行科学分类的权威性文件《中华人民共和国职业分类大典》，首次将我国职业归为八大类，教师属于"专业技术人员"一类。2001年4月1日起，国家首次开展全面实施教师资格认证工作。教师的专业化发展步入科学发展的轨道。

（二）教师专业化发展的基本内涵

什么是教师专业化？教师专业化是指教师职业具有自己独特的职业要求和职业条件，有专门的培养制度和管理制度。教师专业化的基本含义为：①教师专业既包括学科专业性，也包括教育专业性，国家对教师任职既有规定的学历标准，也有必要的教育知识、教育能力和职业道德的要求；②国家有教师教育的专门机构、专门教育内容和措施；③国家有对教师资格和教师教育机构的认定制度和管理制度；④教师专业化发展是一个持续不断的过程，教师专业化也是一个发展的概念，既是一种状态，又是一个不断深化的过程。❶ 这从两个角度来界定教师专业化，一个角度是从专业出发，另一个角度则是从个人入手。从个人角度看，教师专业化是指个人在教育教学实践中逐步由生手转变为熟手的过程。

2012年2月10日，教育部下发"关于印发《幼儿园教师专业标准（试行）》《小学教师专业标准（试行）》和《中学教师专业标准（试行）》的通知"（教育部文件，教师〔2012〕1号）。《中学教师专业标准（试行）》（以下简称《专业标准》）是根据《教师法》和《义务教育法》等教育大法的基本精神制定的，它从三个维度提出了对中学教师的专业要求，明确了一名合格中学教师的道德坐标、知识坐标与能力坐标，它是我国教师专业化进程中的重要里程碑。《专业标准》设置了三个维度，即"专业理念与师德""专业知识""专业能力"。每个维度下设若干领域，其中

---

❶ 倪文锦，谢锡金．新编语文课程与教学论［M］．上海：华东师范大学出版社，2006：284.

"专业理念与师德"维度有四个领域，"专业知识"维度有四个领域，"专业能力"维度有五个领域，共涉及 13 个领域，每个领域又设了若干"基本要求"，《专业标准》一共设有 58 项基本要求。这些规定对促进中学教师专业发展，建设高素质中学教师队伍具有引领价值。

（三）语文教师专业发展水平对选修课实施的影响

教师的专业化水平，既关系到学习任务群的完成质量，也关系到新课标的贯彻实施。新课标指出，"教师要具有专业发展意识，努力建构教学共同体""提高课程开发和设计能力，实现教师与课程同步发展"。教师的专业发展对选修课程学习任务群的实施具有以下三方面的意义。

（1）专业理念决定任务选择的方向。有人总结 21 世纪的世界教育的五大发展趋势是：全民教育、教育的民主化、教育的信息化、教育的全球化、教育的个性化。❶ 这对教师的专业理念提出了更高的要求。基础教育是教育的基石，本应有最强的师资队伍，但由于历史和现实等多种原因，我国中学语文教师的专业水平整体有待提升，表现为一些教师教育视野狭窄、教育观念陈旧、专业知识老化、信息素养匮乏、自身语文素养不高等。教师应更新理念，开阔视野，提升专业眼光。教师的专业理念影响任务选择的价值性和可行性。如教师理念是否符合新时代的要求，决定选题是否具有理论创新意义；教师是否具有回归生活的理念，决定选题是否具有实际运用价值；教师是否以学生为本，影响选题的可行性和实效性。加大专题培训，提升语文教师的专业理念，才能更好地完成语文选修课学习任务群的任务选择工作。

（2）专业知识影响任务设计的水平。新课标提出了提高学生语文核心素养的目标，并从语言、思维、审美和文化四个方面做了具体规定，强调了语文工具性与人文性统一的课程性质。除继续重视语文课程的奠基作用外，对语文课程的文化功能加以强调。语文学习的最终目标是要全面提高语文素养，既包括听说读写能力的养成，也包括在现实生活中解决复杂问题的综合能力的提高。为实现这些目标，设置了学习任务群。任务群是一个个开放的系统，教师的任务设计水平决定教学过程的质量，即对教师的

---

❶ 全国十二所重点师范大学联合编写．教育学基础［M］．第 2 版．北京：教育科学出版社，2008：394 - 400.

专业知识储备提出了更高的要求。教师的专业知识，主要包括陈述性知识和程序性知识，在任务群设计中，陈述性知识仍很重要，但程序性知识将会产生更具决定意义的影响，同时策略性知识、默会知识、经验知识、综合知识也将变得重要。首先，教师的学科知识和学科教学知识，综合决定设计的主题是否具有鲜明的语文本体价值。教师基于专业知识，积极主动地去研究语文课程标准和选修课程的目标，找到理想课程与现实课程的差距，面对现实问题，设计有一定挑战性的主问题，专题教学才具有研讨价值。其次，教师的综合性知识，决定问题的解决方式。客观地说，学习任务群的设计和实施对教师的知识要求相对教师的现实水平来说是超前的。多数学习任务群的探究任务需要运用多领域知识和跨学科知识，教师在任务设计中要整合自身的专业知识，才有可能顺利完成任务设计。最后，教师个性化的经验知识，影响任务设计的个性。教师要有个性化的知识，才能实现个性化教学。新课改提倡个性教育，发展个性是选修课的基本任务。教师在教学中研究学生身心发展规律和教学发展规律，根据自身的特点和优势，创造性地解决教育教学中的实际问题，逐步积累经验，形成个体默会知识，才有可能做到因材施教，培养出学生的创新能力和实践能力。

（3）专业能力关联任务实施的成效。"百年大计，教育为本。教育是民族振兴、社会进步的基石，是提高国民素质、促进人的全面发展的根本途径，寄托着亿万家庭对美好生活的期盼。强国必先强教。"❶ 建立一个教育强国关系到中国未来的发展，关系到民族的伟大复兴，但是目前我们只能说我国是一个教育大国，教育的整体发展水平亟待提高。而教育大计，教师为本。教师专业能力是好的教育的有力保障。学习任务群对教师的专业水平提出了新的要求。教师自身的学科核心素养，关联教师在课内的指导行为，影响课堂指导效果。教师的实践能力，对学生进行语文实践活动具有重要价值，如一个自己课外很少读书写作的教师，在指导学生读书写作实践活动中，很难提出有益的建议。教师的创新能力在学习任务群的实施中尤为重要，在"研讨"活动中，学习项目的展开方式、课堂教学范式、项目评价方式都是全新的领域，教师没有教学创新能力，就有可能使

❶ 《教育规划纲要》工作小组办公室. 教育规划纲要辅导读本［M］. 北京：教育科学出版社，2010：6.

教学改革新瓶装旧酒，从而回到老路上去。教师要本着教书育人的责任感和使命感，继续加强专业能力，创造性地开展语文学习活动，通过课内与课外的结合，理论与实践的结合，提高学生的语文核心素养。

第二节　对照选修任务，提高自身素养

语文选修课程设计的指导思想是以中国特色社会主义理论体系为指导，落实立德树人根本任务，遵循教育规律，着力发展学生的核心素养，促进学生全面而有个性地发展，设计基础性与选择性相结合的课程。选修课与必修课和高考综合改革相衔接，课程功能定位有别：必修课程根据学生全面发展需要设置，全修全考；选择性必修课程根据学生个性发展和升学考试需要设置，选修选考；选修课程由学校根据实际情况统筹规划开设，学生自主选择修习，学而不考或学而备考，为学生就业和高校招生录取提供参考。语文选修课的定位更加明确，专题教学的思路更加清晰，这对教师自我发展提出了更高要求。

一、实施专题教学，提升关键能力

专题教学是一种基于学习资源整合的教学，对语文教师自身的学科素养和综合素养提出了更高的要求。依据学习任务群的教学要求，需要重建和优化语文教师的知识与能力结构。

（一）语文教师的知识结构调整

"从教师知识结构角度出发，语文教师专业发展需要提升四类知识：本体性知识、条件性知识、实践性知识与背景性知识。"❶ 结合《中学教师专业标准（试行）》，我们认为语文教师要胜任选修课的教学，需从以下几个方面调整知识结构。

（1）高中学生发展知识。高中阶段是学生价值观体系和个性形成的重要时期，教师应掌握高中学生身心发展的有关知识，了解高中阶段学生的心理特点，以促进学生全面而有个性的成长。语文选修课程教师仅仅只了

❶ 倪文锦，李冲锋．持续阅读促进语文教师专业提升［J］．中国教师：上半月刊，2017（10）：13 – 16．

解学生身心发展特点和规律、学习特点等远远不够，还需要加强国家政策和法律层面的学习，了解经济社会发展的需要和个人职业兴趣的培育等职业规划方面的有关知识，能为学生的就业与升学提供专业的指导，了解高中生应有的关键能力、必备品格和核心价值体系，从而根据学情选择任务，设计学习项目。

（2）语文学科知识。语文教师应掌握语文学科的基本概念、基本原理，形成语文基本知识结构，包括语言学知识、写作学知识、文学和文化知识等。语言学的基本理论知识，是指了解语言的性质、产生、结构及其发展规律；了解语言与言语的关系及其不同规律。文学的基本理论知识，是指掌握一定的文学理论和文学史知识。写作的基本知识，是指掌握常用文体的写作规律。语文选修课程对教师学科知识的要求体现出一定的特殊性。语文选修课程的拓展性，要求教师具有开放的文化视野，了解语文学科领域的理论前沿和发展动态，熟悉语言文字以及文学创作、传播和研究方面的规律与政策。语文选修课程的综合性要求教师具有跨学科的知识背景，了解语文与其他学科的联系，并能将多学科知识有效地融入语文学科教学，在此基础上掌握语文教学的基本思想与方法；语文选修课程的实践性，要求语文教师关注语文与社会实践的联系，具备语文活动策划、组织与评价等相关的程序性知识。

（3）教育教学知识。语文教学是十分复杂的综合性实践活动。语文教师除系统掌握语文学科知识以外，还必须具有一定的教育学、教育心理学、学科教学知识。熟悉教育学，了解教育的本质和目的、教学的过程和模式、教育的原则与方法、教育的历史与发展，掌握教育的基本规律。具有教育心理学知识，掌握学生心理、学习理论、学习心理、教学心理、教师心理等基本理论知识，能关注每一个学生的发展，做到因材施教。学科教学知识的重要性近年来被逐渐关注。"语文学科教学知识是指'如何教语文'的知识，其核心内涵是语文教师知道如何根据特定的学情，在特定的教学情境中将特定的学科内容有序整合，并运用恰当的教学方式呈现出来，使之容易被学生理解和接受的知识。"❶语文选修课对语文教师的学科教学知识提出了更高的要求。与必修课相比，语文选修课的教学内容更具

❶ 徐鹏. 发展学科教学知识：语文教师专业成长的新路径［M］. 北京：北京师范大学出版社，2014：38.

第七章　核心素养视野下的语文教师专业发展

有不确定性，教师选择和组织教学的难度更大，熟悉语文选修课程资源的开发程序与技巧并掌握语文选修课程的教学理念与模式等学科教学知识更为紧迫。

（4）通识性知识。语文课是一门包罗万象的综合性学科，语文选修课程综合性更强，教师不但要掌握字词句篇、语修逻文等语文专业学科知识，具有涉及自然、社会、人文等领域的一般学科的基础知识，还要掌握与时俱进的新生知识。如在知识经济时代，教师应掌握信息技术知识、创意经济知识和法律保险等拓展性知识。并且，语文选修课程对教师在通识性知识的掌握上提出了更高的要求：一要结构均衡，二要术有专攻。教师要能利用这些领域知识与语文的联系，发现问题，设计出有特色的专题教学。

（二）语文教师的能力结构改善

（1）教育与教学的设计能力。语文教师首先要具有语文教学的设计能力。新课标提出 11 个选修学习任务群，每个任务群如何分解及如何处理子任务群之间的关系、如何共同达成学科核心素养等，对语文教师的设计能力提出了较高要求。语文选修课程的教学设计能力是指教师在授课前，能根据学情，开发与整合课程资源，预设达成教学目标的课堂模式的能力。其次，语文教师应具有语文课外活动的设计能力，能够结合高中生的身心特点与职业发展需要设计出丰富多彩的专题教学，实现课内外一体化，促进学生发现和培育自己的个性特长与职业兴趣。

（2）活动组织和实施能力。班级课堂教学至今仍是语文教学的主要形式。语文教师必须具备组织好课堂教学、上好语文选修课的能力。高中学生具有一定的探究精神，抽象思维能力强，这就需要教师善于结合学生已有的经验，运用启发式教学，创设问题情境，营造适合"研习""研讨"的课堂气氛，增强教学的思辨性和探究性，提高学生解决问题的能力。如在语文课文实践活动的组织实施中，读写结合，有效地指导综合性学习活动。

（3）激励与评价能力。在语文必修课的教学中，由于升学的压力，评价往往过分注重甄别与选拔的功能，过分注重结果评价。评价的方式也往往以纸笔测试为主。选修课程的教学评价对此应有所弥补，应注重评价的改正与激励功能。教师对学生的评价要充分体现以人为本的理念，尊重学生的差异性，为每个学生制订个性化的教育教学方案。同时在评价方式上应更灵活，要善于运用形成性评价和多元评价等鼓励学生发挥潜能，"发现和赏识每一个学生"，并能"引导学生进行积极的自我评价"等。

（4）沟通与合作能力。学习项目的完成，需要教学共同体的合作，因而语文教师的沟通与合作能力必不可少。一是中学语文教师在师生沟通方面，要善于倾听，善于运用积极性评价语言与学生进行有效沟通。二是在人际合作方面，教师要与家长有效沟通，共同促进学生发展；要加强与社会的联系，协助学校与社区建立合作互助的良好关系。三是帮助学生形成良好的社会适应能力，引导建立亲密的同伴关系，在项目合作中形成团队精神。

"语文选修课程的灵活性，对教师的教学能力也提出了更高要求。语文教师要熟练地驾驭各种课型，对各种语文学习活动的指导应对自如，能够根据个性化的学习内容采取相应的教学策略，真正做到因势利导，'导'得其所。"❶ 学习任务群的设计与实施，创新性与挑战性并存，教师合理的能力结构是完成选修课教学任务的重要保证。

二、贯彻立德树人，涵养必备品格

"立德树人"作为新课标提出的语文课程的基本理念，强调了语文课程的育人功能。语文选修课学习资料来源广泛，打破了传统对教科书的依赖，文化视野更开阔，学习内容更多样化。这势必也带来价值体系的多元化。为更好地贯彻立德树人的新理念，语文教师要加强自身的道德素养。道德品质是衡量教师的一个重要标准。为人师表，教书育人，是千百年来人们对教师职业道德的总体要求，新时代赋予教师师德发展特定的内涵，对教师的职业道德提出了更具体的新要求。

（1）职业理解与认识。随着人类经济的发展、社会多元价值的并行、社会道德的整体滑坡，教师的道德品质更是备受社会关注。从教师常被赞美为"蜡烛""人类灵魂的工程师"，可以看出社会对教师道德素质的高标准，这个职业要求从业者做到燃烧自己、照亮别人，做到无私奉献、灵魂圣洁。长期以来，大多数教师也是这样从严要求自己的，献身教育、不计

❶ 赵刚，何更生．美国高中的"选课指导"及语文选修课实施的对策［J］．齐齐哈尔师范高等专科学校学报，2011（4）：106－109．

第七章 核心素养视野下的语文教师专业发展

得失；安贫乐道、甘为人梯。有学者用"敬业、爱生、律己、献身"八个字来概括了语文教师的职业道德。❶ 语文选修课要承担学生职业指导的职能，教师要以身作则，传递职业精神。

（2）对学生的态度与行为。语文选修课程要发展学生的个性，教师要转变教学观、学生观、师生观，尊重学生的差异性，帮助学生实现个性化成长。爱与严的结合是一切教育的基础，教师要将促进学生的个性化成长放在首位，尊重学生的个性，信任学生、爱护学生。同时，为了促进学生的个性化成长，应关心和辨别学生的学业倾向，积极创造条件，让学生发现自己的兴趣潜能和职业潜能，找准人生发展的方向。

（3）教育教学的态度与行为。要给学生一杯水，优秀的教师应有一潭水。语文选修课的教学内容面广量大，任何教师都不敢说能完全胜任，只能是一边实践一边学习，以精益求精的态度不断提高业务水平，不断通过培训成长，提高自我教育的能力。教育是一门值得为之终身奋斗的事业，需要教育情怀。苏霍姆林斯基说，我把整个心灵都献给孩子。这样虔诚的教育态度，时至今日仍然值得我们学习。教师要以这样的忠诚态度对待教育事业，在教书育人的过程中关注学生的个性发展和终身发展，促使学生形成核心素养，健康成长；以高度的责任感为社会培养有用之才。同时，教师也在教书育人中实现了自身生命的价值与意义。

（4）个人修养与行为。"选修课程应成为优秀师资的建设站，没有教师个性生命的实践，就没有学生个性生命的彰显，学生个性的实现也无从说起。"❷ 这就要求教师率先成长为有个性的人。选修课的开设，不仅需要专业知识与能力，更需要教师的个性特长。以目前选修课的开设情况看，基本是根据教师的学业兴趣和研究专长开设的，教师个人专业修养与选修课密切相关。同时教育是一项十分复杂的工作，教师在提高专业修养的同时，还要提高道德修养。"每一个学习者都需要这样的一位教师，他不仅帮助他们，而且要求他们成为道德和理智上最优秀的人。"❸ 教师还是一位道德教育者，需要运用伦理知识指导学生与世界建立和谐关系，需要在教育工作中用道德行为彰显公平、正义、忠诚、负责等道德理性。教师在教

❶ 周庆元.语文教育研究概论［M］.长沙：湖南人民出版社，2005：462.
❷ 吴音莹.高中语文选修课学生个性的实现［M］.长沙：湖南师范大学出版社，2017：91.
❸ 伊丽莎白·坎普贝尔.伦理型教师［M］.王凯，杜芳芳，译.上海：华东师范大学出版社，2011：4.

育实践中每天都能遇见复杂性的道德事件，遇见道德的"两难问题"，教师需要用道德智慧解决生活中的道德问题，在道德活动中培养学生成为善良、负责、求真、公平的人。教师自己首先就应该成为这样的人。

第三节 引导自主合作，充任课堂设计师

语文选修课堂教学，主要采用专题研讨式和综合活动式课型，在两种课型中，学生的自主性要重点突出，教师主要起到组织者的作用，为此，语文教师要实现三大转变：教师角色的变革、教师行为的变革和教学交往的变革。

一、角色定位：引路人与陪伴者

"角色"原是戏剧中的名词，指演员在戏剧中扮演的具有一定性格的人物。后来被一些学者引入社会学的研究中。每个人都在社会中担任一定的角色，每一个社会角色都有与其社会地位、身份相应的一整套权利和义务的规范与行为模式。教师的职业角色是指教师在教育系统内的身份、地位、职责及相应的行为模式。教师扮演着多重社会角色，我们主要研究的是教师在职业活动中所扮演的角色。不同的时代对教师角色的认识千差万别，国内外学者对教师职业角色的研究在不断深入。现代教学活动不仅是师生之间传道授业解惑的过程，更是师生相互交往、情感交流和生命共历成长的活动。现代教师的角色是不断变革的。

（一）从知识的传授者到学习的引路人

"师者，所以传道授业解惑也。"如何快速高效地传授人类优秀的精神文明成果，依然是教师角色的重要职能。但选修课任务群的学习，改变了以往必修课的讲授式模式，强调自主学习。那种运用串讲法，依靠讲、诵等形式，强调死记硬背，靠灌输进行教学活动，以完成知识教学、应付考试为目标的课堂模式更不适用选修课的专题教学。选修课堂讲究教学活动的自主性、综合性和实践性，重在激发学生学习的积极性，培养学生的主动学习态度，引导学生自主探究，主动建构知识体系。教师作为学习的引导者，不只重视学习结果，更重视学习过程，引导学生喜欢学习，享受学习过程，在求学中培养积极向上的品格和能力。目前语文选修课程教学中

第七章 核心素养视野下的语文教师专业发展

281

的主要弊病仍是教师"讲"得太多，灌输的倾向比较明显，学生的学习自主性没有激发出来。教师的职责是重在教会学生学习，语文教师的主导作用主要表现在激发学生语文学习的动力、组织语文教学过程和评价语文学习的成效等方面，教师的角色急需改变。

（二）从课堂的控制者到学习的组织者

语文选修课的课型多样，基本以学生的自主语文活动为主。教师是语文活动的设计者和管理者，在选择教学内容、安排教学任务、分配教学时间、利用教学手段和营造教学氛围等方面起着举足轻重的作用。但已经不再是传统课堂的权威者身份，不再扮演"警察""裁判员或法官"和"领导者"等角色对教学活动进行控制与主宰。美国教育家多尔曾提出教师应该是"平等者的首席"，也有人认为是"教练"和"陪练"，两者都突出了教师应该是学生学习的示范者和促进者。教师组织课堂，在课堂上做一个积极的建议者，多给学生自主学习的时间。同时通过新颖的教学设计和科学的课堂管理，积极关注学生的学习过程，营造一种良好的学习氛围，引导学生进行创造性地学习。语文教师在选修课程教学中组织者的作用主要表现为：一是创设有价值的专题活动；二是组织开放而有序的探究过程；三是运用积极的测量与评价。

（三）从人类灵魂的工程师到学生心灵的陪伴者

语文选修课程为师生、生生的情感交流提供了更多的机会，师生可在活动中缩短心灵的距离。苏联教育家加里宁提出教师是人类灵魂的工程师。这一比喻表达了社会对教师的职业期待，也表现了教师职业的崇高性。教师不仅要教书，更要育人，要在教育教学活动中传递一定的社会思想意识、价值观念和道德规范，改造人的思想，促进人的社会化。但这一隐喻忽视了学生发展的自主性，教育不是万能的，教师也不是万能的，一个人的灵魂最终由他自己去塑造。教师的作用是帮助与陪伴。教师可以做学生成长过程中心理的咨询者、精神成长的帮助者。按照埃里克森的心理社会发展的八个阶段论，中学时期（12～18岁）是人生全程发展中最重要的时期，也是青少年面对危机情境最为严重的时期，主要发展危机是"自我同一性对角色混乱"。"所谓自我同一性是指个体尝试把与自己有关的多个层面统合起来，形成一个自己觉得协调一致的自我整体。这些层面包括自己的身体面貌、亲人对自己的期望、自己以往的成败经验、自己的现状、环境与条件的限制以及对自己未来的期望，个体要综合这些层面，判断'我是个什么样的人'。"❶ 学生在这一时期开始对自己做认真的评价，了解自己和周围世界的真实关系。然而，形成正确的自我认知，保持自我同一性并不容易，需要在与教师的心灵交流中不断得到鼓励。同时，由于现在的学生学业压力大，学习任务重，相对与社会生活疏离，处理不好自我与周围世界的矛盾，很容易陷入心理危机，产生负面的心理情绪。语文教师应从关心和爱护学生出发，利用选修课程的实践活动机会，多与学生进行心灵的交流与沟通，陪伴学生心灵的成长，促进学生个性的发展。

二、行为转变：教学与科研同行

新一轮基础教育课程改革推行已将近20年，全国各地的语文教师经过各种培训学习，多数基本理解了新课程理念，在实际教育教学中教师的行为方式发生了一些实质性的改变。

长期以来，中小学课程改革中理论与实践存在一定阻隔。教师从教学者到行动研究者的行为转变，能实现教学者与研究者的合一。即教师从单纯的教学到边教学边研究，在教学中研究，从教学实践中总结经验，提升理论，又用以改善自己的实践。在教学中研究就是关注教学现场，研究教学现场，提炼教学情境及其背后的理念。

（一）备课行为的变革

备课是整个教学工作的起点，是教师课前的准备和对教学的策划工作。教案是教学的实施方案。传统备课方式是教师利用教参和研究者提供的权威资料，亦步亦趋，把研究者、编者的意图在教案中体现出来，教师对课程资源的开发不够。在新课改理念下，语文选修课的备课难度加大，备课不只是加涅所说的使教学内容序列化，而是对课程内容进行开发，要根据新课标要求、学生实际和自身特长选择专题、编写教材、开设具体课程。教学设计要联系学生的生活经验和社会实际，提供学习资料，创设情境，组织语文活动，便于学生自主、合作、探究学习。新课标出台后，"学习任务群"的设计使得教师备课的难度更大了，没有拿来就可用的教

❶ 李新旺. 教育心理学［M］. 北京：科学出版社，2011：31.

第七章 核心素养视野下的语文教师专业发展

科书，没有现成的学习资料，一切材料需要教师搜集、整理、选择和重组，对教师开发与设计能力的要求大大提高，教师备课行为发生根本性改变。要备好选修课的一个专题，一要具有适应"学习任务群"实施的教育教学理念，并在设计中体现；二是掌握整合语文学科知识以及跨学科知识的设计策略；三是能合作研发切合教学实际的实施方案。

（二）上课行为的变革

"学习任务群"的实施，必然要求教师的上课行为发生新的变化。如王岱在《"战国四公子"专题阅读》中，专题教学的总课时是 8 课时，其中 6 课时以学生的自主阅读和小组合作探究为主，2 课时用于讨论交流，教师在课程中的行为主要是相机点拨。"帮助学生基本确立了以自主阅读、小组合作探究为主，教师点拨为辅的学习方式。学生虽说对这种学习方式还不太习惯，但已经可以接受了"，"从整个学习过程来看，目标基本达成"。❶ 从实施的情况看，教学效果良好，学生也适应了这种教学方式。这样的上课行为的变化落实了以学生为主体，以教师为主导的教学理念。教学的目标和学习内容不仅指向知识，更多地指向学生的核心素养，指向学习方式的选择与变革。课堂的生成大于预设，具有动态发展性，如专题教学中的成果汇报课，具有翻转课堂的性质，教师只是把握方向，具体课堂内容掌握在学生手中。在师生关系上，教师的角色是"教练"和"陪练"，主角是学生，学生的素养才是衡量教学效果最重要的尺度。掌握这些变化，才能真正在课堂上落实新课标精神。语文选修课程倡导的研讨课堂，能否真正促进学生核心素养的提升，有赖于教师课堂行为的改变。

（三）课后行为的变革

教学反思是教师成长的必由之路。作为一个教学者的教师，上完课任务也就基本完成了。作为一个研究者的教师，课后必须进行教学反思。"为了每一个学生的发展"是新课程的基本理念。要反思课堂教学从整体上是否体现出以学生为主体的理念，是否关注全体学生的发展。如在组织"现当代作家作品研习"专题教学时，有的老师列出十几本甚至几十本书

───────────

❶ 王岱. 以挑战性学习任务提升学生的语文核心素养——"战国四公子"专题阅读教学案例［J］. 语文学习，2017（3）：34－39.

单，预设以为很好，但在教学实践中可能面临着诸多问题，大多数学生读不完，或者根本不读。这样在课堂上，研讨的可能就是少数"精英"学生，他们左右着问题的解决，带动着课堂的节奏，进而实际掌控着课堂互动的局面；而小组合作学习，是独具形式还是实具意义，需要教师观其言，察其行。这些课堂现象和问题，需要课后进行认真的总结，课堂上发生的故事也可以成为教育叙事的案例，总之，教师课后的教学反思行为是改善教学过程的关键。

三、师生关系：平等友善为先

教学活动本质上是一种交往活动。"如果把人类社会的实践分为生产实践和交往实践，那么，教学就属于交往实践。"❶ 作为人类社会的一种特殊的交往实践活动，教学活动的一个重要特征就是"对话"。教学是集约化、高密度和多元结构的沟通活动，在这种活动中形成了多种多样的沟通情境和沟通关系，没有沟通就不可能有教学。教学的本质是一种"对话"与"沟通"。但由于我国的教学重视"教师权威"和"知识本位"，所以语文教学的对话与沟通还很不够。对话是语文教学的新观念。"听说读写实质上都是一种对话活动，听说读写能力实质上都是一种对话能力。"❷ 因而语文教学活动也必然是一种对话活动。

在现代教学理论中，课堂教学是师生共同组成的对话与沟通的动态过程。教师的身份由单向的传授者转向互动的合作者，由课堂的权威者转向平等的交流者，应构建平等友善的师生关系。

（一）平等真诚

2015 年后兴起的任务驱动型作文，提倡针对真实问题写作，目的就是要培养学生成为一个真诚的人。语文选修课可以设计专题研讨，加强对此的理性认识。高中阶段，学生在生理和心理上都处于向成人过渡的时期。学生自我意识得到发展，能比较客观地认识自己，但理想自我与现实自我存在较大差距，一方面学生要求社会把自己看成成人，予以尊重；另一方面，思想和行为又常常表现出幼稚的一面，所以内心常常发生冲突，自我

❶ 田汉族. 交往教学论 ［M］. 长沙：湖南师范大学出版社，2002：17.
❷ 王尚文. 语文教学对话论 ［M］. 杭州：浙江教育出版社，2004：1.

肯定与自我否定纠结在一起，心灵特别敏感。如有的学校开设语文校本课程：自强教育，对解决学生成长中的矛盾有指导作用。语文教师与学生相处的时间最长，是学生个性成长中的"重要他人"，更要善于引导和感染学生。在人格上，要尊重学生、关心学生、善待学生；在情感上，要关注学生的校园生活质量及体验，不歧视学生，甚至可以采取弱生优先策略；在评价上，要运用多元智力理论，根据学生的智力差异和学习风格差异区别对待，保护学生的自尊心特别是学业自尊，帮助每一个学生首先成为一个学业成功者，形成良好的自我效能感，为今后的发展建立自信心。语文选修课的综合实践活动多，教师要以平等待人的态度参与活动，使学生感到如沐春风，体验到平等友善带给他人的内心愉悦，从而以教师为榜样，形成待人接物的正确态度。

在语文教学中教师的为人与教书一样重要。教师应该利用语文活动，以自身的品格影响人和感染人，促进学生养成真诚品格。新课改中倡导的真实写作，强调通过真实作文实现学做真人，就是在继承传统中有改革创新。传统的写作教学讲究"修文立其诚"，讲究写作者的"主体人格心灵的塑造"，今天的写作把学作文与学做人结合起来，赋予新的时代内容。如师生真诚以待，互不敷衍，作文中的假话、空话和套话也就会减少或杜绝，这对培养学生正直、诚实的品行是有利的。

（二）友善仁爱

没有爱就没有教育，热爱学生、热爱教育是最美的教育情怀。热爱教育，教师才会坚信教育特别是学校教育的积极意义和作用，才会具有良好的自我效能感，永不怠倦，在教育教学工作中达到自我实现。热爱学生，教师才能做到以人为本，为了每一个学生的发展而奉献，才会甘于为教育事业牺牲自己的时间和精力，全身心地钻研业务，努力实现自我专业成长。作为一名语文教师，应在语文教学活动中形成热爱语文专业的深厚感情，在培养学生的语文素养中，教会学生热爱祖国与民族，亲近社会与自然，关爱自我与他人，用一种温暖的目光看世界、行世界。教学过程是一个认知过程，也是一个师生共历成长、共同体验生命美丽的过程。有心理学调查表明，教师对学生的影响中情感态度比知识更重要。那些热爱学生，友好宽厚的教师更受学生的欢迎。友好包容的氛围是对话与沟通的前提。在这样的环境下，学生才愿意表达自己的观点和意见，在与教师的沟通中产生思维碰撞和心灵的交流，并且在学习知识的过程中学会做人。"在师生互动中，教师表现出友好和宽容，其意义除了获得学生的亲近而为有效的教育教学奠定基础外，这种态度本身也是学生学习的重要内容，是学生应具备的一种重要品质。"❶ 学生从教师身上学到友好宽容，教师也从学生的支持中获得力量，师生互相激励，一些创新性的内容就有可能在师生交流中生成。语文选修课强调"研讨"，课堂互动会成为常态，互动不只是一种技巧，更是一种友善态度。首先，学会倾听。教师在课堂上不要满堂灌，要留给学生足够的思考时间，认真聆听学生的意见和感受，善于归纳学生的观点，并做进一步的引导。其次，注意培养交际礼仪。既让每个人都能够畅所欲言，充分表达自己的意见，又能适当照顾别人，彼此谦让。最后，做到有效沟通。师生真正理解彼此的立场和观点，在对话中就一些基本问题形成解决方案或下一步行动方案。

第四节　加强多方合作，构建教学共同体

语文选修课，不是一个教师甚至也不是一科教师能够完成的，需要教师合作，形成教学共同体。每一次课程变革不仅是课程内容的变革，也包含着学校文化的变革，教师文化是一种属于学校文化的亚文化，也随时代而变迁。为完成选修课的任务，教师文化应从分化走向合作。

一、文化背景：合作共赢

（一）教师合作文化的兴起

国外学者哈格里夫斯从内容和形式两方面对教师文化作了阐释，"教师文化在内容上包括特定范围的教师集体共享的态度、价值、信念、习惯、假设以及行为方式等，教师文化的内容外显于教师的所思、所说和所做。教师文化的形式包括处于特定文化群体中的教师之间的人际关系模式和联系方式，其划分的标准主要是教师之间的人际关系状况如何"。教师文化是影响教师观念和教学行为的隐含性因素。长期以来，由于学校环境、制度、职业特点和个体性格等因素，我国的教师文化存在一定的封

---

❶　赵希斌. 优秀教师的四项核心素质［M］. 上海：华东师范大学出版社，2011：72.

闭、分化现象，个人主义教师文化色彩较浓。而个人主义教师文化尽管有可合理汲取的部分，但总体而言，"个人主义教师文化阻碍了教师之间的知识分享，不利于教师专业知识的积累和改善"，❶必须变革，变革的方向是合作文化。"个人主义教师文化由于有许多方面表现出对教师专业发展的局限性，所以对此进行变革是必然的，其方向是构建合作的教师文化。"❷

什么是教师合作文化？"教师合作文化指的是教师在教育教学活动中选择、形成与发展起来的自我意识、价值体系与行为规范。它具有积极的互依性、目的性、整合性、主体性、流动性的特点，表现为共享的价值与目标、教师合作的组织与制度、教师合作行为要求的三层结构，其中共享的价值与目标是教师合作文化的核心，组织制度是教师合作文化的保证，而教师合作行为则是合作文化的外在表现。"❸

（二）教师合作文化的特点

综合国内外学者关于教师合作文化的定义，我们认为教师的合作文化具有以下特点：

（1）积极的相互依赖的关系。在开放包容的环境里，教师之间具有相互支持的心理氛围，教师拥有安全感，不再惧怕自己的教学被同事评价和批评，因而教师的教学不再保护"教学隐私"，教师可以公开自己的课堂和方案，欢迎同事提出批评和建议，也能走进其他教师的课堂，观摩与评价，互相取长补短，合作探究。

（2）共享的公有文化。公有文化由两部分组成：一是指一个群体共同认可的价值体系和共同目标。教师在与同事分享教学活动的过程中，关于课程设计、课程实施、课程评价等形成基本一致的价值取向，形成基本趋同的思维方式和行为模式。二是在教学工作中建立起来的可供教师群体分享的实践知识体系和技能系统。

（3）异质性。教师群体是一个相对松散、复杂的结构。教师来自不同的学科、不同的年龄、不同的年级、不同的地域，群体具有明显的异质性。这些差异性可以保证知识信息来源的多重性和广阔性。合作者之间经

---

❶ 邓涛，孙启林. 论个人主义教师文化及其变革［J］. 比较教育研究，2007（6）：28.

❷ 邓涛，孙启林. 论个人主义教师文化及其变革［J］. 比较教育研究，2007（6）：29.

❸ 马玉宾，熊梅. 教师文化的变革与教师合作文化的重建［J］. 东北师大学报：哲学社会科学版，2007（4）：149.

常沟通与交流，就能碰撞出智慧的火花。这样的思想交锋，有利于形成互补，有利于提高群体的批判性的反思能力。

（三）教师合作文化的构建策略

（1）建设开放的学校环境。在一个封闭压抑的环境里，教师就会出现知识封闭、孤陋寡闻、互不信任、相互排斥等心理，很难交流与合作。学校应该努力营造一个既开放进取又包容和谐的环境。在制度上需要"奖优惩劣"，也需要赏识教育。不要过分地依赖外部的控制和评价，不必利用繁复的量化考评使教师之间竞争大于合作，从而在根本上挤压了合作的空间。

（2）引导教师形成合作理念。教师是一门个体性、创造性较强的职业，以往教师大多独立备课、上课，独立地面对复杂多变的教学情境，完成教学任务。由于职业的原因，一些教师形成了封闭性的思维，在教育教学中遇到困难时，不会寻找帮助的渠道；在职业生涯中遭遇瓶颈，产生失望和沮丧甚至职业倦怠时，不知寻求心理支持。语文选修课教学需要多方联动，如需要集体备课以确定专题内容，分享课程资源。学校可适时组织教师培训，宣讲新课标理念，同时通过校本课程和校本教研提供合作的机会，指导合作，引导教师学会合作。

（3）促进主动合作。我国的课程改革主要靠自上而下的模式推行，如果教师没有很好地内化课改理念，那选修课教学活动就容易流于形式。教师的合作更是如此，不能靠行政命令推行，也不能完全依靠外部评价。学校可以通过支持"同伴互助"这种方式促进教师主动合作。罗宾斯（Robbins P，1991）提出，"同伴互助是指两个或多个教师一起，共同反思当前的教学实践，改进与建立新的技能，相互教导，共享经验，共同参与教学研究并在工作中共同解决实际问题。它不涉及评价，不是作为一种补救的活动或策略来'修补'教师"。❶ 这种自发的互助形式有利于教师合作的日常化。

二、教学合作：师师互动

20 世纪 80 年代，美国提出"师师互动"的合作学习理论。该理论提

---

❶　王强．教师胜任力发展模式论［M］．上海：华东师范大学出版社，2011：9.

倡两名或两名以上的教师同时在课堂上承担授课责任，共同处理课堂事物，教师在课堂上直接进行帮助和合作。20 世纪 90 年代，我国学者开始关注教师与教师之间的合作问题。从课堂教学合作的角度，师师合作传统形式有集体备课、教研组研讨会等，发展到今天，合作的形式出现了多元化，比如随着网络的出现，合作也出现了更新的形式，如网络公开课、共享课件等。语文选修课实施以来，教师普遍反映备课的难度加大了，教学的难度加大了，因此教师的合作也变得更加重要和必需。

"听课评课"是一项传统的教师集体教研活动，也是教师教学合作的重要形式。2006 年陈大伟教授在接受《人民教育》记者采访时提出了"观课议课"的概念，并把它与以往的"听课评课"教研活动作了区分。"观课议课是参与者相互提供教学信息，共同收集和感受课堂信息，在充分拥有信息的基础上，围绕共同关心的问题进行对话和反思，以改进课堂教学，促进教师发展的一种研修活动。"❶ 从"听课评课"到"观课议课"，不只是词语的变化，更重要的是理念的变化，观摩课从展示性取向的献课转变为改善性取向的磨课，公开课的目的不是示范与模仿，而是所有参与者共同研究问题，探讨问题的症结所在，寻求解决的办法。它体现了授课者与观课者之间的平等关系，彰显了教师合作文化。语文选修课程开设后，为了帮助一线教师适应新课程的要求，教育部以"国培计划"的形式组织教师进行了有关选修课程教学的培训工作。"观课议课"成了"国培计划"中的重要环节，当然，它不只适用于教师培训，也适用于日常的教研活动。教学观摩主要有"磨课"和"说课"两种形式。

（1）"磨课"。"磨课"是教师与教师之间合作的基本形式。由集体开展的"备课—上课、观课—议课"三个环节组成。观课议课是课堂教学研究的重要环节。"磨课"有两种基本形式：一是"一课多人上"，即"同课异构"，同一堂课由几位教师同时执教。一般来说，执教者的教学风格和教学思路差异越大，研究的价值也就越大。教师同行和专家通过观课和集体议课，各抒己见，横向比较课堂教学模式的异同。这不仅让执教者之间进行取长补短，而且还可以"磨"出一类课的基本课型和创新性课型。二是"一课一人多上"，即一堂课由一位执教者上多次，每上完一次，都

---

❶ 陈大伟，余慧娟. 为了教师的批判精神——关于"观课议课文化"的对话［J］. 人民教育，2006（7）：29 - 31.

有一个集体探讨和修改教学方案的过程，执教者在综合议课意见的基础上，根据自己的教学个性调整教学设计，重新执教。议课标准大体可以从两个方面进行：一是课堂教学操作问题，包括教学目的是否明确、教学结构是否合理、教学方法和手段的使用是否恰当，语言表达是否清晰，板书是否规范，课堂气氛是否活跃等。二是课堂教学理念问题。即隐藏在教学活动背后的教学观、学生观、教师观等。前者是外显的，相对来说容易观察和评价；后者是内隐的，需要深度分析和挖掘。一般来说，有什么样的理念就有什么样的课堂，教学理念决定课堂模式。议课可以是从教学理念到教学技术等方面的全面评价，也可以根据课堂的不同性质和具体特点重点讨论某一个方面。

（2）"说课"。"说课"就是教师面对同行或者教研人员，叙说自己某种教学观点或者某个课题的教学设计及其理论依据。然后由听课者评说，达到互相交流，共同提高的目的。"说课"，作为一种课堂教学研讨方式，最早是由河南省新乡市红旗区教研室于1987年提出来的。近年来，这种形式因为便于考察出教师的专业能力和教学理念，又具有极大的灵活性，在教研教改、师资培训、教师面试、教学竞赛等活动中被普遍采用。简而言之，说课其实就是说怎么教和为什么要这样教。经常开展说课活动，有利于提高教师探讨教育理论、钻研课堂教学的积极性。说课与议课活动联系在一起，在这一活动中有三类人员：说课者、观课者、议课者。说课者是课程的设计者；议课者要对说课者的课进行评价，由专家或者专业水平较高的教师担任，一般由2～3人组成；观课者为一般教师，观察课堂是他们的主要职责，一般有提问的机会，人数根据活动的规模而定。

"说课"的类型很多，根据不同的标准，有不同的分法。按学科分：语文说课、数学说课、音体美说课等；按用途分：示范说课、教研说课、考核说课等。从整体来分，说课可以分成两大类：一类是实践型说课，一类是理论型说课。实践型说课就是指针对某一具体课题的说课。而理论型说课是指针对某一理论观点的说课。理论型的说课主要是介绍或推广某一创新性的教育教学理论的价值和作用。针对某一理论观点的说课，要把自己的观点说清楚。赞成什么，反对什么，要立场鲜明，同时要用实际的事例来证实，说课中要引用恰当的、生动的例子来说明自己的观点。理论型说课注重的是理论与实践的结合。说课者要在说课时结合自己的教学实践，把该理论在教学中的作用说清楚。下面我们主要介绍实践型说课。说课的基本结构如下：一是说教学目标。教学目标是教学设计的出发点和归宿，它对教学活动具有很好的导向和监控作用。语文课程目标的设置可以从知识与能力、过程与方法、情感态度价值观三维目标考虑，具体到每个课题，则要根据文本或者活动的实际情况确定，目前一些说课活动中，每课都从三个方面表述目标，面面俱到，这说明一些教师对课标的理解是机械的和片面的。语文课程标准所提的三维目标是一个总体原则，在做教学设计时宏观把握即可。二是说教学内容。主要是说采用什么教材，参考了什么学习资料，教学内容的重点难点如何安排、课时如何分配，教学内容如何达到教学目标等。有的书上把这个环节表述为说教材，这有些不妥。教材不等于教学内容，教学内容可以来自多种教材，是教师钻研和处理教材后确定的。三是说教学方法。语文选修课堂教学"最基本的还是三种教学思路：文本研习、问题探究和活动体验"，❶ 根据教学模式，要说明准备采用哪种教学方法，以什么样的学习方式为主。现在有些说课者，在说到学法的时候，不管什么类型的语文课，一律笼统地说本课题采用自主、合作、探究的学习方式，而对于在哪个环节用、怎么用和为什么要用却不甚明了。这是不恰当的，也是不科学的，原因还是在于有些教师没有很好地吃透新课标，只是按照课标的表述重复了一遍，不能做到因时因地因人制宜。其实不是每一课题的学习都需要同时用到三种方法，课标上的提法只是一种原则性的要求。四是说教学过程。这是说课的重点。就是说你准备怎样安排教学的步骤，为什么要这样安排。一般来说，应该把自己教学中的几大步骤用口语化的语言表述出来。如一般语文阅读教学说课的步骤大致程序为：整体感知—重点赏读—拓展训练—总结复习—布置作业。说课者不但要按步骤把自己的教学过程有条不紊地说清楚，而且还要把自己教学设计的依据说清楚。

说课具有特殊意义。语文选修课程学习任务群教学还处于探索阶段，说课活动是提高语文选修课程教学质量的重要手段，主要具有以下几个方面的意义。第一，说课可以提高教学的科学性。说课与讲课不同，它是一种教学预设，不但要讲清教学意图，讲清处理教材的方法和目的，而且还要讲清教学设计背后的教育理论支撑和教学理念。说课可以促进参与人员

❶ 曹勇军. 叩开高中语文选修课课程之门：高中语文选修课程教学实践研究（修订版）[M]. 上海：上海教育出版社，2013：41.

对教学设计的深度思考和理性反思，使教学活动的开展有理有据，更加科学。第二，说课有利于形成一支优秀的教学团队。说课和观课议课者都需要专业化水平较高的教师。说课活动可以促进活动的所有参与成员进一步学习教育学、教育心理学和教育综合知识，把握教育教学规律，形成科学的知识结构和能力结构，提高专业水平。同时成员之间又可以通过学习借鉴、交流互动，共同实现教学合作。这样的活动可以提高教师队伍的整体水平，打造出优秀的教学团队。第三，说课可以提高教学效果。说课是对教学活动的设计方案的说明。"语文教学设计是一门学问，也是一种工艺。对于这种语文教学工艺，不仅应当有一定的质量标准，而且应当有一定的技术要求。每一个语文教师应当像工艺师设计精致的工艺品那样去设计自己的教学。"❶ 教师通过说课，可以进一步明确教学思想，理清教学的思路，规范教学的程序；教师通过与观课议课者对话沟通，对整个教学过程通盘谋划、整体运筹，并完善突破难点和解决问题的预设方案。教学实施方案科学合理，有利于提高课堂教学的效率。

三、教研合作：专家引领

语文选修课要求教师把教学和科研结合起来，教师的教学反思和教学叙事是教师教研的有效途径，但一些教师的教研成果普遍存在实践操作性很强，而理论性不足，需要有教学专长或者研究专长的专家引领。

（一）专家的定义与特征

"专家是具有领域专长的人，是在特定领域具有专业知识和能力的人，他们能够有效地思考和解决该领域的问题，从而表现出良好的专业行为。"❷ 领域专长是专家的显著特点。专长既是一种一般能力，也是一种特殊能力，是一种能创造性地解决问题的能力。教师是履行教育教学职责的专业人员，美国著名心理学家斯腾伯格认为，专家型教师就是具有某种教学专长的人，意即专家型教师是具有创造性解决教学问题的能力的人。20世纪90年代以来，教师怎样从"新手"成长为"专家"，成了教师专业发展的重要课题。认知心理学采用"新手—专家"的研究范式来探讨专长的

---

❶ 周庆元. 语文教学设计论［M］. 南宁：广西教育出版社，1996：12.

❷ 连榕. 教师专业发展［M］. 北京：高等教育出版社，2007：101.

核心——认知过程与心理结构，发现专家完成任务的心理过程与新手是有较大区别的，特别是在解决问题的思维和策略上更具优势。新手要想尽快成长，专家引领是一种有效的措施。有学者综合了国内外有关专家的研究，对专家的特征做了归纳：有意义的认知模式；组织良好的知识；表征问题深入；较强的技能自动化与自我监控的能力。❶ 专家拥有图式性知识，能用专业思维方式发现问题，专家具有围绕核心概念或者主题组合起来的结构化知识，能综合信息，通过现象看到本质，深入分析问题。同时专家的自我监控能力很强，能有意识地反思和调节自己的行为，快速解决问题。斯滕伯格认为，"专家型教师即是有教学专长的老师"，❷ 在知识、效率和洞察力等方面明显优于新手型教师。专家引领是指具有教学专长或者研究专长的人通过先进理念、思想方法和自身经验引导和带领一线教育工作者开展教学和研究，促进教师专业成长。

（二）专家引领的主要内容

1. 教育理念的引领

教育牵动千家万户，教育的公平性、民主性、国际性等话题，已经成了全民的一种公共话题，什么样的教育才是人性的，什么样的教育符合人类发展要求，全社会都在进行思考，因而结论是复杂多元的。新课程改革中教育的国际化和教育的民族化趋势都非常明显，人类进入了一种新的全球化的浪潮之中，在全球治理的新形势下，如何通过教育保持本国的民族性，国际化和民族化的矛盾如何解决，至今争论不休。教育的公平性和全民化理念成为指导教育改革的基本理念，但是教育的公平性和效益性的关系如何，怎样才利于一个国家和民族提高核心竞争力，人们至今也想不出两全其美的解决办法。如何廓清认识、匡正理论，以有效地指导教育教学实践，有赖于专家引领。因为我们正处于知识经济时代，专家处于其所在领域的理论前沿，对教育的特点和发展趋势把握较好，对教育的新理念产生的背景和意图有充分的了解，对现实中存在的差距和矛盾有理性的分析，对解决问题的途径和方法有创造性的意见。专家可以引领我们提高理

---

❶ 连榕. 教师专业发展 ［M］. 北京：高等教育出版社，2007：102－105.
❷ 陈琦，刘儒德. 教育心理学 ［M］. 2版. 北京：高等教育出版社，2011：536.

论自觉，有意识地运用教育新理念实施教学行为，形成正确的学生观、教师观和教学观。如语文教学领域的专家霍懋征具有"语文教育就是塑造人的教育"等教学思想，这些先进理念体现在她的"全面育人，整体发展"的教育价值观、"学生为主，学习为主"的学生发展观中，她的教学思想对年轻教师的教育理念和教育观的形成起到过重要作用。再如，语文教育专家于漪，一直致力于语文教学的实践与研究，她在总结实验教学的基础上凝练出重视人文教育的情感派教学思想。构建了一种把认知活动与情感活动有机结合的教学模式。这种模式影响了几代语文教师。

2. 教学方法的引领

教学方法是教育理念的重要载体。在中外教育发展史上，伴随教育理念的变革，教育方法的创新是最突出的。"教学方法是指为了完成一定的教学任务，实现教学目的，教师和学生在教学活动中采用的手段及教与学相互活动方式的总称。"[1] 教学方法包括教师教的方法和学生学的方法。以往的教学研究，重视教师的教法探讨，而忽视学生的学法指导。教学是教与学相互联系的一个整体，顾此失彼是不符合教学规律的。纵观 20 世纪以来教学方法的变革与发展，总体特点是由重视教师的"教"转变为重视学生的"学"，由重视传授知识技能转变为重视发展学生学习的主动性。那些侧重于学法的教学方法更具有生命力，如"发现教学法"注重营造问题情境，强调学生的主动发现，重视培养学生解决问题的能力，至今仍然具有强大的生命力。保加利亚医学和心理学博士卢扎诺夫提出的"暗示教学法"在课程改革中具有一定的影响，暗示教学法重视学生的内心体验，教师运用各种信息化的手段提供体验情境，有助于对学生进行文学文化的熏染。从国家课程层面已经开发的选修课课程系列看，主要是文学文化鉴赏类课程。在这一类课程中运用"暗示教学法"往往能达到事半功倍的效果。如在《中国古代诗歌散文欣赏》《外国诗歌散文欣赏》等课程中，引入配乐朗诵的音频视频，在《中国小说欣赏》《外国小说欣赏》《中外戏剧名作欣赏》等课程的教学中，引入经由这些著作改编的影视作品，还原语言描写的意象和情境，学生就会在轻松愉快的欣赏之中不知不觉学到了

[1] 湖南省中小学教师继续教育指导中心. 教育学 [M]. 北京：北京出版集团公司、北京教育出版社，2009：172.

知识，受到了熏陶。这两种教学方法，一种偏重认知，有助于促进学生的智力发展；另一种偏重于情感，可以弥补传统教学中忽视非智力因素的不足，从而促进学生的全面发展。

3. 教育精神的引领

王企贤在《答客问》中写道："生平事业在序庠，早夜辛勤育幼秧。头童齿豁今已老，喜看桃李竞芬芳。"❶ 这是一个长期从事语文教学工作者的心声，它反映出教育专家成长的一条规律：乐观的教育信念和执着的教改精神。他们相信教育具有正面能量，能够在促进学生全面发展中发挥积极作用；他们具有良好的自我效能感，能在教学中感受到创造的快乐；他们具有坚持不懈的毅力，能够直面教育中的问题，积极寻求突破困境的办法；他们具有极强的自我控制能力，能够克服职业怠倦等负面心理干扰。从众多的教育专家的成长机制研究中，我们发现，教师需要几十年如一日地坚持教改实验，在实践探索中不断摸索方法，才能创建出具有个人特色的教学思想体系。国外有研究表明，大多数专业活动领域的新手要成为专家至少需要 10 年的工作经验。语文是一门特别依赖积累的学科，语文教学专家的形成需要比 10 年更长的时间。专家在教育精神上的引领作用不可忽视，许多年轻的语文教师就是受到所接触的专家的教育精神感染而成长起来的。

（三）专家引领的方法

比较传统的专家引领方法有开门收徒和组建团队。前者给生手拜师学艺的机会，如在全国中小学盛行的一对一导师制。后者在共同实验、合作研究中实现专家对新手的传帮带，如名师工作室。随着网络化时代的来临，专家引领的方法不断创新。有的在传统形式上有创新，如高校与中学实施教师互聘活动，大学专家进中小学讲课或开专题讲座，与一线教师面对面交流教学。同时，通过教育博客、QQ 交流群、数字出版等形式，学科专家对更大范围的一线教师起到了良好的指导作用。有的是全新的表现形式，湖南跨界成立的"湖湘语文"QQ 群、微信群，湖南师范大学与实

---

❶ 王企贤. 我的语文教育观［A］//杨再隋. 中国著名特级教师教学思想录：小学语文卷. 南京：江苏教育出版社，1999：81.

习学校语文教师成立的"语文教学探索协作体"微信群，湖南高校语文课程与教学论教师和中学名师成立"语文课程与教学论"QQ群等，在为中小学语文教师发布学术信息、提供专家咨询、问诊课堂教学等方面提供了便捷的学术交流平台，发挥了网络的正面能量。

第五节　指向教学实践，成为行动研究者

行动研究不是一种独立的研究方法，而是一种研究活动，它是一种与基础研究、应用研究并列的研究活动类型。语文选修课程教师研究的性质是行动研究，它的特点是选题从选修课程的教学实践中来；边教学边研究，在教学实践中研究问题；研究成果用以指导实践，提高课堂教学的质量。

一、行动研究的宗旨：来自实践改善实践

自从学校教育产生之后，研究教育教学问题及其规律逐渐成了一门高深学问。1623 年英国哲学家培根（F. Bacon，1561—1626）首次把"教育学"作为一门独立的科学提出后，教育研究逐渐走向"科学化""规范化""程序化"的道路，拥有专门的研究机构和以此为职业的专门工作者。教育学研究的纵深发展对科学解释教育教学的理论问题起到了良好的作用，但也导致了教育研究与教育实践出现了严重的分化与对立，导致了研究者与教学者的阻隔与分离。具体在语文学科中，研究者主要从事课程论方面的研究，制定课程标准、规划课程目标、选取教学内容、编订教材、探讨教学模式方法；而负责教学实践的教师则被定位为这些课程思想的被动执行者，最多是负责教学技术方面的"技术操作员"。一些语文教师的选修课教学缺乏学理支撑，表现为：一是对语文选修课的目标与性质认识不清，没有形成不同于必修课的教学理念；二是教师的主要任务是传授选修课教材的基本内容，不能因地制宜，创造性地开发教材，根据实际情况和学生需要整合教学内容；三是教研能力弱，不能从学理上解释教学现象与问题。

教育研究与教育实践的脱节，已经严重地制约了课程改革推进的速度。理论研究指向实践，教学改革才能推进。20 世纪 80 年代，斯腾豪斯正式提出"教师即研究者"的设想后，行动研究成了国际教育界的研究重

点。20世纪90年代以后，我国也进行了有益的探索，取得了一定的成果。归纳起来，行动教育的研究来自实践行动，成果为了改善行动。

（一）研究问题来自语文选修课的实践

语文教学既是一门科学，又是一门艺术。科学性在于教学有一整套理论和技术程序，经验可以复制。如何围绕学习任务群发现问题确立学习项目，如何分析任务解决问题，如何评价任务完成质量等，都可以系统地描述和研究，也可以加以传授和改进。学习任务群的开放性有多大，完成任务的难度就有多大。教学要因时、因地、因人而变化，固定的教学技术程序哪怕是经过改革实验证明是有效的，也不可能适合复杂多变的实际教学情境，教师要掌握教育的艺术。"好的教师需要天赋、灵感和创造性，是根据直觉而行动，因此是天生的而不是造就的。"❶ 创造性地解决教学中千变万化的实际问题是行动研究的主要任务。

（二）研究成果改善语文选修课实践

语文科研就是要把教育科学理论与方法运用到语文教学实践中，解决语文教学中存在的矛盾和问题。在语文教学中选择研究课题，如"选修课与必修课同质化的问题""选修课的教师素养不足的问题"，然后围绕课题进行调查和分析，搜集和整理相关资料，撰写科研论文和研究报告。反思教学也是为了改善教学，目的是使每一堂课都不是简单的重复，使教学活动具有创造性。反思可以使教师理性审视自己的教学实践，审视教学内容、教学模式、教学方法与手段是否符合新课程的理念和目标，是否符合学生的年龄阶段特点，是否有利于学生的终身发展，从而调整教学行为，优化教学过程，推陈出新，达到优质教学。

依靠教育理论观照现实问题。首先是以理论指导行动研究。作为专家型的教师，要有丰富的教育理论知识和开阔的学术视野，不断追问教育的真谛，养成正确的探究态度和坚定的教育信念。其次是善于从教育理论的高度关注教育实践，分析语文选修教学案例，对教育实践中出现的新情况和新问题能做出科学的解释，并能运用教育学原理规范和指导教育实践。最后是教师持续学习，通过各种形式的培训和继续教育提高自己在教学和

---

❶ 陈琦. 教育心理学［M］. 北京：高等教育出版社，2008：7.

科研上的专业发展能力。

二、行动研究的方式：一边行动一边研究

语文教师的研究与教学密不可分，很多时候甚至是合二为一，如每一堂课后的教学反思，既是研究，本身也是教学设计的一部分。这样的研究具有即时反馈性，更有利于教学行动的改善。

（一）教育行动研究的内涵

行动研究作为一种研究活动，源于第二次世界大战后的美国。美国哥伦比亚大学师范学院前院长史蒂芬·考瑞（S. Corey）于 1953 年出版的《改进学校实践的行动研究》，详细介绍了教育领域开展行动研究的特点、原则、程序和方法。著名的社会心理学家库尔特·勒温（Kurt Lewin，1890—1947 年）提出"没有无行动的研究，也没有无研究的行动"，强调了行动与研究之间的密切关系，打破了长期以来研究与行动脱离的局面。20 世纪 70 年代以来，教育行动研究在英国、美国、澳大利亚、日本教育界相继出现了研究与实施的热潮，我国教育界开始提倡行动研究理念。那么什么是行动研究呢？"行动研究则是一种由实际工作者在现实情境中自主进行的反思性探索，并以解决工作情境中特定的实际问题为主要目的，强调研究与活动一体化，使实际工作者从工作过程中学习、思考、尝试和解决问题。"❶

（二）教育行动研究的特点

行动研究是教育实践者在实践行动中的研究，具有实践品格，因而受到教师的欢迎。教育行动研究主要具有以下几个特点：

（1）研究者就是行动者。教育行动研究的人员以教师为主体。在传统的教育学研究中，研究者以理论专家为主，教师是被动的被研究对象，而在行动研究中，教师可以是被研究的对象，但同时又是主动的研究者。教师作为实践的主体，人人都能做研究，人人都能参与研究。教学的过程就是研究的过程，教师通过研究教学实践中的问题，改善教育教学活动。

---

❶ 全国十二所重点师范大学联合编写. 教育学基础［M］. 2 版. 北京：教育科学出版社，2008：350.

第七章 核心素养视野下的语文教师专业发展

（2）研究的内容是行动中的问题。行动研究者置身于具体的教育情境之中，关注的焦点不是重大的基础理论问题，而是教学实践中亟待解决的日常教学问题。如做好语文教学设计，要研究语文教学设计的理念、目的、内涵、依据和要求，但这些不是重点，重点是做好语文教学各个环节和语文课程各个系列模块的教学设计，归纳总结出切合实际、具有推广意义的典型教例，启发和帮助教师探求最佳的语文教学设计，在课堂上实施运用，达到有效教学。

（3）研究的目的是改善行动。学术研究的目的是指向理论的，是描述和解释教育问题，探讨教育的一般规律。行动研究的目的是指向实践的，是改进现实中的教育。行动研究是在研究与实践之间搭建桥梁，更关注教育的内在价值追求。教师在教育教学活动中，不只是按照教育理论工作者预设的课程达到预期目标的知识传授者，不只是关注教学内容和手段方法的技术工作者，而是开始关注教学行动背后的理念与意义的行动研究者。教师侧重关注教育活动在学生发展中的实际效果，并根据实际效果反思教育行为，调整教育行为，进而改善教育行动。

三、行动研究的成果形式：教学案例与课题论文

行动研究的成果形式很丰富，实践成果主要是教学案例（设计）、教育叙事方面的探新。理论成果主要侧重理性的课题论文。

（一）教学案例与叙事

（1）教学案例包括教学设计、教学课例以及依据具体课例展开的教学反思。新课标提出了 18 个任务群，其中选修课 11 个，这些学习任务群应该怎样设计和实施，是目前行动研究的重点。自 2018 年新课标颁布以来，关于学习任务群的研究成果主要以教学案例为主。新课标的颁布与 2003 年实验版课标的出台有一个明显的变化。2003—2017 年，关于语文选修课的研究并不很多，与必修课相比，远远落后。2018 年新课标出台之后，关于语文选修课的研究骤然增加，全国各地学校积极行动，在已有选修课专题教学的基础上，探讨学习任务群教学新范式。"2008 年以来，北京二中开展了语文课程专题化教学的探索，陆续开发了 20 多个语文学习专题，这些

学习专题构成了一系列语文选修学习任务群。"❶ 从已经发表的教学案例（设计）看，11 个选修课的学习任务群均有专门研究，一些学习任务群的研究案例组群出现，成果也特别丰富。《语文建设》《语文学习》《中学语文教学》《中学语文教学参考》等语文类刊物均设立专栏，成系列推出关于"学习任务群"的教学案例。如《中学语文教学参考·高中》在针对2018 届和大部分 2019 届高一学生面临的新课标、旧教材、新高考的特殊背景，探讨用旧教材贯彻新课标精神，2019 年第 5 期推出"学习任务（群）教学设计"专栏，一组开发了必修、选修等四个教学设计样例。❷ 关于某个具体选修任务群的探讨也集中呈现，如《中学语文教学》"中国革命传统作品研习"学习任务群的专栏，一组主题论文从教学原则、基本框架、教学建议、教学评价等几个方面全面探讨了此学习任务群教学的基本范式以及与选修"中国革命传统文化研讨"的关系，力图帮助教师增强对该任务群教学的理解，提供教学示范。

（2）教育叙事。"叙事研究就是讲故事，通过故事本身讲一个教学上的经验和道理。这与过去我们关于科研这个概念的理解有很大的不同。"❸ 在以往的经验中，教育研究涉及抽象概念与学术术语，是一门非常高深的学问，不是一般的一线教师可以做的。所以一些传统的教育研究方法专著也没有把教育叙事作为一种研究方法列入。叙事研究与一般的教育研究方法具有本质不同，教育叙事的特点主要有：一是动态性。教育叙事可以采用日志的形式，记录一个教师的专业成长全过程。一个优秀教师的成长绝不是一帆风顺的，过程中有幸福与快乐，也有痛苦与迷茫。教师叙事是记录教师的从业经验和心路历程的第一手资料和最直观的材料，体现教师成长的阶段性特点和发展变化规律，具有动态生成的特点。二是生活性。教师的教育叙事主要是记录教学生涯中的日常经验及反思，具有生活真实性和教育情境性等特点。如描绘日常课堂教学中的真实故事和意外插曲，再现课堂情境，从小故事中阐释教育机制，这样的叙事就具有鲜活性。教师假期参加新课标与新教材培训，记录参加理论学习和课堂观摩等活动的心得及困惑，思考语文选修课学习任务群教学新形式，这样的叙事具有特定

---

❶ 王云峰，范锦荣，王锡婷，等.谈中国革命传统作品学习任务群的教学［J］.中学语文教学，2018（8）：4-8.

❷ 资料来源：中学语文教学参考：高中，2019（5）：4.

❸ 李海林.语文教学科研十讲［M］.杭州：浙江教育出版社，2005：268.

情境性。总之，教育叙事记录教师的生活，反映教师的生活，提升教师的生活。三是个性化。教育叙事呈现个体的教学生活经验，教师关于教育教学的体验是独特的，教学心得往往沟通理论与实践，记录语文教学行动，表达个体对教育的感性认知。教育叙事选题根据个人的兴趣和需要，论域可以是教育理论的基本问题，也可以是教育实践中的具体细节问题；内容可以是教学活动、读书活动、研究活动，也可以是新书推荐，资源共享；表达方式可以口语化，也可以书面化。衡量的标准是看能否促进教师的自我发展，能否改善实践中的教学行动。

教育叙事的意义有以下几点。第一，赋予平凡的教学生活以意义。教育在理论上是充满诗意和令人向往的，但教师的日常教学活动却是平凡的，甚至是繁复和琐碎的。如何使平凡的生活具有不平凡的意义，教师撰写教育博客和教育叙事是较好的实现途径。它使教师开始基于日常教学生活，反思隐藏在教育活动背后的内在价值和意义，在更高层次实行了一种教育自觉。教师通过富有体验性质的自我表达，倾诉了情绪与情感，缓解了工作中的困惑与压力；通过以文会友，分享了知识与资源，获得了更多的业务帮助和心理支持。这就过滤了日常教育生活，使日常的教育生活艺术化、诗意化和哲理化。第二，唤醒了教师参与研究的意识。直陈教育生活事件本身就是教育研究，叙说工作中的故事就是教育研究，畅谈个体独特体验就是教育研究。教育叙事的感性面孔，解放了教师的思维，激发了教师的参与热情。只要你热爱教育，只要你关注学生，只要你善于观察教育事件，你就有可能通过这样的研究方式成为一个专家型教师。理论来自于实践，边教学边研究，教师的理论水平会随着实践的深入而提高。可以说，教育叙事在促进专家型教师的成长中具有重要作用。第三，提高教师感性表达能力。表达能力特别是写作能力是语文教师的核心素养，教学叙事人人可以参与，看似简单，但要写好也绝非易事，需要教师进行广泛的阅读、深度的思考并且要有持久的毅力。表达能力与一个人的思想认识水平密切相关，思想认识水平越高，写作能力越强。经常写作教育叙事，可以推动教师不断开阔视野、汲取知识和锤炼思想，提高认识生活和反思教学的能力，而思想认识能力的提高又反过来促进写作能力的提高。教育叙事的写作方式多样，常见的写作方式有教育随笔、叙述体、日记体、自传体、书信体等，教师勤于练习，熟练掌握各种文体的特点和写作技巧，有助于与学生交流创作体验，更有针对性地指导学生的写作。如新课标提出

"审美鉴赏与创造"，文学写作将成为语文选修课的重要内容，在一定程度上，教育叙事带有文学的感性抒发特色，教师自己有创作的经验，会更有利于写作教学。

（二）课题论文

课题和论文是语文教学科研的主要理论成果形式。课题研究需要教学共同体合作研究，教研课题一般选取现实教学中带有普遍性的问题，有针对性地研究，力求总结出某种教育教学规律。选题大多来源于语文教学实践。论文则多为个体的专题研究，依靠个人的经验和智慧，集中解决某个现实问题或表达某种洞见。

（1）教研课题。课题研究是新课程改革对教师提出的新要求，有利于使教师在合作中形成开放的心态、宏阔的视野和全局观念，是教师专业成长中的一项重要的学术训练。课题研究主要有下面几个环节：

①选题。选题有两大原则：价值性和可行性。价值性要求选题在总体把握国内外相关研究状况的基础上，能就科学实践领域的某一方面的问题进行深入的探讨、研究，提出富有创见性的学术见解或有效的现实解决办法。价值性主要考察选题的学术价值或应用价值。可行性要求教师量力而行，能从人员、经费和设备等方面为课题的实施和完成提供保障，主要考察课题组的研究基础和条件。对于教研课题与论文的来源，有学者从七个方面进行了归纳：从教育教学实践中选题；从教育教学改革和发展需要中选题；从人际互动智慧中选题；在与文本对话中选题；从科研规划课题或课题指南中选题；从媒体信息中选题；从专家的指导中选题。❶ 总之，不管具体的课题来自哪里，所有教研课题均来自教学实践，最终服务于教学实践。中小学教师做教研课题有一个专业研究者所没有的优势，教师一直在"场"，生活在教育教学的实际情景中，时刻亲身体验着教育教学工作的酸甜苦辣，感受着教育改革理想与实际的差距，所做的分析与判断更为真切，所做的修改与调整更能指导实践。校本研究是较好的一种教研方式。

②开题。课题方向确定以后，接下来是开题。开题前要准备开题报告，主要有四个方面的内容：一是说明课题的依据，即说明本课题的理论

---

❶ 李明善. 教师专业发展论纲 ［M］. 长春：吉林大学出版社，2011：76－77.

第七章 核心素养视野下的语文教师专业发展

意义和实际意义；做好文献综述，主要介绍国内外有关本课题的研究动态和自己的见解。二是介绍课题的主要内容、基本观点、研究思路、创新之处，形成研究框架。三是明确完成期限和采取的主要措施及研究方法。四是列出主要参考资料。开题过程中评委以查找问题、帮助完善为目标，主要就选题的意义和论文的理论框架提出意见和建议。如果这两项能够成立，开题基本可以通过，一般技术性的问题属于细节问题，不会影响大局。

③中期检查。因为课题研究是由多人共同承担的，所以为保证课题完成质量，敦促所有成员按时完成研究任务，近年来，有关科研领导部门加强了对课题的中期检查。检查一般遵循"推动进度，突出重点，突破难点，发现问题，凝练成果"等原则开展，检查方式可针对课题进展情况和特点，采取多种方式进行。如理论导向类专题课题，可组织研究领域专家组对专题课题中期执行情况报告进行全面审查或抽查。操作性导向类课题，可采用现场检查结合会议检查的方式进行。各课题负责人必须按照工作安排进度做好中期检查工作准备。

④结题。结题对于课题研究具有十分重要的意义，结题完成得好，有利于研究成果的推广和使用。结题工作主要包括以下几个环节：一是撰写研究报告，主要内容包括：项目预期研究计划的执行情况总结；成果研究内容及方法的创新程度、突出特色和主要建树；成果的学术价值和应用价值，以及社会影响和效益；成果存在的不足或欠缺，尚需进一步研究的问题；等等。二是课题组的主要阶段性成果。三是项目最终成果简介。最终成果简介是结项的必需材料，可在项目成果的介绍、宣传、推广、转化中使用。主要内容包括：该项目研究的目的和意义；研究成果的主要内容、重要观点或对策建议；成果的学术价值、实践意义和社会影响，研究成果及研究方法有何特色、有何突破、有何建树。最终成果简介由课题负责人撰写，字数要求一般在4000字左右。

（2）论文。论文是教师常用的一种研究方式。论文的类型很多，从大类来分，可分为两类：学术论文和实践论文。前者理论性强，首先要在该研究领域提出具有创新性的理论。观点需要学科理论框架支撑，重在学理的阐释，论证的逻辑性强，语言要求较高，需使用规范的学术语言。教师的教研论文宜以后者为主。实践论文一般是教师在教学和阅读实践中就某个专题进行调查与思考，发表自己的看法和感想，类型多样，形式灵活。

常见的教研论文有：教育随笔、教学评论、教材分析、课堂实录、经验总结、调查报告、图书评论、试卷分析等。

教研论文看似简单，要写好也并不容易。语文教师要提高论文写作水平可从下面几个方面入手。一是要勇于实验。学习任务群教学没有现成的模式，教学改革是必然的。语文教师可参与专家的教改实验或有意识地、经常性地在自己的课堂进行改革探索，在教改中发现问题，确定有价值的选题或角度，要有经验可写。二是要勤于学术论著的研读。知识的积累和敏锐的观察，来源于读书。一个人的阅读史就是一个人的精神成长史。以读悟写是提高论文写作的重要方法。三是要乐于表达。学问靠积累和训练，多写可锻炼思维，可锤炼学术语言。

结　语

回顾语文选修课程的发展历程，可以说是也有风雨也有晴，其中既有成功的经验，也有失败的教训。但总体来说，发展的方向是正确的，理论与实践探索为进一步深化选修教学的改革奠定了基础。本研究主要采用文献法、调查法、案例法等进行综合研究，得出了如下研究结论。

语文选修课程的教学理念不断更新，既符合国际选修课程理念，又具有中国课程特色。实验版课标初次设置语文选修课程，突出"为了一切学生的发展"的基本课程理念，倡导教育公平、回归生活、个性发展、终身教育等理念，在课程的"选择性"和教学的"个性化"等方面取得突破，积累了经验。2017版新课标在上述理念的基础上有所拓展，重视在立德树人的理念下提高学生的核心素养，强调语文选修课程要帮助学生形成个人发展和现代社会所需要的核心价值观、必备品格和关键能力。既吸收了国际通行的"核心素养""学科核心素养"新理念，又传承了中国德性为先、德才兼备的教育传统。

为达成语文核心素养，语文选修课程的学习目标和内容不断创新和调整，更凸显了语文的综合性、实践性品格。2017版新课标在目标上创新较大，从以往的双基目标、三维目标发展到四维目标，构建了基于语文核心素养的目标框架。本研究提出为实现新目标，必须调整选修课的教学策略。针对"语言建构与运用"素养，可运用归纳教学、语境教学、结构化教学；针对"思维发展与提升"素养，可运用"问题导向式""探究导向式""创新导向式"教学策略；针对"审美鉴赏与创造"素养，可运用支架式、经典浸润式、创意写作教学策略；针对"文化传承与理解"素养，可运用古今贯通教学、中外比较教学、活动体验教等教学策略。这些策略在教学实践中得到验证，行之有效。

新课改以来，语文选修课专题教学模式得以确立，这为新课标提出"学习任务群"概念提供了经验和依据。语文选修课的设计与实施要依据新课标精神和学生实际情况进行，才能达到学习效果。新课标从"学习任务群"角度重新构建了学习内容，改变了以往静态文本材料为主的内容观，更具开放性。面对丰富而多元的学习资源，"如何教"将是对教师教学设计与实施能力的巨大挑战。语文选修课教学应该把专题学习、综合实践学习相融合，打通课内外的界限，实现阅读、写作、口语交际一体化，以"学习项目"为依托，通过解决生活中的真实问题，提高学生的语文核心素养和综合能力。本研究提供的优秀案例对语文教师实施选修课教学具有借鉴和启迪意义。

语文选修课程的开放性对教师提出了更高的要求。语文教师必须聚焦核心素养，实现专业发展。选修"学习任务群"对教师的知识、思维、审美、文化等方面提出了新要求，教师自身的语文核心素养必须进一步夯实。语文选修课重视学生自主学习，教师在课堂活动的设计、组织和方法指导方面的能力要相应提高。语文选修课跨学科、综合性、专题性等特点要求教师必须加强教学合作，构建教学共同体。"学习任务群"的教学设计很理想，但在实践中一定会碰到无法预料的困难和问题，教师在教学实践中，要一边教学一边研究，成为行动研究者，在行动中解决问题，提高能力。以目前语文选修课的高标准、高要求来衡量，教师的素养差距显而易见，践行终身教育，自我磨砺成长，是适应教学新形势的重要途径。

新课标"学习任务群"的设计将语文选修课程的地位提升到前所未有的高度，18 个任务群中有 11 个选修任务群，必修的 7 个任务群中还有 4 个是必修选修贯通。自 2007 年以来，关于学习任务群的研究成为焦点，对语文选修课的研究进入深化阶段。值得注意的是，语文选修教学不能因其生活性的要求而变得五花八门毫无边界，脱离语文的本体性；也不能因其专业性的要求，而过分地偏重学术拓展性，违背发展个性、指导就业的初心。语文选修新教材就要出来了，可以预知，如何利用新教材落实新课标精神，将会是选修研究热点，本人将持续关注，进一步开展后续研究。

后　记

　　对语文选修课程的关注已经整整十年了，这长久但不太深情的目光，伴随着我的教学与科研，于是就有了这本小书。

　　回望成书过程，我感慨良多，脑海里蹦出三句似乎不太关联的话。首先是我女儿的微信个性签名：没事拖一拖，生活乐趣多。十年间，既没有另有重用，无法兼顾；也没有诸事繁忙，无暇顾及，居然就这样拖了下来。当然，拖的过程也有美好和乐趣。无数个夏夜，当我坐在李自健美术馆前坪的摇摇椅上，吹习习凉风，看月亮西沉，偶尔陡然有逝者如斯的紧迫，却没有一次因此而拔动双腿。无数个暖和的冬夜，当我蜷曲在沙发里，有时猛然抬头，看钟针疾走，惊时光静流，也会在心里对自己说，明天吧，明天清早就写。虽然第二天早上也许又是自然醒，可是这样熨帖的安慰却让我那么多个夜晚早早酣然入眠。就这样夏来冬往，书稿依旧。其次是一句歌词：终于等到你，还好我没有放弃。我与选修课的结缘是因为湖南省永州市教育科学研究院的副院长杨振华兄，2010 年，他邀约我在国培班给永州市高中语文骨干教师讲授为期 2 天的一门课《语文选修课程的理论与实践》。后来我以讲课内容为基础，成功申报了 2011 年度湖南省社科基金项目，他和永州一中的蒋建业老师都是课题组成员。研究的 3 年时间里，在振华兄的亲力亲为下，我们在永州市开展了一系列的调研和实验。走访、座谈、送课、听课评课等活动使我对语文选修课的教学有了更多的感性认识与理性反思。这段调研经历促使我连续在《中国教育学刊》《课程·教材·教法》发表了 2 篇关于语文选修课程的论文。因为有这 2 篇论文和课题成果，符合学校资助出版的规定，本来计划 2014 年出书，但一懈怠就拖下来了。2016 年，此书又列为文学院的出版计划，但想到马上就要出台新课标、新教材，最终还是主动撤下了。现在，终于等到了 2017 版新课标出台。新课标对选修课的理念、学习目标内容、教学方式等均作了重大调整，本书基于新课标的要求也重新调整了全书内容，既梳理了语文选修课程 15 年改革历史，又基于核心素养展望了语文选修课程设计与实施的发展方向，构建了基于学习任务群的教学示例及评析。应该说，与初稿相比，本书更为系统和全面，也更具前瞻性。这也算是无心插柳的福报吧。最后还是一句歌词：没有你，哪有我。本书能够出版，要感谢的人实在太多，一生与爱同行，大概是命运对我最好的眷顾，这份情谊我将永远铭记在心。湖南师大附中厉行威老师，长沙市长郡中学秦洁老师，湖南省地质中学黄尚喜、文奇、李靓老师，湖南广益实验中学戴红梅老师，长沙市二十一中熊国斌老师，湖南师大附中梅溪湖中学李泉老师，特别感谢你们暑假期间在百忙之中为本书提供教学案例和指导。湖南省永州市教育科学研究院的杨振华副院长，江永县语文教研员周逢春老师，蓝山县语文教研员李桐旺老师，江华县语文教研员张成恩老师，永州市一中欧阳媛卿副校长和唐小艳、罗斐然、蒋建业老师，以及所有为我的调研和写作提供帮助和支持的领导和老师，非常感谢你们的指导与辛勤付出。长沙市长郡中学杨葵老师，湖南师大二附中张静文老师，湖南师大附中博才实验中学乔晓雨老师，永州一中宋倩文老师，非常感谢你们提供的教学案例，虽然限于篇幅留待后用，但给我带来了很好的思考与启迪。感谢我所带的研究生陈思婷、黄雅澜、王攸洁、刘诗文等同学，在查找资料、校对等方面给予的无私帮助。感谢湖南师范大学语文课程与教学论教研室全体同人，特别是张良田教授对本书写作的启发与帮助。感谢湖南师范大学文学院对本书出版的资助，感谢知识产权出版社对本书出版的大力支持。

本书承蒙我的本科、硕士、博士恩师周庆元教授拨冗作序，特此致谢！

本书责编蔡虹女士，心善人美，既专业又敬业，特此致谢！

本书承蒙我的家人对我的关心与支持才得以顺利完成，特此致谢！

杨云萍

2019 年 8 月于长沙岳麓山下

后记

参考文献

一、著作类（按音序排列）

（一）中文部分

[1]《教育规划纲要》工作小组办公室. 教育规划纲要辅导读本［M］. 北京：教育科学出版社，2010.

[2] 瞿葆奎. 教育学文集·课程与教材：上册［C］. 北京：人民教育出版社，1988：283－328.

[3] 曹勇军. 叩开高中语文选修课课程之门：高中语文选修课程教学实践研究［M］. 修订版. 上海：上海教育出版社，2013.

[4] 本书编写组. 党的十九大报告辅导读本［C］. 北京：人民出版社，2017.

[5] 陈劲松. 高中语文选修课专题教学探索研究［M］. 北京：中央民族大学出版社，2013.

[6] 陈琦，刘儒德. 教育心理学［M］. 2版. 北京：高等教育出版社，2011.

[7] 程红兵. 教学价值：文本解读的语文教师视角［M］. 上海：上海三联书店，2011.

[8] 程振响. 教师职业生涯规划与发展设计［M］. 南京：南京师范大学出版社，2006.

[9] 褚树荣. 人生课堂：语文选修课程思考与实践［M］. 宁波：宁波出版社，2013.

[10] 丛立新. 课程论基础［M］. 北京：教育科学出版社，2000.

[11] 董蓓菲. 语文教学心理学［M］. 上海：上海教育出版社，2006.

[12] 方明生. 日本生活作文教育研究［M］. 上海：上海教育出版社，2002.

[13] 付建舟. 毛泽东诗词全集详注［M］. 伊犁：伊犁人民出版社，1999.

[14] 高凌飚. 普通高中新课程模块学业评价［M］. 北京：高等教育出版社，2005.

[15] 高时良. 中国教育史论丛［M］. 福州：福建教育出版社，2009.

[16] 何更生. 新课程语文怎么教［M］. 合肥：安徽师范大学出版社，2013.

[17] 何林军. 美学教程［M］. 长沙：湖南师范大学出版社，2009.

[18] 胡绪阳. 语文德性论［M］. 长沙：湖南师范大学出版社，2010.

[19] 黄怀军. 现代中国的尼采阐释与思想启蒙［M］. 北京：知识产权出版社，2011.

[20] 汲安庆. 中学语文名师教例评析［M］. 上海：华东师范大学出版社，2018.

[21] 贾奋然. 文体观念与文化意蕴：中国古代文体学美学论集［C］. 北京：中国社

会科学出版社，2016.

［22］靳彤．中学语文教学设计［M］．北京：高等教育出版社，2016.

［23］赖瑞云．文本解读与语文教学新论［M］．北京：北京师范大学出版社，2013.

［24］李秉德．教学论［M］．北京：人民教育出版社，1991：184.

［25］李海林．语文教学科研十讲［M］．杭州：浙江教育出版社，2005.

［26］李明善．教师专业发展论纲［M］．长春：吉林大学出版社，2011.

［27］李其龙，张德伟．普通高中教育发展国际比较研究［M］．北京：教育科学出版社，2008.

［28］李学．和合语文课程研究［M］．武汉：华中科技大学出版社，2012.

［29］连榕．教师专业发展［M］．北京：高等教育出版社，2007.

［30］廖哲勋．课程学［M］．武汉：华中师范大学出版社，1991.

［31］刘光成．百年中学作文命题发展变革研究［M］．长沙：湖南师范大学出版社，2017.

［32］刘正伟．国际语文课程与教学比较［M］．杭州：浙江大学出版社，2008.

［33］刘正伟．语文教育现代性探索［M］．北京：商务印书馆，2015：245.

［34］龙剑宇，胡国强．毛泽东的诗词人生［M］．北京：中央文献出版社，2011.

［35］鲁迅．鲁迅作品里的教育［M］．顾明远解读．福州：福建教育出版社，2013.

［36］倪文锦，谢锡金．新编语文课程与教学论［M］．上海：华东师范大学出版社，2006.

［37］倪文锦．高中语文新课程教学法［M］．北京：高等教育出版社，2004.

［38］倪文锦．文化强国与语文教材改革［M］．上海：华东师范大学出版社，2015.

［39］潘庆玉．语文新课程理念与实践［M］．济南：山东教育出版社，2006.

［40］钱理群，孙绍振，王富仁．解读语文［M］．北京：北京大学出版社，2010.

［41］邱道学．高中语文选修课典型案例研究［M］．北京：清华大学出版社，2010.

［42］全国十二所重点师范大学联合编写．教育学基础［M］．2版．北京：教育科学出版社，2008.

［43］任长松．高中新课程与探究式学习［M］，天津：天津教育出版社，2005.

［44］任仲文．学习习近平总书记系列讲话精神［M］．北京：人民日报出版社，2014.

［45］荣维东．语文文本解读实用教程［M］．北京：北京大学出版社，2016.

［46］施良方．学习论［M］．2版．北京：人民教育出版社，2001.

［47］施肇基．学分制综述与选修课学习指导［M］．南京：河海大学出版社，2005.

［48］吕达，刘立德．舒新城教育论著选：上［C］．北京：人民教育出版社，2004.

［49］苏立康．品课：高中语文卷［M］．北京：教育科学出版社，2013.

［50］王策三．教学论稿［M］．北京：人民教育出版社，1985.

［51］王策三．教学实验论［M］．北京：人民教育出版社，1998：96.

参考文献

［52］王建峰．语文文本解读的自我教育品格［M］．北京：中国社会科学出版社，2018.

［53］杨再隋．中国著名特级教师教学思想录：小学语文卷［C］．南京：江苏教育出版社，1999.

［54］王强．教师胜任力发展模式论［M］．上海：华东师范大学，2011.

［55］魏本亚，时金芳．走进高中新课改，语文教师必读［M］．南京：南京师范大学出版社，2005.

［56］温儒敏．语文课改与文学教育［M］．南京：江苏教育出版社，2007.

［57］吴俊．语文美育理论与实践［M］．西安：西安交通大学出版社，2013.

［58］吴欣歆．高中语文选修课选择性的实现：执行课程层面的探索［M］．北京：北京师范大学出版社，2013.

［59］习近平．做党和人民满意的好老师［M］．北京：人民出版社，2014.

［60］徐林祥．中学语文课程标准与教材研究［M］．北京：高等教育出版社，2016.

［61］徐鹏．发展学科教学知识：语文教师专业成长的新路径［M］．北京：北京师范大学出版社，2014.

［62］杨斌．教育美学十讲［M］．上海：华东师范大学出版社，2015.

［63］叶圣陶．叶圣陶语文教育论集［C］．北京：教育科学出版社，2015.

［64］余秋雨．中华文化四十七堂课：从北大到台北［M］．长沙：岳麓书社，2011.

［65］詹丹．语文教学与文本解读［M］．上海：上海教育出版社，2015.

［66］张先亮，蔡伟，童志斌．高中语文教学质量目标设定与标准监控研究［M］．北京：语文出版社，2012.

［67］希斌．优秀教师的四项核心素质［M］．上海：华东师范大学出版社，2011.

［68］钟启泉，崔允漷，吴刚平．普通高中课程方案导读［M］．上海：华东师范大学出版社，2003.

［69］周庆元．语文教学设计论［M］．南宁：广西教育出版社，1996.

［70］周庆元．语文教育研究概论［M］．长沙：湖南人民出版社，2005.

［71］周庆元．语文教育哲学研究［M］．长沙：湖南师范大学出版社，2009.

［72］朱光潜．文艺心理学［M］．合肥：安徽教育出版社，1996.

［73］朱熹．四书集注［M］．长沙：岳麓出版社，1987.

（二）中译部分

［1］伊丽莎白·坎普贝尔．伦理型教师［M］．王凯，杜芳芳，译．上海：华东师范大学，2011.

［2］ARMSTRONG D G．当代课程论［M］．陈晓端，译．北京：中国轻工业出版社，2007.

［3］BRUNER J S．教学论［M］．姚梅林，郭安，译．北京：中国轻工业出版

社，2008.

［4］阿普尔 M，克里斯蒂安 - 史密斯 L. 教科书政治学［M］. 侯定凯，译. 上海：华东师范大学出版社，2005：1.

［5］RONALD A，BEGHETTO J C，KAUFMAN. 培养学生的创造力［M］. 陈菲，周晔晗，李娴，译. 上海：华东师范大学出版社，2013.

［6］阿诺德·柏林特. 美学再思考——激进的美学与艺术学论文［C］. 肖双荣，译. 武汉：武汉大学出版社，2010.

［7］罗伯特·斯滕伯格，陶德·陆伯特. 创意心理学［M］. 曾盼盼，译. 北京：中国人民大学出版社，2009.

［8］爱德华·德·博诺. 六顶思考帽［M］. 冯杨，译. 太原：山西出版集团·山西人民出版社，2008.

［9］爱德华·德·博诺. 水平思考法［M］. 冯杨，译. 太原：山西出版集团·山西人民出版社，2008.

［10］贝磊，鲍勃，梅森. 比较教育研究：路径与方法［M］. 李梅，主译. 北京：北京大学出版社，2010.

［11］洛克. 教育片论［M］. 熊春文，译. 上海：上海三联书店，2014.

二、论文类

［1］曹勇军. 高中选修课的实践与思考［J］. 中学语文教学，2008：46 - 48.

［2］陈大伟，余慧娟. 为了教师的批判精神——关于"观课议课文化"的对话［J］. 人民教育，2006（7）：29 - 31.

［3］陈浩文. 论杨绛小说艺术的中和之美［J］. 当代作家评论，2019（3）：152 - 158.

［4］陈志和. 美国高中段职业教育的特点［J］. 中国职业技术教育，1998（5）：45.

［5］成尚荣. 必备品格与关键能力——对道德价值的再认识［J］. 中国德育，2017（4）：11 - 14.

［6］褚树荣. 从实验室到田野：学习任务群视域中的专题学习［J］. 语文学习，2018（2）：40 - 48.

［7］褚树荣. 以语文的姿态：中国革命传统作品任务群学习体会［J］. 语文学习，2018（11）：38 - 40.

［8］戴家干. 坚持公平公正，深化高考改革［J］. 求是，2011（2）：57 - 59.

［9］邓涛，孙启林. 论个人主义教师文化及其变革［J］. 比较教育研究，2007（6）：28.

［10］方智范. 高中语文新课程选修课教科书概览［J］. 语文建设，2006（9）：19 - 24.

［11］付琳. 高中选修课的困惑与解惑［J］. 中学语文教学参考，2016（3）：53.

［12］傅嘉德. 在个性的发展中提高语文素养——高中语文选修课学习评价浅谈［J］.

参考文献

中学语文教学参考，2008（8）：68-70.

[13] 高建华.勇于担当，砥砺前行——"中国革命文化传统作品研习"任务群教学刍议［J］.中学语文教学参考，2018（12）：22-23.

[14] 顾明远.把学习的选择权还给学生［J］.河北师范大学学报：教育科学版，2012（1）：5-7.

[15] 顾之川，顾振彪，郑宇.中小学写作教材改革设想［J］.语文建设，2014（7）：15-19.

[16] 顾之川.高中语文选修课：认识、策略和教学［J］.教育科学论坛，2012（3）：14-16.

[17] 管贤强，母小勇."学习任务群"：回归语言实践特质的课程内容重构［J］.语文建设，2018（4）：17-21.

[18] 黄厚江.预防任务群教学"跑偏"的策略性建议［J］.中学语文教学，2018（8）：16-19.

[19] 黄明勇.论语文核心素养在高中选修课中落地的有效路径［J］.中国教育学刊，2017（S2）：37-40.

[20] 黄伟.半个世纪以来的高中语文选修课程的历史发展［J］.天津师范大学学报：基础教育版，2006（2）：16-20.

[21] 姜英敏.国际理解教育≠对外国、外国文化的了解［J］.人民教育，2016（21）：62-65.

[22] 雷实.借鉴国外经验，改进我国语文教学［J］.湖北教育，2002（7）：12-16.

[23] 雷勇.论创意写作教育的维度［J］.当代文坛，2019（1）：119-124.

[24] 李海林.按照实际状况教会学生读写和交流——美国母语教学的一个重要启示［J］.语文建设，2015（11）：16-19.

[25] 李想，魏本亚.新加坡中学课程辅助活动的实施与启示［J］.浙江教育科学，2018（12）：8-11.

[26] 李运富.汉字学新论［M］.北京：北京师范大学出版社，2012：15-17.

[27] 厉行威，李泉.主题教学的"整合"之道——用"老教材"实施"新课标"理念的策略应对［J］.湖南教育，2009（1）：41-43.

[28] 连晓兰.优质评价与高中语文选修课教学［J］.语文月刊，2012（7）：15-19.

[29] 廖哲勋，罗祖兵.试论学习活动方式的本质含义和重要作用——为修改课程标准和深化课程改革而作［J］.课程·教材·教法，2013（1）：9.

[30] 林秀丽.试论高中语文选修课程实施中存在的病症［J］.呼伦贝尔学院学报，2008（3）：112，113-116.

[31] 刘安海.周立波小说艺术魅力探微［J］.湖南城市学院学报，2013（4）：18-22.

［32］陆志平．模块型语文教材［J］．全球教育展望，2007（8）：88－90.

［33］陆志平．语文学习任务群的特点［J］．语文学习，2018（3）：4－8.

［34］罗治荣．《高龙巴》叙事语篇的叙述语力与修辞语力［J］．湖南社会科学，2016（4）：182－186.

［35］吕约．记·纪·忆：杨绛记忆书写的三种形式［J］．中国现代文学研究丛刊，2019（7）：187－206.

［36］马玉宾，熊梅．教师文化的变革与教师合作文化的重建［J］．东北师大学报：哲学社会科学版，2007（4）：148－154.

［37］倪文锦，李冲锋．持续阅读促进语文教师专业提升［J］．中国教师：上半月刊，2017（10）：13－16.

［38］倪文锦．选修课：追求、困惑与反思［J］．中学语文教学，2007（9）：24－26.

［39］潘涌．高中语文新课程实施面面观［J］．浙江师范大学学报：社会科学版，2006（5）：98－102.

［40］钱冰山．让革命传统文化的基因代代相传——关于"中国革命传统作品研习"任务群的几点思考［J］．中学语文教学，2018（8）：12－15.

［41］荣维东．基于学业质量标准，实施新写作评价——关于高中写作学业质量评价的解读与思考［J］．语文建设，2018（11）：13－18.

［42］桑哲．语文课不是文学课也不是语言课——访著名语言学家、北京师范大学王宁教授［J］．现代语文，2004（11）：2－5.

［43］时剑波．基于任务驱动　创设语用情境——"汉字汉语专题研讨之姓名文化"教学设计［J］．中学语文教学，2019（4）：61－65.

［44］孙晓梅．日本家庭学科课程的启示［J］．人民教育，2012（9）：51.

［45］唐旭昌．基于系统论视角的社会主义核心价值观的解读［J］．河南社会科学，2014（7）：19－22.

［46］田婧．现实主义的花中花——《卡门》歌剧与小说之比较研究［J］．黄河之声，2016（13）：78－79.

［47］汪大昌．"汉字汉语专题研讨"学习任务群：设计与实施［J］．中学语文教学，2018（9）：4－7.

［48］王娟涓．美国高中职业技术教育改革的新进展——生计和技术教育［J］．西南民族大学学报：人文社科版，2004（3）：384.

［49］王林发．网络探究性学习：新课程视野下的一种教学模式——以选修课《微型小说欣赏》为例［J］．中国教育学刊，2007（5）：60－62.

［50］王云峰，范锦荣，王锡婷，等．谈中国革命传统作品学习任务群的教学［J］．中学语文教学，2018（8）：4－8.

［51］王云峰．把握高中选修课的特点［J］．中学语文教学，2003（8）：4－5.

[52] 温儒敏. 语文教育研究的困扰与前景——《温儒敏论语文教育》前记 [J]. 语文建设, 2010 (2): 68 - 70.

[53] 温儒敏. 扎实稳妥地推进课程改革 [J]. 语文建设, 2006 (5): 4 - 6.

[54] 项春雷. 基于叶圣陶教育思想下的学校课程开发 [J]. 课程·教材·教法, 2017 (2): 119 - 125.

[55] 辛卫华. 选修模块教学的实践与思考 [J]. 语文教学通讯, 2007 (9A): 12 - 13.

[56] 徐思源. 基于学生, 着眼发展——苏州十中语文校本课程的开发与实施 [J]. 中学语文教学, 2017 (3): 45 - 47.

[57] 杨佑文, 李秦. 中餐菜名的语言文化解析 [J]. 湖北工业大学学报, 2016 (6): 86 - 88.

[58] 杨云萍. 语文选修课程分类分层设计构想 [J]. 课程·教材·教法, 2013 (7): 60 - 62.

[59] 杨云萍. 语文选修课与必修课同质化问题及对策 [J]. 中国教育学刊, 2012 (10): 63 - 66.

[60] 叶黎明, 陶本一. 网络写作与中学写作教学的新思考 [J]. 课程·教材·教法, 2007 (2): 45 - 49.

[61] 游容华. 莫泊桑《项链》与梅里美《双重误》比较研究 [J]. 长春师范大学学报: 人文社会科学版, 2014 (5): 120 - 122.

[62] 于建生. 高中语文选修课自由学习的形式建构 [J]. 语文建设, 2013 (7): 31 - 33, 35.

[63] 于歆杰. 论混合式教学的六大关系 [J]. 中国大学教学, 2019 (5): 14 - 18,28.

[64] 袁贵仁. 努力办好人民满意的教育 [J]. 中国高等教育, 2012 (24): 4.

[65] 袁盛勇. 致力于政策和艺术的结合——重读周立波经典小说《暴风骤雨》 [J]. 渤海大学学报, 2019 (1): 1 - 5.

[66] 张爱民. 什么是选修课的课程资源 [J]. 现代语文, 2010 (6): 7 - 8.

[67] 张楚廷. 职业教育的意义 [J]. 当代教育论坛, 2014 (1): 113 - 115.

[68] 张华. 论核心素养的内涵 [J]. 全球教育展望, 2016 (4): 10 - 23.

[69] 张均. 小说《暴风骤雨》的史实考释 [J]. 文学评论, 2012 (5): 143 - 150.

[70] 张钧. "汉字汉语专题研讨"任务群的教学范式 [J]. 中学语文教学, 2018 (9): 8 - 10.

[71] 张俊列. 语文教材争议评析 [J]. 中国教育学刊, 2011 (11): 60 - 62.

[72] 张良田. 破解高考语文中的"任务驱动型作文"题 [J]. 写作, 2017 (12): 42 - 48.

[73] 张伟. 小说教学的核心价值与内容选择——从现代小说观和语文核心素养看小说

教什么［J］.语文建设，2016（1）：20－23.

［74］章辉.近二十年梅里美研究评议［J］.外国文学研究，2001（3）：133－136.

［75］赵刚，何更生.美国高中的"选课指导"及语文选修课实施的对策［J］.齐齐哈尔师范高等专科学校学报，2011（4）：106－109.

［76］郑桂华.高中语文学习任务群的教学建议［J］.中学语文教学，2017（3）：9－11，12.

［77］郑国民，李煜辉.高中专题教学实践研究探析［J］.教育学报，2017（10）：46－51.

［78］郑国民，尹逊才.高中语文选修课实施存在的问题及思考［J］.语文建设，2005（11）：4－7.

［79］郑新丽.对新课改下高中语文选修课中教师角色转换的思考［J］.内蒙古师范大学学报：教育科学版，2012，25（10）：64－67.

［80］钟妮.戴凤莲与卡门人物形象比较［J］.艺术科技，2016（8）：100－136.

［81］朱俊.面向每一个学生，做好每一个细节——感受美国教育［J］.江苏教育研究，2015（2B/3B）：114－115.

三、标准文件类

［1］中华人民共和国教育部.普通高中语文课程标准（实验）［S］.北京：人民教育出版社，2003.

［2］中华人民共和国教育部.普通高中语文课程标准（2017年版）［S］.北京：人民教育出版社，2018.